U0922356

2013

连云港统计年鉴

LIANYUNGANG STATISTICAL YEARBOOK

连 云 港 市 统 计 局
国家统计局连云港调查队 编

中国统计出版社
China Statistics Press

图书在版编目(CIP)数据

连云港统计年鉴. 2013 / 连云港市统计局，国家统计局连云港调查队编. -- 北京 : 中国统计出版社，2013.10

ISBN 978-7-5037-6932-0

Ⅰ. ①连… Ⅱ. ①连… ②国… Ⅲ. ①统计资料—连云港市—2013—年鉴 Ⅳ. ①C832.533-54

中国版本图书馆 CIP 数据核字(2013)第 201706 号

连云港统计年鉴-2013

作　　者 / 连云港市统计局　国家统计局连云港调查队
责任编辑 / 陈越月
封面设计 / 孙静文
出版发行 / 中国统计出版社
地　　址 / 北京市丰台区西三环南路甲 6 号
邮政编码 / 100073
电　　话 / 邮购(010)63376909　书店(010)68783171
网　　址 / http://csp.stats.gov.cn
印　　刷 / 连云港淮盐印刷有限公司
经　　销 / 新华书店
开　　本 / 890mm×1240mm　1/16
字　　数 / 1800 千字
印　　张 / 48
版　　别 / 2013 年 10 月第 1 版
版　　次 / 2013 年 10 月第 1 次印刷
定　　价 / 300.00 元

如有印装差错，由本社发行部调换。

《连云港统计年鉴——2013》编委会

主　　任： 曹永林　市政府常务副市长

副 主 任： 董桂军　市政府副秘书长

孙　明　市统计局局长

成员单位：

市委组织部
市委宣传部
市委农村工作办公室
市发展和改革委员会
市经济贸易委员会
市教育局
市科学技术局
市公安局
市民政局
市司法局
市财政局
市人事局
市劳动和社会保障局
市国土资源局
市规划局
市建设局
市房产管理局
市交通局
市水利局
市农业局
市林业局
市对外贸易经济合作局
市文化局
市广播电视局
市卫生局
市体育局
市人口和计划生育委员会
市环境保护局
市粮食局
市海洋与渔业局
市物价局
连云港经济技术开发区管委会
市农业资源开发局
市旅游局
连云港工商行政管理局
人民银行连云港市中心支行
连云港供电公司
电信连云港分公司
移动连云港分公司
赣榆县人民政府
东海县人民政府
灌云县人民政府
灌南县人民政府
新浦区人民政府
海州区人民政府
连云区人民政府

《连云港统计年鉴——2013》编辑部

编 者 说 明

一、《连云港统计年鉴-2013》是一本信息密集的资料工具书。本书通过大量统计数据真实的记录了2012年连云港市经济、科技、社会各方面的发展进程变化，是各级领导、理论研究工作者和国内外企业家、投资者必备的工具书，是社会各界人士了解、认识连云港的重要窗口。本年鉴在往年年鉴的基础上作了进一步调整和改进。版本在编辑、内容结构、指标数据等方面与前几年保持了连贯性。

二、本年鉴的内容包括：(1)文稿部分：连云港市2012年国民经济和社会发展统计公报；(2)本市统计资料部分：综合、人口与劳动、农业、工业、运输与邮电、固定资产投资和建筑业、国内商业、对外经济和旅游、财政金融和保险、人民生活和物价、科教文卫、民政和司法、城建与环保等；(3)相关区域统计资料部分：省内各市及各县、淮海经济区各市、沿海开放城市主要指标数据。

三、本年鉴辑入的统计数字以2012年为主，为方便读者使用，主要指标还列有1978年党的十一届三中全会以来主要年份的统计数据。读者在使用以往历史资料时，凡与本年鉴有出入的，均以本年鉴为准。

四、在《年鉴》编辑过程中，得到了有关部门和人员的大力支持。对此，深表谢意。由于水平有限，时间仓促，难免有不足之处，欢迎读者批评指正，以便进一步改进统计年鉴的编辑工作。

目　　录

二、人口与劳动

三、农　业

四、工　　业

五、重点服务业

六、交通运输和邮电

连云港市2012年国民经济和社会发展统计公报

连云港市统计局　国家统计局连云港调查队

二〇一三年三月十二日

2012年是连云港市成功应对经济下行严重挑战和台风、暴雨重大自然灾害的一年。在市委、市政府的正确领导下，全市上下深入贯彻落实科学发展观，牢牢把握国家战略叠加的机遇，统筹推进各项工作，稳中求进，好中求快，稳增长、惠民生、促转型取得了显著效果，经济社会保持平稳较快发展的良好态势。

一、综　合

*综合实力继续增强。*2012年GDP达到1603.42亿元，增长12.7%；增幅居全省第5位，总量较上年增加192.90亿元。人均GDP达到36470元，较上年增加4351元，增长12.6%。其中市区人均GDP达到51556元。

*产业结构更趋合理。*第一产业增加值232.40亿元，增长5.7%；第二产业增加值736.14亿元，增长14.3%；第三产业增加值634.88亿元，增长13.3%。三次产业结构调整为14.5∶45.9∶39.6，第一产业比重保持稳定，与上年持平；第二产业比重在转型升级中略有下降，较上年下降0.5个百分点；第三产业比重提高0.5个百分点，产业结构更趋合理。

表1　2012年全市GDP分三产情况表

	绝对数（亿元）	增长%
地区生产总值	1603.42	12.7
第一产业	232.40	5.7
第二产业	736.14	14.3
第三产业	634.88	13.3

*县域经济加快发展。*县域GDP实现1039.42亿元，增长13.3%；比全市增幅高0.6个百分点，总量占全市比重达到64.8%。其中，赣榆、东海、灌云、灌南分别实现生产总值331.36亿元、277.3亿元、220.29亿元、210.47亿元，分别增长14.7%、12.6%、12.8%、12.6%。赣榆、东海两县达到全面小康标准，向省申报验收。但县域经济发展仍面临一些问题。一是产业结构欠佳；二是服务业发展滞后；三是开放经济水平低；四是人才和技术短缺。

表2　2012年四县GDP情况表

	绝对数（亿元）	增长%
赣榆县	331.36	14.7
东海县	277.30	12.6
灌云县	220.29	12.8
灌南县	210.47	12.6

二、农林牧渔业

粮食生产连续丰收。粮食播种面积746.4万亩，比上年增加14.5万亩，增长2.0%；亩产484.1公斤，增长1.9%；总产量361.4万吨，增长4.4%，连续十年丰产丰收。

高效农业规模不断扩大。新增高效设施农业10万亩、高效渔业10.3万亩，建成千亩连片基地81个、万亩连片基地8个。燕尾港获批为国家一级渔港。农业产业化水平稳步提升，新增省级农业产业园区2家、市级以上龙头企业42个，农业适度规模经营比重达到65%。

农业标准化、外向化水平不断提高。新增无公害、绿色、有机农产品485个，国家地理标志保护农产品达7个。灌南县获批省级食用菌农业标准化示范县，花果山蔬菜和赣榆泥鳅出口农产品质量安全示范区通过国家级认定。完成农产品出口4.1亿美元，增长10%。

畜牧生产整体较好。年末生猪存栏170.30万头，增加8.64万头，增长5.3%，其中母猪存栏30.90万头，增长6.7%；出栏306.27万头，增加15.68万头，增长5.4%。家禽存栏1544.35万只，增加21.44万只，增长1.4%；出栏3469.11万只，增加288.24万只，增长9.1%。羊存栏17.80万只，增加0.88万只，增长5.2%；出栏38.03万只，增加0.56万只，增长1.5%。牛存栏5.77万头，增加0.52万头，增长9.9%；出栏10.56万头，增加0.16万头，增长1.5%。

表3　2012年全市主要畜牧业情况表

	绝对数（亿元）	增长%
生猪存栏量（万头）	170.30	5.3
生猪出栏量（万头）	306.27	5.4
羊存栏量（万只）	17.80	5.2
羊出栏量（万只）	38.03	1.5
牛存栏量（万头）	5.77	9.9
牛出栏量（万头）	10.56	1.5
家禽存栏量（万只）	1544.35	1.4
家禽出栏量（万只）	3469.11	9.1

三、工业和建筑业

工业经济稳中有进。大力实施“双千双百”工程，着力提升产业规模化、集聚化、高端化水平，规模以上工业产值达到3353.48亿元，增长26.8%。完成增加值672.47亿元，增长17.3%，居全省第3位。

主导产业总量加快壮大。“三新一高”（指新医药、新能源、新材料、高端装备制造业）产业实现产值1514亿元，增长21.2%。其中，“新医药”保持较快发展，实现产值282亿元，增长35.6%；“新能源”实现产值338亿元，增长0.3%；“新材料”实现产值345亿元，增长17.2%；装备制造业实现产值806亿元，增长18.0%。

轻、重工业协调增长。全市规模以上工业中，轻工业完成产值933.00亿元，增长28.4%，增幅高于规模以上工业平均水平1.6个百分点；重工业完成产值2420.48亿元，增长26.1%，增幅低于规模以上工业平均水平0.7个百分点。规模以上工业产值轻重结构为27.8:72.2。1271个规模以上工业企业中有出口实绩的133户企业完成出口交货值129.78亿元，增长15.5%，总量占全部规模以上工业销售产值的4.0%。

主要行业稳步发展。全市35个工业行业大类中有九个行业产值突破百亿元，九个行业合计完成产值2523.11亿元，增长26.8%，总量占全市规模以上工业的75.2%。其中六个行业完成产值占全部规模以上工业总产值的比重超过5%。

表4　2012年全市产值过百亿行业情况表

行业名称	绝对数（亿元）	增长%
合　计	2523.11	26.8
农副食品加工业	276.49	20.6
石油加工、炼焦和核燃料加工业	160.91	20.3
化学原料和化学制品制造业	606.83	23.2
医药制造业	278.78	37.1
非金属矿物制品业	301.62	30.6
黑色金属冶炼和压延加工业	440.39	43.7
有色金属冶炼和压延加工业	176.29	35.3
铁路、船舶、航空航天和其他运输设备制造业	165.17	0.7
电气机械和器材制造业	116.61	18.8

*骨干企业支撑有力。*产值20强工业企业完成产值超过1000亿元，达到1342.88亿元，增长27.7%，高于规模以上工业平均水平0.9个百分点。总量占规模以上工业产值的比重达40.0%，净增产值291.36亿元，对规模以上工业总产值增长贡献率达41.1%，拉动规模以上工业总产值增长11.0个百分点，有力支撑了全市工业经济的平稳运行。

*建筑产业快速增长。*建筑业总产值430.64亿元，增长16.9%；建筑业增加值152.83亿元，增长12.0%；在外省完成产值158.54亿元，增长11.8%。新增建筑业企业8家。现有总承包和专业承包建筑业企业231家，行业总资产达到257.43亿元，增长25.1%。

四、固定资产投资

*投资高开稳走。*固定资产投资1280.88亿元，较上年增加237.69亿元，增长22.8%，居全省第2位。增速以年初的29.6%高开，到上半年的22.4%，到全年的22.8%。全年呈现了高开稳走的良好运行态势。

*三次产业投资协调发展。*第一产业完成投资20.98亿元，增长133.2%，占固定资产投资完成额的1.6%；第二产业完成投资870.86亿元，增长23.1%，占固定资产投资完成额的68.0%；第三产业完成投资389.03亿元，增长19.1%，占固定资产投资总额的30.4%。

表5　2012年全市固定资产投资情况表

	绝对数（亿元）	增长%
固定资产投资	1280.88	22.8
一　产	20.98	133.2
二　产	870.86	23.1
三　产	389.03	19.1

*新兴产业投资向好。*新兴产业完成投资234亿元，增长16.3%，占规模以上工业投资的27.3%。其中，新能源产业投资增长34.6%；新医药产业投资增长3.4%；新材料产业投资增长43.7%；高端装备制造产业投资增长26.9%。新兴产业项目的快速推进和加大投入，有效拉动了全市工业投资的稳步增长。

*重大项目全力推进。*国家东中西区域合作示范区建设全面展开，徐圩新区“一区七园”发展格局初步形成，示范区重大功能平台建设加快推进，出口加工区二期封关运作。列入省、市沿海开发三年计划

的180个重点项目如期推进，完成投资1269亿元。重点建设项目数量增多，在建项目1327个，其中，新开工投资项目834个，同比增加63个，计划总投资1083亿元，完成投资588.1亿元，增长14.1%。亿元以上项目467个，较去年增加84个，其中亿元以上新开工项目248个，同比增加47个，计划总投资808亿元，完成投资354.1亿元，增长18.0%。列入今年全市重点建设计划的500个投资项目，计划总投资1040亿元，进展顺利。229个计划新开工项目推进正常。

五、交通运输和信息通讯业

港口建设强力推进。“一体两翼”组合大港加速形成。主体港区成为全国低碳试点港和科技示范港。集疏运体系逐步完善。旗台作业区铁路专用线主体完工，矿石带式输送机工程有序推进。北疏港公路、徐圩港前大道、徐新公路、242省道、310国道加快建设，临海高等级公路埒子口至青口段简易通车。全长120公里的港产城联动发展交通大动脉海滨大道开工建设。连盐铁路建设前期工作积极推进。新开国际集装箱航线8条，3条铁路班列纳入全国客车化运营，率先开通经霍尔果斯口岸出境的集装箱班列。港口完成货物吞吐量1.85亿吨，增长11.4%，集装箱502万标箱，增长3.5%。

交通运输呈现新局面。公路客运量1.59亿人次，增长10.4%，较上年提高0.7个百分点；旅客周转量64.29亿人公里，增长10.6%；货运量1.31亿吨，增长16.2%；货运周转量88.93亿吨公里，增长14.2%。水运客运量25.24万人次，增长2.1%，旅客周转量5737万人公里，下降19.0%；内河货运量完成1725万吨，增长6.4%；货物运周转量121.22亿吨公里，增长6.8%。民航连云港机场飞机起降达6229架次，增长15.2%；旅客吞吐量48.38万人次，增长5.0%；货物吞吐量3611吨，增长6.9%。

表6　2012年交通运输业主要指标情况表

指　标	单　位	绝对数	增长%
公　路			
客运量	亿人次	1.59	10.4
旅客周转量	亿人公里	64.29	10.6
货运量	亿吨	1.31	16.2
货物周转量	亿吨公里	88.93	14.2
水　运			
客运吞吐量	万人次	25.24	2.1
旅客周转量	万人公里	5737	-19.0
内河货运量	万吨	1725	6.4
货物周转量	亿吨公里	121.22	6.8
机　场			
起降架次	架次	6229	15.2
旅客吞吐量	万人次	48.38	5.0
货物吞吐量	吨	3611	6.9

邮政通讯业务稳步发展。邮政通讯业务收入33.04亿元，增长11.0%；其中邮政业务收入3.64亿元，增长27.2%。年末电话用户数486.70万户，增长6.0%；其中移动电话用户383.09万户，增长8.5%。互联网用户281.31万户，增长33.8%。

六、国内贸易和市场物价

消费消费品市场平稳运行。实现社会消费品零售额575.49亿元，增长15.0%，居全省第6位。其中，批发业零售额57.90亿元，增长19.7%；零售业零售额467.36亿元，增长15.2%；住宿业零售额8.36亿元，增长18.4%；餐饮业零售额41.88亿元，增长6.9%。

刚性需求持续不减，中高端消费趋于谨慎。刚性需求中，食品烟酒类消费增长31.1%，服装鞋帽类消费增长16.3%，化妆品类消费增长27.8%；而家电、家具、汽车等中高端消费明显偏冷，其中家电消费增长2.6%，家具消费下降10.4%，汽车消费增长4.6%。

汽车及成品油消费放缓。汽车类零售额38.72亿元，增长4.6%，增速较上年回落2.1个百分点；受到汽车消费减缓等因素的影响，石油及制品类零售额41.23亿元，增长24.3%，增速较上年回落38.7个百分点。

物价水平保持平稳。物价稳定是宏观经济政策的四大目标之一，国家采取一系列相关措施来保证物价平稳，避免出现物价的大幅波动。城市居民消费价格指数从一季度开始到三季度均保持在102.7%-102.8%较高水平，从1-10月开始出现下降趋势，到年末下降为102.3%。

表7　2012年城市价格指数情况表

指　　标	市区(上年累计为100)
居民消费价格总指数	102.3
#食品	105.2
烟酒及用品	105.4
衣着	102.0
家庭设备用品及维修服务	99.8
医疗保健和个人用品	100.6
交通和通讯	100.1
娱乐教育文化用品及服务	98.6
居住	102.5

七、对外经济

开放型经济快速发展。高标准举办连云港之夏旅游节暨沿海开发经贸洽谈会、首届东中西区域合作论坛暨西游记文化节等经贸活动，吸引16个国家和地区的400多家客商、37家世界500强企业来连投资洽谈。以更大的步伐“走出去”，设立5个境外招商机构，在韩国、新加坡、香港、台湾等国家和地区高质量举办大型经贸招商活动，港口、物流、旅游等49个项目成功签约，71个重大招商引资项目有序推进。直接利用外资7.34亿美元，增长20.3%。内联客方到位资金611亿元，增长15.9%。支持企业开展境外投资，新核准境外投资项目5个，对外直接投资1.1亿美元。完成外贸进出口80.02亿美元，增长16.0%。国际服务贸易达到13.2亿美元，增长62%。

八、财政、金融和保险业

综合财力进一步增强。财政总收入564.74亿元，增长22.1%。其中，公共财政预算收入208.94亿元，增长16.0%，增幅居全省第4位。主要税种中营业税为67.33亿元，增长61.6%；增值税、企业所得税实现16.59亿元、13.09亿元，分别增长6.8%、3.6%。公共财政预算收入占地区生产总值比重为13.0%，较上年提高0.3个百分点。

金融信贷稳健运行。年末金融机构存款余额1538.04亿元，比年初增加149.35亿元。其中，企事业单位存款756.75亿元，比年初增加33.37亿元；居民储蓄存款732.79亿元，比年初增加103.37亿元。

保险事业蓬勃发展。保险费总收入38.99亿元，增长10.9%，较全省平均水平高2.5个百分点，增幅居全省第4位。从保险构成看，人身险收入23.47亿元，占保险费总收入的60.2%。财产险保费收入12.83亿元,占保险费总收入的32.9%。健康险保费收入1.77亿元,增长31.2%。

九、科技教育卫生和社会保障事业

*科技创新工作取得新进展。*创新能力持续提高。新认定国家级高新技术企业30家、企业技术中心1家,创建两化融合示范试点企业25家,大中型工业企业研发机构实现全覆盖。创新资源加快集聚,争取国家重大科技专项8项,实施星火计划项目70项。高新技术产业完成产值1300亿元,占规模以上工业总产值的37%。组织实施“三百引才”等人才集聚工程,引进高层次创业创新人才900人、领军人才48人,2人入选国家千人计划、10人入选省“双创”计划,人才支撑不断强化。

*教育事业成绩显著。*学前教育三年入园率达96.36%,义务教育阶段入学率达100%,初中在校生巩固率达99.66%,高中阶段教育毛入学率达96.86%。师资队伍发展水平进一步提升,26名教师被评为省第十二批特级教师。校安工程新建、重建项目开工面积19.5万平方米,加固项目开工面积10.2万平方米,拆除项目完成12.8万平方米。

*卫生工作有序开展。*基本医疗卫生服务体系加快完善。城乡“15分钟健康服务圈”基本建立,全市县、乡、村卫生服务网络健全率达100%,新增2个省级示范社区卫生服务中心和7个省级示范乡镇卫生院。公共卫生服务成效显著。人均基本公共卫生服务经费增至25元,服务项目由9类22项扩展到10类41项。新增农村无害化卫生厕所6万座,无害化卫生户厕普及率达62%。

*社会保障事业实现新发展。*就业服务体系建设跨上新台阶。城镇新增就业8.07万人,城镇登记失业率控制在2.44%。社会保障体系建设迈出新步伐。全市企保、职工医保、失业、工伤、生育保险参保人数分别达49.66万人、67.55万人、32.35万人、38.72万人、35.14万人，比上年末分别增加6.12万人、6.84万人、2.61万人、2.01万人、1.75万人。

十、文化宣传和体育事业

*文化服务体系进一步完善。*强力推进国家公共文化服务示范项目社区文化中心建设。选择100家农家书屋试点建设200个阅报栏,对全市596家农家书屋图书进行更新。新发展有线电视用户4.68万户,增加数字电视用户16.9万户,25个乡镇广播电视站建设达标。推进文化体制改革创新,组建女子民乐团、歌舞剧院、淮海剧团、文化艺术中心四位一体的演艺中心。组织指导33个项目申报省级文化产业引导资金,7个项目获引导资金610万元。

*实现体育基本服务均等、普惠化。*完成10个街道、50个社区健身点建设,形成城区三级全民健身设施网络,城市“10分钟体育健身圈”基本架构初步形成。推动单项运动协会和人群体育协会等覆盖延伸到乡镇街道,基层体育俱乐部建成率达100%。组队参加田径、游泳、球类等20个大项的省年度锦标赛,获得38枚金牌、28枚银牌、34枚铜牌、1151分的优异成绩。开展体育系统场馆资源综合开发经营的研究,积极探索新的管理体制和运行机制,提高设施综合利用率和运营能力,为群众提供了多样化的公共体育服务。

十一、城市建设和环境保护

*城乡建设快速推进。*以城市组团开发为主线、以重点工程推进为突破、以完善城市功能为重点,强化城市品质提升、注重海滨特色彰显。实施城建项目906个,年内完成投资556亿元。其中,市区计划实施城建项目402个,年内完成投资248亿元。建成区面积扩大到140平方公里。

*基础设施不断完善。*全长33.1公里BRT一号线工程建成运营;新增城市道路54万平方米。背街小巷整治力度加大,修建便民道路80余条,整治人行道路50余万平方米。实施供水、污水、天然气等公用事业重大项目6项,城市供水普及率达100%,城市污水处理率达82%。城市饮用水源安全保障工作稳步推进,沙板桥污水泵站及配套污水管道已建成运行;新建改建供水管网25公里,新建污水管网46公里;

新增小区管道燃气用户共11000户，完成海宁东路、汇海路、纵五路等城市中压燃气管道约28公里。

水利建设稳步推进。投入7.3亿元重点实施小型农田水利建设、灌区节水改造、农村饮水安全、农村河道疏浚整治、农村小型桥梁工程、基层服务体系建设等农村水利基础设施建设。加固加高圩堤26.1公里，疏浚县乡河道236条，整治村庄河塘2148条，新建、改造泵站355座16165千瓦，新建防渗渠道879.45公里。新增有效灌溉面积30.37万亩，新增旱涝保收田面积55.51万亩，新增节水灌溉控制面积78.06万亩，年增节水5606万立方米；专项安排资金用于农村河道长效管护。

园林绿化扎实开展。全面推进国家园林城市创建工作，全年投资9.2亿元实施111个园林绿化项目，新增绿地380多公顷。东盐河景观绿化工程、朝阳桥游园等绿化工程已经竣工；孔望山公园、中华楹联园、新浦公园、北崮山生态公园等公园绿地等重要河滨绿化进一步完善实施；建设东路、红砂路等道路绿化工程付诸实施；动物园、园博园、大型公园稳步推进。

环境保护工作取得新成效。全市空气质量总体较好，市区环境空气质量优良天数达到321天，优良率87.7%；饮用水源保护工作得到加强，4座水质自动监测站24小时监控水质状况，每周发布水质报告；生态创建工作加快推进，全市有22个乡镇、街道建成污水处理厂，64个乡镇建成垃圾中转站，农村生态环境明显改善，加快开展PM2.5监测，并于年内规范性发布。声环境质量优于国家标准。

十二、人口及人民生活

人口变动平稳。城市化水平明显提升。年末常住总人口440.69万人，同比增加2.08万人；其中市区109.74万人，增长0.6%。常住人口出生率11.49‰，下降0.07个千分点；自然增长率4.73‰，上升0.45个千分点。年末户籍总户数139.81万户，其中市区29.57万户；户籍总人口510.99万人，其中市区96.65万人。户籍人口出生率18.87‰，提高5.55个千分点；自然增长率11.79‰，上升1.56个千分点。人口计划生育率91.07%，独生子女率55.54%，上升0.4个百分点。城市化率达54.4%。

居民收入快速提高。城市居民人均可支配收入24342元，增长12.2%，人均消费15615元，增长10.7%；农民人均纯收入9589元，增长13.7%，人均消费6210元，增长13.0%。

注：地区生产总值和各产业增加值绝对值按现行价格计算，增长速度按可比价格计算。

1

全 市 行 政 区 划

表 1-1

地　　区	乡人民政府	镇人民政府	街道办事处	村民委员会	居民委员会
全　市	**30**	**53**	**18**	**1432**	**236**
一、市　区	6	6	18	138	145
新 浦 区	2	2	6	38	76
海 州 区	1	3	4	60	25
连 云 区	3	1	8	40	44
#市开发区		1	2	19	20
二、四　县	24	47		1294	91
赣 榆 县		18		421	41
东 海 县	8	13		346	15
灌 云 县	11	7		302	22
灌 南 县	5	9		225	13

全 市 土 地 面 积 现 状

表 1-2　　(2012 年)　　单位:平方公里

地　　区	全　市	市　区	赣榆县	东海县	灌云县	灌南县
土地总面积	**7615.29**	**1199.82**	**1514.08**	**2036.66**	**1839.99**	**1024.74**
1.农用土地	5163.96	542.57	979.49	1578.19	1338.01	725.37
#耕　地	3924.86	310.41	702.30	1224.82	1100.04	587.29
园　林	158.46	17.37	46.48	87.07	4.06	3.49
林　地	146.89	109.39	5.05	27.66	4.79	
2. 建设用地	1732.11	489.93	364.36	367.71	345.59	164.51
#居民及工矿用地	1390.96	422.15	297.00	229.99	284.11	157.72
交通运输用地	111.14	44.16	18.07	28.48	15.74	4.70
水利设施用地	230.00	23.63	49.30	109.24	45.74	2.10
3.未利用地	719.22	167.32	170.23	90.76	156.39	134.52

全市乡、镇、街道办事处概况

表 1-3　　　　(2012 年)

地　　区	个数(个)	名　　称
赣榆县：镇	18	青口、海头、赣马、城头、欢墩、沙河、墩尚、石桥、黑林、金山、厉庄、柘汪、罗阳、宋庄、塔山、班庄、城西、门河
东海县：乡	8	驼峰、南辰、横沟、李埝、山左口、曲阳、张湾、石湖
镇	13	牛山、白塔埠、青湖、温泉、桃林、房山、黄川、石榴、石梁河、平明、安峰、洪庄、双店
灌云县：乡	11	伊芦、图河、沂北、下车、白砚、东王集、侍庄、小伊、穆圩、陡沟、南岗
镇	7	伊山、杨集、燕尾港、四队、龙苴、同兴、圩丰
灌南县：乡	5	五队、田楼、李集、新集、花园
镇	9	新安、堆沟港、长茂、北陈集、张店、汤沟、百禄、三口、孟兴庄
新浦区：街道办事处	6	路南、浦东、浦西、新海、新南、新东
乡	2	云台、花果山
镇	2	南城、浦南
海州区：街道办事处	4	海州、幸福路、洪门、朐阳
乡	1	宁海
镇	3	锦屏、新坝、板浦
连云区：街道办事处	8	墟沟、连云、云山、板桥、连岛、徐圩、中云、猴嘴
乡	3	宿城、高公岛、前三岛
镇	1	朝阳
#市开发区：街道办事处	2	中云、猴嘴
镇	1	朝阳

国 民 经 济 主 要 指 标

表 1-4

指　　标	单 位	2000	2005	2010	2011	2012
一、人　　口						
年末常住人口	万人	456.99	454.40	439.71	438.61	440.69
年末户籍人口	万人	455.61	472.18	497.73	505.18	510.99
二、从业人员数	**万人**	**208.04**	**227.60**	**302.08**	**308.18**	**249.20**
# 在岗职工人数	万人	40.71	31.90	30.61	33.09	33.48
三、地区生产总值(当年价)	**亿元**	**249.07**	**495.64**	**1193.31**	**1410.52**	**1603.42**
第一产业	亿元	69.82	101.31	182.60	204.11	232.4
第二产业	亿元	94.28	209.77	545.07	654.28	736.14
# 工业	亿元	73.95	166.77	431.84	517.82	583.31
第三产业	亿元	84.97	184.56	465.64	552.13	634.88
四、农业总产值(当年价)	**亿元**	**140.71**	**174.02**	**322.80**	**376.53**	**426.24**
粮食产量	万吨	207.03	248.00	339.36	345.99	361.35
年末耕地面积	千公顷	377.3	373.9	375.7	392.8	
五、规模以上工业						
工业总产值(当年价)	亿元	229.18	342.87	1936.28	2630.52	3413.38
产品销售收入	亿元	205.85	327.16	1905.48	2601.68	3346.45
利税总额	亿元	15.73	34.26	252.91	300.03	423.96
利润总额	亿元	7.34	19.16	165.82	190.10	273.20
六、能源消耗						
单位 GDP 能耗	吨标准煤/万元		0.94	0.83	0.82	1.33
单位 GDP 电耗	千瓦时/万元		894.80	870.11	769.34	763.45
单位工业增加值能耗	吨标准煤/万元		3.00	1.164	1.238	0.974
全社会用电量	万千瓦时	241953	407959	835186	1037133	1159661
# 工业	万千瓦时	152013	274346	539885	698371	759101

表 1-4 续表 1

指　　标	单　位	2000	2005	2010	2011	2012
七、运输和邮电						
全社会客运量	万人	5034	7936	13481	14428	15948
全社会货运量	万吨	3629	5628	13937	12901	14832
沿海港口货物吞吐量	万吨	2708.2	6016	13506	16628	18528
集装箱运量	万标箱	12.01	100.5	387.1	485.2	502
邮电通讯业务收入	万元	95711	159343	270359	297209	342351
八、固定资产投资						
全社会固定资产投资总额	亿元	127.83	323.60	1234.25	1240.93	1519.94
#规模以上投资	亿元	78.15	282.33	1093.93	1043.19	1280.88
#城镇规模以上投资	亿元	78.15	220.28	920.82	985.21	1205.83
房地产投资	亿元	6.59	35.36	132.36	164.65	162.23
九、内外贸易						
社会消费品零售总额	亿元	106.57	182.08	430.65	500.23	575.49
外贸进出口总额	万美元	48509	203906	507608	690008	800363
#外贸出口总额	万美元	38830	93179	260142	373577	360255
实际利用外资金额	万美元	17360	27480	110120	60986	73354
十、财　　政						
财政总收入	亿元	17.21	56.28	352.58	462.41	564.74
#一般预算收入	亿元	9.48	24.59	141.39	180.08	208.94
财政支出	亿元	18.43	59.00	352.03	468.38	600.06

表 1-4 续表 2

指　　标	单　位	2000	2005	2010	2011	2012
十一、金　融						
年末金融机构存款余款	亿元	192.89	437.38	1243.81	1388.69	1503.66
年末金融机构贷款余款	亿元	151.70	311.00	946.26	1088.17	1196.58
保费收人	万元	42960	117586	334245	351677	389913
# 财产险	万元	13666	28970	93248	109219	155185
赔款支出	万元	11102	20837	76827	92699	115192
# 财产险	万元	9850	17233	41313	52969	70054
十二、物　价						
居民消费价格指数	上年=100	101.2	102.0	103.5	104.9	102.3
十三、教　育						
各类学校在校学生	万人	92.19	89.07	74.81	72.66	72.56
# 高等学校	万人	1.62	2.75	3.45	3.39	3.38
中等专业学校	万人	1.70	2.64	5.32	4.81	5.06
普通中学	万人	23.95	39.61	30.91	28.61	26.85
小　学	万人	63.47	41.14	32.71	33.60	35.00
十四、卫　生						
卫生机构数	个	670	923	831	2666	2619
床 位 数	张	7952	9057	12249	12991	16504
卫生技术人员	万人	1.21	1.18	1.58	1.72	1.90
十五、人民生活						
在岗职工平均工资	元	6646	15043	33843	38817	44124
农民人均纯收入	元	2597	3869	7039	8434	9589
城市居民人均可支配收入	元	6456	10006	19020	21695	24342
城乡居民储蓄存款	亿元	114.37	250.13	538.24	629.42	732.79

国民经济主要比例(比重)关系

表 1-5　　　　单位:%

项　　目	2000	2005	2010	2011	2012
一、从业人员中一、二、三产业比例					
第一产业	58.1	43.8	30.5	28.6	33.3
第二产业	20.3	26.1	31.7	32.7	31.2
第三产业	21.6	30.1	37.8	38.7	35.5
二、地区生产总值中一、二、三产业比例					
第一产业	28.0	20.5	15.3	14.5	14.5
第二产业	37.9	42.3	45.7	46.4	45.9
第三产业	34.1	37.2	39.0	39.1	39.6
三、固定资产投资与 GDP 之比	51.3	71.0	103.4	88.0	94.8
社会消费品零售总额与 GDP 之比	42.8	39.9	36.1	35.5	35.9
四、外贸依存度	15.7	36.1	28.6	31.6	31.4
出口依存度	12.6	16.5	14.7	17.1	14.1
五、财政收入占 GDP 比重	6.9	12.3	29.5	32.8	35.2
金融贷存比	78.6	71.1	76.1	78.4	79.6
六、工业增加值占 GDP 比重	29.7	33.6	36.2	36.7	36.4
七、城市居民恩格尔系数	38.7	38.6	39.1	38.1	37.1
农村居民恩格尔系数	45.9	46.1	40.9	36.7	36.4
八、农林牧渔业总产值中农林牧渔业比例					
农　　业	59.8	48.9	50.0	48.0	47.5
林　　业	1.7	1.8	3.3	3.1	3.0
牧　　业	17.2	20.8	23.0	24.5	23.6
渔　　业	21.3	24.6	19.4	20.1	21.5
九、粮食与经济作物播种面积比例					
粮食作物	73.8	79.2	82.0	81.1	80.1
经济作物	25.6	20.7	18.0	18.8	19.9
其他作物	0.6	0.1	0.0	0.1	0.0

连　云　港　的　一　天

表 1-6

指　　　　标	单位	2000	2005	2010	2011	2012
一、全市每天创造的财富						
地区生产总值(当年价)	万元	6824	12492	32693	38644	43929
农业总产值(当年价)	万元	3855	4768	8844	10316	11678
财政收入	万元	470	1542	9660	12669	15472
发电量	万度	715	1401	5512	5626	5756
原　煤	吨	2750	2960	124		0
原　盐	吨	2712	2096	1465	2198	2152
布	万米	2.52	1.32	4.61	4.31	16.99
磷矿石(折 30%)	吨	383	278	275	268	293
纯　碱	吨	2686	3771	3660	3904	3623
化肥(折纯)	吨	661	516	202	242	257
水　泥	吨	1330	2441	9553	8145	15702
啤　酒	千升	161	222	216	197	196
二、每天其他经济活动						
全社会货运量	万吨	9.94	15.42	38.18	35.35	40.64
全社会客运量	万人	13.79	21.74	36.93	39.53	43.69
固定资产投资额	万元	3493	8865	33815	33998	41642
邮电通讯业务收入	万元	262.2	436.6	740.7	814.3	937.9
社会消费品零售额	万元	2611	4988	11799	13705	15767
三、每天人口变动和婚姻						
出生人数	人	211	172	188	183	263
死亡人数	人	62	66	120	42	99
结婚对数	对	80.6	82.6	161	174	184
离婚对数	对	2.8	8.2	17.8	20.7	23.1

社会经济主要指标年人均水平

表 1-7

指　　标	单位	2000	2005	2010	2011	2012
一、地区生产总值(当年价格)	元	5450	10873	26987	32119	36470
二、农业总产值(当年价格)	元	3078	3818	7300	8574	9695
三、财政收入	元	377	1235	7974	10529	12845
财政支出	元	403	1294	7961	10665	13648
四、粮食产量	公斤	591	544	767	788	822
耕地面积	亩	1.24	1.20	1.28	1.34	
五、社会消费品零售总额	元	2332	3994	9739	11391	13090
六、每千人拥有固定电话机数	部	132.6	307.3	250.5	237.3	235.1
每千人拥有移动电话机数	部	44.3	163.8	697.5	837.7	869.6
七、教　　育						
每万人拥有各类专业技术人员	人	217.7	301.9	481.7	494.4	608.1
每万人拥有高校在校学生	人	35.4	60.4	78.5	77.2	76.8
八、卫　　生						
每万人拥有医院床位数	张	15.4	18.2	27.9	29.6	35.6
每万人拥有医生	人	11.7	11.5	12.6	14.6	16.6
九、人民生活						
在岗职工平均工资	元	6646	15043	33843	38817	44124
城市居民可支配收入	元	6456	10006	19020	21695	24342
城市居民生活消费支出	元	4735	7213	12293	14110	15615
农民纯收入	元	2597	3869	7039	8434	9589
农民生活消费支出	元	1541	2574	4766	5498	6210
城乡居民储蓄	元	2503	5487	12172	14350	16628
城市居民住房总使用面积	平方米	19.05	23.81	25.47	24.42	24.49
城市居民人均日生活用水量	升	192.40	159.27	103.34	113.11	118.68
城乡居民人均日生活用电量	度	0.26	0.41	0.96	1.05	1.27

注：按常住人口计算。

按地区分社会经济主要指标

表 1-8　　(2012 年)

地　　区	全　市	市　区	赣榆县	东海县	灌云县	灌南县
一、人口及土地面积						
年末户籍人口(万人)	510.99	96.65	115.58	118.02	102.01	78.73
年末常住人口(万人)	440.69	109.74	94.81	94.96	78.99	62.19
从业人员(万人)	249.20	51.88	57.16	56.28	47.63	36.25
第一产业	83.00	9.14	18.48	18.76	19.74	16.88
第二产业	77.70	18.43	18.91	17.61	13.97	8.78
第三产业	88.50	24.31	19.77	19.91	13.92	10.59
土地面积(平方公里)	7615	1200	1514	2037	1840	1025
二、地区生产总值(当年价、亿元)	**1603.42**	**564.00**	**331.36**	**277.30**	**220.29**	**210.47**
第一产业	232.40	31.69	50.46	51.02	50.34	39.39
第二产业	736.14	286.41	166.07	127.37	102.23	105.28
# 工业	583.31	228.59	129.54	109.04	77.90	89.46
第三产业	634.88	245.90	114.83	98.91	67.72	65.8
三、固定资产投资						
全社会固定资产投资(万元)	15199404	6107865	2484834	2269497	2168722	2168486
# 规模以上	12808779	5617143	2023134	1893483	1644649	1630370
房地产	1622296	1024215	157911	180888	119224	140058
四、财政、金融						
财政总收入(万元)	5647419	2940713	671000	699772	649764	686170
# 一般预算收入	2089396	1008146	292104	274607	258598	255941
财政支出(万元)	6000552	2736535	842275	876722	766123	778897
年末金融机构存款余款(万元)	15036631	8965199	1889270	1867075	1432805	882282
# 城乡居民储蓄	7327912	3386740	1216261	1227772	873390	623750
年末金融机构贷款余款(万元)	11965811	7554389	1406863	1334096	977861	692602

表 1-8 续表 1　　　　　　　　　　　　(2012 年)

地　　区	全　市	市　区	赣榆县	东海县	灌云县	灌南县
五、规模以上工业						
工业总产值(当年价、万元)	34133800	13106204	8160529	4816227	3921080	4129760
利税总额(万元)	4239611	2007311	716269	578743	419333	517955
利润总额	2731951	1297950	436299	382971	304169	310561
六、农　业						
农业总产值(当年价、万元)	4262364	534034	1167266	953437	908537	699090
粮食总产量(吨)	3613486	471616	564656	1143265	804907	629042
棉花总产量(吨)	2834	1920	488	84	303	39
油料总产量(吨)	117831	180	68672	45918	868	2193
七、邮电通信、电力						
邮电通讯业务收入(万元)	293951	121163	52730	52618	37172	30268
本地电话用户(户)	1036105	395810	209409	187230	134014	109642
#城市电话用户	521980	321889	61476	58809	43276	36530
全社会用电量(万千瓦时)	1159661	431228	265061	171737	97305	194330
#工业	759101	253118	194766	107850	51998	151370
八、批发零售贸易、外经						
社会消费品零售总额(万元)	5754940	2266190	1082792	1078900	786918	540140
进出口总额(万美元)	800363	694120	39059	27556	23470	16158
#出口总额	360255	276223	27871	21201	21532	13428
新签协议(合同)(个)	109	53	18	15	22	1
协议外资金额(万美元)	85565	43828	14980	12200	19128	-4571
实际利用外资(万美元)	73354	38697	13010	13936	5457	2254

表 1-8 续表 2　　　　　　　　　　(2012 年)

地　　区	全　市	市　区	赣榆县	东海县	灌云县	灌南县
九、教育、科技、卫生						
小学毕业升学率(%)	99.4	96.7	100.0	100.0	100.0	100.0
各类专业技术人员数(人)	267963	165640	38439	42031	12263	9590
#中级技术职称以上	116656	81891	9425	14102	6675	4563
卫生机构数(个)	2619	608	701	529	428	353
#医院、卫生院	157	37	35	30	30	25
卫生机构床位数(张)	16504	6604	2668	2545	2332	2355
#医院、卫生院	15459	5639	2668	2465	2332	2355
卫生技术人员(人)	19040	8359	3218	2844	2353	2266
#医院、卫生院	14364	5564	2813	2158	2035	1794
#执业医师、执业助理医师	7333	3209	1239	1217	843	825
十、人民生活						
在岗职工人数(人)	334827	193243	37440	38861	30741	34542
在岗职工平均工资(元)	44124	48007	41450	37839	38117	38020
农村居民人均纯收入(元)	9589	10525	10310	9910	8929	8472
农村居民人均生活消费支出(元)	6210	7812	6790	6432	4921	5948
城市居民人均可支配收入(元)	20816	24342	19533	19726	15943	18535
城市居民人均消费支出(元)		15615	11167	11819	9553	10650
十一、社会治安						
刑事案件立案数(件)	4013	1554	719	798	564	396
犯罪人数(人)	4969	1705	944	1094	713	513
民事案件发案数(件)	45626	17561	10839	7900	5525	3801
交通事故(起)	391	102	89	75	64	61
火灾事故(起)	341	127	77	35	79	23

全市主要年份全面建设小康社会指标

表 1-9

指　　标	单位	2005	2006	2007	2008	2009	2010	2011
一、经济发展								
1、人均地区生产总值	元	10873	13149	15611	18505	21144	26987	32119
2、二、三产业增加值占 GDP 比重	%	79.5	81.9	83.4	83.6	83.6	84.7	85.5
3、城市化水平	%	37.2	39.0	40.5	42.0	43.5	51.8	53.2
4、城镇登记失业率	%	4.1	3.6	3.1	3.0	3.0	2.9	2.5
二、生活水平								
5、居民收入								
(1)城镇居民人均可支配收入	元	10006	11475	13254	12268	13886	15790	18483
(2)农村居民人均纯收入	元	3869	4265	4828	5454	6111	7039	8434
6、居民住房								
(1)城镇人均住房建筑面积	m^2	31.8	31.4	31.7	34.7	35.4	35.8	36.9
(2)农村人均钢筋、砖木结构住房面积	m^2	24.5	26.0	29.6	31.8	33.5	35.3	41.3
7、居民出行								
(1)农村行政村通灰黑公路(或航道)比重	%	100.0	100.0	100.0	100.0	100.0	100.0	100.0
(2)城镇人均拥有道路面积	m^2	13.7	16.5	20.2	20.7	21.8	21.3	20.4
8、居民信息化普及程度								
(1)百户家庭电话拥有量	部	169.4	200.0	218.8	238.5	249.0	270.5	271.8
(2)百户家庭电脑拥有量	台	14.6	18.6	22.7	28.7	34.6	44.4	58.3
9、居民文教娱乐服务支出占家庭消费支出比重	%	14.5	20.9	13.6	13.9	13.7	13.6	15.9
10、恩格尔系数	%	43.2	36.9	41.8	40.9	38.6	39.1	37.2
三、社会发展								
11、R&D 经费支出占 GDP 比重	%	0.55	0.65	0.95	0.95	1.12	1.17	1.25
12、高中阶段教育毛入学率	%	45.4	61.0	73.6	92.1	95.1	96.9	96.0
13、卫生服务体系健全率	%	77.7	88.8	90.9	99.8	100.0	100.0	100.0
14、社会保障								
(1)城镇劳动保障三大保险各自覆盖面	%	91.8	96.2	93.9	93.1	94.5	95.1	96.0
(2)新型农村合作医疗覆盖面	%	91.3	93.7	96.5	99.8	99.5	99.1	99.5
15、人民群众对社会治安的满意率	%	97.1	96.8	97.7	97.0	97.0	98.6	91.0
16、城乡村(居)民依法自治								
(1)城镇社区居委会依法自治达标率	%	92.0	95.0	96.0	96.0	98.0	98.1	96.0
(2)农村村委会依法自治达标率	%	95.0	95.0	95.5	96.0	97.0	97.8	95.5
四、生态环境								
17、绿化水平								
(1)城市绿化覆盖率	%	37.1	37.5	37.5	35.6	40.7	38.0	38.9
(2)森林覆盖率	%	14.7	16.3	16.6	18.0	19.7	22.2	23.5
18、环境质量综合指数	分	86.6	82.9	83.5	84.9	86.3	84.0	85.7

注:本表历史数据未根据相关资料做相应调整。

全面建设小康社会进程测算表

表 1-10

指标	代码	单位	目标值	2012年实现值	比上年增减值	年均应完成进度		时序进度情况	
						按省定时间	按自定时间	按省定时间	按自定时间
一、经济发展									
1、人均地区生产总值	1	元	≥24000	36470	4351	—	—	√	√
2、二、三产业增加值占 GDP 比重	2	%	≥92	85.5	0.0	1.6	2.2	△	△
3、城市化水平	3	%	55	54.4	1.2	0.5	0.6	√	√
4、城镇登记失业率	4	%	<5	2.4	-0.1	—	—	√	√
二、生活水平									
5、居民收入									
(1)城镇居民人均可支配收入	5	元	≥16000	20816	2333	—	—	√	√
(2)农村居民人均纯收入	6	元	≥8000	9589	1155	—	—	√	√
6、居民住房									
(1)城镇人均住房建筑面积	7	m^2	30	37.4	0.5	—	—	√	√
(2)农村人均钢筋、砖木结构住房面积	8	m^2	40	41.3	0.0	—	—	√	√
7、居民出行									
(1)农村行政村通灰黑公路(或航道)比重	9	%	100	100	0.0	—	—	√	√
(2)城镇人均拥有道路面积	10	m^2	12	20.1	-0.3	—	—	√	√
8、居民信息化普及程度									
(1)百户家庭电话拥有量	11	部	200	281.5	9.7	—	—	√	√
(2)百户家庭电脑拥有量	12	台	40	64.8	13.6	—	—	√	√
9、居民文教娱乐服务支出占家庭消费支出比重	13	%	18	16.7	0.8	0.5	0.7	√	√
10、恩格尔系数	14	%	<40	36.6	-0.6	—	—	√	√
三、社会发展									
11、R&D 经费支出占 GDP 比重	15	%	≥1.5	1.40	0.11	0.05	0.07	√	√
12、高中阶段教育毛入学率	16	%	≥90	96.9	0.9	—	—	√	√
13、卫生服务体系健全率	17	%	≥90	100.0	0.0	—	—	√	√
14、社会保障									
(1)城镇劳动保障三大保险各自覆盖面	18	%	≥95	96.1	0.1	—	—	√	√
# 城镇基本养老保险		%	≥95	96.7	0.2	—	—	√	√
城镇失业保险		%	≥95	97.6	0.0	—	—	√	√
城镇基本医疗保险		%	≥95	94.1	0.3	0.3	0.4	√	△
(2)新型农村合作医疗覆盖面	19	%	≥85	99.9	0.4	—	—	√	√
15、人民群众对社会治安的满意率	20	%	90	93.7	2.7	—	—	√	√
16、城乡村(居)民依法自治									
(1)城镇社区居委会依法自治达标率	21	%	90	93.3	-2.7	—	—	√	√
(2)农村村委会依法自治达标率	22	%	95	95.3	-0.2	—	—	√	√
四、生态环境									
17、绿化水平									
(1)城市绿化覆盖率	23	%	40	39.6	0.6	0.3	0.3	√	√
(2)森林覆盖率	24	%	20	24.5	1.0	—	—	√	√
18、环境质量综合指数	25	分	80	83.9	-1.8	—	—	√	√

注：1、表中"—"表示该指标上年总体已达到目标值;空白表示因缺少上年数据或报告年份超过达标年份,没有进度数据;"√"表示当年达到时序进度,总体达标视同当年达到时序进度;"△"表示未达到时序进度。

2、连云港市省定与自定实现目标时间分别为 2017 年和 2015 年。

全市主要年份地区生产总值

表 1-11　　（当年价格）　　单位：亿元

年份	地区生产总值	第一产业	第二产业	#工业	第三产业	人均地区生产总值（元）
1978	10.45	4.81	3.84	3.45	1.79	321
1979	11.49	5.47	4.04	3.61	1.98	351
1980	12.56	6.04	4.35	3.86	2.17	381
1981	14.18	7.02	4.74	4.23	2.42	424
1982	17.99	9.41	5.36	4.65	3.22	527
1983	20.26	10.33	6.12	4.98	3.82	585
1984	23.62	11.73	7.01	5.58	4.87	673
1985	29.64	13.78	8.74	6.97	7.12	833
1986	35.43	17.07	10.24	7.96	8.12	981
1987	39.52	18.54	11.78	9.24	9.19	1075
1988	46.20	20.87	13.45	10.93	11.87	1231
1989	49.05	22.13	14.00	11.74	12.93	1280
1990	55.19	25.45	14.70	12.18	15.03	1391
1991	59.51	26.26	15.88	13.07	17.37	1456
1992	68.92	26.62	20.99	17.75	21.31	1660
1993	86.26	32.50	28.58	24.38	25.18	2058
1994	110.61	42.25	35.47	30.68	32.89	2620
1995	139.29	54.14	43.09	35.67	42.06	3240
1996	169.52	63.18	51.17	42.13	55.17	3939
1997	195.86	68.35	62.38	50.21	65.13	4501
1998	216.51	71.91	73.87	58.75	70.73	4916
1999	232.24	74.44	81.11	63.49	76.69	5209
2000	249.07	69.82	94.28	73.95	84.97	5512
2001	269.29	73.86	101.66	78.23	93.77	5884
2002	296.84	77.58	113.41	86.04	105.85	6427
2003	332.75	81.00	129.81	96.55	121.94	7141
2004（旧行业）	391.52	86.34	163.00	120.08	142.18	8551
2004（新行业）	391.52	89.27	163.00	120.08	139.25	8551
2005	495.64	101.31	209.77	166.77	184.56	10873
2006	594.96	112.71	265.82	212.26	216.43	13149
2007	700.54	126.64	318.71	258.57	255.19	15611
2008	825.83	142.30	378.49	303.70	305.04	18505
2009	941.13	154.46	435.61	341.75	351.06	21144
2010	1193.31	182.60	545.07	431.84	465.64	26987
2011	1410.52	204.11	654.28	517.82	552.13	32119
2012	1603.42	232.40	736.14	583.31	634.88	36470

全 市 主 要 年 份 地 区 生 产 总 值 指 数

表 1-12　　(按可比价格计算,1978 年=100)

年　份	地区生产总　值	第一产业	第二产业	#工业	第三产业	人均地区生产总值
1978	100.00	100.00	100.00	100.00	100.00	100.00
1979	110.00	113.00	104.20	104.50	109.10	109.40
1980	118.00	122.30	112.00	111.10	112.90	116.60
1981	132.90	140.20	122.70	122.30	124.60	129.30
1982	157.10	162.10	140.20	136.70	164.40	149.80
1983	173.10	170.70	161.90	148.60	194.80	162.60
1984	193.20	180.80	184.20	165.20	242.30	179.20
1985	219.10	181.60	224.80	201.90	323.30	200.50
1986	242.90	208.40	244.20	213.00	344.30	219.00
1987	257.50	220.70	265.70	234.70	356.70	228.10
1988	258.40	211.70	280.10	251.10	368.90	224.10
1989	258.20	217.40	279.80	262.20	351.00	219.30
1990	280.90	226.00	315.00	292.20	399.10	230.70
1991	300.20	242.60	328.70	305.00	434.00	239.00
1992	335.50	243.60	410.60	411.00	509.50	263.10
1993	362.68	252.61	473.83	472.24	543.64	281.85
1994	408.01	271.31	558.65	554.41	615.94	314.90
1995	453.71	290.03	642.45	630.92	691.70	347.31
1996	514.05	323.09	716.33	693.38	815.52	389.32
1997	584.47	345.38	855.29	817.49	937.03	437.64
1998	661.63	369.21	1046.02	998.16	1021.36	489.47
1999	722.50	393.95	1170.50	1107.96	1105.11	528.06
2000	785.35	390.80	1349.59	1281.90	1206.78	566.06
2001	845.04	413.86	1461.60	1367.79	1305.74	601.49
2002	911.80	432.48	1584.38	1466.27	1437.62	643.26
2003	1007.54	449.78	1814.11	1687.68	1594.32	704.37
2004(旧行业)	1147.58	475.87	2138.84	1999.90	1838.25	814.96
2004(新行业)	1147.58	485.31	2138.84	1999.90	1812.74	814.96
2005	1310.54	501.33	2564.47	2389.88	2082.84	933.94
2006	1508.43	531.41	3056.85	2853.52	2401.51	1083.37
2007	1736.20	563.29	3613.19	3395.69	2785.75	1257.79
2008	1963.65	595.96	4137.11	3949.19	3200.83	1431.37
2009	2230.70	619.80	4794.91	4537.61	3687.35	1630.33
2010	2534.08	651.41	5605.25	5345.31	4177.77	1865.10
2011	2863.51	677.47	6479.67	6270.05	4737.59	2120.61
2012	3227.18	716.08	7406.26	7235.63	5367.69	2387.81

全市主要年份地区生产总值构成

表 1-13　　(当年价格)　　单位:%

年份	地区生产总值	第一产业	第二产业	#工业	第三产业
1978	100	46.1	36.8	33.0	17.1
1979	100	47.6	35.2	31.5	17.2
1980	100	48.1	34.6	22.8	17.3
1981	100	49.5	33.5	29.8	17.0
1982	100	52.3	29.8	25.8	17.9
1983	100	51.0	30.2	24.6	18.8
1984	100	49.7	29.7	23.6	20.6
1985	100	46.5	29.5	23.5	24.0
1986	100	48.2	28.9	22.5	22.9
1987	100	46.9	29.8	23.4	23.3
1988	100	45.2	29.1	23.7	25.7
1989	100	45.1	28.6	23.9	26.3
1990	100	46.1	26.6	22.1	27.3
1991	100	44.1	26.7	22.0	29.2
1992	100	38.6	30.5	25.8	30.9
1993	100	37.7	33.1	28.3	29.2
1994	100	38.2	32.1	27.7	29.7
1995	100	38.9	30.9	25.6	30.2
1996	100	37.3	30.2	24.9	32.5
1997	100	34.9	31.8	25.6	33.3
1998	100	33.2	34.1	27.1	32.7
1999	100	32.1	34.9	27.3	33.0
2000	100	28.0	37.9	29.7	34.1
2001	100	27.4	37.8	29.1	34.8
2002	100	26.1	38.2	29.0	35.7
2003	100	24.3	39.0	29.0	36.7
2004(旧行业)	100	22.1	41.6	30.7	36.3
2004(新行业)	100	22.8	41.6	30.7	35.6
2005	100	20.5	42.3	33.6	37.2
2006	100	18.9	44.7	35.7	36.4
2007	100	18.1	45.5	36.9	36.4
2008	100	17.2	45.8	36.8	37.0
2009	100	16.4	46.3	36.3	37.3
2010	100	15.3	45.7	36.2	39.0
2011	100	14.5	46.4	36.7	39.1
2012	100	14.5	45.9	36.4	39.6

主要年份分地区生产总值

表 1-14　　(当年价格)　　单位:亿元

年份	全市	市区	赣榆县	东海县	灌云县	灌南县
1978	10.45	3.95	2.16	1.89	1.60	0.85
1979	11.49	4.17	2.46	2.09	1.86	0.92
1980	12.56	4.40	2.72	2.50	1.90	1.04
1981	14.18	4.84	3.03	3.08	2.17	1.07
1982	17.99	5.79	3.61	3.73	3.23	1.63
1983	20.26	6.75	4.36	4.23	3.31	1.61
1984	23.62	7.88	4.79	5.17	3.78	1.99
1985	29.64	10.69	6.13	6.40	4.31	2.11
1986	35.43	12.24	7.64	7.65	5.06	2.84
1987	39.52	13.57	8.16	7.76	6.25	3.78
1988	46.20	16.25	8.86	8.60	7.79	4.69
1989	49.05	17.99	9.47	9.07	8.30	4.21
1990	55.19	18.75	10.39	10.47	10.53	5.05
1991	59.51	21.13	10.93	10.96	10.72	5.76
1992	68.92	26.86	12.87	12.22	10.16	6.81
1993	86.26	33.34	16.33	17.15	10.46	8.98
1994	110.61	35.77	21.70	26.38	14.63	12.13
1995	139.29	41.70	28.82	34.94	20.69	13.14
1996	169.52	55.62	36.44	38.13	23.89	15.44
1997	195.86	67.45	40.54	42.33	27.29	18.25
1998	216.51	75.08	44.38	47.38	28.86	20.81
1999	232.24	82.08	46.99	49.40	31.04	22.73
2000	249.07	98.74	49.39	51.04	27.89	22.01
2001	269.29	104.05	54.21	55.42	31.72	23.89
2002	296.84	116.59	59.58	59.69	34.56	26.42
2003	332.75	147.79	60.66	58.28	36.92	29.10
2004	391.52	185.07	64.01	67.08	40.95	34.41
2005	495.64	216.82	74.80	77.82	46.48	40.05
2006	594.96	237.87	91.82	92.73	55.93	49.03
2007	700.54	274.64	113.34	114.06	69.98	62.53
2008	825.83	344.45	153.89	137.23	100.41	89.85
2009	941.13	369.54	182.44	162.69	119.36	107.10
2010	1193.31	437.39	223.07	200.14	150.13	140.08
2011	1410.52	507.23	283.07	245.67	192.22	182.33
2012	1603.42	564	331.36	277.3	220.29	210.47

市区主要年份地区生产总值

表 1-15　　(当年价格)　　单位:亿元

年份	地区生产总值	第一产业	第二产业	#工业	第三产业	人均地区生产总值(元)
1978	3.95	0.42	2.89	2.75	0.64	1139
1979	4.17	0.45	3.00	2.85	0.71	1170
1980	4.40	0.51	3.13	2.94	0.77	1205
1981	4.84	0.54	3.38	3.14	0.92	1289
1982	5.79	0.62	3.66	3.37	1.51	1507
1983	6.75	0.73	3.95	3.51	2.06	1622
1984	7.88	0.76	4.44	3.72	2.67	1793
1985	10.67	1.08	5.45	4.46	4.16	2360
1986	12.24	1.31	6.26	4.75	4.67	2654
1987	13.57	1.54	7.01	5.33	5.02	2840
1988	16.25	1.74	7.69	6.33	6.83	3323
1989	17.99	1.99	8.37	7.08	7.62	3569
1990	18.75	1.70	8.65	7.14	8.39	3641
1991	21.13	1.84	9.33	7.71	9.97	4018
1992	26.86	1.98	12.27	10.48	12.61	4977
1993	33.34	2.19	16.74	14.30	14.42	6078
1994	35.77	2.78	17.65	15.14	15.34	6461
1995	41.70	3.53	20.46	17.65	17.71	7376
1996	55.62	4.78	28.46	24.87	22.38	9646
1997	67.45	5.56	36.18	31.14	25.71	11473
1998	75.08	6.45	40.15	34.83	28.48	12530
1999	82.08	7.48	43.17	37.29	31.43	13449
2000	98.74	8.25	52.95	45.74	37.54	15903
2001	104.05	9.11	55.29	47.49	39.65	16459
2002	116.59	10.21	61.16	52.27	45.22	18132
2003	147.49	11.65	78.76	59.86	57.08	22470
2004	185.07	13.24	97.75	68.42	74.08	23663
2005	216.82	15.03	116.71	81.64	85.08	27273
2006	237.87	13.25	126.74	95.15	97.88	29649
2007	274.64	14.62	148.1	113.42	111.92	33756
2008	344.45	26.68	168.48	140.21	149.29	36830
2009	369.54	26.82	179.04	140.64	163.68	37229
2010	437.39	28.18	221.80	177.23	187.41	42683
2011	507.23	29.94	259.18	205.49	218.11	48147
2012	564.00	31.69	286.41	228.59	245.9	51556

社 会 总 产 出 、地 区 生 产 总 值

表 1-16　　(2012 年)　　单位:亿元

指　　标	全　市	市　区	赣榆县	东海县	灌云县	灌南县
一、社会总产出	**5121.88**	**2067.81**	**957.25**	**959.76**	**839.92**	**671.97**
第一产业	426.24	60.71	78.44	95.34	90.85	69.91
第二产业	3378.00	1481.49	705.09	722.04	592.21	459.87
工　业	2821.63	1083.87	602.67	622.29	439.65	399.35
建 筑 业	556.37	397.62	102.42	99.75	152.56	60.52
第三产业	1317.64	525.61	173.72	142.38	156.86	142.19
二、地区生产总值	**1603.42**	**564.00**	**331.36**	**277.30**	**220.29**	**210.47**
第一产业	232.40	31.69	50.46	51.02	50.34	39.39
第二产业	736.14	286.41	166.07	127.37	102.23	105.28
工　业	583.31	228.59	129.54	109.04	77.90	89.46
建 筑 业	152.83	57.82	36.53	18.33	24.33	15.82
第三产业	634.88	245.90	114.83	98.91	67.72	65.80
三、人均地区生产总值(元)	**36470**	**51556**	**34996**	**29233**	**28009**	**33914**

表 1-16 续表　　(2012 年)　　单位:亿元

指　标	市　区	新浦区	海州区	连云区	开发区
一、社会总产出	**2067.81**	**284.90**	**199.88**	**305.14**	**899.52**
第一产业	60.71	11.53	18.12	7.97	1.13
第二产业	1481.49	108.54	133.93	194.72	817.81
工　业	1083.87	79.07	124.60	158.04	775.72
建 筑 业	397.62	29.47	9.33	36.68	42.09
第三产业	525.61	164.83	47.83	102.45	80.58
二、地区生产总值	**564.00**	**108.27**	**64.60**	**78.70**	**208.01**
第一产业	31.69	5.58	9.36	4.15	0.59
第二产业	286.41	24.23	35.73	35.56	169.72
工　业	228.59	14.77	33.43	30.00	163.60
建 筑 业	57.82	78.46	2.30	5.56	6.12
第三产业	245.90	3.56	19.51	38.99	37.70

地区生产总值结构情况

表1-17　　(2012年)　　单位:%

指标	全市	市区	赣榆县	东海县	灌云县	灌南县
地区生产总值	100	100	100	100	100	100
第一产业	14.5	5.6	15.2	18.4	22.9	18.7
第二产业	45.9	50.8	50.1	45.9	46.4	50.0
第三产业	39.6	43.6	34.7	35.7	30.7	31.3

表1-17续表　　(2011年)　　单位:%

指标	全市	市区	赣榆县	东海县	灌云县	灌南县
地区生产总值	100	100	100	100	100	100
第一产业	14.5	5.9	15.3	18.5	23.0	18.8
第二产业	46.4	51.1	51.0	47.4	47.0	50.1
第三产业	39.1	43.0	33.7	34.1	30.0	31.1

全市居民消费水平

表1-18

项目	2000	2005	2006	2007	2008	2009	2010	2011	2012
一、当年价格居民消费水平(元)	**2336**	**4679**	**5080**	**5621**	**6673**	**7867**	**9869**	**11646**	**13128**
农村居民	1701	2892	3000	3367	3835	4757	6070	7202	7999
城镇居民	4653	7598	8460	9037	10715	12035	14055	15675	17541
二、居民年平均人口(万人)	**451.88**	**455.84**	**452.46**	**448.75**	**446.27**	**445.11**	**442.18**	**439.16**	**439.65**
农村居民	354.73	282.72	280.12	270.38	262.19	254.94	231.80	208.82	203.33
城镇居民	97.15	173.12	172.34	178.37	184.08	190.17	210.38	230.34	236.32

注:2004年以后为常住人口。

全市地区生产总值构成项目

表 1–19　　　　(2012 年)　　　　单位:亿元

行业	地区生产总值	劳动者报酬	生产税净额	固定资产折旧	营业盈余
地区生产总值	**1603.42**	**716.43**	**223.17**	**213.15**	**450.67**
第一产业	232.40	189.91	–0.55	12.88	30.16
农、林、牧、渔业	232.40	189.91	–0.55	12.88	30.16
农业	124.08	101.64	–0.55	6.88	16.11
林业	6.56	5.35		0.36	0.85
牧业	43.55	35.49		2.41	5.65
渔业	47.55	38.74		2.64	6.17
农、林、牧、渔服务业	10.66	8.69		0.59	1.38
第二产业	736.14	227.31	159.61	85.76	263.46
工业	583.31	113.56	143.32	82.94	243.49
采矿业	15.76	7.40	3.19	1.28	3.89
制造业	492.47	87.55	133.07	63.53	208.32
电力、燃气及水的生产和供应	75.08	18.61	7.06	18.13	31.28
建筑业	152.83	113.75	16.29	2.82	19.97
第三产业	634.88	299.21	64.11	114.51	157.05
交通运输、仓储和邮政业	92.40	35.66	8.86	20.59	27.29
信息传输、计算机服务和软件业	23.26	3.55	1.29	8.49	9.93
电信和其他信息传输服务业	21.54	3.02	1.12	8.23	9.17
计算机服务	1.72	0.53	0.17	0.26	0.76
批发和零售业	134.43	50.37	23.04	8.15	52.87
批发业	81.68	24.11	14.49	3.70	39.38
零售业	52.75	26.26	8.55	4.45	13.49

表 1-19 续表	(2012 年)				单位:亿元
行　　　业	地区生产总　值	劳动者报酬	生产税净额	固定资产折　旧	营业盈余
住宿和餐饮业	21.81	15.37	1.69	3.36	1.39
住宿业	4.74	2.37	0.77	1.15	0.45
餐饮业	17.07	13.00	0.92	2.21	0.94
金融业	60.71	18.27	8.18	2.52	31.74
银行业	49.85	14.71	4.88	2.10	28.16
证券业	5.72	0.39	2.78	0.15	2.40
保险业	4.87	3.10	0.47	0.21	1.09
其他金融活动	0.27	0.07	0.05	0.06	0.09
房地产业	103.00	29.76	15.79	41.59	15.86
房地产开发经营业	60.21	27.96	15.38	2.02	14.85
物业管理、中介服务业和其他活动	3.35	1.80	0.41	0.13	1.01
居民自有住房服务业	39.44			39.44	
租赁和商务服务业	30.14	12.05	3.44	5.43	9.22
租赁业	1.68	0.54	0.11	0.78	0.25
商务服务业	28.46	11.51	3.33	4.65	8.97
科学研究、技术服务和地质勘查业	8.68	4.51	0.40	1.64	2.13
水利、环境和公共设施管理业	7.59	3.65	0.19	2.87	0.88
居民服务和其他服务业	5.61	3.50	0.41	0.56	1.14
教育	52.90	46.27	0.13	5.46	1.04
卫生、社会保障和社会福利业	21.25	17.45	0.06	2.07	1.67
文化、体育和娱乐业	3.75	2.53	0.28	0.57	0.37
公共管理和社会组织	69.35	56.27	0.35	11.21	1.52

全市地区生产总值构成项目

表 1-20 (2011 年) 单位:亿元

行业	地区生产总值	劳动者报酬	生产税净额	固定资产折旧	营业盈余
地区生产总值	**1410.52**	**607.13**	**206.76**	**202.93**	**393.70**
第一产业	204.11	169.22	-0.45	11.60	23.74
农、林、牧、渔业	204.11	169.22	-0.45	11.60	23.74
农业	113.74	94.30	-0.45	6.46	13.43
林业	5.98	4.96		0.34	0.68
牧业	37.91	31.43		2.15	4.33
渔业	37.60	31.17		2.15	4.28
农、林、牧、渔服务业	8.88	7.36		0.50	1.02
第二产业	654.28	180.84	150.71	88.13	234.60
工业	517.82	102.80	133.60	77.40	204.02
采矿业	13.99	8.79	2.08	2.49	0.63
制造业	437.18	77.72	118.13	56.40	184.93
电力、燃气及水的生产和供应	66.65	16.29	13.39	18.51	18.46
建筑业	136.46	78.04	17.11	10.73	30.58
第三产业	552.13	257.07	56.50	103.20	135.36
交通运输、仓储和邮政业	81.99	31.65	7.87	18.26	24.21
信息传输、计算机服务和软件业	20.16	3.08	1.12	7.35	8.61
电信和其他信息传输服务业	18.67	2.62	0.97	7.13	7.95
计算机服务业和软件业	1.49	0.46	0.15	0.22	0.66
批发和零售业	114.00	42.84	19.53	6.94	44.69
批发业	68.64	20.26	12.18	3.11	33.09
零售业	45.36	22.58	7.35	3.83	11.60

表 1-20 续表　　　　(2011 年)　　　　单位:亿元

行业	地区生产总值	劳动者报酬	生产税净额	固定资产折旧	营业盈余
住宿和餐饮业	17.82	12.50	1.40	2.77	1.15
住宿业	4.08	2.04	0.66	0.99	0.39
餐饮业	13.74	10.46	0.74	1.78	0.76
金融业	51.16	15.40	6.89	2.13	26.74
银行业	42.00	12.40	4.11	1.77	23.72
证券业	4.82	0.33	2.34	0.13	2.02
保险业	4.11	2.61	0.40	0.18	0.92
其他金融活动	0.23	0.06	0.04	0.05	0.08
房地产业	101.84	29.41	15.62	41.13	15.68
房地产开发经营业	59.52	27.63	15.21	2.00	14.68
物业管理、中介服务业和其他活动	3.32	1.78	0.41	0.13	1.00
居民自有住房服务业	39.00			39.00	
租赁和商务服务业	22.81	9.12	2.60	4.11	6.98
租赁业	1.27	0.41	0.08	0.59	0.19
商务服务业	21.54	8.71	2.52	3.52	6.79
科学研究、技术服务和地质勘查业	7.43	3.87	0.34	1.40	1.82
水利、环境和公共设施管理业	6.50	3.13	0.16	2.46	0.75
居民服务和其他服务业	4.24	2.65	0.31	0.42	0.86
教育	45.27	39.60	0.11	4.67	0.89
卫生、社会保障和社会福利业	18.19	14.94	0.05	1.77	1.43
文化、体育和娱乐业	2.84	1.92	0.21	0.43	0.28
公共管理和社会组织	57.88	46.96	0.29	9.36	1.27

按支出法计算的地区生产总值

表 1-21　　(当年价格)　　单位:亿元

指　　标	2012	2011	2012为2011%
地区生产总值	**1603.42**	**1410.52**	**113.7**
一、最终消费	712.32	623.84	114.2
1、居民消费	577.18	511.46	112.8
①农村居民	162.64	150.40	108.1
食品类支出	51.93	50.05	103.8
衣着类支出	9.14	8.52	107.3
居住类支出	24.67	23.22	106.2
家庭设备、用品及服务类支出	8.68	8.10	107.2
医疗保健类支出	7.73	7.52	102.8
交通和通信类支出	12.41	11.09	111.9
文教娱乐用品及服务类支出	22.92	18.67	122.8
银行中介服务支出	2.16	1.39	155.4
保险服务消费支出	0.59		
自有住房服务虚拟支出	18.18	17.98	101.1
其它商品和服务类支出	4.23	3.86	109.6
②城镇居民	414.54	361.06	114.8
食品类支出	136.76	123.69	110.6
衣着类支出	41.80	37.63	111.1
居住类支出	33.50	29.61	113.1
家庭设备、用品及服务类支出	29.00	26.93	107.7
医疗保健类支出	24.41	22.73	107.4
交通和通信类支出	50.24	33.93	148.1
文教娱乐用品及服务类支出	45.85	44.40	103.3
银行中介服务支出	8.22	3.01	273.1
保险服务消费支出	2.53		
自有住房服务虚拟支出	21.91	21.02	104.2
实物消费支出	3.82	3.05	125.2
其它商品和服务类支出	16.50	15.06	109.6
2、政府消费	135.14	112.38	120.3
二、资本形成总额	901.54	768.87	117.3
固定资本形成总额	845.57	684.25	123.6
存货增加	55.97	84.62	66.1
三、货物和服务净流出	-10.44	17.81	-58.6

民 营 经 济 户 数

表 1-22　　　　单位:户

行业	2012年	私营	个体	2011年	私营	个体
总计	**149748**	**35188**	**114560**	**144625**	**32691**	**111934**
1.农林牧渔业	2788	1034	1754	2410	866	1544
2.工业	12323	6736	5587	11959	6387	5572
采矿业	88	52	36	109	59	50
制造业	12149	6625	5524	11764	6271	5493
电力、煤气及水的生产和供应业	86	59	27	86	57	29
3.建筑业	3901	3618	283	3486	3197	289
4.交通运输、仓储和邮政业	93801	13815	79986	6421	1611	4810
5.信息传输、计算机服务和软件业	6490	1771	4719	1118	782	336
6.批发与零售业	8256	531	7725	90769	12903	77866
7.住宿业和餐饮业	1137	816	321	8086	499	7587
8.金融业	98	94	4	101	99	2
9.房地产业	1488	1397	91	1385	1324	61
10.租赁与商务服务业	4610	3059	1551	4413	2884	1529
11.科学研究、技术服务与地质勘查业	1769	1021	748	944	909	35
12.水利、环境和公共设施管理业	106	98	8	98	92	6
13.居民服务和其他服务业	11162	822	10340	11578	805	10773
14.教育	60	41	19	62	43	19
15.卫生、社会保障和社会福利业	356	25	331	380	28	352
16.文化、体育与娱乐业	1395	310	1085	1409	262	1147
17.其他	8		8	6		6

民 营 经 济 从 业 人 员

表 1-23　　　　单位:万人

行业	2012年	私营	个体	2011年	私营	个体
总计	**55.88**	**39.29**	**16.58**	**54.60**	**38.76**	**15.84**
1.农林牧渔业	1.57	1.27	0.29	1.46	1.20	0.26
2.工业	15.10	13.69	1.41	16.22	14.90	1.32
采矿业	0.11	0.09	0.02	0.15	0.12	0.03
制造业	14.90	13.52	1.38	15.99	14.71	1.28
电力、煤气及水的生产和供应业	0.09	0.08	0.01	0.08	0.07	0.01
3.建筑业	4.93	4.88	0.05	5.23	5.18	0.05
4.交通运输、仓储和邮政业	1.76	1.03	0.73	1.75	1.24	0.51
5.信息传输、计算机服务和软件业	1.86	1.35	0.51	0.41	0.36	0.05
6.批发与零售业	20.16	8.68	11.48	18.53	8.28	10.25
7.住宿业和餐饮业	0.43	0.38	0.04	2.12	0.71	1.40
8.金融业	2.24	2.24		1.39	1.39	
9.房地产业	1.55	1.53	0.02	1.62	1.61	0.01
10.租赁与商务服务业	2.14	1.91	0.23	1.91	1.68	0.22
11.科学研究、技术服务与地质勘查业	1.37	1.25	0.12	1.07	1.06	0.01
12.水利、环境和公共设施管理业	0.07	0.07		0.07	0.07	
13.居民服务和其他服务业	2.18	0.72	1.45	2.29	0.79	1.50
14.教育	0.06	0.06	0.01	0.08	0.08	0.01
15.卫生、社会保障和社会福利业	0.09	0.03	0.06	0.10	0.04	0.06
16.文化、体育与娱乐业	0.37	0.19	0.18	0.35	0.17	0.19
17.其他						

民营经济注册资本(金)

表 1-24　　　　单位:万元

行　　业	2012年	私营	个体	2011年	私营	个体
总　　计	**12503082**	**11842292**	**660791**	**10961209**	**10415033**	**546176**
1.农林牧渔业	300240	255278	44962	273598	239758	33841
2.工业	2747652	2694680	52972	2531461	2484540	46921
采矿业	19139	18309	830	18304	17303	1001
制造业	2705565	2654129	51436	2493470	2448274	45196
电力、煤气及水的生产和供应业	22949	22242	706	19687	18963	723
3.建筑业	1024064	1021714	2350	869117	866379	2738
4.交通运输、仓储和邮政业	3602611	3250499	352112	423928	395892	28035
5.信息传输、计算机服务和软件业	464574	434591	29983	61842	60706	1136
6.批发与零售业	101224	51720	49504	3014036	2678038	335998
7.住宿业和餐饮业	68494	67329	1165	90006	46439	43568
8.金融业	181695	181627	68	171595	171530	65
9.房地产业	1792000	1791408	591	1617008	1616685	323
10.租赁与商务服务业	1361112	1346231	14881	1357436	1343385	14051
11.科学研究、技术服务与地质勘查业	649954	646257	3697	416919	416686	233
12.水利、环境和公共设施管理业	18130	18037	93	15980	15917	63
13.居民服务和其他服务业	160879	60713	100165	88307	56834	31473
14.教育	2961	2362	599	3021	2416	606
15.卫生、社会保障和社会福利业	1976	718	1259	2685	1434	1251
16.文化、体育与娱乐业	25510	19128	6382	24264	18394	5870
17.其他	7		7	5		5

规模以上民营工业主要经济指标

表 1-25　　　　(2012 年)　　　　单位:亿元、%

地　区	企业数(户)	总产值		销售产值		销售收入		利税总额	
		绝对值	增长	绝对值	增长	绝对值	增长	绝对值	增长
合　计	**1045**	**2309.61**	**32.2**	**2253.35**	**31.9**	**2246.53**	**30.7**	**265.09**	**32.9**
赣榆县	316	733.10	36.6	720.19	36.5	726.68	35.8	65.55	9.1
东海县	281	374.45	39.3	366.81	40.2	360.71	40.4	46.46	64.7
灌云县	175	358.88	25.8	354.31	26.0	350.61	25.1	36.82	18.0
灌南县	130	397.20	25.6	389.62	24.7	386.83	23.3	44.70	46.3
新浦区	25	48.55	41.8	45.29	37.8	42.92	37.8	4.33	145.3
海州区	37	94.28	35.8	90.71	32.0	87.36	27.1	12.20	7.4
连云区	29	103.81	41.2	103.32	41.5	104.77	41.0	13.86	137.8
开发区	48	196.91	22.8	180.55	21.3	183.05	17.1	41.10	34.4

注:因规模以上工业认定标准调整,规模以上民营工业企业数比上年有所减少。

民 营 经 济 增 加 值

表 1–26　　(2012 年)　　单位:亿元、%

指标	增加值				占 GDP 的比重
			私营个体		
	绝对数	增长	绝对数	增长	
合计	**814.54**	**12.9**	**670.01**	**13.0**	**50.8**
1、第一产业	82.64	6.4	37.04	6.5	35.6
2、第二产业	430.36	16.4	379.40	16.5	58.5
工业	330.41	18.5	300.42	18.3	56.6
建筑业	99.95	6.9	78.98	7.0	65.4
3、第三产业	301.54	13.1	253.57	13.2	47.5

民 营 经 济 增 加 值

表 1–27　　(2011 年)　　单位:亿元、%

指标	增加值				占 GDP 的比重
			私营个体		
	绝对数	增长	绝对数	增长	
合计	**709.51**	**13.2**	**581.2**	**13.4**	**50.3**
1、第一产业	75.63	4.0	33.9	4.1	37.0
2、第二产业	368.37	15.9	323.81	16.2	56.3
工业	274.89	18.1	249.94	18.5	53.1
建筑业	93.48	7.2	73.87	7.6	68.5
3、第三产业	265.51	13.6	223.49	13.8	48.1

民 营 经 济 税 收

表 1–28　　单位:万元

指标	2012年	私营	个体	2011年	私营	个体
税收收入总计	**1741184**	**508710**	**347646**	**1191971**	**387429**	**104923**
其中:增值税	370277	107650	18363	399650	117481	16064
营业税	610393	187403	178570	364391	134174	57655
企业所得税	167852	54696		151956	50208	

2

人口与劳动

主 要 年 份 人 口 数

表 2-1

年 份	年末人口(万人)						年平均人口(万人)
	全 市	市 区	赣榆县	东海县	灌云县	灌南县	
1978	323.20	35.91	77.38	79.74	77.80	52.37	321.35
1979	324.15	36.73	77.68	80.44	77.03	52.27	323.68
1980	327.84	37.70	77.93	81.40	77.97	52.84	326.00
1981	334.02	38.96	78.90	83.02	79.30	53.84	330.93
1982	340.91	40.05	80.16	84.83	80.83	55.04	337.47
1983	347.84	45.24	81.02	85.88	79.85	55.85	344.38
1984	353.05	46.58	81.75	86.84	81.08	56.80	350.45
1985	358.24	47.81	82.87	88.13	81.82	57.61	355.65
1986	363.89	49.09	84.07	89.39	82.72	58.62	361.07
1987	371.68	50.47	85.78	91.33	84.14	59.96	367.79
1988	378.86	51.87	87.52	92.84	85.50	61.13	375.27
1989	387.52	52.87	89.63	95.09	87.45	62.48	383.19
1990	405.05	54.26	95.10	100.20	90.72	64.77	396.29
1991	412.40	55.18	96.77	102.03	92.24	66.18	408.73
1992	417.54	57.02	97.27	103.67	92.66	66.92	414.97
1993	420.41	56.92	98.24	104.33	93.72	67.20	418.98
1994	423.72	58.04	99.04	104.72	94.43	67.49	422.07
1995	427.78	59.26	99.89	105.43	95.04	68.16	425.75
1996	432.96	60.32	100.89	107.07	96.30	68.39	430.37
1997	437.25	61.53	101.58	107.67	97.08	69.40	435.11
1998	443.53	62.70	102.56	109.18	99.13	69.96	440.39
1999	448.15	64.10	103.66	110.00	100.08	70.31	445.84
2000	455.61	65.00	104.88	112.69	101.77	71.26	451.88
2001	459.64	66.27	105.83	113.39	102.47	71.66	457.62
2002	464.03	67.39	106.83	113.97	103.61	72.23	461.83
2003	467.83	68.33	107.91	114.35	104.53	72.71	465.93
2004	468.81	69.26	107.09	114.43	104.61	73.42	468.32
2005	472.18	70.17	107.69	115.26	105.05	74.01	470.50
2006	479.42	70.96	108.18	117.34	107.50	75.45	475.80
2007	482.23	71.56	108.96	118.48	109.10	74.14	480.83
2008	488.25	80.88	109.95	111.79	110.35	75.28	485.24
2009	490.64	88.69	110.80	113.16	101.52	76.47	489.45
2010	497.73	93.59	112.62	115.10	100.26	76.16	494.19
2011	505.18	95.53	114.07	116.24	101.82	77.52	501.45
2012	510.99	96.65	115.58	118.02	102.01	78.73	508.09

注:本节除注明外均是户籍人口;2008年,岗埠农场、浦南镇由东海县划归新浦区;2009年,板浦镇由灌云县划归海州区。

主要年份人口构成

表 2-2

年份	年末总人口(万人)	男	女	出生人口(人)	死亡人口(人)	自然增长人口(人)
1978	323.20	163.43	159.77	34963	15746	19217
1979	324.15	163.84	160.31	45962	15116	30846
1980	327.84	165.78	162.06	50203	15583	34621
1981	334.02	169.07	164.95	72407	16315	56093
1982	340.91	172.90	168.01	63511	16435	47076
1983	347.84	176.86	170.98	52689	17839	34851
1984	353.05	180.33	172.72	43455	16962	26494
1985	358.24	183.53	174.71	55516	17640	37876
1986	363.89	186.62	177.27	56001	17295	38706
1987	371.68	190.93	180.75	57522	16881	40640
1988	378.86	194.85	184.01	76818	18576	58242
1989	387.52	199.55	187.97	77864	17627	60237
1990	405.05	207.90	197.15	84765	19378	65387
1991	412.40	212.15	200.25	88448	20109	68339
1992	417.54	214.86	202.68	56394	20002	36393
1993	420.41	216.43	203.98	55011	20488	34524
1994	423.72	218.12	205.60	53560	20344	33217
1995	427.78	220.21	207.57	56284	20138	36146
1996	432.96	222.97	209.99	56809	19324	37485
1997	437.25	224.52	212.73	55171	20319	34852
1998	443.53	229.23	214.30	60994	20258	40736
1999	448.15	231.89	216.26	55596	18948	36648
2000	455.61	235.69	219.92	77362	22504	54858
2001	459.64	237.27	222.37	52979	19705	33274
2002	464.03	239.19	224.83	54070	18993	35077
2003	467.83	241.56	226.27	49220	21064	28156
2004	468.81	243.53	225.28	74212	31953	42259
2005	472.18	244.70	227.48	62898	24156	38742
2006	479.42	248.34	231.08	57070	23852	33218
2007	482.23	250.25	231.98	65142	64637	505
2008	488.25	253.53	234.72	56906	31697	25209
2009	490.64	255.65	234.99	61557	37613	23944
2010	497.73	259.34	238.39	68558	43738	24820
2011	505.18	263.29	241.89	66820	15499	51321
2012	510.99	266.62	244.37	95884	35962	59922

市区主要年份年末人口情况

表2-3

年　份	总户数（万户）	总人口（万人）	户均人数（人）	人口密度（人/平方公里）
1949	3.63	15.80	4.35	213.5
1952	4.18	18.31	4.38	247.4
1957	4.72	22.47	4.76	303.6
1962	5.48	24.24	4.42	327.6
1965	5.49	27.23	4.96	368.0
1970	6.35	30.22	4.76	408.4
1975	7.47	34.08	4.56	460.5
1978	8.78	35.91	4.09	485.3
1979	9.32	36.73	3.94	496.4
1980	9.83	37.70	3.84	509.5
1981	10.63	38.96	3.67	526.5
1982	10.97	40.05	3.65	482.5
1983	12.79	45.24	3.54	479.3
1984	13.45	46.58	3.46	493.5
1985	14.12	47.81	3.39	506.6
1986	14.45	49.09	3.40	520.1
1987	15.08	50.47	3.35	534.7
1988	15.74	51.87	3.29	549.5
1989	16.97	52.87	3.12	560.2
1990	16.48	54.26	3.29	574.8
1991	16.98	55.18	3.25	584.6
1992	17.69	57.02	3.22	604.1
1993	17.64	56.92	3.23	603.0
1994	17.83	58.04	3.25	614.9
1995	18.08	59.26	3.28	627.9
1996	18.28	60.32	3.30	639.1
1997	18.83	61.53	3.27	651.9
1998	19.25	62.70	3.26	664.3
1999	19.57	64.10	3.27	679.2
2000	19.95	65.00	3.26	688.7
2001	20.42	66.27	3.25	702.2
2002	20.91	67.39	3.22	714.0
2003	21.20	68.33	3.22	723.9
2004	21.62	69.26	3.20	733.8
2005	22.00	70.17	3.19	743.4
2006	22.28	70.96	3.18	751.8
2007	22.54	71.56	3.18	758.1
2008	25.06	80.88	3.23	699.7
2009	27.29	88.69	3.25	767.3
2010	28.84	93.59	3.25	759.0
2011	29.40	95.53	3.25	796.1
2012	29.57	96.65	3.27	805.5

年末总人口数及构成

表 2-4

(2012 年)

地　区	年末总人口	男		女	
		人数(人)	比重(%)	人数(人)	比重(%)
全　市	**5109947**	**2666183**	**52.18**	**2443764**	**47.82**
市　区	966509	493281	51.04	473228	48.96
连云区	253320	129595	51.16	123725	48.84
新浦区	474901	242258	51.01	232643	48.99
海州区	238288	121428	50.96	116860	49.04
县小计	4143438	2172902	52.44	1970536	47.56
赣榆县	1155787	607042	52.52	548745	47.48
东海县	1180227	613738	52.00	566489	48.00
灌云县	1020110	535154	52.46	484956	47.54
灌南县	787314	416968	52.96	370346	47.04

总户数、平均人口及人口密度

表 2-5

(2012 年)

地　区	年末总户数 (户)	平均每户人数 (人)	年平均人口 (人)	人口密度 (人/平方公里)
全　市	**1398144**	**3.65**	**5080850**	**671.01**
市　区	295735	3.27	960917	805.54
连云区	82342	3.08	252239	437.33
新浦区	144543	3.29	471429	1028.68
海州区	68850	3.46	237249	1499.42
县小计	1102409	3.76	4119933	645.85
赣榆县	342456	3.37	1148229	763.36
东海县	289845	4.07	1171292	579.49
灌云县	263249	3.88	1019150	554.41
灌南县	206859	3.81	781262	768.31

人口自然变动情况

表 2–6 (2012 年)

地区	出生(含往年补报)		死亡		自然增长	
	人数(人)	出生率(‰)	人数(人)	死亡率(‰)	人数(人)	自然增长率(‰)
全市	**95884**	**18.87**	**35962**	**7.08**	**59922**	**11.79**
市区	15328	15.95	6737	7.01	8591	8.94
连云区	3591	14.24	2032	8.06	1559	6.18
新浦区	7069	14.99	3164	6.71	3905	8.28
海州区	4668	19.68	1541	6.50	3127	13.18
县小计	80556	19.55	29225	7.09	51331	12.46
赣榆县	18972	16.52	6995	6.09	11977	10.43
东海县	28710	24.51	9053	7.73	19657	16.78
灌云县	18662	18.31	11259	11.05	7403	7.26
灌南县	14212	18.19	1918	2.46	12294	15.74

人口机械变动情况

表 2–7 (2012 年) 单位:人

地区	迁入人口	#省外迁入	迁出人口	#迁往省外	机械增长人口
全市	**32772**	**10385**	**38124**	**10421**	**–5352**
市区	11484	2935	9019	2696	2465
连云区	3011	864	1200	515	1811
新浦区	6609	1696	5593	1894	1016
海州区	1864	375	2226	287	–362
县小计	21288	7450	29105	7725	–7817
赣榆县	6880	2446	6199	2552	681
东海县	4727	1757	6627	1623	–1900
灌云县	4758	1694	8080	1508	–3322
灌南县	4923	1553	8199	2042	–3276

计 划 生 育 情 况

表 2-8 (2012 年) 单位:人

	计划生育率(%)	当年出生率(‰)	育龄妇女人数	已婚育龄妇女人数	现家庭有一孩的妇女人数	独生子女率(%)
全 市	**91.07**	**13.51**	**1350728**	**990307**	**549985**	**55.54**
市 区	96.79	13.20	240278	181687	121342	66.79
连云区	96.84	12.50	32804	23918	19116	79.92
开发区	96.75	13.20	107354	80801	63626	78.74
新浦区	96.79	13.40	65027	50310	25284	50.26
海州区	96.73	13.50	15402	10979	7651	69.69
徐圩新区	96.46	13.50	12130	9422	2348	24.92
云台山景区	96.47	13.50	7561	6257	3317	53.01
县小计	90.85	13.64	1110450	808620	428643	53.01
赣榆县	90.91	13.40	314805	226331	134090	59.25
东海县	90.83	13.60	322387	220703	110399	50.02
灌云县	90.82	13.70	268425	200612	104245	51.96
灌南县	90.84	13.70	204833	160974	79909	49.64

表 2-8 续表 (2012 年) 单位:人

地 区	有效领证人数	女性初婚人数	晚婚率(%)	应落实措施的人数	累计已采取各种节育措施人数	节育率(%)
全 市	**372051**	**49387**	**40.92**	**904598**	**903437**	**91.23**
市 区	80706	9716	49.47	166106	165633	91.16
连云区	5889	818	77.26	21505	21448	89.67
开发区	53490	818	71.88	73496	73326	90.75
新浦区	15524	6622	44.31	46812	46648	92.72
海州区	4796	340	77.35	9819	9819	89.43
徐圩新区	271	828	38.77	8721	8647	91.77
云台山景区	736	290	23.45	5753	5745	91.82
县小计	291345	39671	38.83	738492	737804	91.24
赣榆县	89622	12308	56.17	207639	207439	91.65
东海县	48907	7794	36.26	197385	197085	89.30
灌云县	79279	12285	24.96	185776	185726	92.58
灌南县	73537	7284	35.65	147692	147554	91.66

分县区年末常住人口

表 2-9　　单位:万人

	2004年	2005年	2006年	2007年	2008年	2009年	2010年	2011年	2012年
连云港市	457.28	454.40	450.52	446.98	445.56	444.65	439.71	438.61	440.69
市　区	78.71	79.71	80.75	81.97	92.10	99.82	108.63	109.05	109.74
连云区							26.73	26.83	27.04
其中:开发区							7.92	7.95	8.03
其中:连云区							14.51	14.56	14.66
其中:徐圩区							4.3	4.32	4.35
新浦区							58.78	58.99	59.29
海州区							23.12	23.23	23.41
赣榆县	102.85	101.80	100.63	99.34	97.76	97.18	95.13	94.56	94.81
东海县	109.61	108.49	107.33	106.03	98.64	98.06	95.35	94.76	94.96
灌云县	99.55	98.53	97.10	95.84	94.30	87.20	78.32	78.31	78.99
灌南县	66.55	65.87	64.71	63.80	62.76	62.39	62.28	61.93	62.19

主要年份城镇化水平

表 2-10　　单位:%

年　份	连云港市	市区	连云区	新浦区	海州区	赣榆县	东海县	灌云县	灌南县
1953	9.96								
1964	11.97								
1982	11.83								
1990	17.42	100.00				3.78	3.49	6.26	4.72
2000	28.02	83.88				19.6	18.62	19.15	13.63
2003	34.50	87.45				32.27	23.03	24.51	22.79
2004	36.28	87.81				34.22	24.89	26.39	24.72
2005	37.18	80.00				31.24	28.34	26.26	25.46
2006	39.00	80.01				33.39	30.20	28.22	27.35
2007	40.50	80.03				35.00	31.75	29.78	28.93
2008	42.00	76.02				36.52	33.25	31.29	30.47
2009	43.45	71.22				38.22	34.95	33.89	33.87
2010	51.75	85.40	87.55	86.07	81.52	43.50	41.85	39.18	39.15
2011	53.15	85.95	88.06	86.64	82.03	45.09	43.43	40.80	40.75
2012	54.35	84.57	86.30	84.91	81.71	46.68	45.02	42.31	42.26

注:2005 年起使用最新城乡划分标准。

主要年份从业人员数

表2-11　　单位:万人

年　份	从业人员合计	职工人数				城镇私营企业从业人员和个体劳动者	乡村劳动者	其他从业人员
			国有经济	集体经济	其他经济			
1978	142.03	28.31	19.38	8.93		0.08	113.64	
1979	141.20	28.90	19.44	9.46		0.09	112.21	
1980	146.02	30.34	20.23	10.11		0.16	115.52	
1981	149.40	31.65	21.61	10.04		0.39	117.36	
1982	155.15	33.47	23.00	10.47		0.52	121.16	
1983	159.56	33.18	22.88	10.30		0.88	125.50	
1984	166.89	34.54	22.80	11.71	0.03	1.75	130.60	
1985	174.75	36.32	23.96	12.33	0.03	1.82	136.61	
1986	182.00	37.75	25.25	12.46	0.04	1.48	142.77	
1987	189.07	39.56	26.92	12.50	0.14	1.74	147.77	
1988	194.17	40.40	27.99	12.23	0.18	1.95	151.82	
1989	199.96	41.01	28.21	12.45	0.35	1.84	157.11	
1990	205.54	42.02	28.71	12.93	0.38	1.94	161.58	
1991	214.31	43.28	29.65	13.12	0.51	1.82	169.21	
1992	216.92	43.63	30.54	12.52	0.57	2.32	170.97	
1993	221.23	45.48	32.19	12.40	0.89	6.15	169.41	0.19
1994	223.16	44.44	31.52	11.58	1.34	8.42	170.17	0.13
1995	222.92	44.84	32.42	10.99	1.61	10.04	167.95	0.09
1996	221.10	45.06	32.42	10.76	1.88	8.03	167.82	0.19
1997	218.94	44.76	32.74	10.20	1.82	7.26	166.73	0.19
1998	219.78	44.18	31.86	9.36	2.96	8.32	166.40	0.88
(新口径)	212.45	36.85	24.62	6.98	5.24	8.32	166.40	0.88
1999	209.61	34.72	23.69	5.95	5.08	6.91	166.88	1.10
2000	208.40	31.94	22.57	5.28	4.10	7.19	168.26	1.01
2001	208.03	29.64	21.22	4.12	4.30	8.34	169.14	0.91
2002	208.19	27.78	18.96	3.62	5.21	8.21	164.75	1.17
2003	209.19	26.84	17.47	3.27	6.1	9.18	165.32	1.32
2004	214.55	26.66	15.79	2.74	8.13	10.05	167.17	1.24
2005	227.60	27.97	15.75	2.43	9.79	13.28	168.24	0.78
2006	241.74	28.91	15.82	2.52	10.58	18.80	170.03	1.5
2007	272.91	29.84	15.91	2.56	11.37	25.34	170.54	1.81
2008	276.10	29.86	15.22	2.08	12.57	28.58	170.6	2.66
2009	290.26	30.19	16.11	1.98	15.21	33.21	170.71	3.11
2010	302.08	30.61	15.49	1.70	13.42	36.21	170.79	3.39
2011	308.18	33.09	15.81	1.64	15.64	39.18	170.90	2.07
2012	249.2	33.48	16.10	1.67	15.71	41.82	171.00	2.02

注:1998年后数据中不含离开本单位仍保留劳动关系的职工。从业人员数2012年按国家制度要求改为劳动力抽样调查数,与历年的指标口径不同。

主要年份分三次产业从业人员数

表 2–12　　　　单位:万人

年　份	第一产业	第二产业	工　业	建筑业	第三产业	交通仓储邮电通信业	批发零售贸易餐饮业
1978	111.72	13.29	11.67	1.62	17.02	2.91	4.16
1979	110.72	13.60	11.94	1.65	16.88	2.64	4.32
1980	114.44	14.61	12.77	1.84	16.97	3.13	4.48
1981	115.99	15.64	13.68	1.96	17.77	2.87	5.04
1982	118.17	19.56	16.60	2.96	17.42	3.12	5.36
1983	120.74	20.53	17.04	3.49	18.29	3.85	5.84
1984	122.51	23.61	18.46	5.15	20.77	4.32	6.52
1985	118.46	31.92	24.58	7.34	24.37	5.13	7.06
1986	121.31	35.25	36.30	8.95	25.43	5.77	7.59
1987	124.27	37.00	26.56	10.44	27.80	6.90	8.29
1988	126.99	38.10	27.39	10.79	29.00	7.06	8.82
1989	134.30	36.44	25.69	10.75	29.22	6.86	8.91
1990	138.01	37.14	26.12	11.02	30.39	7.02	9.32
1991	146.02	37.11	26.19	10.92	31.18	7.11	9.68
1992	144.44	38.95	26.85	12.10	33.53	7.38	10.68
1993	140.78	42.91	29.25	13.66	37.54	7.81	12.60
1994	137.42	43.38	30.09	13.29	42.36	8.27	14.46
1995	133.21	45.32	31.65	13.66	44.39	7.57	14.83
1996	132.13	46.38	32.35	14.03	42.59	7.82	13.80
1997	122.62	48.90	32.92	15.98	47.42	8.86	14.48
1998	122.35	48.78	31.97	16.81	48.65	9.05	14.89
(新口径)	122.07	43.98	27.48	16.50	46.40	8.60	13.26
1999	121.83	42.50	25.39	17.11	45.28	7.80	12.94
2000	121.38	42.49	23.99	18.50	45.54	8.06	12.36
2001	118.19	41.47	23.26	18.21	48.37	7.99	12.56
2002	111.11	43.58	25.01	18.57	53.50	8.24	15.01
2003	105.85	47.04	26.64	20.4	56.3	7.68	14.17
2004	103.15	50.32	28.99	21.33	61.08	8.07	13.65
2005	99.68	59.45	34.81	24.64	68.47	8.26	15.15
2006	95.24	71.70	41.97	29.73	74.80	8.87	18.71
2007	93.35	80.52	51.82	28.7	99.04	10.17	20.66
2008	92.81	82.58	54.08	28.5	100.71	10.70	21.56
2009	92.64	91.90	60.84	31.06	105.72	10.90	22.43
2010	92.02	95.85	63.12	32.73	114.21	11.10	23.20
2011	88.02	100.81	66.38	34.43	119.35	11.53	23.70
2012	83.00	77.70			88.50		

注:1998 年后数据中不含离开本单位仍保留劳动关系的职工。

主要年份职工人数

表 2-13　　单位:万人

年份	全市	市区	赣榆县	东海县	灌云县	灌南县
1949	2.39	1.77	0.15	0.06	0.41	
1952	3.45	2.38	0.32	0.14	0.61	
1957	6.26	4.15	0.58	0.37	1.16	
1962	8.02	4.37	0.79	0.83	1.60	0.43
1965	10.23	5.92	0.60	0.96	2.30	0.45
1970	14.35	7.29	0.77	1.80	3.78	0.71
1975	22.30	10.69	1.83	2.83	5.29	1.66
1978	28.31	13.64	2.42	3.84	6.25	2.16
1979	28.90	14.61	2.63	3.78	5.82	2.06
1980	30.34	15.62	2.81	3.97	5.83	2.11
1981	31.65	16.56	3.00	4.05	5.84	2.20
1982	33.47	17.66	3.11	4.19	6.22	2.29
1983	33.18	17.59	3.07	4.04	6.00	2.48
1984	34.54	18.47	3.21	4.26	6.11	2.49
1985	36.32	19.41	3.45	4.71	5.94	2.81
1986	37.74	20.18	3.52	4.89	6.30	2.85
1987	39.56	21.51	3.66	4.86	6.40	3.13
1988	40.40	22.05	3.86	4.89	6.32	3.28
1989	41.01	22.36	4.10	4.86	6.42	3.27
1990	42.02	22.70	4.31	5.06	6.50	3.45
1991	43.28	23.13	4.61	5.27	6.63	3.64
1992	43.63	23.17	4.64	5.44	6.68	3.70
1993	45.48	24.23	4.82	5.51	7.01	3.91
1994	44.44	23.26	4.77	5.48	7.00	3.93
1995	44.84	23.51	4.67	5.70	7.04	3.92
1996	45.06	23.36	5.02	5.72	6.93	4.03
1997	44.76	23.00	5.18	5.70	6.93	3.95
1998	44.18	22.84	5.07	5.66	6.84	3.77
1999	43.18	22.08	4.99	5.48	6.94	3.69
2000	40.71	19.95	4.95	5.31	6.73	3.77
2001	37.66	18.39	4.31	5.07	6.04	3.85
2002	34.75	17.38	3.83	4.26	5.49	3.79
2003	32.38	16.13	3.57	3.81	5.20	3.67
2004	31.22	15.61	3.58	3.82	4.92	3.29
2005	31.90	16.10	3.50	4.08	4.92	3.30
2006	31.53	15.68	3.72	4.35	4.98	2.78
2007	29.84	13.93	3.58	4.74	4.51	3.08
2008	29.86	15.17	3.46	3.70	4.35	3.18
2009	30.19	15.81	3.44	3.83	3.93	3.18
2010	30.61	15.98	3.55	3.94	3.82	3.32
2011	33.09	19.06	3.58	4.01	3.01	3.43
2012	33.48	19.32	3.74	3.89	3.07	3.45

注:1998年后数据中不含离开本单位仍保留劳动关系的职工。

主要年份职工年平均工资

表2-14　　　　单位：元

年 份	合 计	国有单位	集体单位	其他单位
1978	487	522	415	
1979	525	567	438	
1980	610	666	496	
1981	615	665	509	
1982	643	690	541	
1983	696	738	599	
1984	854	919	722	867
1985	1038	1120	974	1467
1986	1181	1277	984	1750
1987	1293	1403	1058	1583
1988	1536	1682	1207	1856
1989	1625	1783	1270	1558
1990	1838	2059	1357	1608
1991	1966	2168	1518	1863
1992	2255	2506	1667	1822
1993	2811	3075	2120	2896
1994	3891	4351	3663	3519
1995	4663	5114	3411	4313
1996	5175	5697	3740	4470
1997	5578	6144	3883	5100
1998	6547	7105	4694	6436
1999	7083	7556	5009	7367
2000	8006	8543	5382	8432
2001	8982	9522	5716	9587
2002	10075	10663	6389	10553
2003	11262	11719	7005	12257
2004	12713	13754	7367	12512
2005	15043	16512	9112	14161
2006	17760	19683	11700	16337
2007	21482	24066	14584	19353
2008	26596	29621	19024	24186
2009	29548	32497	22539	26990
2010	33843	37386	25286	30832
2011	38817	43526	30788	34861
2012	44124	49535	37499	39248

注：1998年后数据中不含离开本单位仍保留劳动关系的职工。

城镇非私营单位女性从业人员数

表 2–15　(2012 年)　单位:人

指　　标	全　市	市　区	赣榆县	东海县	灌云县	灌南县
总　　计	**135970**	**74551**	**17916**	**15978**	**13404**	**14121**
一、按企业、事业、机关分:						
企　　业	82241	53028	7305	7832	7147	6929
事　　业	45764	18148	9127	7239	5157	6093
机　　关	7961	3372	1484	907	1100	1098
二、按国民经济行业分:						
1、农、林、牧、渔业	6708	5131	24	771	777	5
2、采掘业	1369	1338	31			
3、制造业	39833	22589	3841	5444	3839	4120
4、电力、燃气及水的生产和供应业	2027	1459	120	166	79	203
5、建筑业	3999	1757	205	195	774	1068
6、交通运输、仓储和邮政业	6168	4980	289	255	450	194
7、信息传输、计算机服务和软件业	4765	3812	197	287	206	263
8、批发和零售业	1241	780	81	81	184	115
9、住宿和餐饮业	1996	1657	30	183	28	98
10、金融业	9130	5848	1221	470	1075	516
11、房地产业	1957	1418	162	101	129	147
12、租赁和商务服务业	1570	1397	91	27	39	16
13、科学研究、技术服务和地质勘查业	1363	832	276	189	34	32
14、水利、环境和公共设施管理业	3592	2318	134	309	283	548
15、居民服务和其他服务业	234	85	10	111	11	17
16、教育	25652	8434	6674	4516	3100	2928
17、卫生、社会保障和社会福利业	12500	5868	2063	1753	1376	1440
18、文化、体育和娱乐业	724	461	114	52	15	82
19、公共管理和社会组织	11142	4387	2353	1068	1005	2329

在岗职工人数

表 2-16　　(2012 年)　　单位：人

指　　标	全　市	市　区	赣榆县	东海县	灌云县	灌南县
总　　计	**334827**	**193243**	**37440**	**38861**	**30741**	**34542**
一、按企业、事业、机关分：						
企　　业	210742	146584	13750	17639	14155	18614
事　　业	92199	33935	18011	16107	11879	12267
机　　关	31871	12717	5679	5115	4707	3653
二、按国民经济行业分：						
1、农、林、牧、渔业	15957	11616	154	2070	2099	18
2、采掘业	6280	6030	250			
3、制造业	88033	59288	4816	9750	5859	8320
4、电力、燃气及水的生产和供应业	9472	7110	323	832	268	939
5、建筑业	29256	14022	3295	1545	4020	6374
6、交通运输、仓储和邮政业	14288	11545	760	492	982	509
7、信息传输、计算机服务和软件业	18207	15525	405	736	819	722
8、批发和零售业	2005	1280	141	146	267	171
9、住宿和餐饮业	4355	3160	150	641	123	281
10、金融业	11078	7397	1062	1080	928	611
11、房地产业	4514	3028	376	317	390	403
12、租赁和商务服务业	4679	4036	299	162	133	49
13、科学研究、技术服务和地质勘查业	5648	3601	1032	767	151	97
14、水利、环境和公共设施管理业	8516	4985	598	946	838	1149
15、居民服务和其他服务业	571	202	36	213	78	42
16、教育	50340	14806	12468	10295	6936	5835
17、卫生、社会保障和社会福利业	19360	8651	3302	3081	2205	2121
18、文化、体育和娱乐业	1897	1186	352	107	52	200
19、公共管理和社会组织	40371	15775	7621	5681	4593	6701

在岗职工平均工资

表 2-17　　　　(2012 年)　　　　单位:元

指标	全市	市区	赣榆县	东海县	灌云县	灌南县
总计	**44124**	**48007**	**41450**	**37839**	38117	38020
一、按企业、事业、机关分:						
企业	39921	42677	37351	32699	31943	33587
事业	48723	61009	44372	40531	39514	41131
机关	58888	74560	42536	47919	52842	52384
二、按国民经济行业分:						
1、农、林、牧、渔业	26872	23847	11084	31238	40590	25824
2、采掘业	34151	33969	38791			
3、制造业	32277	34240	29777	29246	25153	28645
4、电力、燃气及水的生产和供应业	83056	97003	35012	46588	40373	37786
5、建筑业	39635	44607	31818	32970	36349	37825
6、交通运输、仓储和邮政业	41445	44569	29570	33045	24572	32658
7、信息传输、计算机服务和软件业	43891	45573	37908	35666	32334	31695
8、批发和零售业	23502	24821	25837	18757	19532	22179
9、住宿和餐饮业	45987	50416	35760	35273	55211	23014
10、金融业	79230	83435	89881	53218	73522	64607
11、房地产业	41012	43102	34567	38482	37194	37993
12、租赁和商务服务业	40410	40861	38876	35975	32913	41440
13、科学研究、技术服务和地质勘查业	59760	73363	35002	38165	35493	32092
14、水利、环境和公共设施管理业	33295	40148	25229	30226	20805	19723
15、居民服务和其他服务业	38757	32153	43722	37831	53564	43452
16、教育	52155	66668	49570	41355	43721	50138
17、卫生、社会保障和社会福利业	45049	53008	41744	40545	37256	32594
18、文化、体育和娱乐业	49557	58658	25190	53308	39096	39428
19、公共管理和社会组织	55349	72333	39881	47725	46912	44652

其他单位在岗职工人数、平均工资

表 2-18　　　　(2012 年)

指　　标	全　市	市　区	赣榆县	东海县	灌云县	灌南县
一、在岗职工人数(人)	**157155**	**108488**	**9178**	**13024**	**10166**	**16299**
(一)内资	104968	74317	5838	5156	5858	13799
1、股份合作	3711	2449	71	332	15	844
2、联营	283	9	219	55		
其中:国有联营	9	9				
集体联营	274		219	55		
3、有限责任公司	55020	43003	1278	3102	2157	5480
其中:国有独资	10493	10474		19		
4、股份有限公司	27645	23040	815	226	3176	388
5、其他	18309	5816	3455	1441	510	7087
其中;私营单位	17218	4777	3455	1397	510	7079
(二)港、澳、台商投资	18744	10997	1393	4291	149	1914
(三)外商投资	33443	23174	1947	3577	4159	586
二、在岗职工平均工资(元)	**39248**	**42401**	**34144**	**31934**	**30897**	**33018**
(一)内资	41796	44483	37905	36621	35648	33943
1、股份合作	49695	55314	49183	53067	18000	32809
2、联营	35975	70556	33605	41345		
其中:国有联营	70556	70556				
集体联营	34974		33605	41345		
3、有限责任公司	41918	44300	32221	37320	30706	33060
其中:国有独资	46543	46451		96316		
4、股份有限公司	46131	47009	33929	54855	40528	61627
5、其他	33921	31783	41516	30156	28289	33222
其中;私营单位	34478	33319	41516	30187	28289	33227
(二)港、澳、台商投资	32226	34992	24339	30375	32221	26692
(三)外商投资	35224	39277	28578	26724	24090	33489

各行业从业人数和在岗职工平均工资

表2-19 (2012年)

指标	从业人员数(人)				在岗职工平均工资(元)			
	合计	国有单位	集体单位	其他单位	合计	国有单位	集体单位	其他单位
总计	**354988**	**166486**	**18948**	**169554**	**44124**	**49535**	**37499**	**39248**
(一)农、林、牧、渔业	16094	15866		228	26872	26957		20925
1.农业	15016	14792		224	26828	26919		20826
2.林业	848	848			26892	26892		
3.畜牧业	152	152			27599	27599		
4.渔业	36	32		4	32353	34154		26500
5.农、林、牧、渔服务业	42	42			37537	37537		
(二)采矿业	7269	1236		6033	34151	32881		34456
1.煤炭开采和洗选业	1236	1236			32881	32881		
5.非金属矿采选业	6033			6033	34456			34456
(三)制造业	89029	4830	1530	82669	32277	46161	24406	31636
1、农副食品加工业	5601	450		5151	27707	28442		27688
2、食品制造业	2697	16	28	2653	22291	29077	34679	22120
3、酒、饮料和精制茶制造业	2172		98	2074	22445		25571	22298
5、纺织业	4593		325	4268	23889		22805	23970
6、纺织服装、服饰业	4590		8	4582	29163		21667	29177
7、皮革、毛皮、羽毛(绒)及其制品业	3256			3256	24581			24581
8、木材加工及木、竹、藤、棕、草制品业	1904			1904	25460			25460
9、家具制造业	17		17		20824		20824	
10、造纸及纸制品业	300		10	290	23460		20300	23564
11、印刷业和记录媒介的复制	250	142	44	64	28214	31972	24140	22727
12、文教、工美、体育和娱乐用品制造业	1483		5	1478	28043		25000	28051
13、石油加工、炼焦及核燃料加工业	55		39	16	26842		14317	58938
14、化学原料及化学制品制造业	12897	2753	129	10015	40066	53017	22679	36605
15、医药制造业	16517		36	16481	36162		20194	36200
16、化学纤维制造业	903			903	28743			28743
17、橡胶和塑料制品业	1411	3	140	1268	31093	39000	21993	32116

表 2-19 续表 1　　　　　　　　　　(2012 年)

指　　　标	从业人员数(人)				在岗职工平均工资(元)			
	合计	国有单位	集体单位	其他单位	合计	国有单位	集体单位	其他单位
18、非金属矿物制品业	8649	503	259	7887	30854	23863	31518	31283
19、黑色金属冶炼和压延加工业	42			42	44317			44317
20、有色金属冶炼和压延加工业	1488			1488	37440			37440
21、金属制品业	1877		80	1797	41713		36300	41966
22、通用设备制造业	1281		72	1209	24087		15917	24546
23、专用设备制造业	6230	939	34	5257	35777	43516	28529	34286
24、汽车制造业	158			158	33525			33525
25、铁路、船舶、航空航天和其他运输设备制造业	979			979	57288			57288
26、电气机械及器材制造业	5583		97	5486	31277		26258	31365
27、计算机、通信和其他电子设备制造业	2980		62	2918	30035		14387	30351
28、仪器仪表制造业	521	14		507	23288	21385		23335
29、其他制造业	595	10	47	538	20844	15000	14213	21545
(四)、电力、热力、燃气及水生产和供应业	9484	2971	417	6096	83056	89756	47407	82189
1、电力、热力生产和供应业	7817	2408	393	5016	92587	103568	49130	90619
2、燃气生产和供应业	339	79		260	42878	39779		43796
3、水的生产和供应业	1328	484	24	820	36481	26749	19333	42676
(五)、建筑业	35932	3995	7084	24853	39635	61932	34810	36523
1、房屋建筑业	26855	223	6756	19876	36243	34735	35385	36525
2、土木工程建筑业	6943	3772	130	3041	51927	63613	17743	39652
3、建筑安装业	1315		198	1117	33149		37091	32335
4、建筑装饰和其他建筑业	819			819	29373			29373
(六)、批发和零售业	14426	2475	744	11207	41445	41021	33405	42125
1、批发业	9434	2124	681	6629	49965	39329	34580	55117
2、零售业	4992	351	63	4578	25707	50524	19855	23806
(七)、交通运输、仓储和邮政业	18303	5230	1286	11787	43891	37157	32221	48334
2、道路运输业	3357	2518	296	543	31361	31791	35178	27100
3、水上运输业	11838	252	811	10775	47578	55749	30642	48762

表 2-19 续表 2　　　　　　　　　　　　　(2012 年)

指　　标	从业人员数(人)				在岗职工平均工资(元)			
	合计	国有单位	集体单位	其他单位	合计	国有单位	集体单位	其他单位
4、航空运输业	306	214	92		53281	63183	31357	
6、装卸搬运和其他运输代理业	694	174	58	462	57321	46715	40281	63412
7、仓储业	543	520	16	7	55482	56490	31312	37857
8、邮政业	1565	1552	13		33347	33287	40846	
(八)、住宿和餐饮业	2020	545	77	1398	23502	25638	22271	22757
1、住宿业	1456	528	55	873	24795	25771	24527	24236
2、餐饮业	564	17	22	525	20227	21706	14000	20358
(九)、信息传输、软件和信息技术服务业	4355	1787		2568	45987	40698		49772
1、电信、广播电视和卫星传输服务业	3985	1787		2198	46143	40698		50708
2、互联网和相关服务	308			308	35685			35685
3、软件和信息技术服务业	62			62	89407			89407
(十)、金融业	16441	3186	1812	11443	79230	72433	73259	84633
1、货币金融服务业	9191	3079	1812	4300	84287	73614	73259	96942
2、资本市场服务业	155			155	74677			74677
3、保险业	7043	72		6971	54439	36103		55204
4、其他金融业	52	35		17	31070	35452		19750
(十一)、房地产业	4630	783	37	3810	41012	46410	29486	40036
其中:1、房地产开发经营	3506	309	37	3160	40911	38186	29486	41310
2、物业管理	726	106		620	31565	32450		31399
3、房地产中介服务	49	36		13	60415	48964		85077
(十二)、租赁和商务服务业	4770	1889	354	2527	40410	36507	33000	44195
2、商务服务业	4770	1889	354	2527	40410	36507	33000	44195
(十三)、科学研究、技术服务业	5804	4398	20	1386	59760	63757	18650	47494
1、研究和试验发展	1857	1852	5		85939	86127	16800	
2、专业技术服务业	3478	2086	15	1377	47144	47185	19267	47401
3、科技推广和应用服务业	469	460		9	46095	45798		61111
(十四)、水利、环境和公共设施管理业	8980	8189	604	187	33295	34280	17550	45646

表 2-19 续表 3　　　　　　　　　　(2012 年)

指　　标	从业人员数(人)				在岗职工平均工资(元)			
	合计	国有单位	集体单位	其他单位	合计	国有单位	集体单位	其他单位
1、水利管理业	2988	2988			33873	33873		
2、生态保护和环境治理业	66	66			57182	57182		
3、公共设施管理业	5926	5135	604	187	32704	34208	17550	45646
(十五)、居民服务、修理和其他服务业	583	246	65	272	38757	45932	42215	31757
1、居民服务业	429	228	31	170	42659	48116	72452	30294
2、机动车、电子产品和日用产品修理业	154	18	34	102	28188	19722	14647	34196
(十六)、教育	51817	49490	144	2183	52155	52472	26392	46891
其中:1、初等教育	19791	19791			47067	47067		
2、中等教育	24510	23796		714	53472	53512		52209
3、高等教育	3805	3805			76688	76688		
(十七)、卫生和社会工作	20729	15205	4642	882	45049	48121	36214	32809
1、卫生	20497	14976	4639	882	45062	48186	36211	32809
2、社会工作	232	229	3		43933	43995	39333	
(十八)、文化、体育和娱乐业	1948	1847	83	18	49557	50875	29241	13000
1、新闻和出版业	300	282		18	45010	47053		13000
2、广播、电影、电视和影视录音制作业	904	904			53686	53686		
3、文化艺术业	622	548	74		46170	48434	29743	
4、体育	63	54	9		43023	47765	25111	
5、娱乐业	59	59			51531	51531		
(十九)、公共管理、社会保障和社会组织	42374	42318	49	7	55349	55373	40520	26286
其中:1、中国共产党机关	935	935			70178	70178		
2、国家机构	40469	40420	49		54827	54846	40520	
3、人民政协、民主党派	231	231			72873	72873		
4、社会保障	169	169			45609	45609		
5、群众团体、社会团体和其他成员组织	570	563		7	63270	63807		26286

全市私营企业及个体从业人员

表 2-20　　(2012 年)　　单位:人

地　　区	全　市	赣榆县	东海县	灌云县	灌南县
合　　计					
1、全部私营企业从业人员	392937	58850	85415	42026	51472
其中: 城镇私营	299941	38537	49848	21993	43995
#第一产业	12745	2388	2437	911	4829
第二产业	185670	20620	44647	24449	30645
#工业	136915	17486	32987	17206	25160
第三产业	194522	35842	38331	16666	15998
2、全部个体从业人员	165821	28001	40389	26512	21915
其中: 城镇个体	118256	19786	21374	15996	12878
#第一产业	2909	763	1183	370	508
第二产业	14646	3395	5268	2315	2827
#工业	14110	3358	5182	2257	2777
第三产业	148266	23843	33938	23827	18580

说明:工商局数据。

3

农　业

农 村 基 本 情 况

表 3-1

(2012 年)

指 标	单位	全 市	市 区	赣榆县	东海县	灌云县	灌南县
一、农村基层组织							
乡镇个数	个	84	12	18	21	19	14
# 镇政府	个	53	6	18	13	7	9
村民小组	个	11916	1008	2618	2804	3318	2168
二、乡村户数 人口							
乡村户数	万户	90.36	8.80	23.72	23.13	19.47	15.24
乡村人口	万人	356.87	32.97	88.69	93.23	80.96	61.02
三、乡村劳动力	万人	189.80	20.10	46.07	49.06	41.05	33.52
(一)按性别分							
男劳动力	万人	100.75	10.61	25.94	25.53	21.02	17.65
女劳动力	万人	89.05	9.49	20.13	23.53	20.03	15.87
(二)按行业分							
农林牧渔业	万人	83.79	7.81	19.02	20.68	19.40	16.88
# 种植业	万人	69.67	6.54	13.03	17.65	16.74	15.71
工 业	万人	28.95	3.74	7.48	7.59	6.09	4.05
建 筑 业	万人	28.78	2.61	9.71	8.35	4.12	3.99
交通运输 仓储 邮电业	万人	7.20	0.77	1.53	2.09	1.03	1.78
批发零售贸易 餐饮业	万人	7.79	1.62	1.60	1.85	1.29	1.43
金融保险业	万人	0.48	0.11	0.10	0.14	0.06	0.07
其他非农行业	万人	32.81	3.44	6.63	8.36	9.06	5.32

主要年份农林牧渔业总产值

表 3-2　　(当年价格)　　单位:万元

年　份	全　市	市　区	赣榆县	东海县	灌云县	灌南县
1978	54752	5788	14754	14630	12868	6712
1980	69437	6311	18371	18804	18050	7901
1981	98649	6676	28375	30912	19874	12812
1983	139201	10436	34155	44552	32183	17875
1984	165967	11957	43290	53826	37647	19246
1985	205903	14009	58070	70883	41682	21259
1986	239075	12875	68413	84207	47933	25648
1988	336100	21701	84436	117814	73260	38889
1989	360760	31171	94456	119863	78797	36473
1990	402461	30896	101537	120770	104844	44378
1991	418029	33271	104388	124195	105034	51141
1992	439509	33589	122078	129349	98948	55545
1993	539101	38782	165053	163725	98909	72632
1994	942010	61628	269782	290021	195750	124829
1995	1113436	87251	385452	378980	293513	153240
1996	1233118	105380	361463	324198	297404	144673
1997	1443301	118638	399831	390212	350176	184444
1998	1504006	126281	414089	405489	356969	201178
1999	1529595	132126	387783	413839	382566	213281
2000	1407111	135339	386509	397354	304125	183784
2001	1490493	130587	424048	417542	320125	198191
2002	1554817	136474	431268	438423	337048	211604
2003	1511573	148448	397343	394325	358578	212879
2004	1643084	160540	404372	453551	394180	230441
2005	1740161	175581	464544	478436	381885	239715
2006	1800246	186001	478679	482773	403096	249697
2007	1962994	182671	516986	528125	459417	275795
2008	2305389	266233	647889	532747	544860	313660
2009	2841647	322916	759478	647575	653548	458130
2010	3228001	355589	844979	731116	752220	544097
2011	3765336	459811	1023000	844367	804956	633202
2012	4262364	534034	1167266	953437	908537	699090

主要年份农林牧渔业总产值指数

表 3-3

(1978 年为 100)

年份	全市	市区	赣榆县	东海县	灌云县	灌南县
1978	100	100	100	100	100	100
1980	127.0	118.1	125.6	127.5	141.9	117.8
1981	136.7	126.2	128.6	144.2	155.2	121.9
1983	167.2	113.2	162.1	172.8	207.6	169.5
1984	196.1	134.3	198.2	195.9	247.8	184.8
1985	216.8	115.0	223.7	232.7	266.7	201.2
1986	236.6	141.7	239.1	250.8	294.1	218.1
1987	245.4	129.0	247.6	263.6	303.4	239.3
1988	257.2	134.3	265.5	274.8	309.8	253.8
1989	256.1	132.8	269.0	267.1	309.5	257.1
1990	261.4	139.1	276.4	265.9	326.0	256.5
1991	281.7	171.5	283.4	276.4	368.6	285.0
1992	292.7	179.1	295.9	289.2	374.1	299.7
1993	323.2	180.9	365.6	338.5	334.0	329.3
1994	394.8	206.9	429.6	412.9	444.5	404.4
1995	464.9	248.5	501.4	477.2	561.5	449.6
1996	441.4	293.0	480.5	429.9	554.8	382.7
1997	507.3	331.5	511.7	470.5	679.6	527.8
1998	535.3	363.2	525.9	496.1	703.1	592.6
1999	566.6	390.3	536.4	518.2	769.3	646.2
2000	534.8	394.9	533.6	509.2	650.5	582.1
2001	567.3	394.6	555.7	535.6	707.6	650.6
2002	595.3	414.0	564.9	565.4	746.7	708.1
2003	598.7	456.3	547.9	544.2	795.8	693.6
2004	641.3	475.3	551.5	587.5	907.7	755.1
2005	679.2	519.8	633.6	619.7	879.4	785.5
2006	706.9	526.3	701.2	611.4	936.8	790.5
2007	737.2	483.1	733.3	683.8	925.7	867.4
2008	789.5	510.2	777.3	712.5	992.4	932.5
2009	844.6	534.4	822	770.4	1067.5	994.5
2010	889.4	543	859	794.3	1133.7	1069.1
2011	928.6	521	902.1	828.9	1194.9	1121.1
2012	974.1	559	936.4	871.2	1257	1153.6

主要年份农林牧渔业总产值

表 3-4　（当年价格）　单位：万元

年　份	合　计	农业产值	林业产值	牧业产值	渔业产值
1978	54752	45456	481	5875	2940
1980	69437	57112	580	7909	3836
1981	98649	78119	1097	14384	5049
1983	139201	110272	1853	18682	8394
1984	165967	127492	2363	26962	9150
1985	205903	151739	3072	37817	13275
1986	239075	181729	4350	39732	13264
1987	267056	201258	4251	41692	19855
1988	336100	233464	4314	68449	29873
1989	360760	247719	3799	71372	37870
1990	402461	275400	5034	80609	41418
1991	418029	281380	5112	83624	47913
1992	439509	281768	7800	90046	59895
1993	539101	327136	10139	124082	77744
1994	942010	562923	11119	244498	123470
1995	1113436	736373	17730	156715	202618
1996	1233118	806859	16140	170757	239362
1997	1443301	895356	19192	250351	278402
1998	1504006	903202	20046	266244	314514
1999	1529595	965446	20935	238280	304934
2000	1407111	841946	23637	241560	299968
2001	1490493	899086	22009	241896	327502
2002	1554817	883158	24939	254036	392684
2003	1511573	703840	25147	282470	376108
2004	1643084	844677	22934	326294	387037
2005	1740161	850837	31312	362399	428483
2006	1800246	901392	34962	336565	451929
2007	1962994	945853	57232	432829	449128
2008	2305389	1092055	70360	529626	520312
2009	2841647	1331508	89755	686841	605465
2010	3228001	1613708	106090	740941	626788
2011	3765336	1807058	115487	920835	757024
2012	4262364	2024439	126239	1007966	915298

主要年份农林牧渔业总产值指数

表 3-5

(1978=100)

年　　份	农林牧渔业总产值指数	农业产值	林业产值	牧业产值	渔业产值
1978	100	100	100	100	100
1980	112.9	115.5	94.1	114.2	99.4
1981	127.0	124.9	120.2	135.1	129.0
1983	136.7	134.3	99.9	151.1	136.6
1984	196.1	193.3	118.3	235.5	171.7
1985	216.8	211.7	155.1	284.1	165.6
1986	236.6	230.1	181.4	292.0	208.2
1987	245.4	247.2	176.7	257.1	230.8
1988	257.2	248.3	178.0	320.6	235.8
1989	256.1	249.8	145.2	309.9	237.6
1990	261.4	250.5	173.3	327.3	248.9
1991	281.7	265.6	157.6	344.6	309.5
1992	292.7	268.6	187.6	376.9	333.5
1993	323.2	284.6	232.6	464.6	382.7
1994	394.8	341.8	289.5	587.9	472.3
1995	464.9	381.1	336.5	738.4	615.0
1996	441.4	404.0	319.7	408.9	741.7
1997	507.3	454.4	869.8	526.5	831.4
1998	535.3	468.5	908.4	576.9	911.0
1999	566.6	502.7	925.0	578.7	971.9
2000	534.8	455.1	1093.2	597.2	941.7
2001	567.3	491.8	1082.8	605.4	991.4
2002	595.3	497.1	1251.4	637.1	1137.0
2003	598.7	449.2	1360.9	683.7	1147.8
2004	641.3	506.7	1269.2	697.5	1235.4
2005	679.2	510.4	1732.9	774.7	1367.7
2006	706.9	528.0	1732.3	710.3	1544.7
2007	737.2	566.8	1737.2	803.9	1470.5
2008	789.5	603.6	2001.3	845.7	1586.7
2009	844.6	635	2228	944	1646.5
2010	889.4	675	2533.2	993.1	1671.2
2011	928.6	697.3	25772	1043.3	1755.2
2012	974.1	730.1	2682.9	1077.7	1862.3

主要年份主要农产品产量

表3-6

年　份	粮　食 (万吨)	棉　花 (万吨)	油　料 (万吨)	肉　类 总产量 (万吨)	猪牛羊禽	禽　蛋 (万吨)	水产品 (万吨)
1978	120.24	0.62	5.49	4.42	3.42	0.93	5.68
1980	137.21	0.50	5.74	4.94	4.02	0.98	5.95
1981	144.90	1.26	6.60	5.32	4.45	1.05	5.73
1983	198.98	2.42	9.70	6.94	5.74	2.07	5.99
1984	207.33	2.77	10.93	7.46	6.42	2.29	6.51
1985	212.57	2.48	14.23	8.25	7.07	3.10	6.61
1986	223.83	1.98	15.08	8.54	7.26	3.65	8.06
1987	223.52	2.41	14.78	8.73	6.97	3.40	8.19
1988	218.46	3.12	15.09	9.84	8.05	4.64	8.15
1989	225.31	3.51	12.58	10.26	8.29	3.78	8.98
1990	233.38	2.28	12.73	10.64	8.60	4.24	10.01
1991	243.64	3.82	12.89	11.21	8.80	4.51	10.86
1992	240.17	3.22	10.53	13.66	10.76	4.90	12.68
1993	227.17	3.06	12.04	15.80	12.34	5.70	14.62
1994	235.08	4.31	13.83	18.90	14.67	7.72	17.20
1995	256.86	5.19	12.94	22.82	18.00	9.62	22.70
1996	269.72	5.14	12.56	24.95	18.49	11.52	26.59
1997	280.04	5.05	12.03	26.28	20.13	11.85	28.49
1998	251.93	5.60	12.48	15.97	12.80	8.72	32.36
1999	280.98	3.96	12.72	16.99	13.00	8.42	34.28
2000	207.03	2.73	14.85	18.47	15.10	8.52	34.80
2001	226.34	5.02	16.78	18.70	15.67	11.56	37.71
2002	230.64	4.10	15.31	19.10	16.10	11.96	39.80
2003	203.47	3.00	10.92	19.57	16.50	12.58	39.91
2004	260.29	4.82	13.52	21.48	17.62	11.42	44.67
2005	248.00	1.89	10.30	22.55	18.51	11.76	49.03
2006	274.38	2.11	9.99	19.05	18.73	14.80	52.66
2007	293.09	1.17	8.19	17.44	17.17	10.30	55.16
2008	320.12	0.73	10.78	20.49	19.22	10.95	54.41
2009	334.54	0.37	11.46	23.91	23.19	12.75	58.00
2010	339.36	0.39	11.17	27.85	27.05	12.88	61.00
2011	345.98	0.39	11.64	29.47	28.69	12.76	65.20
2012	361.35	0.28	11.78	30.60	29.91	13.51	70.13

农 业 总 产 值

表 3-7　　(2012 年)(当年价格)　　单位:万元

县　区	合　计	农　业	林　业	牧　业	渔　业	农林牧渔服务业
合　计	4262364	2024439	126239	1007966	915298	188422
市　区	534034	259112	13306	103570	129259	28787
#新浦区	115328	70925	4211	16448	18544	5200
海州区	176836	118511	2896	41929	4250	9250
连云区	79706	4902	2349	2122	69938	395
赣榆县	1167266	374697	35101	187270	557304	12894
东海县	953437	541189	39568	232662	87359	52659
灌云县	908537	443860	23000	292001	88476	61200
灌南县	699090	405581	15264	192463	52900	32882

农 业 总 产 值 构 成

表 3-8　　(2012 年)(当年价格)　　单位:%

县　区	合　计	农　业	林　业	牧　业	渔　业	农林牧渔服务业
合　计	**100**	**47.5**	**3.0**	**23.6**	**21.5**	**4.4**
市　区	100	48.5	2.5	19.4	24.2	5.4
#新浦区	100	61.5	3.7	14.3	16.1	4.5
海州区	100	67.0	1.6	23.7	2.4	5.2
连云区	100	6.2	2.9	2.7	87.7	0.5
赣榆县	100	32.1	3.0	16.0	47.7	1.1
东海县	100	56.8	4.2	24.4	9.2	5.5
灌云县	100	48.9	2.5	32.1	9.7	6.7
灌南县	100	58.0	2.2	27.5	7.6	4.7

农业增加值

表3-9　(2012年)(当年价格)　单位:万元

指　标	总产值	中间消耗	中间物资消耗	对非物资生产部门劳务支出	增加值	增加值率(%)
总　计	**4262364**	**1938403**	**1625350**	**231248**	**2323961**	**54.5**
农　业	2024439	783638	632591	151047	1240801	61.3
林　业	126239	60657	53375	7282	65582	52.0
牧　业	1007966	572535	531153	41382	435431	43.2
渔　业	915298	439768	408231	31537	475530	52.0
农林牧渔服务业	188422	81805			106617	56.6

分地区农业增加值

表3-10　(2012年)(当年价格)　单位:万元

县　区	合　计	农　业	林　业	牧　业	渔　业	农林牧渔服务业
合　计	**2323961**	**1240801**	**65582**	**435431**	**475530**	**106617**
市　区	280521	152902	5564	28449	69919	23687
#新浦区	61717	40924	1647	6579	9291	3276
海州区	93461	70692	1413	11321	2137	7898
连云区	41580	2622	976	1439	36148	395
赣榆县	624009	223378	16857	95302	280736	7736
东海县	542191	335806	22707	104701	48898	30079
灌云县	498386	282573	9800	120317	48364	37332
灌南县	378854	246142	10654	86662	27613	7783

农业总产值分项情况

表 3-11　　(2012 年)　　单位:万元

指　　标	当年价格
农业总产值	4262364
一、农业产值	2024439
1、谷物及其他作物	1037474
2、蔬菜及园艺作物	809052
3、水果、坚果、饮料和香料作物	176020
4、中药材	1893
二、林业产值	126239
三、牧业产值	1007966
牲畜饲养	136213
猪的饲养	580848
家禽	254447
狩猎和捕捉动物	
其他畜牧业	36458
四、渔业产值	915298
海水产品	515063
淡水产品	407036
五、农林牧渔服务业产值	188422

农作物播种面积

表 3-12　　(2012 年)　　单位:千公顷

指　　标	全　市	市　区	赣榆县	东海县	灌云县	灌南县
农作物播种面积						
一、粮食作物	497.60	64.00	78.58	157.91	109.99	87.12
1.夏收粮食	238.10	30.30	38.99	75.28	49.04	44.49
#小　麦	234.03	30.03	36.40	75.13	48.42	44.05
2.秋收粮食	259.52	33.72	39.59	82.63	60.95	42.63
#稻　谷	203.82	29.97	28.28	64.09	45.94	35.54
玉　米	38.77	2.56	7.46	12.14	11.97	4.64
豆　类	10.63	1.02	1.87	3.36	2.69	1.68
薯　类	6.30	0.18	1.98	3.04	0.33	0.77
二、油料作物	26.09	0.04	14.58	10.17	0.34	0.96
1.花　生	24.94	0.03	14.58	10.17	0.12	0.04
2.油 菜 籽	1.13	0.01			0.21	0.91
3.芝　麻	0.02				0.01	0.01
三、棉　花	2.91	2.29	0.31	0.04	0.25	0.02
四、麻　类						
五、糖　料						
六、烟　叶	0.03			0.03		
七、药　材	0.72			0.52		0.20
八、蔬 菜 类	77.82	5.81	13.34	22.67	17.50	18.50
九、瓜 果 类(果用瓜)	16.04	1.25	1.79	10.90	0.91	1.19
十、其他农作物	0.34	0.04	0.05	0.25		

农 作 物 总 产 量 和 单 产

表 3-13　　(2012 年)

指　　标	全　市	市　区	赣榆县	东海县	灌云县	灌南县
一、农作物总产量(吨)						
(一)粮食作物	3613486	471616	564656	1143265	804907	629042
1.夏收粮食	1422280	193799	220763	448213	293946	265559
# 小　麦	1275001	165509	187276	414390	251482	256344
2.秋收粮食	2191206	277817	343893	695052	510961	363483
# 稻　谷	1858513	257140	268593	583647	420197	328936
玉　米	261736	17025	54227	81945	81141	27398
豆　类	29917	2163	6603	10490	7393	3268
薯　类(干品)	41040	1489	14470	18970	2230	3881
(二) 油料作物	117831	180	68672	45918	868	2193
# 花　生	115211	168	68672	45918	380	73
油 菜 籽	2601	12			473	2116
(三)棉　花(皮 棉)	2834	1920	488	84	303	39
二、农作物单产(公斤/公顷)						
(一) 粮食作物	7262	7369	7185	7240	7318	7220
1.夏收粮食	5973	6396	5662	5954	5994	5969
# 小　麦	5982	5511	5666	5956	6000	5974
2.秋收粮食	8443	8239	8686	8412	8383	8526
# 稻　谷	9118	8580	9498	9106	9147	9255
玉　米	6751	6650	7269	6750	6777	5905
豆　类	2814	2121	3525	3122	2745	1945
薯　类(干品)	6514	8272		6240		5019
(二) 油料作物	4516	4500	4710	4515	2553	2284
# 花　生	4620	5600	4710	4515	3167	1825
油 菜 籽	2302	1200			2252	2325
(三)棉　花(皮 棉)	974	838	1574	2100	1212	1950

畜 牧 业 生 产 情 况

表 3-14

(2012 年)

指 标	单位	全 市	市 区	赣榆县	东海县	灌云县	灌南县
一、年末存栏头数							
1、大牲畜	万头	6.37	0.27	1.33	3.09	1.37	0.31
#牛	万头	5.77	0.27	1.30	2.65	1.33	0.22
驴	万头	0.45	0.00	0.01	0.40	0.01	0.03
2、生猪	万头	170.30	12.37	44.94	36.92	32.15	43.92
其中:能繁母猪	万头	30.90	1.81	10.24	7.48	4.49	6.88
3、羊	万只	17.80	1.80	5.93	4.04	5.46	0.57
4、家禽	万只	1544.35	195.23	485.93	271.66	408.20	183.33
二、畜产品总产量							
1、猪牛羊出栏数							
生猪	万头	306.27	32.51	70.33	77.58	60.00	65.85
牛	万头	10.56	0.17	2.45	3.32	4.22	0.40
羊	万只	38.03	1.98	12.38	9.83	13.08	0.76
2、肉类及其他总产量	吨						
①大牲畜肉产量	吨	19315	297.00	4640	6627	7029	722
#牛肉产量	吨	19162	297.00	4640	6576	6963	686
②猪肉产量	吨	216273	20317.00	52248	57635	41295	44778
③羊肉产量	吨	6130	309.00	1809	1938	1962	112
④禽肉产量	吨	57505	23158.00	11616	11959	6968	3804
⑤兔肉产量	吨	2430	34.00	171	1267	434	524
⑥其他肉产量	吨	4340	38.00	4302			
3、奶类产量	吨	24786	8748.00	603	6076	5589	3770
4、绵羊毛产量	公斤	14514			13000	1514	
5、蜂蜜产量	吨	213	5.00		28	167	13
6、禽蛋产量	吨	135131	6595.00	19305	48856	48485	11890

乡（镇）基本情况

表3-15

(2012年)

乡　　镇	年末总人口（人）	年末耕地面积（公顷）	城镇建成区占地面积（公顷）	全社会固定资产投资完成额（万元）	各类专业技术人员（人）
赣榆县					
青口镇	196831	2222	1500	272500	2910
柘汪镇	55776	2033	439	305000	126
石桥镇	67030	3118	180	17000	1138
金山镇	49882	3584	216	101325	745
黑林镇	44932	2615	146	32865	492
厉庄镇	36861	2901	179	56397	628
海头镇	85557	2955	438	275825	1195
塔山镇	62060	4456	105	99036	1023
赣马镇	85777	4550	160	133150	1301
班庄镇	58944	4700	267	90574	986
城头镇	51857	3513	300	57015	948
门河镇	38265	2935	216	52288	455
城西镇	47882	3113	252	55650	1138
欢墩镇	41619	2369	258	68160	395
宋庄镇	33417	1501	213	69796	518
沙河镇	120137	7341	403	121533	1753
墩尚镇	39020	2133	281	130200	678
罗阳镇	38272	2310	267	94200	518

表 3-15 续表 1　　　　　　　　　　　　　　(2012 年)

乡　　镇	年末总人口(人)	年末耕地面　积(公顷)	城镇建成区占地面积(公顷)	全社会固定资产投资完成额(万元)	各类专业技术人员(人)
东 海 县					
牛 山 镇	157733	2338	2740	365000	2789
白塔埠镇	59927	6053	370	100000	970
黄 川 镇	62437	4665	119	43650	456
石梁河镇	43804	2936	359	46050	247
青 湖 镇	59562	6131	294	45700	662
石 榴 镇	63002	4984	653	102127	1280
温 泉 镇	17681	1348	178	49000	225
双 店 镇	51900	7000	360	40000	40
桃 林 镇	73514	9551	465	115220	1010
洪 庄 镇	35971	4450	325	47000	292
安 峰 镇	67025	7428	434	111140	1024
房 山 镇	78782	9211	268	100550	1345
平 明 镇	73771	10160	275	113973	1837
驼 峰 乡	62708	7152	532	118520	782
南 辰 乡	18975	560	180	81780	235
横 沟 乡	35962	2684	180	25015	382
李 埝 乡	39094	2892	220	31700	371
山左口乡	44840	4571	210	77340	361
石 湖 乡	33372	4499	157	43570	288
曲 阳 乡	38803	3967	360	30000	335
张 湾 乡	34156	5821	272	62473	1445
灌 云 县					
伊 山 镇	156152	3552	725	105860	4587
杨 集 镇	70818	5579	24	111200	1200
燕尾港镇	13936	78	966	36860	147
同 兴 镇	42045	3805	122	87691	385

表 3-15 续表 2　　　　(2012 年)

乡　　镇	年末总人口（人）	年末耕地面积（公顷）	城镇建成区占地面积（公顷）	全社会固定资产投资完成额（万元）	各类专业技术人员（人）
四队镇	35588	2794	266	90113	356
圩丰镇	46530	5114	141	15180	438
龙苴镇	52064	4512	180	87885	430
伊芦乡	39637	5044	180	108956	511
鲁河乡	34197	3195	165	70500	480
图河乡	61779	4026	80	108100	368
沂北乡	48100	3950	37	21370	431
下车乡	51529	4531	340	91246	684
白蚬乡	41322	3623	104	35513	596
东王集乡	65866	5653	135	103015	680
侍庄乡	51543	2400	216	145000	485
小伊乡	64938	5454	53	88269	532
穆圩乡	33314	4023	153	86103	386
陡沟乡	63280	5298	100	123020	1100
南岗乡	43950	4380	80	46000	795
灌南县					
新安镇	195800	7624	1830	72266	3570
堆沟港镇	39998	2453	1300	38000	750
长茂镇	42168	3178	50	15211	524
北陈集镇	39300	3437	52	4965	492
张店镇	39001	3791	28	6545	448
三口镇	62102	5516	213	55314	664
孟兴庄镇	61021	4852	48	17969	741
汤沟镇	30360	2006	250	21761	651
百禄镇	64413	6323	28	26954	954

表3-15续表3 (2012年)

乡　　镇	年末总人口（人）	年末耕地面　积（公顷）	城镇建成区占地面积（公顷）	全社会固定资产投资完成额（万元）	各类专业技术人员（人）
五队乡	46168	3684	44	8576	793
田楼乡	35680	2586	27	61259	682
李集乡	71760	5053	221	13546	701
新集乡	34432	3774	58	5592	543
花园乡	36815	4353	58	8195	589
市　　区					
朝阳镇	20396	622	110	148860	261
宿城乡	4643	25	160	57362	49
高公岛乡	3078		32	56942	33
南城镇	7792	42	146	3950	233
浦南镇	53586	4550	555	78900	673
云台乡	31141	1623	350	24152	490
花果山乡	16798	383	22	420000	399
新坝镇	31620	4484	140	48480	492
锦屏镇	30543	2221	42	60180	562
板浦镇	66963	4917	390	48860	1564
宁海乡	26067	2400	290	76130	398

表 3-15 续表 4 (2012 年)

乡　　镇	乡（镇）村企　　业（个）	企业实交税金总额（万元）	粮食产量（吨）	棉花产量（吨）	肉类总产量（吨）	水产品产量（吨）
赣榆县						
青口镇	1315	20016	30415	74	1687	68900
柘汪镇	376	18000	18803		4272	99180
石桥镇	182	8673	21240		7595	72300
金山镇	537	9715	26745		7442	556
黑林镇	680	453	20172		2612	830
厉庄镇	64	1604	16789		2421	2727
海头镇	335	26870	27950		4123	74091
塔山镇	549	1561	39498		2685	2578
赣马镇	1210	3223	61707		9981	2439
班庄镇	227	1276	27492		4326	1510
城头镇	141	2300	32248		7132	1940
门河镇	302	934	26631		4855	235
城西镇	291	937	32146	45	1723	2791
欢墩镇	216	4257	14327		2447	5227
宋庄镇	151	998	17511	140	338	24719
沙河镇	1626	10146	87085	2	5573	2125
墩尚镇	218	887	28300	4	2014	29004
罗阳镇	252	2811	33730	216	1766	33055

表 3-15 续表 5

(2012 年)

乡　　镇	乡（镇）村企　　业（个）	企业实交税金总额（万元）	粮食产量（吨）	棉花产量（吨）	肉类总产量（吨）	水产品产量（吨）
东 海 县						
牛 山 镇	3886	15840	30983		4412	2413
白塔埠镇	520	6124	66282		3790	1450
黄 川 镇	292	4310	55978		8125	533
石梁河镇	71	1025	29346		5592	7135
青 湖 镇	93	912	55440	22	9003	6568
石 榴 镇	669	5736	49421	9	7317	746
温 泉 镇	123	170	8760		1685	28
双 店 镇	73	1557	36257		8521	1620
桃 林 镇	681	2100	46187	22	9890	3000
洪 庄 镇	64	936	28643		3600	1550
安 峰 镇	825	5294	82160		14656	6420
房 山 镇	271	3076	104882		6753	7278
平 明 镇	385	7541	142573		5461	2494
驼 峰 乡	703	5429	72528		8325	4518
南 辰 乡	102	985	7038		2210	2420
横 沟 乡	197	512.7	25338		1973	2681
李 埝 乡	268	2813	13278		10324	294
山左口乡	95	5246	27295	8	4523	1124
石 湖 乡	133	876	31857		3340	1694
曲 阳 乡	690	1360	36514		2910	2081
张 湾 乡	62	753	69054		4416	2804
灌 云 县						
伊 山 镇	2258	36771	48328	6	6952	874
杨 集 镇	34	1940	54016	50	8990	1785
燕尾港镇	79	7808	1276	112	492	10092
同 兴 镇	84	674	33559	213	2762	952

表 3-15 续表 6　　(2012 年)

乡　镇	乡（镇）村企业（个）	企业实交税金总额（万元）	粮食产量（吨）	棉花产量（吨）	肉类总产量（吨）	水产品产量（吨）
四 队 镇	426	1631	33235	79	5791	660
圩 丰 镇	177	4859	68223	18	5410	3415
龙 苴 镇	236	1172	41860		9210	560
伊 芦 乡	471	3868	44928	207	6668	1218
鲁 河 乡	145	4300	29200		3160	4750
图 河 乡	392	4502	72507	121	6486	1587
沂 北 乡	94	658	36224		5101	1678
下 车 乡	273	1731	51850		7888	1066
白 蚬 乡	259	1228	52057	1	2541	1205
东王集乡	443	2708	68465		8534	731
侍 庄 乡	560	5750	31360		900	1218
小 伊 乡	195	600	66450	131	5076	2633
穆 圩 乡	384	2718	47404		5997	1485
陡 沟 乡	286	7834	59940	19	8740	456
南 岗 乡	62	6150	33150	60	4120	123
灌 南 县						
新 安 镇	180	3600	86582	1	5920	2190
堆沟港镇	315	2698	30402		2529	7072
长 茂 镇	211	663	32954		4470	564
北陈集镇	46	515	35950		6750	988
张 店 镇	47	390	31940		2102	1188
三 口 镇	141	800	61921		5120	3832
孟兴庄镇	111	1210	47485	10	8628	3975
汤 沟 镇	137	3002	21673		358	99
百 禄 镇	168	788	50040	6	8473	2983

表 3-15 续表 7

(2012 年)

乡　　镇	乡（镇）村企业（个）	企业实交税金总额（万元）	粮食产量（吨）	棉花产量（吨）	肉类总产量（吨）	水产品产量（吨）
五队乡	126	8480	59990		4525	2845
田楼乡	102	1459	40284		5252	1613
李集乡	178	3131	53243		9846	2514
新集乡	146	718	35587		3218	2079
花园乡	259	1505	40645	7	5680	970
市　区						
朝阳镇	498	29980	6015		627	500
宿城乡	33	235	227		130	656
高公岛乡	50	252				19800
南城镇	269	280	381		580	82
浦南镇	116	2100	71930		6217	8647
云台乡	44	1986	22565		2997	440
花果山乡	98	2242	5327		642	30
新坝镇	126	1371	75155	56	7420	2263
锦屏镇	238	2790	26825	12	2275	976
板浦镇	1237	8296	44802	150	4098	366
宁海乡	205	14312	33100		2250	520

表 3-15 续表 8　　(2012 年)

乡　镇	国内生产总值(万元)	人均国内生产总值(元)	财政收入(万元)	农民人均纯收入(元)	年末居民储蓄余额(万元)
赣榆县					
青口镇	421241	21401	68324	17032	126850
柘汪镇	459473	82378	36747	13725	25110
石桥镇	129761	19359	8930	13106	10500
金山镇	93293	18703	11595	10766	13000
黑林镇	36150	8045	1626	6480	6022
厉庄镇	66565	18058	3335	9549	31200
海头镇	228226	26675	33827	17373	89867
塔山镇	72109	11619	3918	9835	4831
赣马镇	187664	21878	12701	16798	9857
班庄镇	60562	10274	2379	9696	48518
城头镇	70631	13620	4351	10800	5550
门河镇	53682	14029	2685	11054	14060
城西镇	56360	11771	3053	11012	6156
欢墩镇	60810	14611	3041	10443	19270
宋庄镇	60119	17991	3006	14091	7230
沙河镇	124580	10370	7445	10337	29342
墩尚镇	86833	22253	2489	14226	14004
罗阳镇	99647	26037	8083	14062	8975

表3-15续表9 (2012年)

乡　　镇	国内生产总　值（万元）	人均国内生产总值（元）	财政收入（万元）	农民人均纯收入（元）	年末居民储蓄余额（万元）
东海县					
牛山镇	448427	28429	33569	12157	1499
白塔埠镇	161976	27029	7856	10426	23678
黄川镇	100720	16131	4213.58	10791	51580
石梁河镇	63088	14402	2900.6	8474	9055
青湖镇	69268	11630	3709.3	10021	59179
石榴镇	186512	29604	6805	10088	31540
温泉镇	76447	43237	11091	9777	13251
双店镇	73877	14234	3511	9993	21030
桃林镇	171146	23281	6700	8791	26521
洪庄镇	56659	15751	3472.6	8269	17900
安峰镇	143542	21416	10605	10068	28632
房山镇	171639	21787	8356	10726	16582
平明镇	187280	25387	12728.4	11027	19540
驼峰乡	127227	20289	6107	10818	20895
南辰乡	28279	14903	2511	7020	14657
横沟乡	50601	14071	2679.7	8490	3945
李埝乡	63535	16252	2751	7175	24091
山左口乡	94734	21127	6435.3	7561	26000
石湖乡	67254	20153	3884	9070	5680
曲阳乡	70085	18062	3397	8490	8050
张湾乡	60758	17788	3644	10488	8192
灌云县					
伊山镇	343521	21999	22228	9769	201533
杨集镇	114780	16208	12581	9501	5835
燕尾港镇	62898	45133	17860	10626	5458
同兴镇	104000	24735	5090	8771	5240

表 3-15 续表 10　　　　　　　　　　　　(2012 年)

乡　　镇	国内生产总　值(万元)	人均国内生产总值(元)	财政收入(万元)	农民人均纯收入(元)	年末居民储蓄余额(万元)
四队镇	35923	10094	4068	9100	12000
圩丰镇	72560	15594	6048.3	9326	8001
龙苴镇	68400	13138	6749	8298	8295
伊芦乡	61815	15595	6021	8368	3890
鲁河乡	71466	20898	4950	8556	8900
图河乡	95500	15458	5360	8990	19806
沂北乡	92388	19207	4943	8984	10245
下车乡	85400	16573	4687	8387	5936
白蚬乡	57885	14008	4950	9460	9446
东王集乡	80487	12220	7337.2	8760	8136
侍庄乡	96200	18664	56496	8420	15324
小伊乡	105188	16198	4370	9751	7583
穆圩乡	72289	21699	6614.2	9254	456
陡沟乡	88125	13926	7709.2	9051	5020
南岗乡	63500	14448	5164	8835	7100
灌南县					
新安镇	403685	20617	35973	10445	8000
堆沟港镇	177542	44388	17885	12081	13800
长茂镇	76200	18071	9030	9422	5929
北陈集镇	54862	13960	5552	8700	3604
张店镇	93856	24065	6952	9003	1128
三口镇	140597	22640	8866	9243	8500
孟兴庄镇	127582	20908	8506	10008	12265
汤沟镇	92644	30515	9288	9509	16213
百禄镇	110678	17183	9004	8622	5327

表 3-15 续表 11　　　　(2012 年)

乡　　镇	国内生产总　值(万元)	人均国内生产总值(元)	财政收入(万元)	农民人均纯 收 入(元)	年末居民储蓄余额(万元)
五 队 乡	110128	23854	8970	10608	8710
田 楼 乡	93972	26337	8887	9810	6635
孛 集 乡	129288	18017	19012	10476	5625
新 集 乡	90170	26188	7729	9420	1695
花 园 乡	68519	18612	6902	9507	6118
市　　区					
朝 阳 镇	217608	106692	32480	12810	28000
宿 城 乡	26645	57387	1409	11480	5800
高公岛乡	33190	107830	1885	17020	3674
南 城 镇	18700	23999	3390	11150	7000
浦 南 镇	69818	13029	12551	13510	16957
云 台 乡	39215	12593	2984	12719	8200
花果山乡	37098	22085	15090	13455	17320
新 坝 镇	43334	13705	3302	9496	5477
锦 屏 镇	65791	21540	5650	10586	10195
板 浦 镇	58419	8724	8090	10664	39970
宁 海 乡	89934	34501	24415	10303	2977

4

全市及分县规模以上工业企业单位数

表 4-1　　(2012 年)　　单位:个

年　　份	全　市	市　区	赣榆县	东海县	灌云县	灌南县
总　　计	**1388**	**291**	**373**	**344**	**218**	**162**
一、按登记注册类型分组:						
内资企业	1194	198	345	301	207	143
国有企业	13	11		1		1
中央企业	2	2				
地方企业	11	9		1		1
集体企业	3	2			1	
股份合作企业	4	4				
联营企业						
国有联营企业						
集体联营企业						
国有与集体联营企业						
其他联营企业						
有限责任公司	201	43	19	9	85	45
国有独资公司	7	3	1	1	2	
其他有限责任公司	194	40	18	8	83	45
股份有限公司	18	10	3	1	3	1
私营企业	920	121	313	283	116	87
私营独资企业	236	7	93	81	54	1
私营合作企业	5	2	1	2		
私营有限责任公司	646	105	210	188	58	85
私营股份有限公司	33	7	9	12	4	1
其他企业	35	7	10	7	2	9
港、澳、台商投资企业	64	24	9	17	4	10
合资经营企业(港或澳、台资)	27	14	3	6		4
合作经营企业(港或澳、台资)						
港澳台商独资经营企业	32	6	6	11	4	5
港澳台商投资股份有限公司	4	4				
其他港澳台商投资企业	1					1
外商投资企业	130	69	19	26	7	9
中外合资经营企业	63	37	6	11	2	7
中外合作经营企业						
外资企业	63	30	13	13	5	2
外商投资股份有限公司	4	2		2		

表 4-1 续　　(2012 年)

指　　标	全　市	市　区	赣榆县	东海县	灌云县	灌南县
二、按经济组织类型分组						
独资企业	347	56	112	106	64	9
国有企业	13	11		1		1
集体企业	3	2			1	
私营独资企业	236	7	93	81	54	1
港澳台商独资经营企业	32	6	6	11	4	5
外资企业	63	30	13	13	5	2
合作、合伙企业	45	13	11	9	2	10
股份合作企业	4	4				
国有联营企业						
集体联营企业						
国有与集体联营企业						
其他联营企业						
私营合伙企业	5	2	1	2		
合作经营企业(港或澳、台资)						
中外合作经营企业						
其他企业(内资)	35	7	10	7	2	9
其他港澳台商投资企业	1					1
其他外商投资企业						
股份有限公司	59	23	12	15	7	2
股份有限公司(内资)	18	10	3	1	3	1
私营股份有限公司	33	7	9	12	4	1
港澳台商投资股份有限公司	4	4				
外商投资股份有限公司	4	2		2		
有限责任公司	937	199	238	214	145	141
国有独资公司	7	3	1	1	2	
私营有限责任公司	646	105	210	188	58	85
合资经营企业(港或澳、台资)	27	14	3	6		4
中外合资经营企业	63	37	6	11	2	7
其他有限责任公司	194	40	18	8	83	45
三、在总计中:亏损企业	179	81	21	9	15	53
在总计中:国有控股企业	43	34	2	2	3	2
在总计中:农村工业	13	1	1	7		4
在总计中:轻工业	543	103	177	132	93	38
重工业	845	188	196	212	125	124
在总计中:大型企业	22	14	2	1	2	3
中型企业	104	43	19	15	17	10
小型企业	1225	216	345	327	196	141
微型企业	37	18	7	1	3	8

全市及分县规模以上工业总产值

表4-2　　(2012年)　　单位:万元

指　　标	全　市	市　区	赣榆县	东海县	灌云县	灌南县
总　　计	**34133800**	**13106204**	**8160529**	**4816227**	**3921080**	**4129760**
一、按登记注册类型分组:						
内资企业	25913496	6527664	7705130	3881436	3766883	4032384
国有企业	256533	221043		10927		24562
中央企业	159337	159337				
地方企业	97196	61707		10927		24562
集体企业	15848	11778			4071	
股份合作企业	153622	153622				
联营企业						
国有联营企业						
集体联营企业						
国有与集体联营企业						
其他联营企业						
有限责任公司	6532487	2735864	2126339	89064	1274770	306450
国有独资公司	301437	161636	32891	24840	82070	
其他有限责任公司	6231050	2574228	2093448	64224	1192700	306450
股份有限公司	1239594	1120547	35655	51215	30165	2012
私营企业	17238048	2117273	5462127	3682017	2439968	3536662
私营独资企业	2458490	44920	797825	1043338	570171	2236
私营合作企业	70552	13149	10605	46798		
私营有限责任公司	13955579	1971347	4324784	2450029	1679093	3530327
私营股份有限公司	753427	87857	328913	141853	190705	4100
其他企业	477365	167536	81009	48212	17910	162698
港、澳、台商投资企业	1706693	920967	60819	643587	35585	45735
合资经营企业(港或澳、台资)	427884	193634	18687	192938		22624
合作经营企业(港或澳、台资)						
港澳台商独资经营企业	644947	95528	42132	450649	35585	21053
港澳台商投资股份有限公司	631804	631804				
其他港澳台商投资企业	2059					2059
外商投资企业	6513611	5657574	394581	291204	118612	51641
中外合资经营企业	3445392	2942112	286381	123846	55252	37800
中外合作经营企业						
外资企业	2625882	2278292	108200	162190	63360	13840
外商投资股份有限公司	442338	437170		5168		

表4-2续　　(2012年)　　单位:万元

指　　标	全　市	市　区	赣榆县	东海县	灌云县	灌南县
二、按经济组织类型分组						
独资企业	6001699	2651561	948157	1667104	673187	61691
国有企业	256533	221043		10927		24562
集体企业	15848	11778			4071	
私营独资企业	2458490	44920	797825	1043338	570171	2236
港澳台商独资经营企业	644947	95528	42132	450649	35585	21053
外资企业	2625882	2278292	108200	162190	63360	13840
合作、合伙企业	703598	334308	91614	95010	17910	164757
股份合作企业	153622	153622				
国有联营企业						
集体联营企业						
国有与集体联营企业						
其他联营企业						
私营合伙企业	70552	13149	10605	46798		
合作经营企业(港或澳、台资)						
中外合作经营企业						
其他企业(内资)	477365	167536	81009	48212	17910	162698
其他港澳台商投资企业	2059					2059
其他外商投资企业						
股份有限公司	3067162	2277377	364568	198236	220869	6112
股份有限公司(内资)	1239594	1120547	35655	51215	30165	2012
私营股份有限公司	753427	87857	328913	141853	190705	4100
港澳台商投资股份有限公司	631804	631804				
外商投资股份有限公司	442338	437170		5168		
有限责任公司	24361341	7842958	6756191	2855878	3009114	3897201
国有独资公司	301437	161636	32891	24840	82070	
私营有限责任公司	13955579	1971347	4324784	2450029	1679093	3530327
合资经营企业(港或澳、台资)	427884	193634	18687	192938		22624
中外合资经营企业	3445392	2942112	286381	123846	55252	37800
其他有限责任公司	6231050	2574228	2093448	64224	1192700	306450
三、在总计中:亏损企业	1459805	852683	139540	118686	42095	306802
在总计中:国有控股企业	2560204	2246635	161505	35767	85251	31045
在总计中:农村工业	213428	2104	7226	186182		17917
在总计中:轻工业	9510649	4643362	1493009	1860073	1208645	305560
重工业	24623152	8462843	6667521	2956154	2712434	3824200
在总计中:大型企业	9484303	5417778	1671662	61188	527332	1806344
中型企业	10465849	4799943	3050848	606157	1096087	912814
小型企业	13995600	2777008	3395582	4144640	2286909	1391462
微型企业	188049	111476	42437	4242	10752	19142

主要工业产品产量

表 4-3　　　　(2012 年)

产品名称	单位	全市	市区	赣榆县	东海县	灌云县	灌南县
磷矿石(折含五氧化二磷 30%)	吨	106949	106949				
原盐	吨	785437	785437				
小麦粉	吨	321254			321254.1		
大米	吨	691894		203778	473157	9203	5756
饲料	吨	390682	250094	75169	65419		
其中:配合饲料	吨	222695	200561		22134		
混合饲料	吨	3269	3269				
精制食用植物油	吨	366187	343082		23105		
鲜、冷藏肉	吨	129748	9834	22258	93190.4	4465	
糖果	吨	7186		7186			
冷冻饮品	吨	843				843	
食品添加剂	吨	9062	9062				
发酵酒精(折 96 度,商品量)	千升	398296.2	16703	262817	59701		59075
饮料酒	千升	100767	71470				29297
其中:白酒(折 65 度,商品量)	千升	29297					29297
啤酒	千升	71470	71470				
纱	吨	17627	9280			5076	3271
1、棉纱	吨	16380	9280			5076	2024
3、化学纤维纱	吨	1247					1247

表 4-3 续表 1

(2012 年)

产品名称	单位	全市	市区	赣榆县	东海县	灌云县	灌南县
布	万米	6201	4444	1757			
其中:棉布	万米	4444	4444				
棉混纺布	万米	1757		1757			
印染布	万米	2149				2149	
毛机织物(呢绒)	吨	618	618				
蚕丝	万件	205		124			81
服装	万件	9192	139	2268	6063	580	141
梭织服装	万件	8279	139	2268	5411	452	9
西服套装	万件	107	107				
针织套装	立方米	913			652	129	132
人造板	立方米	965441		244571	276840	347277	96753
其中:胶合板	立方米	401614		60616	176246	96979	67773
纤维板	吨	379872			100594	250298	28980
机制纸及纸板(外购原纸加工除外)	吨	43552	12504	11897		19151	
箱纸板	吨	19151				19151	
纸制品	吨	20876	2997		4381	13499	
其中:瓦楞纸箱	吨	20876	2997		4381	13499	
原油加工量	吨	2200366	101851	2098515			
汽油	吨	381593		381593			
柴油	吨	694159		694159			

表 4-3 续表 2　　　　　　　　　　　　　(2012 年)

产品名称	单位	全市	市区	赣榆县	东海县	灌云县	灌南县
润滑油	吨	101851	101851				
燃料油	吨	522411		522411			
石脑油	吨	94294		94294			
液化石油气	吨	147600		147600			
石油焦	吨	258458		258458			
硫酸(折 100%)	吨	113768	50481		63287		
盐酸(氯化氢,含量 31%)	吨	147678	147678				
烧碱(折 100%)	吨	504475	504475				
其中:离子膜法烧碱(折 100%)	吨	122297	122297				
纯碱(碳酸钠)	吨	1322350	1322350				
冰乙酸(冰醋酸)	吨	1715.1		1715			
合成氨(无水氨)	吨	100877	100877				
农用氮、磷、钾化学肥料总计(折纯)	吨	93969	93969				
氮肥(折含 N100%)	吨	77430	77430				
磷肥(折五氧化二磷 100%)	吨	16539	16539				
化学农药原药(折有效成分 100%)	吨	4350	1034	819	2014	483	
其中:杀虫剂原药	吨	3048	1034		2014		
初级形态的塑料	吨	8878		8878			
多晶硅	千克	136193	136193				
化学药品原药	吨	23513	350	21795		1368	

表 4–3 续表 3　　　　　　　　　　　(2012 年)

产品名称	单位	全市	市区	赣榆县	东海县	灌云县	灌南县
中成药	吨	1250	1250				
化学纤维用浆粕	吨	97979	97979				
化学纤维	吨	4441	4441				
合成纤维	吨	4441	4441				
丙纶纤维	吨	921	921				
氨纶纤维	吨	3520	3520				
塑料制品	吨	28522	8650	16526		3346	
其中：塑料薄膜	吨	17101	5049	12052			
水泥	吨	5731068	2006612	728014	2996442		
商品混凝土	立方米	1437415	1353618			83797	
水泥混凝土排水管	千米	30		30			
预应力混凝土桩	米	3937597	3937597				
平板玻璃	重量箱	770940			770940		
玻璃包装容器	吨	10817		10817			
耐火材料制品	吨	6163	6163				
石墨及炭素制品	吨	45645			45645		
粗钢	吨	4683435		3354198			1329237
铸铁件	吨	558					558
钢材	吨	2532729	136545				2396184

表 4-3 续表 4　　　　　　　　　　　　　　　　(2012 年)

产品名称	单位	全市	市区	赣榆县	东海县	灌云县	灌南县
线材(盘条)	吨	705115	136545				568570
无缝钢管	吨	783					783
其他钢材	吨	1826831					1826831
铁合金	吨	70315				70315	
铜材	吨	17738				2955	14783
金属集装箱	立方米	4637034	4637034				
粉末冶金零件	吨	3760	3760				
金属切削机床	台	746	746				
铸造机械	台	92					92
齿轮	吨	1678				1678	
模具	套	313	313				
民用钢质船舶	载重吨	1974183				220600	1753583
高压开关板	面	1313	1313				
低压开关板	面	1397	1397				
通信及电子网络用电缆	对千米	9850		9850			
电力电缆	千米	3916			3916		
电光源	万只	86457			86457		
半导体分立器件	万只	125148	125148				
电子元件	万只	296		296			
发电量	万千瓦小时	2100921	2079090	12396	9435		
其中:火力发电量	万千瓦小时	454949	454949				
核能发电量	万千瓦小时	1624141	1624141				
自来水生产量	万立方米	7878	6512				1366

历年主要工业产品产量

表 4–4

指　　标	单位	1990	1995	2000	2005	2010	2011	2012
原　煤	万吨	51.91	74.83	100.64	108.05	4.5367		
原　盐	万吨	151.64	187.69	99.26	76.49	53.49	80.23	78.54
纱	万吨	0.82	1.31	1.49	2.43	2.20	2.17	1.76
布	万米	3268	4433	921	482	1683	1573	6201
机制纸及纸板	万吨	3.23	5.02	0.37	1.70	4.78	4.02	4.36
磷矿石(折 30%)	万吨	30.11	12.88	14.03	10.15	10.04	9.79	10.69
硫　酸	万吨	4.72	9.23	15.30	25.38	20.68	16.83	11.38
纯　碱	万吨	12.15	48.04	98.29	137.65	133.61	142.49	132.24
农用化肥	万吨	14.65	14.60	24.18	18.82	7.36	8.85	9.40
水　泥	万吨	34.37	75.82	48.69	89.08	348.70	297.30	573.11
变压器	万千伏安	56.43	87.00	150.00	79.86			
啤　酒	万千升	2.23	5.56	5.90	8.11	7.90	7.21	7.15
发电量	亿度	8.90	32.02	26.16	51.13	201.18	205.36	210.09

规模以上工业企业主要经济效益指标

表 4-5　　(2012 年)　　单位:%

指　　标	总资产贡献率	资　产负债率	成本费用利 润 率	产　品销 售 率
总　　计	**23.89**	**57.59**	**8.94**	**97.97**
一、按登记注册类型分组:				
内资企业	23.81	58.91	9.00	97.87
国有企业	-4.12	42.04	-7.06	95.01
中央企业	-11.84	22.42	-12.12	93.44
地方企业	7.72	72.08	1.89	97.60
集体企业	31.90	65.13	7.54	97.95
股份合作企业	21.23	70.39	9.48	99.32
联营企业				
国有联营企业				
集体联营企业				
国有与集体联营企业				
其他联营企业				
有限责任公司	13.36	69.83	8.81	97.62
国有独资公司	3.78	58.15	2.02	94.22
其他有限责任公司	14.53	71.26	9.17	97.78
股份有限公司	16.35	44.48	18.78	91.51
私营企业	41.31	49.61	8.69	98.46
私营独资企业	51.64	35.18	11.30	98.24
私营合作企业	37.17	52.11	10.40	98.47
私营有限责任公司	40.06	52.85	8.23	98.59
私营股份有限公司	35.49	36.77	8.88	96.74
其他企业	36.40	53.51	10.03	97.48
港、澳、台商投资企业	22.02	51.25	11.67	98.56
合资经营企业(港或澳、台资)	19.78	45.70	9.38	99.35
合作经营企业(港或澳、台资)				
港澳台商独资经营企业	10.34	49.76	3.79	97.39
港澳台商投资股份有限公司	37.03	56.05	23.34	99.21
其他港澳台商投资企业	9.39	69.73	-0.27	98.98
外商投资企业	25.09	54.00	8.03	98.19
中外合资经营企业	21.59	63.02	7.49	98.50
中外合作经营企业				
外资企业	21.49	41.41	5.53	98.89
外商投资股份有限公司	64.45	39.37	32.97	91.64

表 4-5 续表 1

单位:%

指　　标	总资产贡献率	资产负债率	成本费用利润率	产品销售率
二、按经济组织类型分组				
独资企业	25.20	41.74	6.98	98.30
国有企业	-4.12	42.04	-7.06	95.01
集体企业	31.90	65.13	7.54	97.95
私营独资企业	51.64	35.18	11.30	98.24
港澳台商独资经营企业	10.34	49.76	3.79	97.39
外资企业	21.49	41.41	5.53	98.89
合作、合伙企业	32.25	58.07	9.90	97.99
股份合作企业	21.23	70.39	9.48	99.32
国有联营企业				
集体联营企业				
国有与集体联营企业				
其他联营企业				
私营合伙企业	37.17	52.11	10.40	98.47
合作经营企业(港或澳、台资)				
中外合作经营企业				
其他企业(内资)	36.40	53.51	10.03	97.48
其他港澳台商投资企业	9.39	69.73	-0.27	98.98
其他外商投资企业				
股份有限公司	26.16	45.23	18.88	94.40
股份有限公司(内资)	16.35	44.48	18.78	91.51
私营股份有限公司	35.49	36.77	8.88	96.74
港澳台商投资股份有限公司	37.03	56.05	23.34	99.21
外商投资股份有限公司	64.45	39.37	32.97	91.64
有限责任公司	22.96	63.10	8.29	98.33
国有独资公司	3.78	58.15	2.02	94.22
私营有限责任公司	40.06	52.85	8.23	98.59
合资经营企业(港或澳、台资)	19.78	45.70	9.38	99.35
中外合资经营企业	21.59	63.02	7.49	98.50
其他有限责任公司	14.53	71.26	9.17	97.78
三、在总计中:亏损企业	**-2.00**	**61.11**	**-7.54**	**96.83**
在总计中:国有控股企业	9.55	73.89	12.75	98.86
在总计中:农村工业	31.12	37.54	11.85	98.11
在总计中:轻工业	28.80	47.98	11.43	97.07
重工业	21.98	61.34	8.02	98.31
在总计中:大型企业	19.41	63.73	12.29	97.21
中型企业	28.25	50.22	7.44	98.26
小型企业	28.61	52.86	7.96	98.23
微型企业	5.05	59.90	3.40	99.86

表 4–5 续表 2

单位:%

指　　　标	总资产贡献率	资　产负债率	成本费用利 润 率	产　品销 售 率
四、按行业分组				
煤炭开采和洗选业	–2.72	102.53	–2.89	100.00
石油和天然气开采业				
黑色金属矿采选业				
有色金属矿采选业	17.67	27.55	1.65	100.00
非金属矿采选业	5.34	45.89	5.44	96.18
其他采矿业				
农副食品加工业	13.17	74.19	6.46	98.66
食品制造业	17.01	39.74	7.08	98.29
饮料制造业	28.90	71.23	5.33	99.11
烟草制品业				
纺织业	14.14	47.89	5.35	98.27
纺织服装、鞋、帽制造业	26.55	36.49	7.18	98.65
皮革、毛皮、羽毛(绒)及其制品业	22.01	51.09	7.08	98.05
木材加工及木、竹、藤、棕、草制品业	16.53	49.05	6.03	97.98
家具制造业	13.17	44.98	12.80	100.00
造纸及纸制品业	22.64	44.54	6.33	99.32
印刷业和记录媒介的复制	31.15	52.71	10.78	97.10
文教体育用品制造业	31.43	39.06	12.28	98.12
石油加工、炼焦及核燃料加工业	51.91	62.43	6.62	96.05
化学原料及化学制品制造业	20.07	52.91	6.54	98.32
医药制造业	31.37	35.07	17.92	94.12
化学纤维制造业	6.12	48.60	0.05	102.33
橡胶制品业	19.38	10.61	10.12	98.16
塑料制品业	16.11	43.12	5.81	98.00
非金属矿物制品业	17.94	53.54	7.74	96.12
黑色金属冶炼及压延加工业	36.21	53.22	4.73	98.78
有色金属冶炼及压延加工业	18.73	67.52	3.32	100.34
金属制品业	18.91	40.38	5.92	99.35
通用设备制造业	28.11	53.32	5.94	97.59
专用设备制造业	12.15	63.56	6.65	99.97
交通运输设备制造业	34.66	49.70	7.83	99.25
电气机械及器材制造业	18.82	46.82	7.02	98.29
通信设备、计算机及其他电子设备制造业	19.10	56.32	7.29	99.56
仪器仪表及文化、办公用机械制造业	22.13	61.51	8.66	99.04
工艺品及其他制造业	33.99	45.37	6.72	98.89
废弃资源和废旧材料回收加工业	44.72	40.55	7.69	97.45
电力、热力的生产和供应业	11.50	85.12	36.97	99.98
燃气生产和供应业	16.73	66.61	9.74	93.19
水的生产和供应业	1.61	63.40	–2.54	100.52

规模以上工业企业主要经济指标

表 4-6　　(2012 年)　　单位:万元

指标	企业单位数(个)	#亏损企业	工业总产值	工业销售产值
总计	**1388**	**179**	**34133800**	**33439666**
一、按登记注册类型分组:				
内资企业	1194	122	25913496	25361670
国有企业	13	5	256533	243742
中央企业	2	1	159337	148878
地方企业	11	4	97196	94864
集体企业	3		15848	15524
股份合作企业	4	2	153622	152581
联营企业				
国有联营企业				
集体联营企业				
国有与集体联营企业				
其他联营企业				
有限责任公司	201	45	6532487	6377047
国有独资公司	7	4	301437	284025
其他有限责任公司	194	41	6231050	6093022
股份有限公司	18	4	1239594	1134399
私营企业	920	64	17238048	16973019
私营独资企业	236	5	2458490	2415313
私营合作企业	5		70552	69471
私营有限责任公司	646	56	13955579	13759394
私营股份有限公司	33	3	753427	728841
其他企业	35	2	477365	465358
港、澳、台商投资企业	64	19	1706693	1682067
合资经营企业(港或澳、台资)	27	8	427884	425093
合作经营企业(港或澳、台资)				
港澳台商独资经营企业	32	8	644947	628107
港澳台商投资股份有限公司	4	2	631804	626830
其他港澳台商投资企业	1	1	2059	2038
外商投资企业	130	38	6513611	6395929
中外合资经营企业	63	17	3445392	3393847
中外合作经营企业				
外资企业	63	21	2625882	2596713
外商投资股份有限公司	4		442338	405370

表 4-6 续表 1　　(2012 年)　　单位:万元

指　　标	企业单位数(个)	#亏损企业	工业总产值	工业销售产值
二、按经济组织类型分组				
独资企业	347	39	6001699	5899400
国有企业	13	5	256533	243742
集体企业	3		15848	15524
私营独资企业	236	5	2458490	2415313
港澳台商独资经营企业	32	8	644947	628107
外资企业	63	21	2625882	2596713
合作、合伙企业	45	5	703598	689448
股份合作企业	4	2	153622	152581
国有联营企业				
集体联营企业				
国有与集体联营企业				
其他联营企业				
私营合伙企业	5		70552	69471
合作经营企业(港或澳、台资)				
中外合作经营企业				
其他企业(内资)	35	2	477365	465358
其他港澳台商投资企业	1	1	2059	2038
其他外商投资企业				
股份有限公司	59	9	3067162	2895439
股份有限公司(内资)	18	4	1239594	1134399
私营股份有限公司	33	3	753427	728841
港澳台商投资股份有限公司	4	2	631804	626830
外商投资股份有限公司	4		442338	405370
有限责任公司	937	126	24361341	23955380
国有独资公司	7	4	301437	284025
私营有限责任公司	646	56	13955579	13759394
合资经营企业(港或澳、台资)	27	8	427884	425093
中外合资经营企业	63	17	3445392	3393847
其他有限责任公司	194	41	6231050	6093022
三、在总计中:亏损企业	**179**	**179**	**1459805**	**1413568**
在总计中:国有控股企业	43	12	2560204	2531136
在总计中:农村工业	13	2	213428	209404
在总计中:轻工业	543	79	9510649	9232274
重工业	845	100	24623152	24207392
在总计中:大型企业	22	4	9484303	9219850
中型企业	104	17	10465849	10284078
小型企业	1225	145	13995600	13747959
微型企业	37	13	188049	187780

表 4-6 续表 2　　(2012 年)　　单位:万元

指　　标	企　业 单位数 (个)	#亏损 企业	工　业 总产值 (现　价)	工业销售 产　值 (现　价)
按行业分组	1388	179	34133800	33439666
煤炭开采和洗选业	2	1	59859	59859
黑色金属矿采选业	16	1	399615	379589
非金属矿采选业	1		56023	55723
农副食品加工业	140	9	2786731	2763946
食品制造业	28	4	218305	215591
饮料制造业	21	5	408815	398778
纺织业	35	7	276422	273075
纺织服装、鞋、帽制造业	73	5	554303	548476
皮革、毛皮、羽毛(绒)及其制品业	13	1	171464	169284
木材加工及木、竹、藤、棕、草制	38	4	432216	427283
家具制造业	6	1	28614	28614
造纸及纸制品业	18	6	162947	158696
印刷业和记录媒介的复制	15	4	70760	70148
文教体育用品制造业	30	4	246963	243003
石油加工、炼焦及核燃料加工业	2		1609125	1581526
化学原料及化学制品制造业	249	48	5954937	5817818
医药制造业	57	7	2729832	2533404
化学纤维制造业	7	4	207994	208211
橡胶制品业	46	4	421145	413661
塑料制品业	234	20	3089746	3005984
非金属矿物制品业	43	6	4389510	4331540
黑色金属冶炼及压延加工业	26	5	1888060	1863790
有色金属冶炼及压延加工业	48	4	940118	932161
金属制品业	32	5	757402	753519
通用设备制造业	61	5	1066709	1042505
专用设备制造业	18	1	288621	281916
交通运输设备制造业	16	1	1631734	1622765
电气机械及器材制造业	53	9	1175202	1156752
通信设备、计算机及其他电子设备	26	5	936532	928598
仪器仪表及文化、办公用机械制造	6		68986	69753
工艺品及其他制造业	4		25294	24646
废弃资源和废旧材料回收加工业	7	1	190338	190652
电力、热力的生产和供应业	11	1	825423	825317
燃气生产和供应业	2		43438	42944
水的生产和供应业	4	1	20619	20138

表 4-6 续表 3　　(2012 年)　　单位:万元

指　　标	资　产 合　计	流动资产 合　计	应收帐款 净　额	产成品 存　货	固定资产 净　值
总　　计	**19277384**	**8837944**	**2156407**	**1991817**	**7955305**
一、按登记注册类型分组:					
内资企业	14837762	6325618	1479715	1412087	6648453
国有企业	199849	75156	14339	29578	115026
中央企业	120910	42153	7064	16735	78662
地方企业	78939	33002	7274	12843	36364
集体企业	5393	3492	867	1305	1465
股份合作企业	92500	16846	4734	5396	28647
联营企业					
国有联营企业					
集体联营企业					
国有与集体联营企业					
其他联营企业					
有限责任公司	7224062	2639076	687474	639690	3591540
国有独资公司	787599	330251	23581	43948	362993
其他有限责任公司	6436463	2308826	663893	595742	3228547
股份有限公司	1826910	988320	211122	78103	676970
私营企业	5266223	2489005	542537	630130	2158266
私营独资企业	691253	282754	64307	53139	308188
私营合作企业	22559	13716	6992	2351	8305
私营有限责任公司	4254199	2030366	447667	525705	1738735
私营股份有限公司	298212	162169	23571	48935	103039
其他企业	222824	113724	18643	27886	76539
港、澳、台商投资企业	1358896	807490	326895	133035	345059
合资经营企业(港或澳、台资)	274461	154616	44434	40939	81569
合作经营企业(港或澳、台资)					
港澳台商独资经营企业	585720	303643	187098	31980	167398
港澳台商投资股份有限公司	497948	348697	95053	60002	96093
其他港澳台商投资企业	767	534	309	114	
外商投资企业	3080727	1704836	349796	446695	961792
中外合资经营企业	1818727	1119488	170374	291306	427025
中外合作经营企业					
外资企业	1008218	451291	137162	120548	450669
外商投资股份有限公司	253782	134058	42260	34841	84098

表 4-6 续表 4　　(2012 年)　　单位:万元

指标	资产合计	流动资产合计	应收帐款净额	产成品存货	固定资产净值
二、按经济组织类型分组					
独资企业	2490433	1116335	403773	236550	1042747
国有企业	199849	75156	14339	29578	115026
集体企业	5393	3492	867	1305	1465
私营独资企业	691253	282754	64307	53139	308188
港澳台商独资经营企业	585720	303643	187098	31980	167398
外资企业	1008218	451291	137162	120548	450669
合作、合伙企业	338649	144819	30678	35745	113490
股份合作企业	92500	16846	4734	5396	28647
国有联营企业					
集体联营企业					
国有与集体联营企业					
其他联营企业					
私营合伙企业	22559	13716	6992	2351	8305
合作经营企业(港或澳、台资)					
中外合作经营企业					
其他企业(内资)	222824	113724	18643	27886	76539
其他港澳台商投资企业	767	534	309	114	
其他外商投资企业					
股份有限公司	2876851	1633244	372006	221882	960199
股份有限公司(内资)	1826910	988320	211122	78103	676970
私营股份有限公司	298212	162169	23571	48935	103039
港澳台商投资股份有限公司	497948	348697	95053	60002	96093
外商投资股份有限公司	253782	134058	42260	34841	84098
有限责任公司	13571450	5943547	1349949	1497640	5838868
国有独资公司	787599	330251	23581	43948	362993
私营有限责任公司	4254199	2030366	447667	525705	1738735
合资经营企业(港或澳、台资)	274461	154616	44434	40939	81569
中外合资经营企业	1818727	1119488	170374	291306	427025
其他有限责任公司	6436463	2308826	663893	595742	3228547
三、在总计中:亏损企业	2427834	1099506	196501	283299	948871
在总计中:国有控股企业	6104337	1762554	439767	490315	3454562
在总计中:农村工业	99307	46868	14580	12197	45306
在总计中:轻工业	5407120	3388979	811322	639832	1460010
重工业	13870265	5448965	1345085	1351986	6495295
在总计中:大型企业	9242872	4049739	921888	795017	4085810
中型企业	4042781	1909105	469040	528080	1596655
小型企业	5800398	2796912	747205	657000	2252424
微型企业	191334	82189	18274	11720	20417

表 4-6 续表 5 (2012 年) 单位：万元

指　　标	资　产 合　计	流动资产 合　计	应收帐款 净　额	产成品 存　货	固定资产 净　值
按行业分组	19277384	8837944	2156407	1991817	7955305
煤炭开采和洗选业	11154	9993	2161	901	307
黑色金属矿采选业	629968	320103	15202	48080	214299
非金属矿采选业	39308	15014	5788	4107	16578
农副食品加工业	1187698	888809	201199	198052	241902
食品制造业	115106	54903	14844	18668	48434
饮料制造业	298653	144641	15980	61670	93667
纺织业	138734	59879	11519	26648	46577
纺织服装、鞋、帽制造业	169261	62932	13628	20146	85239
皮革、毛皮、羽毛(绒)及其制品业	67666	43371	13451	13204	19558
木材加工及木、竹、藤、棕、草制	180731	81107	16832	32625	61315
家具制造业	20759	5464	1579	738	13171
造纸及纸制品业	56707	28965	4188	5138	19426
印刷业和记录媒介的复制	50398	29359	8364	2530	15314
文教体育用品制造业	61626	21951	2561	5238	25409
石油加工、炼焦及核燃料加工业	322139	168460	12849	40988	153679
化学原料及化学制品制造业	2789291	1167270	261639	325637	1226607
医药制造业	2013679	1375469	446875	183723	464916
化学纤维制造业	97317	17408	3207	8017	71131
橡胶制品业	193091	91234	20587	20006	88490
塑料制品业	1353245	644677	221899	102336	515370
非金属矿物制品业	1045162	425895	52609	123258	503407
黑色金属冶炼及压延加工业	423989	242056	68890	57106	162086
有色金属冶炼及压延加工业	345133	157715	28258	35779	91473
金属制品业	712980	512445	262007	100951	145682
通用设备制造业	697297	413323	77539	142832	176841
专用设备制造业	102103	30711	7816	7206	36196
交通运输设备制造业	463600	232644	71266	30004	179253
电气机械及器材制造业	901624	602312	66383	43076	171528
通信设备、计算机及其他电子设备	361321	227212	70852	35260	91462
仪器仪表及文化、办公用机械制造	30992	21565	2649	5434	6755
工艺品及其他制造业	2307	936	273	323	1368
废弃资源和废旧材料回收加工业	75505	30803	6225	3510	43063
电力、热力的生产和供应业	4177505	674614	139491	285734	2843841
燃气生产和供应业	26071	13285	7014	885	11745
水的生产和供应业	115269	21421	782	2008	69215

表 4-6 续表 6　　　　(2012 年)　　　　单位:万元

指　　标	负债合计	所有者权益合计	主　营业务收入	主　营业务成本	主营业务税金及附加
总　　计	**11101747**	**8173612**	**33464529**	**27332271**	**283588**
一、按登记注册类型分组:					
内资企业	8741624	6094113	25304308	20638832	242298
国有企业	84009	115839	238662	225255	1144
中央企业	27108	93802	145400	141741	769
地方企业	56901	22038	93262	83515	376
集体企业	3512	1881	16156	12660	220
股份合作企业	65115	27385	155824	137542	40
联营企业					
国有联营企业					
集体联营企业					
国有与集体联营企业					
其他联营企业					
有限责任公司	5044358	2179705	6309327	4998321	42986
国有独资公司	458007	329593	285361	228500	2841
其他有限责任公司	4586351	1850112	6023967	4769821	40145
股份有限公司	812586	1014325	1156009	590800	13541
私营企业	2612804	2651394	16959964	14306276	165455
私营独资企业	243179	448075	2419670	1973326	34956
私营合作企业	11755	10804	63837	54515	682
私营有限责任公司	2248208	2003966	13746779	11678797	118577
私营股份有限公司	109663	188549	729678	599639	11240
其他企业	119240	103585	468367	367978	18911
港、澳、台商投资企业	696491	662405	1726112	1213080	14669
合资经营企业(港或澳、台资)	125426	149036	441916	375164	2448
合作经营企业(港或澳、台资)					
港澳台商独资经营企业	291455	294265	651885	589175	3558
港澳台商投资股份有限公司	279075	218872	630252	246841	8659
其他港澳台商投资企业	535	232	2059	1901	4
外商投资企业	1663633	1417094	6434109	5480359	26620
中外合资经营企业	1146244	672483	3418246	3055944	12473
中外合作经营企业					
外资企业	417467	590751	2589499	2332197	7481
外商投资股份有限公司	99922	153860	426364	92219	6667

表 4-6 续表 7　　(2012 年)　　单位:万元

指　　标	负债合计	所有者权益合计	主营业务收入	主营业务成本	主营业务税金及附加
二、按经济组织类型分组					
独资企业	1039622	1450811	5915872	5132613	47359
国有企业	84009	115839	238662	225255	1144
集体企业	3512	1881	16156	12660	220
私营独资企业	243179	448075	2419670	1973326	34956
港澳台商独资经营企业	291455	294265	651885	589175	3558
外资企业	417467	590751	2589499	2332197	7481
合作、合伙企业	196644	142006	690086	561936	19637
股份合作企业	65115	27385	155824	137542	40
国有联营企业					
集体联营企业					
国有与集体联营企业					
其他联营企业					
私营合伙企业	11755	10804	63837	54515	682
合作经营企业(港或澳、台资)					
中外合作经营企业					
其他企业(内资)	119240	103585	468367	367978	18911
其他港澳台商投资企业	535	232	2059	1901	4
其他外商投资企业					
股份有限公司	1301246	1575606	2942303	1529498	40107
股份有限公司(内资)	812586	1014325	1156009	590800	13541
私营股份有限公司	109663	188549	729678	599639	11240
港澳台商投资股份有限公司	279075	218872	630252	246841	8659
外商投资股份有限公司	99922	153860	426364	92219	6667
有限责任公司	8564236	5005190	23916268	20108225	176485
国有独资公司	458007	329593	285361	228500	2841
私营有限责任公司	2248208	2003966	13746779	11678797	118577
合资经营企业(港或澳、台资)	125426	149036	441916	375164	2448
中外合资经营企业	1146244	672483	3418246	3055944	12473
其他有限责任公司	4586351	1850112	6023967	4769821	40145
三、在总计中:亏损企业	1483744	942606	1433844	1359825	8057
在总计中:国有控股企业	4510758	1593579	2438477	1930715	18138
在总计中:农村工业	37282	62025	209324	174835	1603
在总计中:轻工业	2594105	2812475	9295527	6832480	109529
重工业	8507643	5361137	24169003	20499790	174058
在总计中:大型企业	5890839	3352033	9233280	6738308	91320
中型企业	2030263	2012518	10270439	8747332	53564
小型企业	3066041	2734356	13793970	11695841	137937
微型企业	114604	74705	166840	150790	767

表 4-6 续表 8　　(2012 年)　　单位：万元

指　　标	负债合计	所有者权益合计	主营业务收入	主营业务成本	主营业务税金及附加
按行业分组	11101747	8173612	33464529	27332271	283588
煤炭开采和洗选业	10473	681	59512	56018	10
黑色金属矿采选业	313720	316248	371398	296176	5100
非金属矿采选业	33508	5800	55723	44064	547
农副食品加工业	729954	457744	2777393	2433156	16195
食品制造业	58508	56598	215457	182194	2544
饮料制造业	200945	97708	405417	336328	22788
纺织业	68831	69363	267865	231053	2459
纺织服装、鞋、帽制造业	52430	116831	550866	447985	7977
皮革、毛皮、羽毛(绒)及其制品业	36784	30882	165032	144616	1697
木材加工及木、竹、藤、棕、草制	88032	92699	424427	359409	4175
家具制造业	9590	11168	28159	22204	478
造纸及纸制品业	26981	29726	163787	137840	2110
印刷业和记录媒介的复制	35019	15379	70567	56609	560
文教体育用品制造业	15076	46550	245376	195511	3920
石油加工、炼焦及核燃料加工业	232468	89671	1611037	1297699	4704
化学原料及化学制品制造业	1505301	1282505	5841483	5164187	29444
医药制造业	790744	1222934	2579217	1091943	33763
化学纤维制造业	47185	50132	201199	189018	254
橡胶制品业	81150	111941	419722	340252	5368
塑料制品业	743792	609453	3032385	2592782	31560
非金属矿物制品业	505085	540076	4371405	3694266	35923
黑色金属冶炼及压延加工业	257530	166459	1857779	1664533	7639
有色金属冶炼及压延加工业	132715	212418	933856	790736	6947
金属制品业	425836	287144	640273	513628	5402
通用设备制造业	327572	369725	1008029	825217	5070
专用设备制造业	19430	82673	283108	232617	3073
交通运输设备制造业	242045	221555	1611492	1419941	13226
电气机械及器材制造业	382724	518900	1144589	948105	9924
通信设备、计算机及其他电子设备	178279	183042	929333	785450	4890
仪器仪表及文化、办公用机械制造	19128	11863	67358	54392	375
工艺品及其他制造业	668	1639	24646	20822	756
废弃资源和废旧材料回收加工业	35977	39528	195176	149152	2074
电力、热力的生产和供应业	3409360	768146	844189	567085	11761
燃气生产和供应业	12324	13747	46589	36396	758
水的生产和供应业	72585	42685	20684	10888	119

表 4-6 续表 9 (2012 年) 单位:万元

指标	营业费用	管理费用	财务费用	利息支出	利润总额
总计	1657295	1108626	409816	393998	2731951
一、按登记注册类型分组:					
内资企业	1198531	807918	351743	333666	2071737
国有企业	8451	22035	1497	1492	-18391
中央企业	6667	16749	163	170	-20165
地方企业	1784	5286	1334	1322	1774
集体企业	815	1123	141	48	1111
股份合作企业	1098	2735	1359	1210	13535
联营企业					
国有联营企业					
集体联营企业					
国有与集体联营企业					
其他联营企业					
有限责任公司	380666	249145	165175	172026	512642
国有独资公司	18103	22050	15857	15998	5848
其他有限责任公司	362563	227095	149318	156028	506794
股份有限公司	252438	122405	8834	12840	183210
私营企业	540492	390732	170173	143599	1338752
私营独资企业	70201	57692	28484	17518	240747
私营合作企业	612	1492	636	356	5953
私营有限责任公司	445583	307093	127511	113050	1033301
私营股份有限公司	24096	24456	13542	12676	58751
其他企业	14570	19744	4563	2450	40880
港、澳、台商投资企业	192554	113920	15187	11933	179715
合资经营企业(港或澳、台资)	11319	12506	4146	4121	38050
合作经营企业(港或澳、台资)					
港澳台商独资经营企业	9739	16508	10043	6709	23709
港澳台商投资股份有限公司	171442	84848	952	1087	117961
其他港澳台商投资企业	55	59	46	16	-6
外商投资企业	266210	186788	42887	48399	480499
中外合资经营企业	65108	58956	29850	38985	240650
中外合作经营企业					
外资企业	33037	71111	13622	8954	135498
外商投资股份有限公司	168066	56721	-585	460	104351

表 4–6 续表 10　　　　　　(2012 年)　　　　　　单位:万元

指　　标	营业费用	管理费用	财务费用	利息支出	利润总额
二、按经济组织类型分组					
独资企业	122243	168468	53787	34720	382675
国有企业	8451	22035	1497	1492	-18391
集体企业	815	1123	141	48	1111
私营独资企业	70201	57692	28484	17518	240747
港澳台商独资经营企业	9739	16508	10043	6709	23709
外资企业	33037	71111	13622	8954	135498
合作、合伙企业	16335	24030	6604	4032	60361
股份合作企业	1098	2735	1359	1210	13535
国有联营企业					
集体联营企业					
国有与集体联营企业					
其他联营企业					
私营合伙企业	612	1492	636	356	5953
合作经营企业(港或澳、台资)					
中外合作经营企业					
其他企业(内资)	14570	19744	4563	2450	40880
其他港澳台商投资企业	55	59	46	16	-6
其他外商投资企业					
股份有限公司	616042	288430	22743	27064	464273
股份有限公司(内资)	252438	122405	8834	12840	183210
私营股份有限公司	24096	24456	13542	12676	58751
港澳台商投资股份有限公司	171442	84848	952	1087	117961
外商投资股份有限公司	168066	56721	-585	460	104351
有限责任公司	902676	627699	326682	328182	1824643
国有独资公司	18103	22050	15857	15998	5848
私营有限责任公司	445583	307093	127511	113050	1033301
合资经营企业(港或澳、台资)	11319	12506	4146	4121	38050
中外合资经营企业	65108	58956	29850	38985	240650
其他有限责任公司	362563	227095	149318	156028	506794
三、在总计中:亏损企业	46250	110990	39652	34767	-118502
在总计中:国有控股企业	72810	115813	120013	131796	288900
在总计中:农村工业	2977	4472	2030	2062	21833
在总计中:轻工业	860147	474829	76990	73758	943568
重工业	797148	633797	332826	320240	1788383
在总计中:大型企业	900719	452191	140094	163931	1013129
中型企业	383217	264936	99703	95725	707097
小型企业	369932	387247	167964	132994	1006253
微型企业	3427	4253	2055	1348	5473

表 4-6 续表 11　　(2012 年)　　单位:万元

指　　标	营业费用	管理费用	财务费用	利息支出	利润总额
按行业分组	1657295	1108626	409816	393998	2731951
煤炭开采和洗选业	993	218	491	422	1923
黑色金属矿采选业	16733	24751	9883	9551	26688
非金属矿采选业	558	3594	563	388	6387
农副食品加工业	59342	39618	22489	25804	196577
食品制造业	8165	10209	1601	841	12121
饮料制造业	11975	9418	6224	5538	19561
纺织业	7393	7771	2449	1835	16472
纺织服装、鞋、帽制造业	19549	17172	10044	8536	43310
皮革、毛皮、羽毛(绒)及其制品业	2974	5312	1851	1596	8558
木材加工及木、竹、藤、棕、草制	12012	12819	5081	3070	30793
家具制造业	1442	1097	573	305	2153
造纸及纸制品业	5168	5221	2168	1870	10662
印刷业和记录媒介的复制	4194	3110	1242	751	4932
文教体育用品制造业	10934	6882	3047	1338	23794
石油加工、炼焦及核燃料加工业	160448	38645	24639	24537	16784
化学原料及化学制品制造业	118295	155696	54132	48626	356268
医药制造业	683761	302635	10324	9935	470431
化学纤维制造业	974	8473	3406	3183	573
橡胶制品业	14343	14415	5671	5272	37706
塑料制品业	57631	72207	32737	27736	246244
非金属矿物制品业	230889	80088	35569	32852	282913
黑色金属冶炼及压延加工业	29927	21824	15439	13823	121416
有色金属冶炼及压延加工业	35053	22343	6821	5479	64123
金属制品业	25870	31251	14534	12389	55828
通用设备制造业	25369	42904	9387	8725	103294
专用设备制造业	5864	5006	2104	2585	33692
交通运输设备制造业	20143	27551	8262	7869	118898
电气机械及器材制造业	48480	37252	7276	9965	93143
通信设备、计算机及其他电子设备	20805	47489	7162	5289	66272
仪器仪表及文化、办公用机械制造	1632	4542	273	223	6356
工艺品及其他制造业	840	351	247	205	1631
废弃资源和废旧材料回收加工业	8481	9434	1854	861	23788
电力、热力的生产和供应业	177	33935	100494	111763	219754
燃气生产和供应业	1249	1144	774	667	6248
水的生产和供应业	5633	4252	1007	170	2660

表 4-6 续表 12　　　　(2012 年)　　　　单位:万元

指　　标	亏损企业亏损总额	利税总额	本年应交增值税
总　　计	**118502**	**4239611**	**1224072**
一、按登记注册类型分组:			
内资企业	66259	3213055	899020
国有企业	22921	-9701	7546
中央企业	22118	-14489	4907
地方企业	804	4789	2639
集体企业		1691	360
股份合作企业	119	18448	4874
联营企业			
国有联营企业			
集体联营企业			
国有与集体联营企业			
其他联营企业			
有限责任公司	14330	796091	240462
国有独资公司	2279	14276	5587
其他有限责任公司	12051	781815	234876
股份有限公司	1103	290875	94124
私营企业	27007	2036944	532737
私营独资企业	1149	340759	65056
私营合作企业		8031	1397
私营有限责任公司	23965	1594224	442346
私营股份有限公司	1893	93929	23938
其他企业	779	78707	18917
港、澳、台商投资企业	18500	288631	94247
合资经营企业(港或澳、台资)	3712	50892	10394
合作经营企业(港或澳、台资)			
港澳台商独资经营企业	13968	53981	26714
港澳台商投资股份有限公司	815	183702	57082
其他港澳台商投资企业	6	56	58
外商投资企业	33743	737925	230806
中外合资经营企业	17508	365135	112011
中外合作经营企业			
外资企业	16235	208527	65548
外商投资股份有限公司		164264	53247

表 4-6 续表 13　　(2012 年)　　单位:万元

指　　标	亏损企业亏损总额	利税总额	本年应交增值税
二、按经济组织类型分组			
独资企业	54273	595257	165223
国有企业	22921	-9701	7546
集体企业		1691	360
私营独资企业	1149	340759	65056
港澳台商独资经营企业	13968	53981	26714
外资企业	16235	208527	65548
合作、合伙企业	903	105243	25245
股份合作企业	119	18448	4874
国有联营企业			
集体联营企业			
国有与集体联营企业			
其他联营企业			
私营合伙企业		8031	1397
合作经营企业(港或澳、台资)			
中外合作经营企业			
其他企业(内资)	779	78707	18917
其他港澳台商投资企业	6	56	58
其他外商投资企业			
股份有限公司	3811	732770	228390
股份有限公司(内资)	1103	290875	94124
私营股份有限公司	1893	93929	23938
港澳台商投资股份有限公司	815	183702	57082
外商投资股份有限公司		164264	53247
有限责任公司	59515	2806341	805214
国有独资公司	2279	14276	5587
私营有限责任公司	23965	1594224	442346
合资经营企业(港或澳、台资)	3712	50892	10394
中外合资经营企业	17508	365135	112011
其他有限责任公司	12051	781815	234876
三、在总计中:亏损企业	118502	-81361	29085
在总计中:国有控股企业	26089	454367	147329
在总计中:农村工业	537	28904	5467
在总计中:轻工业	40940	1501844	448747
重工业	77563	2737766	775326
在总计中:大型企业	34888	1648920	544472
中型企业	25638	1051275	290613
小型企业	55866	1530919	386729
微型企业	2109	8498	2259

表 4-6 续表 14　　(2012 年)　　单位:万元

指　　标	亏损企业 亏损总额	利税总额	本年应交 增 值 税
按行业分组	118502	4239611	1224072
煤炭开采和洗选业	43	4920	2987
黑色金属矿采选业	360	42922	11134
非金属矿采选业		9701	2766
农副食品加工业	3051	302861	90089
食品制造业	3931	18310	3645
饮料制造业	5233	55014	12666
纺织业	278	24937	6006
纺织服装、鞋、帽制造业	499	68725	17438
皮革、毛皮、羽毛(绒)及其制品业	7	13883	3628
木材加工及木、竹、藤、棕、草制	2071	46692	11724
家具制造业	11	3694	1064
造纸及纸制品业	1704	17121	4349
印刷业和记录媒介的复制	1607	8243	2751
文教体育用品制造业	158	33218	5504
石油加工、炼焦及核燃料加工业		34044	12556
化学原料及化学制品制造业	41416	527943	142231
医药制造业	2077	749385	245192
化学纤维制造业	11087	7736	6909
橡胶制品业	362	54116	11042
塑料制品业	23209	379720	101916
非金属矿物制品业	3263	464972	146137
黑色金属冶炼及压延加工业	4472	194016	64962
有色金属冶炼及压延加工业	482	100664	29594
金属制品业	309	76178	14949
通用设备制造业	942	138609	30246
专用设备制造业	325	40065	3301
交通运输设备制造业	262	195673	63549
电气机械及器材制造业	4369	139270	36203
通信设备、计算机及其他电子设备	6370	103506	32344
仪器仪表及文化、办公用机械制造		8383	1652
工艺品及其他制造业		3125	739
废弃资源和废旧材料回收加工业	349	32742	6879
电力、热力的生产和供应业	167	327618	96104
燃气生产和供应业		8015	1010
水的生产和供应业	87	3590	811

国有工业企业主要经济指标

表 4-7　　(2012 年)　　单位:万元

指标	企业单位数(个)	#亏损企业	工业总产值(现价)	工业销售产值(现价)
合计	**43**	**12**	**2560204**	**2531136**
非金属矿采选业	3	1	196567	179161
农副食品加工业	3	1	13039	13445
食品制造业	1	1	9367	9367
印刷和记录媒介复制业	2		8572	8021
化学原料和化学制品制造业	9	4	259535	254738
医药制造业	1		4311	4257
非金属矿物制品业	6	1	211498	210648
金属制品业	2		399333	396419
通用设备制造业	2		426750	431981
专用设备制造业	3	1	12947	13724
铁路、船舶、航空航天和其他运输设备制造业	2	1	41786	30766
电气机械和器材制造业	2	1	131315	135754
计算机、通信和其他电子设备制造业	2	1	56991	54662
电力、热力生产和供应业	4		776757	776757
水的生产和供应业	1		11437	11437

表 4-7 续表 1　　(2012 年)　　单位:万元

指　　标	资　产 合　计	流动资产 平均余额	应收帐款 净　额	产成品 存　货	固定资产 净　值 平均余额
合　　计	**6104337**	**1762554**	**439767**	**490315**	**3454562**
非金属矿采选业	567089	290531	12614	42114	196211
农副食品加工业	11151	6412	648	2894	3943
食品制造业	12290	4599	2391	351	7153
印刷和记录媒介复制业	9503	5132	2601	149	3670
化学原料和化学制品制造业	263882	86569	10434	24491	156942
医药制造业	15818	6057	1709	852	2672
非金属矿物制品业	138134	32523	8037	6188	53502
金属制品业	66239	43663	112	12721	17719
通用设备制造业	597132	452072	247132	84725	105665
专用设备制造业	22818	12662	2053	5085	4270
铁路、船舶、航空航天和其他运输设备制造业	34557	23745	5421	11372	9772
电气机械和器材制造业	173127	110512	11434	3453	56222
计算机、通信和其他电子设备制造业	55927	32405	6806	12122	17780
电力、热力生产和供应业	4063202	642555	128039	281975	2769230
水的生产和供应业	73471	13120	337	1822	49812

表 4-7 续表 2　　　　(2012 年)　　　　单位:万元

指　　标	负债合计	所有者权益合计	主营业务收入	主营业务成本	主营业务税金及附加
合　计	**4510758**	**1593579**	**2438477**	**1930715**	**18138**
非金属矿采选业	292183	274905	173968	138160	2000
农副食品加工业	11399	−248	13446	12475	59
食品制造业	11966	324	9357	7460	
印刷和记录媒介复制业	4962	4540	8572	4938	81
化学原料和化学制品制造业	129046	134836	251975	235611	1088
医药制造业	6181	9637	4309	2741	
非金属矿物制品业	94507	43627	215519	191374	863
金属制品业	23139	43100	398464	357557	600
通用设备制造业	371295	225837	316083	256283	1447
专用设备制造业	9953	12865	13785	12178	70
铁路、船舶、航空航天和其他运输设备制造业	17456	17100	27402	21379	151
电气机械和器材制造业	142818	30309	139251	116986	6
计算机、通信和其他电子设备制造业	23337	32591	59370	43035	226
电力、热力生产和供应业	3323367	739835	795605	525974	11466
水的生产和供应业	49149	24321	11372	4563	82

表 4–7 续表 3 (2012 年) 单位:万元

指标	营业费用	管理费用	财务费用		利润总额
				利息支出	
合计	**72810**	**115813**	**120013**	**131796**	**288900**
非金属矿采选业	9816	18457	8838	9095	4617
农副食品加工业	619	858	88	52	–430
食品制造业	1241	745	–2		–181
印刷和记录媒介复制业	2416	512	57	148	568
化学原料和化学制品制造业	8469	25072	3869	3860	–20381
医药制造业	1112	416	–27		255
非金属矿物制品业	1938	3771	1935	1813	16939
金属制品业	1825	2046	329	74	35038
通用设备制造业	11152	19263	5176	5233	27890
专用设备制造业	346	812	324	291	127
铁路、船舶、航空航天和其他运输设备制造业	2120	2340	266	290	1691
电气机械和器材制造业	20214	2114	397	423	–541
计算机、通信和其他电子设备制造业	6085	4892	450	655	5140
电力、热力生产和供应业		31293	98268	109694	216314
水的生产和供应业	5458	3221	47	168	1855

表 4-7 续表 4　　(2012 年)　　单位:万元

指　　标	亏损企业亏损总额	利税总额	本年应交增值税
合　　计	26089	454367	147329
非金属矿采选业	360	9835	3218
农副食品加工业	522	-363	9
食品制造业	181	-181	
印刷和记录媒介复制业		1295	647
化学原料和化学制品制造业	24020	-10736	8558
医药制造业		255	
非金属矿物制品业	14	25819	8016
金属制品业		51051	15413
通用设备制造业		39123	9785
专用设备制造业	107	563	367
铁路、船舶、航空航天和其他运输设备制造业	262	3178	1337
电气机械和器材制造业	613	2014	2549
计算机、通信和其他电子设备制造业	11	6693	1327
电力、热力生产和供应业		323097	95317
水的生产和供应业		2725	788

集体工业企业主要经济指标

表 4-8　　(2012 年)　　单位:万元

指标	企业单位数(个)	#亏损企业	工业总产值(现价)	工业销售产值(现价)
总计	**3**		**15848**	**15524**
农副食品加工业	1		4071	4071
食品制造业	1		5782	5782
非金属矿物制品业	1		5996	5671

表 4-8 续表 1　　(2012 年)　　单位:万元

指标	资产合计	流动资产合计	应收帐款净额	产成品存货	固定资产净值平均余额
总计	**5393**	**3492**	**867**	**1305**	**1465**
农副食品加工业	511	299	21	201	212
食品制造业	1755	1323	711	612	59
非金属矿物制品业	3127	1870	136	492	1194

表 4-8 续表 2　　(2012 年)　　单位:万元

指　　标	负债合计	所有者权益合计	主　营业务收入	主　营业务成本	主营业务税金及附加
合　　计	**3512**	**1881**	**16156**	**12660**	**220**
农副食品加工业	194	317	4071	3121	6
食品制造业	1755		5782	4688	167
非金属矿物制品业	1563	1564	6303	4851	46

表 4-8 续表 3　　(2012 年)　　单位:万元

指　　标	营业费用	管理费用	财务费用		利润总额
				利息支出	
合　　计	**815**	**1123**	**141**	**48**	**1111**
农副食品加工业	251	209	144	48	339
食品制造业	166	43			650
非金属矿物制品业	398	871	-3		121

表 4-8 续表 4　　(2012 年)　　单位:万元

指　　标	亏损企业亏损总额	利税总额	本年应交增值税
合　　计		**1691**	**360**
农副食品加工业		573	228
食品制造业		914	97
非金属矿物制品业		203	36

“三资”工业企业主要经济指标

表 4-9　　(2012 年)　　单位:万元

指　　标	企业单位数(个)	#亏损企业	工业总产值(现价)	工业销售产值(现价)
合　　计	**194**	**57**	**8220304**	**8077996**
非金属矿采选业	1		57783	57783
开采辅助活动	1		56023	55723
农副食品加工业	28	7	1702686	1690221
食品制造业	5	2	46703	45270
酒、饮料和精制茶制造业	2	2	18147	20114
纺织业	8	1	113839	111078
纺织服装、服饰业	12	3	137236	136431
皮革、毛皮、羽毛及其制品和制鞋业	4	1	60226	61098
木材加工和木、竹、藤、棕、草制品业	6	2	69398	68997
家具制造业	1	1	2729	2729
印刷和记录媒介复制业	1		4108	4108
文教、工美、体育和娱乐用品制造业	4	2	26913	26837
化学原料和化学制品制造业	28	12	2014199	1958854
医药制造业	4		1005429	966179
化学纤维制造业	5	3	200158	200807
橡胶和塑料制品业	6	1	77820	76588
非金属矿物制品业	34	6	519354	501580
有色金属冶炼和压延加工业	3	1	482647	471332
金属制品业	5		441103	438501
通用设备制造业	5	2	21327	20269
专用设备制造业	8	2	361742	368957
汽车制造业	1		4188	4627
电气机械和器材制造业	5	3	68084	65715
计算机、通信和其他电子设备制造业	8	3	647224	643092
仪器仪表制造业	2		23141	23007
废弃资源综合利用业	2	1	3466	3466
电力、热力生产和供应业	3	1	29077	29077
燃气生产和供应业	1		21994	21994
水的生产和供应业	1	1	3564	3564

表 4-9 续表 1　　(2012 年)　　单位:万元

指　　标	资　产 合　计	流动资产 平均余额	应收帐款 净　额	产成品 存　货	固定资产 净　值 平均余额
合　　计	**4439623**	**2512326**	**676691**	**579731**	**1306852**
非金属矿采选业	18381	11997	716	1307	6384
开采辅助活动	39308	15014	5788	4107	16578
农副食品加工业	880680	753966	166934	166724	105712
食品制造业	45391	18672	5856	7034	19866
酒、饮料和精制茶制造业	30227	10901	54	4328	17125
纺织业	62754	22355	3210	14084	20234
纺织服装、服饰业	59886	28552	3597	13148	26339
皮革、毛皮、羽毛及其制品和制鞋业	29359	15897	3886	8031	9419
木材加工和木、竹、藤、棕、草制品业	56430	26889	3906	13933	5794
家具制造业	4290	2122	447	54	387
印刷和记录媒介复制业	4697	2691	897	24	2006
文教、工美、体育和娱乐用品制造业	13710	7682	922	3179	5808
化学原料和化学制品制造业	1084313	456258	108712	127702	380501
医药制造业	683193	455543	123644	87098	168280
化学纤维制造业	91022	15966	3062	7321	67027
橡胶和塑料制品业	64498	40077	8234	7548	23846
非金属矿物制品业	452247	198789	88518	33502	199706
有色金属冶炼和压延加工业	125286	70443	35787	10284	44305
金属制品业	180514	81981	12755	22931	24554
通用设备制造业	15314	5253	2704	1326	8598
专用设备制造业	96512	53369	13653	16932	29247
汽车制造业	3046	2007	441	1013	988
电气机械和器材制造业	64629	22563	10449	8509	14763
计算机、通信和其他电子设备制造业	233326	154941	56380	15416	52165
仪器仪表制造业	10617	5606	2112	1388	4778
废弃资源综合利用业	11071	9621	1020	253	1226
电力、热力生产和供应业	41001	10159	6161	2300	27320
燃气生产和供应业	21488	12030	6501	224	8518
水的生产和供应业	16433	983	345	30	15380

表 4-9 续表 2　　(2012 年)　　单位:万元

指　　标	负债合计	所有者权益合计	主营业务收入	主营业务成本	主营业务税金及附加
合　　计	**2360124**	**2079499**	**8160221**	**6693439**	**41289**
非金属矿采选业	5216	13165	57783	47382	574
开采辅助活动	33508	5800	55723	44064	547
农副食品加工业	599866	280814	1699694	1541764	2959
食品制造业	18924	26467	47097	39322	292
酒、饮料和精制茶制造业	33600	-3373	19804	15400	1953
纺织业	29057	33697	105138	93901	478
纺织服装、服饰业	22564	37321	136382	109561	1980
皮革、毛皮、羽毛及其制品和制鞋业	12057	17303	60848	55041	252
木材加工和木、竹、藤、棕、草制品业	27320	29110	65279	57911	595
家具制造业	560	3729	2729	2389	9
印刷和记录媒介复制业	1222	3475	4108	1726	68
文教、工美、体育和娱乐用品制造业	5207	8503	27031	23812	89
化学原料和化学制品制造业	505521	578792	1999033	1813442	6594
医药制造业	354742	328451	987110	271649	15787
化学纤维制造业	43812	47210	193796	182233	152
橡胶和塑料制品业	42258	22240	81204	63404	808
非金属矿物制品业	245310	206937	518391	448994	4250
有色金属冶炼和压延加工业	67681	57605	476302	460942	61
金属制品业	76174	104340	444317	396325	686
通用设备制造业	7212	8102	20163	17372	96
专用设备制造业	39226	57287	364273	322131	522
汽车制造业	895	2152	4627	3625	14
电气机械和器材制造业	23489	41140	67227	61775	384
计算机、通信和其他电子设备制造业	113126	120200	637111	549675	1908
仪器仪表制造业	4596	6021	23136	18112	53
废弃资源综合利用业	5547	5524	3466	2870	
电力、热力生产和供应业	21543	19457	29077	25386	46
燃气生产和供应业	11972	9516	25640	20056	133
水的生产和供应业	7918	8515	3735	3175	

表 4-9 续表 3　　　　(2012 年)　　　　单位:万元

指　　标	营业费用	管理费用	财务费用	利息支出	利润总额
合　　计	458764	300708	58074	60332	660214
非金属矿采选业	454	159	35	35	9181
开采辅助活动	558	3594	563	388	6387
农副食品加工业	30408	13082	8998	17222	102493
食品制造业	2404	6200	358	301	-755
酒、饮料和精制茶制造业	2299	1718	868	933	-2794
纺织业	1953	2520	507	456	5993
纺织服装、服饰业	4717	5863	2985	2738	10739
皮革、毛皮、羽毛及其制品和制鞋业	941	2800	260	75	1573
木材加工和木、竹、藤、棕、草制品业	1411	2256	889	401	2735
家具制造业	98	205	40		-11
印刷和记录媒介复制业	1634	343	-87		424
文教、工美、体育和娱乐用品制造业	774	1945	116	78	339
化学原料和化学制品制造业	39173	38140	20556	19170	123696
医药制造业	340314	138515	-181	579	222251
化学纤维制造业	825	8370	3284	3070	422
橡胶和塑料制品业	4354	5797	741	1102	6519
非金属矿物制品业	10298	16092	7699	5752	33132
有色金属冶炼和压延加工业	1653	3089	2858	2048	9873
金属制品业	1914	5330	679	622	38727
通用设备制造业	764	1284	214	167	553
专用设备制造业	3845	6333	1137	971	30612
汽车制造业		347	-1		641
电气机械和器材制造业	1510	2771	904	903	-414
计算机、通信和其他电子设备制造业	5327	29953	1945	867	50272
仪器仪表制造业	426	1051	276	225	3406
废弃资源综合利用业		391	454	454	-231
电力、热力生产和供应业	113	1332	1079	1108	1173
燃气生产和供应业	599	796	668	667	3368
水的生产和供应业		434	232		-87

表 4-9 续表 4 (2012 年) 单位:万元

指　　标	亏损企业亏损总额	利税总额	本年应交增值税
总　　计	**52243**	**1026556**	**325052**
非金属矿采选业		12561	2806
开采辅助活动		9701	2766
农副食品加工业	1531	171147	65696
食品制造业	3585	27	491
酒、饮料和精制茶制造业	2794	433	1274
纺织业	33	8080	1609
纺织服装、服饰业	368	17216	4497
皮革、毛皮、羽毛及其制品和制鞋业	7	1841	16
木材加工和木、竹、藤、棕、草制品业	1068	4618	1288
家具制造业	11	245	247
印刷和记录媒介复制业		1060	568
文教、工美、体育和娱乐用品制造业	139	532	104
化学原料和化学制品制造业	6356	180050	49761
医药制造业		343947	105908
化学纤维制造业	10845	7296	6722
橡胶和塑料制品业	177	9657	2330
非金属矿物制品业	13740	56460	19079
有色金属冶炼和压延加工业	2437	21223	11289
金属制品业		55131	15718
通用设备制造业	152	878	229
专用设备制造业	359	36591	5458
汽车制造业		882	228
电气机械和器材制造业	2720	2007	2036
计算机、通信和其他电子设备制造业	5320	75528	23348
仪器仪表制造业		3666	208
废弃资源综合利用业	349	-230	
电力、热力生产和供应业	167	1587	369
燃气生产和供应业		4510	1010
水的生产和供应业	87	-87	

分地区规模以上工业企业主要经济指标

表 4-10 (2012 年) 单位:万元

指标	全市	市区	赣榆县	东海县	灌云县	灌南县
企业单位数(个)	1388	291	373	344	218	162
#亏损企业数(个)	179	81	21	9	15	53
工业总产值(现价)	34133800	13106204	8160529	4816227	3921080	4129760
工业销售产值(现价)	33439666	12728815	8027984	4716611	3876174	4090084
#出口交货值	1387656	724600	342550	178676	82276	59555
资产合计	19277384	12600775	2245284	1626745	1131914	1672666
流动资产合计	8837944	5791035	980917	800654	347701	917638
应收帐款	2156407	1382041	167228	337248	71450	198440
存货	1991817	1323788	228065	135486	86417	218062
产成品	753934	419783	116539	81928	39565	96118
固定资产合计	7955305	5050231	1039054	678813	604567	582640
固定资产净值	7744836	4922101	1030573	644289	596697	551176
负债合计	11101747	7606523	1114643	757070	514845	1108667
所有者权益合计	8173612	4992767	1130641	869675	616529	564000
主营业务收入	33464529	12670293	8100999	4764708	3863632	4064897
主营业务成本	27332271	9826842	6468325	4137245	3329310	3570549
主营业务税金及附加	283588	71332	90287	44552	36367	41050
营业费用	1657295	868926	602326	68673	76467	40903
管理费用	1108626	624130	239496	82667	84397	77937
财务费用	409816	165323	151238	49216	23419	20620
#利息支出	393998	184125	126163	48429	15460	19821
利润总额	2731951	1297950	436299	382971	304169	310561
亏损企业亏损额	118502	70096	4204	23045	2190	18968
利税总额	4239611	2007311	716269	578743	419333	517955
本年应交增值税	1224072	638029	189683	151221	78797	166343

表 4-10 续表　　(2012 年)　　单位:万元

指　　标	市　区	市　直	新浦区	海州区	连云区	开发区	徐　圩
企业单位数(个)	291	6	35	59	59	126	6
#亏损企业数(个)	81	2	8	13	12	42	4
工业总产值(现价)	13106204	1425233	592712	1224589	1515956	8311375	36339
工业销售产值(现价)	12728815	1371628	562544	1165014	1510814	8082278	36537
#出口交货值	724600	24862	40326	93371	70014	487668	8358
资产合计	12600775	4913619	327501	1309640	1082376	4925130	42509
流动资产合计	5791035	1071759	202140	866380	459127	3165891	25738
应收帐款	1382041	177740	59352	112547	88039	943093	1271
存　货	1323788	362726	41313	174790	131108	602015	11836
产成品	419783	29253	23009	67609	29566	265380	4966
固定资产合计	5050231	3065854	60030	212480	373374	1326059	12434
固定资产净值	4922101	3005329	57118	207403	370133	1274252	7866
负债合计	7606523	3683123	188173	582397	605824	2506597	40409
所有者权益合计	4992767	1230496	139328	727243	476552	2417048	2100
主营业务收入	12670293	1406310	533981	1135940	1521544	8026281	46238
主营业务成本	9826842	781021	452246	912634	1298827	6338346	43768
主营业务税金及附加	71332	19754	3866	7024	7637	32431	620
营业费用	868926	186442	14035	48382	32070	587106	891
管理费用	624130	121338	22525	70120	37606	371485	1056
财务费用	165323	102661	3399	12325	10115	35746	1078
#利息支出	184125	115637	3228	13796	6378	44102	985
利润总额	1297950	295800	40401	125842	142301	694427	-821
亏损企业亏损额	70096	22477	6933	7336	6142	25933	1275
利税总额	2007311	470635	56136	170971	203297	1106251	22
本年应交增值税	638029	155081	11868	38105	53359	379393	223

分地区规模以上国有工业企业主要经济指标

表 4-11 (2012 年) 单位:万元

指 标	全 市	市 区	赣榆县	东海县	灌云县	灌南县
企业单位数(个)	43	34	2	2	3	2
#亏损企业数(个)	12	10	1			1
工业总产值(现价)	2560204	2246635	161505	35767	85251	31045
工业销售产值(现价)	2531136	2215897	165940	35243	84222	29835
#出口交货值	42552	42552				
资产合计	6104337	5739477	178922	33917	117534	34486
流动资产合计	1762554	1609795	105181	13892	24200	9487
应收帐款	439767	422791	10312	165	5775	725
存 货	490315	476407	3299	1288	1951	7371
产成品	74190	68757	909	480	625	3420
固定资产合计	3454562	3260138	63054	19279	91493	20599
固定资产净值	3390404	3195979	63054	19279	91493	20599
负债合计	4510758	4223260	148433	18113	91336	29617
所有者权益合计	1593579	1516218	30490	15803	26198	4870
主营业务收入	2438477	2113250	174884	36717	83791	29835
主营业务成本	1930715	1656351	146820	31072	70086	26386
主营业务税金及附加	18138	16290	94	758	858	137
营业费用	72810	45784	24751	961	1106	208
管理费用	115813	108724	2633	963	1430	2063
财务费用	120013	112961	1054	874	4031	1093
#利息支出	131796	124907	1051	877	3873	1088
利润总额	288900	280278	61	2102	6268	191
亏损企业亏损额	26089	26061	11			17
利税总额	454367	437733	2962	3966	8078	1628
本年应交增值税	147329	141164	2807	1106	952	1301

表 4–11 续表 (2012 年) 单位:万元

指标	市区	市直	新浦区	海州区	连云区	开发区	徐圩
企业单位数(个)	34	5	3	3	5	17	1
#亏损企业数(个)	10	2	1	1	2	3	1
工业总产值(现价)	2246635	1010412	12062	41906	65971	1109586	6699
工业销售产值(现价)	2215897	994118	12276	31101	65847	1105664	6891
#出口交货值	42552	24862	3388	283		14018	
资产合计	5739477	4680816	15369	25815.8	101243	913806	2427
流动资产合计	1609795	948595	10539	18936	24287	605603	1836
应收帐款	422791	138030	3759	5011	7776	268216	
存货	476407	332966	1852	9367	1896	129315	1012
产成品	68757	15241	619	1052	670	50201	973
固定资产合计	3260138	2990512	4625	3295	67041	194074	591
固定资产净值	3195979	2929987	4625	3280	67041	190430	617
负债合计	4223260	3591073	11655	19329	68814	527993	4397
所有者权益合计	1516218	1089743	3715	6487	32429	385813	–1969
主营业务收入	2113250	1007813	12466	27550	66096	992435	6891
主营业务成本	1656351	713573	10854	20485	56914	847178	7347
主营业务税金及附加	16290	13266	56	112	170	2686	
营业费用	45784	18746	662	2950	3235	20170	21
管理费用	108724	66010	797	2778	3389	35677	74
财务费用	112961	103325	71	139	2126	7298	1
#利息支出	124907	115254	52	148	2124	7329	
利润总额	280278	192558	218	1941	225	85859	–522
亏损企业亏损额	26061	22477	14	157	1909	982	522
利税总额	437733	307671	690	3067	2129	124697	–522
本年应交增值税	141164	101847	417	1014	1733	36152	

分地区规模以上集体工业企业主要经济指标

表 4–12　　(2012 年)　　单位:万元

指　　标	全　市	市　区	赣榆县	东海县	灌云县	灌南县
企业单位数(个)	3	2			1	
#亏损企业数(个)						
工业总产值(现价)	15848	11778			4071	
工业销售产值(现价)	15524	11453			4071	
#出口交货值						
资产合计	5393	4882			511	
流动资产合计	3492	3193			299	
应收帐款	867	846			21	
存　货	1305	1104			201	
产成品	772	612			160	
固定资产合计	1465	1253			212	
固定资产净值	1465	1253			212	
负债合计	3512	3318			194	
所有者权益合计	1881	1564			317	
主营业务收入	16156	12085			4071	
主营业务成本	12660	9540			3121	
主营业务税金及附加	220	214			6	
营业费用	815	564			251	
管理费用	1123	914			209	
财务费用	141	–3			144	
#利息支出	48				48	
利润总额	1111	771			339	
亏损企业亏损额						
利税总额	1691	1117			573	
本年应交增值税	360	132			228	

表 4-12 续表　　(2012 年)　　单位:万元

指　　标	市　区	市　直	新浦区	海州区	连云区	开发区	徐　圩
企业单位数(个)	2			2			
#亏损企业数(个)							
工业总产值(现价)	11778			11778			
工业销售产值(现价)	11453			11453			
#出口交货值							
资产合计	4882			4882			
流动资产合计	3193			3193			
应收帐款	846			846			
存　货	1104			1104			
产成品	612			612			
固定资产合计	1253			1253			
固定资产净值	1253			1253			
负债合计	3318			3318			
所有者权益合计	1564			1564			
主营业务收入	12085			12085			
主营业务成本	9540			9540			
主营业务税金及附加	214			214			
营业费用	564			564			
管理费用	914			914			
财务费用	-3			-3			
#利息支出							
利润总额	771			771			
亏损企业亏损额							
利税总额	1117			1117			
本年应交增值税	132			132			

分地区规模以上“三资”工业企业主要经济指标

表 4-13　　(2012 年)　　单位:万元

指　　标	全　市	市　区	赣榆县	东海县	灌云县	灌南县
企业单位数(个)	194	93	28	43	11	19
#亏损企业数(个)	57	31	5	7	1	13
工业总产值(现价)	8220304	6578540	455400	934791	154197	97376
工业销售产值(现价)	8077996	6464515	452558	912591	152030	96302
#出口交货值	965167	528154	212718	154424	52542	17330
资产合计	4439623	3432830	234207	591788	62069	118729
流动资产合计	2512326	2018540	70397	334223	26022	63144
应收帐款	676691	433254	17848	199599	4522	21469
存　货	579731	471931	17951	59562	8903	21384
产成品	267815	212889	6893	35575.3	6100	6357
固定资产合计	1306852	922672	86997	220345	34143	42695
固定资产净值	1249516	893959	86920	195683	33470	39485
负债合计	2360124	1893691	121972	256328	26138	61995
所有者权益合计	2079499	1539138	112236	335461	35930	56734
主营业务收入	8160221	6525683	452642	933290	152615	95992
主营业务成本	6693439	5287802	354664	828457	132179	90338
主营业务税金及附加	41289	26353	7526	6189	979	242
营业费用	458764	416926	22668	14684	3314	1173
管理费用	300708	250519	18405	20168	5066	6550
财务费用	58074	26190	16743	12421	1176	1544
#利息支出	60332	33915	14273	10758	400	986
利润总额	660214	568798	31045	53907	9931	-3467
亏损企业亏损额	52243	32114	401	14671	177	4880
利税总额	1026556	874686	44868	92850	15132	-979
本年应交增值税	325052	279535	6297	32754	4221	2245

表4-13续表 (2012年) 单位:万元

指 标	市 区	市 直	新浦区	海州区	连云区	开发区	徐 圩
企业单位数(个)	93	1	6	15	19	51	1
#亏损企业数(个)	31		3	6	2	19	1
工业总产值(现价)	6578540	414821	97051	224167	244668	5594439	3395
工业销售产值(现价)	6464515	377510	97016	211814	243254	5531565	3356
#出口交货值	528154		30077	35851	31799	428737	1691
资产合计	3432830	232803	68491	245862	385457	2498413	1805
流动资产合计	2018540	123164	41895	99573	170704	1582327	878
应收帐款	433254	39710	2483	23986	38024	328964	87
存 货	471931	29759	15172	23652	39673	363437	238
产成品	212889	14012	14100	9982	7812	166984	
固定资产合计	922672	75342	19435	65215	56294	705649	737
固定资产净值	893959	75342	18734	63644	55903	679599	737
负债合计	1893691	92050	42473	127741	222610	1406606	2211
所有者权益合计	1539138	140753	26018	118121	162846	1091806	–406
主营业务收入	6525683	398498	90937	220006	247683	5565205	3355
主营业务成本	5287802	67448	76265	193184	204697	4743476	2732
主营业务税金及附加	26353	6487	1052	2488	2390	13936	
营业费用	416926	167696	3433	10083	5270	230060	384
管理费用	250519	55329	4186	10953	10608	169276	168
财务费用	26190	–665	1430	5426	2255	17591	153
#利息支出	33915	383	1089	4285	695	27323	141
利润总额	568798	103243	4634	34530	28138	398334	–81
亏损企业亏损额	32114		5645	6488	242	19659	81
利税总额	874686	162963	7728	42825	39159	622091	–81
本年应交增值税	279535	53234	2042	5807	8632	209821	

分地区规模以上私营工业企业主要经济指标

表 4-14　　(2012 年)　　单位:万元

指　　标	全　市	市　区	赣榆县	东海县	灌云县	灌南县
企业单位数(个)	920	121	313	283	116	87
#亏损企业数(个)	64	27	14	1		22
工业总产值(现价)	17238048	2117273	5462127	3682017	2439968	3536662
工业销售产值(现价)	16973019	2062653	5361957	3609889	2422018	3516501
#出口交货值	252711	63204	105388	24252	29734	30133
资产合计	5266223	1304706	1343935	912360	573564	1131658
流动资产合计	2489005	745954	536624	406829	177547	622051
应收帐款	542537	122109	113046	130866	34559	141957
存　货	630130	245119	149231	63778	43043	128960
产成品	280785	87032	69481	39571	21503	63197
固定资产合计	2158266	375381	684910	400125	280412	417440
固定资产净值	2096747	356071	676591	392974	276333	394778
负债合计	2612804	721909	526487	417322	190911	756176
所有者权益合计	2651394	581313	817448	495038	382113	375482
主营业务收入	16959964	2018848	5397085	3634789	2415588	3493655
主营业务成本	14306276	1724055	4307402	3143360	2073861	3057599
主营业务税金及附加	165455	7998	70980	34866	26070	25543
营业费用	540492	40795	366316	47433	51206	34743
管理费用	390732	60796	166757	57420	50076	55684
财务费用	170173	15509	93804	31870	14005	14985
#利息支出	143599	13113	74014	32820	8623	15030
利润总额	1338752	176483	351307	317854	192209	300899
亏损企业亏损额	27007	8106	3025	7439		8437
利税总额	2036944	249443	576801	464740	270607	475353
本年应交增值税	532737	64962	154514	112021	52328	148912

表 4–14 续表　　(2012 年)　　单位:万元

指　　标	市　区	市　直	新浦区	海州区	连云区	开发区	徐　圩
企业单位数(个)	121		19	25	27	47	3
#亏损企业数(个)	27		2	3	6	15	1
工业总产值(现价)	2117273		304553	488787	920536	378619	24779
工业销售产值(现价)	2062653		276131	470808	916887	374586	24242
#出口交货值	63204		1347	9248	7878	38063	6668
资产合计	1304706		149598	390332	474971	254331	35475
流动资产合计	745954		93160	271518	210944	149158	21174
应收帐款	122109		28561	35749	26549	30255	995
存　货	245119		18521	101606	78236	37592	9164
产成品	87032		5731	42373	17160	18359	3408
固定资产合计	375381		20165	80018	192842	72202	10154
固定资产净值	356071		18751	78510	190183	63066	5561
负债合计	721909		86243	184806	245642	173144	32074
所有者权益合计	581313		63355	205526	229329	79702	3402
主营业务收入	2018848		261243	430747	919023	373891	33944
主营业务成本	1724055		223437	344149	800153	324515	31801
主营业务税金及附加	7998		1596	1806	3208	773	617
营业费用	40795		5472	10760	12720	11404	439
管理费用	60796		8064	25496	11418	15123	695
财务费用	15509		1670	5437	3098	4381	924
#利息支出	13113		1826	5257	2244	2944	844
利润总额	176483		21812	44198	89047	21634	–208
亏损企业亏损额	8106		445	347	3089	3563	662
利税总额	249443		28648	59071	125423	35702	600
本年应交增值税	64962		5240	13067	33168	13296	191

资产总计最大的50家企业

表4-15　　　　(2012年)

序号	企业名称	序号	企业名称
1	江苏核电有限公司	26	连云港启创铝制品有限公司
2	江苏新海发电有限公司	27	惠通物产(连云港)再生资源有限公司
3	江苏金桥盐化集团有限责任公司	28	江苏金茂源生物化工有限责任公司
4	江苏省镔鑫特钢材料有限公司	29	连云港腾翔金属材料有限公司
5	罗盖特(中国)精细化工有限公司	30	江苏天明机械集团有限公司
6	连云港兴鑫钢铁有限公司	31	江苏明盛化工有限公司
7	江苏新海石化有限公司	32	连云港恒成船业有限公司
8	韩华新能源科技有限公司	33	连云港鹰游纺机有限责任公司
9	江苏恒瑞医药股份有限公司	34	国电联合动力技术(连云港)有限公司
10	连云港市东茂矿业有限公司	35	中复神鹰碳纤维有限责任公司
11	晶海洋半导体材料(东海)有限公司	36	连云港华乐合金有限公司
12	江苏豪森药业集团有限公司	37	台玻东海玻璃有限公司
13	江苏康缘集团有限责任公司	38	东海县龙源生物质发电有限公司
14	江苏华电灌云风力发电有限公司	39	江苏太平洋石英股份有限公司
15	连云港中复连众复合材料集团有限公司	40	连云港晨兴环保产业有限公司
16	中国石化集团南京化学工业有限公司连云港碱厂	41	江苏德邦化学工业集团有限公司
17	江苏正大天晴药业股份有限公司	42	江苏和利瑞科技发展有限公司
18	益海(连云港)粮油有限公司	43	江苏海中洲船业有限公司
19	连云港神舟新能源有限公司	44	连云港金信利不锈钢有限公司
20	连云港杜钟氨纶有限公司	45	江苏杰诺生物工程有限公司
21	连云港市自来水有限责任公司	46	连云港宝诚化工有限公司
22	金桥益海(连云港)氯碱有限公司	47	升德升(连云港)电子有限公司
23	益海(连云港)油化工业有限公司	48	中材江苏太阳能新材料有限公司
24	连云港中彩科技有限公司	49	连云港五洲船舶重工有限公司
25	沙索益海(连云港)醇工业有限公	50	重山风力设备(连云港)有限公司

工业总产值最高的50家企业

表4-16　　(2012年)

序号	企　业　名　称	序号	企　业　名　称
1	江苏新海石化有限公司	26	江苏名洋船业有限公司
2	江苏省镔鑫特钢材料有限公司	27	连云港市兆昱新材料实业有限公司
3	连云港兴鑫钢铁有限公司	28	连云港胜华船舶修造有限公司
4	益海(连云港)粮油有限公司	29	连云港北港镍业有限公司
5	江苏恒瑞医药股份有限公司	30	江苏华尔化工有限公司
6	江苏核电有限公司	31	江苏星辰新材料科技有限公司
7	罗盖特(中国)精细化工有限公司	32	国电联合动力技术(连云港)有限公司
8	连云港金信利不锈钢有限公司	33	连云港宏鹏金属制品有限公司
9	江苏豪森药业集团有限公司	34	连云港恒成船业有限公司
10	益海(连云港)油化工业有限公司	35	甲乙(连云港)粘胶有限公司
11	升德升(连云港)电子有限公司	36	江苏新海发电有限公司
12	连云港启创铝制品有限公司	37	连云港天明装备有限公司
13	连云港市东茂矿业有限公司	38	江苏明盛化工有限公司
14	连云港五洲船舶重工有限公司	39	江苏远征化工有限公司
15	江苏正大天晴药业股份有限公司	40	连云港兴怡紧固件有限公司
16	江苏康缘集团有限责任公司	41	灌南县利泰金属材料有限公司
17	韩华新能源科技有限公司	42	中复神鹰碳纤维有限责任公司
18	沙索益海(连云港)醇工业有限公司	43	惠通物产(连云港)再生资源有限公司
19	东方国际集装箱(连云港)有限公司	44	连云港腾翔金属材料有限公司
20	重山风力设备(连云港)有限公司	45	连云港鹰游纺机有限责任公司
21	连云港福润食品有限公司	46	连云港润众制药有限公司
22	江苏金茂源生物化工有限责任公司	47	连云港神舟新能源有限公司
23	连云港中复连众复合材料集团有限公司	48	江苏紫鑫铜业有限公司
24	江苏海中洲船业有限公司	49	中国石化集团南京化学工业有限公司连云港碱厂
25	日出东方太阳能股份有限公司	50	江苏德源药业有限公司

主营业务收入最高的50家企业

表4-17　(2012年)

序号	企业名称	序号	企业名称
1	江苏新海石化有限公司	26	连云港市兆昱新材料实业有限公司
2	江苏省镔鑫特钢材料有限公司	27	连云港胜华船舶修造有限公司
3	连云港兴鑫钢铁有限公司	28	连云港北港镍业有限公司
4	益海(连云港)粮油有限公司	29	江苏华尔化工有限公司
5	江苏核电有限公司	30	江苏星辰新材料科技有限公司
6	罗盖特(中国)精细化工有限公司	31	江苏新海发电有限公司
7	江苏恒瑞医药股份有限公司	32	连云港宏鹏金属制品有限公司
8	连云港金信利不锈钢有限公司	33	连云港中复连众复合材料集团有限公司
9	江苏豪森药业集团有限公司	34	甲乙(连云港)粘胶有限公司
10	益海(连云港)油化工业有限公司	35	连云港恒成船业有限公司
11	升德升(连云港)电子有限公司	36	江苏明盛化工有限公司
12	连云港启创铝制品有限公司	37	江苏远征化工有限公司
13	连云港市东茂矿业有限公司	38	灌南县利泰金属材料有限公司
14	连云港五洲船舶重工有限公司	39	国电联合动力技术(连云港)有限公司
15	沙索益海(连云港)醇工业有限公司	40	连云港兴怡紧固件有限公司
16	韩华新能源科技有限公司	41	中复神鹰碳纤维有限责任公司
17	江苏正大天晴药业股份有限公司	42	连云港神舟新能源有限公司
18	东方国际集装箱(连云港)有限公司	43	惠通物产(连云港)再生资源有限公司
19	江苏康缘集团有限责任公司	44	连云港润众制药有限公司
20	重山风力设备(连云港)有限公司	45	连云港腾翔金属材料有限公司
21	连云港福润食品有限公司	46	江苏德源药业有限公司
22	江苏金茂源生物化工有限责任公司	47	中国石化集团南京化学工业有限公司连云港碱厂
23	日出东方太阳能股份有限公司	48	江苏紫鑫铜业有限公司
24	江苏海中洲船业有限公司	49	连云港天明装备有限公司
25	江苏名洋船业有限公司	50	连云港鹰游纺机有限责任公司

利润总额最高的50家企业

表4-18 (2012年)

序号	企业名称	序号	企业名称
1	江苏核电有限公司	26	连云港中复连众复合材料集团有限公司
2	连云港兴鑫钢铁有限公司	27	连云港恒成船业有限公司
3	江苏恒瑞医药股份有限公司	28	罗盖特(中国)精细化工有限公司
4	江苏豪森药业集团有限公司	29	惠通物产(连云港)再生资源有限公司
5	江苏正大天晴药业股份有限公司	30	江苏星辰新材料科技有限公司
6	益海(连云港)粮油有限公司	31	沙索益海(连云港)醇工业有限公司
7	连云港市东茂矿业有限公司	32	江苏耀中铝车轮有限公司
8	升德升(连云港)电子有限公司	33	江苏明盛化工有限公司
9	益海(连云港)油化工业有限公司	34	江苏金茂源生物化工有限责任公司
10	江苏康缘集团有限责任公司	35	江苏新海石化有限公司
11	江苏省镔鑫特钢材料有限公司	36	连云港腾翔金属材料有限公司
12	江苏德邦化学工业集团有限公司	37	连云港中彩科技有限公司
13	东方国际集装箱(连云港)有限公司	38	中复神鹰碳纤维有限责任公司
14	日出东方太阳能股份有限公司	39	连云港市兆昱新材料实业有限公司
15	连云港润众制药有限公司	40	江苏远征化工有限公司
16	连云港金信利不锈钢有限公司	41	连云港福润食品有限公司
17	连云港天明装备有限公司	42	连云港启创铝制品有限公司
18	重山风力设备(连云港)有限公司	43	灌南县利泰金属材料有限公司
19	江苏华尔化工有限公司	44	江苏太平洋石英股份有限公司
20	江苏海中洲船业有限公司	45	连云港北港镍业有限公司
21	江苏名洋船业有限公司	46	甲乙(连云港)粘胶有限公司
22	韩华新能源科技有限公司	47	江苏紫鑫铜业有限公司
23	连云港五洲船舶重工有限公司	48	连云港兴怡紧固件有限公司
24	连云港胜华船舶修造有限公司	49	江苏和利瑞科技发展有限公司
25	江苏德源药业有限公司	50	国电联合动力技术(连云港)有限公司

利税合计最高的50家企业

表4-19　　(2012年)

序号	企业名称	序号	企业名称
1	江苏核电有限公司	26	重山风力设备(连云港)有限公司
2	连云港兴鑫钢铁有限公司	27	连云港恒成船业有限公司
3	江苏恒瑞医药股份有限公司	28	江苏汤沟两相和酒业有限公司
4	江苏豪森药业集团有限公司	29	连云港中复连众复合材料集团有限公司
5	江苏正大天晴药业股份有限公司	30	沙索益海(连云港)醇工业有限公司
6	益海(连云港)粮油有限公司	31	江苏德源药业有限公司
7	江苏省镔鑫特钢材料有限公司	32	惠通物产(连云港)再生资源有限公司
8	连云港市东茂矿业有限公司	33	连云港启创铝制品有限公司
9	江苏康缘集团有限责任公司	34	连云港福润食品有限公司
10	升德升(连云港)电子有限公司	35	连云港市兆昱新材料实业有限公司
11	益海(连云港)油化工业有限公司	36	连云港腾翔金属材料有限公司
12	东方国际集装箱(连云港)有限公司	37	江苏明盛化工有限公司
13	连云港金信利不锈钢有限公司	38	灌南县利泰金属材料有限公司
14	连云港润众制药有限公司	39	江苏星辰新材料科技有限公司
15	日出东方太阳能股份有限公司	40	连云港中彩科技有限公司
16	江苏德邦化学工业集团有限公司	41	江苏金茂源生物化工有限责任公司
17	江苏海中洲船业有限公司	42	江苏耀中铝车轮有限公司
18	江苏名洋船业有限公司	43	甲乙(连云港)粘胶有限公司
19	连云港天明装备有限公司	44	连云港浩林铜业有限公司
20	连云港五洲船舶重工有限公司	45	中复神鹰碳纤维有限责任公司
21	连云港胜华船舶修造有限公司	46	江苏紫鑫铜业有限公司
22	韩华新能源科技有限公司	47	江苏远征化工有限公司
23	江苏华尔化工有限公司	48	江苏佳宇资源利用股份有限公司
24	江苏新海石化有限公司	49	中联巨龙(连云港)水泥有限公司
25	罗盖特(中国)精细化工有限公司	50	连云港鹰游纺机有限责任公司

从业人员最多的50家企业

表4-20 (2012年)

序号	企业名称	序号	企业名称
1	连云港五洲船舶重工有限公司	26	晶海洋半导体材料(东海)有限公司
2	江苏恒瑞医药股份有限公司	27	江苏德邦化学工业集团有限公司
3	江苏康缘集团有限责任公司	28	禧玛诺(连云港)实业有限公司
4	江苏金桥盐化集团有限责任公司	29	江苏太平洋石英股份有限公司
5	江苏豪森药业集团有限公司	30	国电联合动力技术(连云港)有限公司
6	连云港兴鑫钢铁有限公司	31	江苏新海石化有限公司
7	江苏正大天晴药业股份有限公司	32	中复神鹰碳纤维有限责任公司
8	江苏省镔鑫特钢材料有限公司	33	江苏远征化工有限公司
9	日出东方太阳能股份有限公司	34	连云港华乐合金有限公司
10	中国石化集团南京化学工业有限公司连云港碱厂	35	连云港味之素冷冻食品有限公司
11	连云港中复连众复合材料集团有限公司	36	罗盖特(中国)精细化工有限公司
12	连云港鹰游纺机有限责任公司	37	东海力音电子有限公司
13	江苏核电有限公司	38	连云港启创铝制品有限公司
14	连云港鲜禾制鞋有限公司	39	连云港味之素如意食品有限公司
15	江苏新海发电有限公司	40	福泰克(连云港)电线有限公司
16	东海眾豐纺织有限公司	41	东方国际集装箱(连云港)有限公司
17	江苏汤沟两相和酒业有限公司	42	韩华新能源科技有限公司
18	江苏华尔化工有限公司	43	连云港东港针织有限公司
19	连云港东霞制衣有限公司	44	连云港康达智精密技术有限公司
20	连云港柏兴无纺布制品有限公司	45	江苏海中洲船业有限公司
21	升德升(连云港)电子有限公司	46	连云港恒成船业有限公司
22	连云港锦豪船业有限公司	47	连云港美步楼梯制造有限公司
23	益海(连云港)粮油有限公司	48	连云港黄海机械股份有限公司
24	连云港神舟新能源有限公司	49	连云港市东茂矿业有限公司
25	连云港艾业无纺布制品有限公司	50	连云港福润食品有限公司

大中型工业企业一览表

表4-21　　(2012年)　　单位:万元

企业名称	企业规模	隶属关系	注册类型	工业总产值
一、大型工业企业(22户)				
江苏省镔鑫特钢材料有限公司	大型	其他	私营有限责任公司	1543047
连云港兴鑫钢铁有限公司	大型	其他	私营有限责任公司	1500793
益海(连云港)粮油有限公司	大型	其他	中外合资经营	1196434
江苏恒瑞医药股份有限公司	大型	地(区、市、州、盟)	股份有限公司	643778
江苏核电有限公司	大型	中央	其他有限责任公司	577589
江苏豪森药业集团有限公司	大型	其他	港澳台商投资股份有限公司	530856
升德升(连云港)电子有限公司	大型	其他	外资企业	501877
连云港五洲船舶重工有限公司	大型	其他	私营有限责任公司	436253
江苏正大天晴药业股份有限公司	大型	省(自治区、直辖市)	外商投资股份有限公司	414821
江苏康缘集团有限责任公司	大型	地(区、市、州、盟)	其他有限责任公司	411737
连云港中复连众复合材料集团有限公司	大型	中央	其他有限责任公司	237718
日出东方太阳能股份有限公司	大型	其他	股份有限公司	234302
江苏华尔化工有限公司	大型	其他	私营有限责任公司	201477
江苏新海发电有限公司	大型	省(自治区、直辖市)	股份有限公司	175662
连云港鹰游纺机有限责任公司	大型	地(区、市、州、盟)	其他有限责任公司	130554
连云港神舟新能源有限公司	大型	县(区、市、旗)	其他有限责任公司	128615
中国石化集团南京化学工业有限公司连云港碱厂	大型	中央	国有	125870
江苏金桥盐化集团有限责任公司	大型	地(区、市、州、盟)	国有独资公司	119853
连云港华乐合金有限公司	大型	其他	私营有限责任公司	116727
江苏汤沟两相和酒业有限公司	大型	其他	其他内资	104073
连云港锦豪船业有限公司	大型	其他	私营有限责任公司	91079
晶海洋半导体材料(东海)有限公司	大型	其他	港澳台商独资	61188
二、中型工业企业(104户)				
江苏新海石化有限公司	中型	其他	其他有限责任公司	1576391
罗盖特(中国)精细化工有限公司	中型	其他	外资企业	569428
连云港金信利不锈钢有限公司	中型	其他	私营有限责任公司	537055
益海(连云港)油化工业有限公司	中型	其他	中外合资经营	510270
连云港启创铝制品有限公司	中型	其他	外资企业	462451
连云港市东茂矿业有限公司	中型	其他	私营有限责任公司	458223
韩华新能源科技有限公司	中型	其他	其他有限责任公司	411632
东方国际集装箱(连云港)有限公司	中型	其他	中外合资经营	392577

表 4–21 续表 1　　(2012 年)　　单位:万元

企业名称	企业规模	隶属关系	注册类型	工业总产值
重山风力设备(连云港)有限公司	中型	其他	外资企业	302874
连云港福润食品有限公司	中型	其他	港澳台商独资	259740
江苏金茂源生物化工有限责任公司	中型	其他	中外合资经营	238822
江苏海中洲船业有限公司	中型	其他	私营有限责任公司	235125
江苏名洋船业有限公司	中型	其他	私营有限责任公司	221206
连云港胜华船舶修造有限公司	中型	其他	私营有限责任公司	209803
连云港北港镍业有限公司	中型	其他	私营有限责任公司	205449
国电联合动力技术(连云港)有限公司	中型	中央	其他有限责任公司	189032
连云港恒成船业有限公司	中型	其他	私营有限责任公司	176771
甲乙(连云港)粘胶有限公司	中型	其他	外资企业	176644
连云港天明装备有限公司	中型	其他	私营有限责任公司	160000
江苏明盛化工有限公司	中型	其他	私营有限责任公司	157932
江苏远征化工有限公司	中型	其他	私营有限责任公司	149234
连云港兴怡紧固件有限公司	中型	其他	私营有限责任公司	143021
中复神鹰碳纤维有限责任公司	中型	其他	股份合作	137060
连云港腾翔金属材料有限公司	中型	其他	私营有限股份公司	132341
连云港润众制药有限公司	中型	其他	其他有限责任公司	128972
江苏德源药业有限公司	中型	其他	私营有限责任公司	121098
江苏耀中铝车轮有限公司	中型	其他	私营独资	115740
江苏和利瑞科技发展有限公司	中型	其他	其他有限责任公司	108852
江苏东成生物科技集团有限公司	中型	其他	私营有限责任公司	100716
江苏双宏化工有限公司	中型	其他	其他有限责任公司	94219
江苏德邦化学工业集团有限公司	中型	地(区、市、州、盟)	中外合资经营	93755
江苏佳宇资源利用股份有限公司	中型	其他	私营有限责任公司	86849
江苏太平洋石英股份有限公司	中型	乡	与港澳台商合资经营	76037
连云港和利通船舶重工有限公司	中型	其他	其他有限责任公司	75918
江苏金桥盐化集团日晒制盐有限公司	中型	其他	国有独资公司	71319
江苏东浦管桩有限公司	中型	其他	私营有限责任公司	56312
连云港正大农牧发展有限公司	中型	其他	与港澳台商合资经营	55524
连云港中远船务工程有限公司	中型	其他	其他有限责任公司	55253
连云港市盛昌照明电器有限公司	中型	其他	私营有限责任公司	42763

表4–21续表2　　(2012年)　　单位:万元

企业名称	企业规模	隶属关系	注册类型	工业总产值
连云港桃盛熔融石英有限公司	中型	其他	与港澳台商合资经营	41858
连云港黄海机械股份有限公司	中型	其他	私营有限股份公司	39567
汉高华威电子有限公司	中型	地(区、市、州、盟)	中外合资经营	39210
连云港东港针织有限公司	中型	乡	与港澳台商合资经营	36678
赣榆县文峰木业有限公司	中型	其他	私营独资	36633
江苏中金玛泰医药包装有限公司	中型	其他	中外合资经营	36298
连云港市欣森木业有限公司	中型	其他	私营有限责任公司	35700
江苏利昂实业有限公司	中型	其他	其他有限责任公司	35105
连云港远洋流体装卸设备有限公司	中型	中央	国有	33467
连云港柏兴无纺布制品有限公司	中型	其他	外资企业	30600
江苏天明机械集团有限公司	中型	其他	私营有限责任公司	30000
连云港美步楼梯制造有限公司	中型	其他	私营有限责任公司	29183
江苏湛蓝科技开发有限公司	中型	其他	其他有限责任公司	27187
江苏力达宁化工有限公司	中型	其他	私营有限股份公司	26979
连云港水表有限公司	中型	地(区、市、州、盟)	其他有限责任公司	26532
连云港鲜禾制鞋有限公司	中型	其他	外资企业	25738
东海县旭日照明电器有限公司	中型	其他	私营有限责任公司	24799
连云港中化化学品有限公司	中型	县(区、市、旗)	国有	24562
江苏苏云医疗器材有限公司	中型	其他	与港澳台商合资经营	24172
福泰克(连云港)电线有限公司	中型	其他	外资企业	24039
东海棨豐纺织有限公司	中型	其他	外资企业	23976
连云港市金囤农化有限公司	中型	其他	私营有限责任公司	23444
连云港华洋玩具有限公司	中型	其他	其他有限责任公司	22549
连云港永盛工艺品有限公司	中型	其他	其他有限责任公司	22472
禧玛诺(连云港)实业有限公司	中型	其他	外商投资股份有限公司	22349
连云港市惠康塑料制品有限公司	中型	其他	私营有限责任公司	21828
连云港索欧服饰有限公司	中型	其他	其他有限责任公司	21795
连云港连利水表有限公司	中型	地(区、市、州、盟)	中外合资经营	21121
连云港新磷矿化有限责任公司	中型	地(区、市、州、盟)	其他有限责任公司	19571
连云港艾业无纺布制品有限公司	中型	其他	外资企业	18793
中国江苏三得利食品有限公司	中型	地(区、市、州、盟)	中外合资经营	18147

表 4-21 续表 3 (2012 年) 单位:万元

企业名称	企业规模	隶属关系	注册类型	工业总产值
连云港海德益食品有限公司	中型	其他	私营有限责任公司	17294
国成功能服饰(连云港)有限公司	中型	其他	外资企业	16483
连云港杜钟氨纶有限公司	中型	地(区、市、州、盟)	中外合资经营	15657
江苏中鹏新材料股份有限公司	中型	其他	股份有限公司	15069
连云港味之素冷冻食品有限公司	中型	其他	中外合资经营	14913
连云港东霞制衣有限公司	中型	其他	私营有限责任公司	14320
连云港花茂日用品有限公司	中型	其他	港澳台商独资	14134
连云港味之素如意食品有限公司	中型	其他	中外合资经营	12105
连云港市自来水有限责任公司	中型	地(区、市、州、盟)	其他有限责任公司	11437
连云港市黄化制钙有限公司	中型	地(区、市、州、盟)	国有	10724
东海力音电子有限公司	中型	其他	港澳台商独资	9699
赣榆县德兴海洋食品有限公司	中型	其他	私营有限责任公司	9217
江苏堂皇集团连云港家纺有限公司	中型	其他	私营有限责任公司	9048
连云港福东正佑照明电器有限公司	中型	乡	中外合资经营	8966
舜天(赣榆)工贸有限公司	中型	其他	与港澳台商合资经营	8701
连云港康达智精密技术有限公司	中型	其他	外资企业	8565
连云港泰宇服装有限公司	中型	其他	私营有限责任公司	8561
连云港北方变速器有限公司	中型	中央	其他有限责任公司	8320
连云港高发玩具礼品有限公司	中型	其他	外资企业	8098
赣榆富利来纺织有限公司	中型	其他	私营独资	8013
江苏阳云丰服装有限公司	中型	其他	外资企业	7889
连云港今世好服饰有限公司	中型	其他	港澳台商独资	7776
连云港东米食品有限公司	中型	其他	国有	6699
江苏善聪木业有限公司	中型	乡	其他有限责任公司	6426
连云港艾信无纺布制品有限公司	中型	其他	私营有限责任公司	6192
连云港光鼎电子有限公司	中型	县(区、市、旗)	中外合资经营	6134
连云港市永旺玻璃制品有限公司	中型	其他	私营有限责任公司	6116
连云港市鑫玛鞋业有限公司	中型	其他	私营有限责任公司	6037
灌南县宏益纺织有限公司	中型	其他	私营有限责任公司	4996
连云港祥禾制衣有限公司	中型	其他	港澳台商独资	4346
台玻东海玻璃有限公司	中型	其他	外资企业	4074
益海(连云港)精细化学工业有限公司	中型	地(区、市、州、盟)	中外合资经营	3185
连云港茉织华服饰有限公司	中型	其他	私营有限股份公司	2957
赣榆县铭鑫服饰有限公司	中型	其他	私营有限责任公司	2943

分县区历年工业企业能源综合消耗量

表 4-22　　(2012 年)　　单位：吨标准煤

年　份	全　市	市　区	赣榆县	东海县	灌云县	灌南县
2005	2328028	1720571	179608	239917	114081	73852
2006	3382350	2713805	285296	205265	113465	64519
2007	3353069	2610589	289143	229616	126240	97481
2008	3506577	2597110	333987	242935	191397	141149
2009	4030479	2580984	569292	365617	151050	363536
2010	4825594	2589130	988916	344706	151481	751361
2011	6211173	2921511	1618143	349642	155562	1166315
2012	6338884	2956485	1652103	319808	164541	1245946

工业企业主要能源消费量

表4-23　　(2012年)　　单位:吨

指标	全市	市区	赣榆县	东海县	灌云县	灌南县
原煤	4280003	3848235	27311	55938	105180	243339
洗精煤	115959	1348				114611
其它洗煤	54167	54167				
煤制品	10977		10977			
焦炭	2178538	136170	1191025			851343
发生炉煤气(万立方米)	1460	1460				
天然气(万立方米)	8233	8222	11			
液化天然气	80	80				
原油	2204729		2204729			
汽油	1529	1383	21	14		112
煤油	4181	4180	1			
柴油	26454	22484	216	1686	1501	567
燃料油	1318				342	976
液化石油气	6472	23		886	5563	
润滑油	30	30				
其它石油制品	207	207				
热力(百万千焦)	12559715	12076194	182547	158963	25278	116733
电力(万千瓦时)	1007788	430436	215619	195795	56747	109193
煤矸石用于燃料	17805	17805				
城市垃圾用于燃料	233213	233213				
生物质废料用于燃料	208532	5550	112624	89216		1142
余热余压(百万千焦)	184240				184240	
折标准煤合计(吨标准煤)	10443622	4037179	4659973	334333	164541	1247596

主要能源品种分行业消费量

表 4-24　　(2012 年)　　单位:吨

指　　标	原煤	焦碳	石油	汽油	柴油	热　力(百万千焦)	电　力(万千瓦时)
总　计	4280003	2178538	2204729	1529	26454	12559715	1007788
其中:轻工业	378546	210		445	2026	1177399	142674
重工业	3901457	2178327	2204729	1084	24428	11382316	865114
有色金属矿采选业	1221				80		526
非金属矿采选业	58581				306		29882
开采辅助活动	266						1629
农副食品加工业	126794			68	1426	43441	36609
食品制造业	26512						3834
酒、饮料和精制茶制造业	39415						6517
纺织业	4827			5	3		9313
纺织服装、服饰业	1150			13		4759	9911
皮革、毛皮、羽毛及其制品和制鞋业	2521			26	42		2759
木材加工和木竹藤棕草制品业	11394			4	128		13911
家具制造业							427
造纸和纸制品业	5754			13	28		4003
印刷和记录媒介复制业				2	1		1591
文教、工美、体育和娱乐用品制造业	1231						1301
石油加工、炼焦和核燃料加工业			2204729				15262
化学原料和化学制品制造业	1328890	109989		118	9182	11110665	187213

表4-24 续表　　(2012年)　　单位:吨

指　　标	原煤	焦碳	石油	汽油	柴油	热　力（百万千焦）	电　力（万千瓦时）
医药制造业	19101			88	97	890910	20891
化学纤维制造业	119728			21		194480	8167
橡胶和塑料制品业	430			30	48		12372
非金属矿物制品业	51478			65	3854	159272	155444
黑色金属冶炼和压延加工业	52976	2030921		19	4878		208167
有色金属冶炼和压延加工业	89486	36523			100		18122
金属制品业	803			39	19		21799
通用设备制造业	2754			63	177		17154
专用设备制造业	12668	895		155	708	156188	15761
汽车制造业				69	39		8288
铁路船舶航空航天和其他运输设备制造	14542	210		6	956		9639
电气机械和器材制造业	3679			135	203		26606
计算机、通信和其他电子设备制造业	564			161			13336
仪器仪表制造业				19	25		503
其他制造业							568
废弃资源综合利用业	297				212		568
电力、热力生产和供应业	2302940			303	3913		140788
燃气生产和供应业							588
水的生产和供应业				107	29		4338

工业企业综合能耗分行业

表 4-25

(2012 年)

指标	2012年		2011年	
	综合能耗(吨标准煤)	工业总产值(万元)	综合能耗(吨标准煤)	工业总产值(万元)
总计	**6338884**	**33534776**	**6245231**	**26453202**
其中:轻工业	504948	9330030	497489	7264039
重工业	5833936	24204746	5747743	19189162
有色金属矿采选业	1636	59859		
非金属矿采选业	76395	393950	127688	260828
开采辅助活动	2192	56023	902	20244
农副食品加工业	142149	2764940	148568	2293271
食品制造业	25349	211141	16200	153976
酒、饮料和精制茶制造业	37860	400078	37368	351928
纺织业	15170	304523	12619	229534
纺织服装、服饰业	13184	518484	10959	397785
皮革、毛皮、羽毛及其制品和制鞋业	5175	164196	3201	127291
木材加工和木竹藤棕草制品业	29869	407507	30317	287968
家具制造业	525	20177	625	11243
造纸和纸制品业	9090	157236	14299	103878
印刷和记录媒介复制业	1959	52473	1284	37953
文教、工美、体育和娱乐用品制造业	2478	178458	3700	126894
石油加工、炼焦和核燃料加工业	175801	1609125	221287	1338149
化学原料和化学制品制造业	1489160	6017554	1501343	4899716

表 4-25 续表 1　　　　　　　　　　　　(2012 年)

指　　标	2012年		2011年	
	综合能耗(吨标准煤)	工业总产值(万元)	综合能耗(吨标准煤)	工业总产值(万元)
医药制造业	71213	2746900	48394	2008254
化学纤维制造业	102486	206907	127824	211022
橡胶和塑料制品业	15591	351961	9841	261155
非金属矿物制品业	240137	3016242	255755	2308776
黑色金属冶炼和压延加工业	2371553	4417196	2209351	3065173
有色金属冶炼和压延加工业	132676	1762910	149596	1302741
金属制品业	27974	875998	48428	723192
通用设备制造业	24579	734321	16710	619972
专用设备制造业	36019	887770	27539	748960
汽车制造业	10170	446747	8754	314176
铁路船舶航空航天和其他运输设备制造业	33293	1651734	34193	1640913
电气机械和器材制造业	36418	1166145	33418	981810
计算机、通信和其他电子设备制造业	17250	909015	14448	645236
仪器仪表制造业	627	66966	1368	62799
其他制造业	698	36537	456	30061
废弃资源综合利用业	1219	53481	988	45419
电力、热力生产和供应业	1183255	824922	1120057	791828
燃气生产和供应业	722	43438	1901	31855
水的生产和供应业	5010	19861	5849	19201

工业企业综合能耗分县区

表4-25续表2　　(2012年)

指标	全市		市区	
	综合能耗(吨标准煤)	工业总产值(万元)	综合能耗(吨标准煤)	工业总产值(万元)
总计	**6338884**	**33534776**	**2956485**	**12987011**
其中:轻工业	504948	9330030	309787	4626652
重工业	5833936	24204746	2646698	8360359
有色金属矿采选业	1636	59859	1636	59859
非金属矿采选业	76395	393950	68624	202706
开采辅助活动	2192	56023	2192	56023
农副食品加工业	142149	2764940	101687	1374528
食品制造业	25349	211141	18987	103844
酒、饮料和精制茶制造业	37860	400078	14206	27423
纺织业	15170	304523	3552	66043
纺织服装、服饰业	13184	518484	993	21824
皮革、毛皮、羽毛及其制品和制鞋业	5175	164196	240	28209
木材加工和木竹藤棕草制品业	29869	407507	1735	78218
家具制造业	525	20177		
造纸和纸制品业	9090	157236	1889	28352
印刷和记录媒介复制业	1959	52473	113	8022
文教、工美、体育和娱乐用品制造业	2478	178458		
石油加工、炼焦和核燃料加工业	175801	1609125	10	32734
化学原料和化学制品制造业	1489160	6017554	1199665	2468044

表 4-25 续表 3　　　　　　　　　　　　(2012 年)

指　　　标	全市		市区	
	综合能耗(吨标准煤)	工业总产值(万元)	综合能耗(吨标准煤)	工业总产值(万元)
医药制造业	71213	2746900	51969	2312124
化学纤维制造业	102486	206907	102154	199475
橡胶和塑料制品业	15591	351961	5439	135574
非金属矿物制品业	240137	3016242	37562	619154
黑色金属冶炼和压延加工业	2371553	4417196	60442	192784
有色金属冶炼和压延加工业	132676	1762910	99149	1120991
金属制品业	27974	875998	11774	474605
通用设备制造业	24579	734321	8558	477273
专用设备制造业	36019	887770	27323	630793
汽车制造业	10170	446747	428	168121
铁路船舶航空航天和其他运输设备制造业	33293	1651734	3422	114540
电气机械和器材制造业	36418	1166145	7605	439589
计算机、通信和其他电子设备制造业	17250	909015	9688	656422
仪器仪表制造业	627	66966	627	66966
其他制造业	698	36537		
废弃资源综合利用业	1219	53481	10	1418
电力、热力生产和供应业	1183255	824922	1109473	784633
燃气生产和供应业	722	43438	534	21994
水的生产和供应业	5010	19861	4797	14724

表 4-25 续表 4　　　　　　　　　　　　(2012 年)

指　　　标	新浦区		海州区	
	综合能耗（吨标准煤）	工业总产值（万元）	综合能耗（吨标准煤）	工业总产值（万元）
总　　计	**31048**	**584686**	**261453**	**1208866**
其中：轻工业	4446	96254	24777	367339
重工业	26602	488432	236676	841528
有色金属矿采选业				
非金属矿采选业	3230	19571		
开采辅助活动				
农副食品加工业	1366	25203	658	20001
食品制造业	613	5585	8151	25020
酒、饮料和精制茶制造业			8619	18147
纺织业	45	11851	1518	29756
纺织服装、服饰业				
皮革、毛皮、羽毛及其制品和制鞋业	56	5860		
木材加工和木竹藤棕草制品业	132	30077	866	38342
家具制造业				
造纸和纸制品业	1188	2104	41	2420
印刷和记录媒介复制业			73	4464
文教、工美、体育和娱乐用品制造业				
石油加工、炼焦和核燃料加工业				
化学原料和化学制品制造业			199934	136506

表 4-25 续表 5　　　　(2012 年)

指　　标	新浦区		海州区	
	综合能耗(吨标准煤)	工业总产值(万元)	综合能耗(吨标准煤)	工业总产值(万元)
医药制造业			26	13887
化学纤维制造业	1011	1885	601	5289
橡胶和塑料制品业	407	22151	2694	32318
非金属矿物制品业	14708	253781	1246	55164
黑色金属冶炼和压延加工业			9025	65336
有色金属冶炼和压延加工业				
金属制品业	101	19760	55	7531
通用设备制造业	592	10260	568	32653
专用设备制造业	31	3727	20690	239954
汽车制造业			385	165380
铁路船舶航空航天和其他运输设备制造业			116	33467
电气机械和器材制造业	1061	143962	5084	247899
计算机、通信和其他电子设备制造业			420	5599
仪器仪表制造业	126	26532	150	7740
其他制造业				
废弃资源综合利用业				
电力、热力生产和供应业	6380	2378		
燃气生产和供应业			534	21994
水的生产和供应业				

表 4-25 续表 6 (2012 年)

指标	连云区		开发区	
	综合能耗（吨标准煤）	工业总产值（万元）	综合能耗（吨标准煤）	工业总产值（万元）
总计	**202762**	**1466266**	**859977**	**8267344**
其中：轻工业	3830	96434	257393	3606017
重工业	198933	1369832	602584	4661327
有色金属矿采选业			1636	59859
非金属矿采选业	240	57783	52	5395
开采辅助活动	2192	56023		
农副食品加工业	1421	45420	97383	1273810
食品制造业	637	13877	9587	59362
酒、饮料和精制茶制造业				
纺织业			321	18793
纺织服装、服饰业	993	21824		
皮革、毛皮、羽毛及其制品和制鞋业			184	22349
木材加工和木竹藤棕草制品业	126	3816	611	5983
家具制造业				
造纸和纸制品业	278	9773	140	4591
印刷和记录媒介复制业			41	3558
文教、工美、体育和娱乐用品制造业				
石油加工、炼焦和核燃料加工业	10	32734		
化学原料和化学制品制造业	49391	189530	432331	2016138

表 4-25 续表 7　　　　　　　　　　　(2012 年)

指　　　标	连云区		开发区	
	综合能耗(吨标准煤)	工业总产值(万元)	综合能耗(吨标准煤)	工业总产值(万元)
医药制造业	35	3533	44925	1879883
化学纤维制造业			100542	192301
橡胶和塑料制品业	2013	77457	326	3649
非金属矿物制品业	307	59281	21302	250929
黑色金属冶炼和压延加工业	51418	127449		
有色金属冶炼和压延加工业	90063	651643	9086	469348
金属制品业	58	7100	11561	440213
通用设备制造业			7398	434360
专用设备制造业	897	22008	5705	365104
汽车制造业	30	2154	13	587
铁路船舶航空航天和其他运输设备制造业	2600	72753	706	8320
电气机械和器材制造业			1460	47729
计算机、通信和其他电子设备制造业			9267	650823
仪器仪表制造业			351	32694
其他制造业				
废弃资源综合利用业			10	1418
电力、热力生产和供应业	55	12109	104246	16734
燃气生产和供应业				
水的生产和供应业			795	3415

表 4-25 续表 8　　　　　　　　　　(2012 年)

指　　　　标	赣榆县		东海县	
	综合能耗（吨标准煤）	工业总产值（万元）	综合能耗（吨标准煤）	工业总产值（万元）
总　　　计	**1652103**	**7935900**	**319808**	**4725923**
其中:轻工业	49674	1424118	67538	1838573
重工业	1602430	6511782	252270	2887350
有色金属矿采选业				
非金属矿采选业	881	49081	5836	70844
开采辅助活动				
农副食品加工业	9772	538884	24629	763308
食品制造业	148	16002	1335	25232
酒、饮料和精制茶制造业	8100	185707	5114	29102
纺织业	1022	57491	2097	79849
纺织服装、服饰业	3205	178871	7459	244347
皮革、毛皮、羽毛及其制品和制鞋业			1038	46985
木材加工和木竹藤棕草制品业	8636	75469	9248	174755
家具制造业	525	20177		
造纸和纸制品业	1136	29745	866	71239
印刷和记录媒介复制业	157	9039	1688	35412
文教、工美、体育和娱乐用品制造业	1167	146373	60	5471
石油加工、炼焦和核燃料加工业	175792	1576391		
化学原料和化学制品制造业	24344	991781	10546	209945

表 4-25 续表 9　　　　　　　　　(2012 年)

指　　　标	赣榆县		东海县	
	综合能耗 (吨标准煤)	工业总产值 (万元)	综合能耗 (吨标准煤)	工业总产值 (万元)
医药制造业	13870	153786	41	2111
化学纤维制造业			332	7433
橡胶和塑料制品业	7671	127021	873	16999
非金属矿物制品业	24982	354605	173441	1947860
黑色金属冶炼和压延加工业	1295620	2473681	2873	33810
有色金属冶炼和压延加工业			59	13367
金属制品业	12165	264199	2245	84310
通用设备制造业	10651	224901	393	7745
专用设备制造业	1858	34089	5051	97401
汽车制造业	1145	20903	4250	137795
铁路船舶航空航天和其他运输设备制造业	88	8396	1146	13550
电气机械和器材制造业	4214	176852	22584	531114
计算机、通信和其他电子设备制造业	5225	194816	2259	53705
仪器仪表制造业				
其他制造业	43	9124	211	13279
废弃资源综合利用业	187	3302		
电力、热力生产和供应业	39404	12454	34136	8957
燃气生产和供应业				
水的生产和供应业	97	2763		

表 4-25 续表 10 (2012 年)

指　　标	灌云县		灌南县	
	综合能耗（吨标准煤）	工业总产值（万元）	综合能耗（吨标准煤）	工业总产值（万元）
总　　计	**164541**	**3819596**	**1245946**	**4066346**
其中:轻工业	46134	1167898	31815	272789
重工业	118407	2651698	1214131	3793557
有色金属矿采选业				
非金属矿采选业	1054	71319		
开采辅助活动				
农副食品加工业	5957	83838	104	4381
食品制造业	2632	57146	2247	8918
酒、饮料和精制茶制造业	128	10813	10312	147033
纺织业	6839	89131	1660	12010
纺织服装、服饰业	1034	68669	493	4773
皮革、毛皮、羽毛及其制品和制鞋业	1436	44773	2461	44229
木材加工和木竹藤棕草制品业	5663	54343	4586	24723
家具制造业				
造纸和纸制品业	5200	27900		
印刷和记录媒介复制业				
文教、工美、体育和娱乐用品制造业	1251	26614		
石油加工、炼焦和核燃料加工业				
化学原料和化学制品制造业	76854	1613017	177751	734767

表 4-25 续表 11　　　　　　　　　　　　　　　　(2012 年)

指　　　　标	灌云县		灌南县	
	综合能耗(吨标准煤)	工业总产值(万元)	综合能耗(吨标准煤)	工业总产值(万元)
医药制造业	5144	270895	190	7985
化学纤维制造业				
橡胶和塑料制品业	1608	72368		
非金属矿物制品业	3157	85471	996	9153
黑色金属冶炼和压延加工业	8648	151151	1003970	1565770
有色金属冶炼和压延加工业	1439	110634	32029	517919
金属制品业	1374	48661	416	4224
通用设备制造业	1096	13037	3881	11365
专用设备制造业	1471	86331	316	39157
汽车制造业	3975	115740	372	4188
铁路船舶航空航天和其他运输设备制造业	26502	603250	2136	911997
电气机械和器材制造业	184	11277	1832	7312
计算机、通信和其他电子设备制造业			79	4073
仪器仪表制造业				
其他制造业	445	14134		
废弃资源综合利用业	1022	48762		
电力、热力生产和供应业	242	18880		
燃气生产和供应业	188	21444		
水的生产和供应业			116	2373

工业企业水消费综合表

表 4–26　　(2012 年)　　单位:立方米

指　　标	2012年	2011年
取水总量	**243431300**	**243611200**
陆地地表水	164356100	170013700
地下水	6947700	6675500
自来水	26154100	25466000
海水	45754800	41435500
其他水	218600	20600
其中:雨水收集利用	6500	5700
再生水(中水)	16900	
重复用水量	772041700	765416800
河湖海冷却直排水量	28524000	28529500
废水排放量	28257400	39194300

表 4–25 续　　(2011 年)

指　　标	付费水(立方米)	金额(千元)
取水总量	**213401900**	**111745**
陆地地表水	135353000	33290
地下水	6865400	5180
自来水	26144200	72997
海水	44828800	185
其他水	210500	92
其中:雨水收集利用		
再生水(中水)	15500	23
重复用水量		
河湖海冷却直排水量		
废水排放量		

工业企业水消费分县区

表 4-27　　(2012年)　　单位:立方米

指标	全市	市区	赣榆县	东海县	灌云县	灌南县
取水总量	**243431300**	**213108900**	**7587500**	**6071100**	**993200**	**15670600**
陆地地表水	164356100	149348300	2719800	2415400	162100	9710500
地下水	6947700	518600	2270600	1632000	227600	2298900
自来水	26154100	17332500	2558500	2015700	603100	3644300
海水	45754800	45715300	38000	1500		
其他水	218600	194200	600	6500	400	16900
其中:雨水收集利用	6500			6500		
再生水(中水)	16900					16900
重复用水量	772041700	768424000	1319000	133400	2200	2163100
河湖海冷却直排水量	28524000	26950900	156300	4800		1412000
废水排放量	28257400	18896900	1773300	3543800	17100	4026300

全社会用电情况

表 4–28　　(2012 年)　　单位:万千瓦时

指　　标	全　市	市　区	赣榆县	东海县	灌云县	灌南县
A:全社会用电合计	**1159661**	**431228**	**265061**	**171737**	**97305**	**194330**
第一产业	36088	8991	12375	5137	2604	6981
第二产业	774478	261134	197332	109629	52997	153386
第三产业	145593	86176	16779	21572	11109	9957
B:城乡居民生活合计	203502	74927	38575	35399	30595	24006
其中:城镇	89706	54212	9097	9467	9303	7627
乡村	113796	20715	29478	25932	21292	16379
一、农、林、牧、渔业	36088	8991	12375	5137	2604	6981
二、工业	759101	253118	194766	107850	51998	151370
1. 轻工业用电	158719	56448	26803	34409	9009	32050
2. 重工业用电	600383	196670	167963	73441	42989	119320
三、建筑业合计	15376	8016	2566	1779	999	2016
四、交通运输、仓储邮政业	25638	18863	989	4498	741	547
五、信息传输、计算机服务和软件业	10247	4433	1942	1612	1327	933
六、商业、住宿和饮食业	45004	24652	5846	7077	3911	3518
七、金融、房地产、商务及居民服务业	22635	16176	2255	1720	1468	1016
八、公共事业及管理组织	42069	22052	5747	6665	3662	3943

5

重点服务业

全市重点服务业企业按类型分主要经济指标

表 5-1 单位:万元

指标	单位数(个)	固定资产原价			本年折旧		
		2012年	2011年	增长(%)	2012年	2011年	增长(%)
总 计	**368**	**3571892**	**3160469**	**13.0**	**221535**	**199712**	**10.9**
一、按登记注册类型分组							
内资企业	363	3463615	3055934	13.3	215063	193767	11.0
国有企业	52	1331628	1090621	22.1	51974	48072	8.1
集体企业	20	41984	37533	11.9	5847	5888	-0.7
股份合作企业	6	7648	6927	10.4	855	825	3.7
有限责任公司	55	412460	418812	-1.5	34012	32175	5.7
股份有限公司	15	1049184	911701	15.1	59008	55845	5.7
私营企业	172	350976	335256	4.7	19191	13192	45.5
港、澳、台商投资企业	4	87607	84899	3.2	3991	3819	4.5
外商投资企业	1	20670	19635	5.3	2482	2126	16.7
二、按企业控股情况分组							
国有控股	84	2878862	2505606	14.9	174000	162253	7.2
集体控股	31	57492	51434	11.8	7763	7003	10.9
私人控股	210	390114	373081	4.6	23623	16886	39.9
港澳台商控股	3	77821	76036	2.3	3253	3140	3.6
外商控股	2	110714	100737	9.9	8039	7101	13.2
三、按隶属关系分组							
中央	16	615356	536931	14.6	55727	50706	9.9
省	12	472947	407638	16.0	52516	48177	9.0
市	46	1714253	1488643	15.2	68913	66361	3.8
县、区	44	169387	160317	5.7	9864	8797	12.1
四、按是否是亏损企业							
亏损企业	92	640646	601767	6.5	56174	49260	14.0
不亏损企业	262	2903778	2533231	14.6	164063	149611	9.7

注:根据国家统计局统一部署,自 2012 年年报起,服务业统计开始执行国家"一套表"联网直报。重点服务业单位标准是年营业收入在 1000 万元及以上或平均人数在 50 人及以上,具体包括服务业 9 个行业门类和 2 个行业中类,即:交通运输、仓储和邮政业,信息传输、软件和信息技术服务业,租赁和商务服务业,科学研究和技术服务业,水利、环境和公共设施管理业,居民服务、修理和其他服务业,教育,卫生和社会工作,文化、体育和娱乐业;以及物业管理、房地产中介服务等行业。按此标准,2012 年连云港市符合国家重点服务业标准的企业达到 368 家。

表 5-1 续表 1

单位:万元

指　　标	单位数(个)	资产总计			所有者权益合计		
		2012年	2011年	增长(%)	2012年	2011年	增长(%)
总　计	**368**	**16087305**	**12620302**	**27.5**	**7294191**	**5862625**	**24.4**
一、按登记注册类型分组							
内资企业	363	15975301	12512229	27.7	7218193	5792299	24.6
国有企业	52	6562756	5199537	26.2	2923175	2304477	26.8
集体企业	20	74467	50141	48.5	13722	11440	19.9
股份合作企业	6	7243	6621	9.4	512	649	-21.1
有限责任公司	55	6309845	4717353	33.8	3337749	2616756	27.6
股份有限公司	15	1116607	881292	26.7	519045	474534	9.4
私营企业	172	1638275	1404523	16.6	299845	271443	10.5
港、澳、台商投资企业	4	90505	86094	5.1	63180	59358	6.4
外商投资企业	1	21499	21979	-2.2	12819	10969	16.9
二、按企业控股情况分组							
国有控股	84	13749831	10655236	29.0	6785883	5406276	25.5
集体控股	31	228733	169027	35.3	55237	40995	34.7
私人控股	210	1769504	1520949	16.3	348851	314711	10.8
港澳台商控股	3	70766	70923	-0.2	50549	46939	7.7
外商控股	2	67967	58589	16.0	-1884	-1323	42.4
三、按隶属关系分组							
中央	16	788416	554501	42.2	186061	168696	10.3
省	12	318679	296927	7.3	147137	136864	7.5
市	46	6778493	5165185	31.2	3045637	2309886	31.9
县、区	44	3677676	2670796	37.7	2238265	1719861	30.1
四、按是否是亏损企业							
亏损企业	92	2333206	1485416	57.1	1090603	624571	74.6
不亏损企业	262	12609956	10416544	21.1	5537147	4770700	16.1

表 5-1 续表 2

单位:万元

指　　标	单位数（个）	营业收入			营业成本		
		2012年	2011年	增长(%)	2012年	2011年	增长(%)
总　计	**368**	**3223831**	**3038594**	**6.1**	**2515304**	**2352300**	**6.9**
一、按登记注册类型分组							
内资企业	363	3088712	2916632	5.9	2407107	2252209	6.9
国有企业	52	1425126	1389133	2.6	1238077	1188397	4.2
集体企业	20	49948	46391	7.7	32109	32189	-0.3
股份合作企业	6	13172	11707	12.5	11148	9759	14.2
有限责任公司	55	461504	466293	-1.0	317463	328251	-3.3
股份有限公司	15	446203	407970	9.4	278295	248161	12.1
私营企业	172	539359	469395	14.9	420703	355724	18.3
港、澳、台商投资企业	4	104570	88189	18.6	82236	71260	15.4
外商投资企业	1	30549	33774	-9.5	25960	28832	-10.0
二、按企业控股情况分组							
国有控股	84	2358717	2272429	3.8	1873241	1792558	4.5
集体控股	31	85539	85895	-0.4	50436	48853	3.2
私人控股	210	610437	542917	12.4	471880	413563	14.1
港澳台商控股	3	53420	46568	14.7	37375	33949	10.1
外商控股	2	35551	31335	13.5	27996	25271	10.8
三、按隶属关系分组							
中央	16	402564	353095	14.0	346455	305083	13.6
省	12	263576	242857	8.5	138679	124525	11.4
市	46	1428860	1373039	4.1	1177103	1110692	6.0
县、区	44	164613	135454	21.5	104117	90359	15.2
四、按是否是亏损企业							
亏损企业	92	469816	453121	3.7	411460	396220	3.8
不亏损企业	262	2726277	2561279	6.4	2079409	1934869	7.5

表 5-1 续表 3

单位:万元

指　　标	单位数(个)	营业税金及附加			营业利润			利润总额		
		2012年	2011年	增长(%)	2012年	2011年	增长(%)	2012年	2011年	增长(%)
总　计	**368**	**70450**	**71638**	**-1.7**	**196693**	**176121**	**11.7**	**280613**	**243587**	**15.2**
一、按登记注册类型分组										
内资企业	363	68949	69908	-1.4	179681	163690	9.8	263670	230738	14.3
国有企业	52	24641	29152	-15.5	30490	34601	-11.9	88271	71380	23.7
集体企业	20	1672	1483	12.7	-172	-759	-77.4	393	-300	-230.9
股份合作企业	6	59	67	-12.0	8	12	-36.7	5	6	-14.8
有限责任公司	55	16894	14140	19.5	24653	22547	9.3	42432	44132	-3.9
股份有限公司	15	12244	12536	-2.3	74004	70984	4.3	79481	75845	4.8
私营企业	172	9874	9135	8.1	32806	26115	25.6	34344	28808	19.2
港、澳、台商投资企业	4	1500	1730	-13.3	14609	9446	54.7	14477	9804	47.7
外商投资企业	1				2403	2985	-19.5	2466	3045	-19.0
二、按企业控股情况分组										
国有控股	84	51384	53345	-3.7	131674	123600	6.5	211195	185681	13.7
集体控股	31	2994	3203	-6.5	7812	14643	-46.6	10588	16125	-34.3
私人控股	210	11463	10740	6.7	38401	27839	37.9	39778	31504	26.3
港澳台商控股	3	1241	1495	-17.0	11054	7373	49.9	10963	7499	46.2
外商控股	2	1191	1047	13.7	-921	-1501	-38.7	-700	-1416	-50.6
三、按隶属关系分组										
中央	16	6378	6151	3.7	27545	24836	10.9	37123	31453	18.0
省	12	6406	5914	8.3	47489	43629	8.8	47733	44000	8.5
市	46	33846	38304	-11.6	43245	36057	19.9	75563	61618	22.6
县、区	44	5795	4022	44.1	18309	13117	39.6	24899	19421	28.2
四、按是否是亏损企业										
亏损企业	92	9122	9764	-6.6	-51222	-38604	32.7	-8826	-12811	-31.1
不亏损企业	262	60748	61228	-0.8	24791	214725	15.5	289677	256398	13.0

表 5-1 续表 4

单位:万元

指　　标	单位数(个)	应付职工薪酬(本年贷方累计发生额)			从业人员期末人数(人)	从业人员平均人数(人)
		2012年	2011年	增长(%)		
总　计	**368**	**378811**	**339462**	**11.6**	**63268**	**62672**
一、按登记注册类型分组						
内资企业	363	374152	335339	11.6	62636	62064
国有企业	52	150275	140518	6.9	18754	17864
集体企业	20	13755	11500	19.6	3038	2998
股份合作企业	6	1939	1659	16.9	610	600
有限责任公司	55	75165	67563	11.3	13315	14135
股份有限公司	15	61938	53880	15.0	8365	8377
私营企业	172	50705	42339	19.8	14272	14002
港、澳、台商投资企业	4	4255	3767	12.9	582	559
外商投资企业	1	405	356	13.8	50	49
二、按企业控股情况分组						
国有控股	84	275680	250868	9.9	36393	36299
集体控股	31	21696	19066	13.8	4434	4396
私人控股	210	58889	49053	20.1	17195	16852
港澳台商控股	3	3387	3051	11.0	432	426
外商控股	2	7542	6525	15.6	1230	1228
三、按隶属关系分组						
中央	16	35560	32810	8.4	3975	3949
省	12	21612	17427	24.0	5043	4133
市	46	218666	201507	8.5	26028	26851
县、区	44	18420	15673	17.5	5975	5839
四、按是否是亏损企业						
亏损企业	92	61571	51122	20.4	16131	14895
不亏损企业	262	307367	279948	9.8	44371	45087

全市重点服务业企业按门类分主要经济指标

表 5-2　　　　单位:万元

指标	门类代码	单位数(个)	固定资产原价			本年折旧		
			2012年	2011年	增长(%)	2012年	2011年	增长(%)
总计		**368**	**3571892**	**3160469**	**13.0**	**221535**	**199712**	**10.9**
交通运输、仓储和邮政业	G	169	1999963	1833784	9.1	109958	100020	9.9
信息传输、软件和信息技术服务业	I	14	907298	762820	18.9	67950	61757	10.0
房地产业	K	26	2248	2065	8.9	289	224	29.2
租赁和商务服务业	L	54	546135	453559	20.4	35107	30515	15.0
科学研究和技术服务业	M	39	21754	20379	6.8	2603	2316	12.4
水利、环境和公共设施管理业	N	5	13887	14203	-2.2	955	954	0.1
居民服务、修理和其他服务业	O	7	3420	1738	96.8	494	260	90.2
教育	P	35	34872	32707	6.6	2332	2037	14.5
卫生和社会工作	Q	13	18597	16209	14.7	1505	1310	14.9
文化、体育和娱乐业	R	6	23717	23006	3.1	343	321	7.1

表 5-2 续表 1　　　　单位:万元

指　　标	门类代码	单位数(个)	资产总计			所有者权益合计		
			2012年	2011年	增长(%)	2012年	2011年	增长(%)
总　　计		**368**	**16087305**	**12620302**	**27.5**	**7294191**	**5862625**	**24.4**
交通运输、仓储和邮政业	G	169	4901929	3866228	26.8	2048810	1648248	24.3
信息传输、软件和信息技术服务业	I	14	545120	441423	23.5	163224	143150	14.0
房地产业	K	26	31713	27975	13.4	6815	6320	7.8
租赁和商务服务业	L	54	9202977	7323383	25.7	4263951	3469600	22.9
科学研究和技术服务业	M	39	1243706	807634	54.0	739197	529371	39.6
水利、环境和公共设施管理业	N	5	26514	21890	21.1	12302	9887	24.4
居民服务、修理和其他服务业	O	7	7290	6047	20.6	4215	4376	-3.7
教育	P	35	49798	46054	8.1	25839	22973	12.5
卫生和社会工作	Q	13	34455	33451	3.0	11724	11169	5.0
文化、体育和娱乐业	R	6	43803	46217	-5.2	18115	17532	3.3

表 5-2 续表 2

单位:万元

指标	门类代码	单位数(个)	营业收入			营业成本		
			2012年	2011年	增长(%)	2012年	2011年	增长(%)
总计		**368**	**3223831**	**3038594**	**6.1**	**2515304**	**2352300**	**6.9**
交通运输、仓储和邮政业	G	169	1872072	1777679	5.3	1584940	1470937	7.8
信息传输、软件和信息技术服务业	I	14	332390	296916	11.9	195585	169648	15.3
房地产业	K	26	28510	20565	38.6	20764	14024	48.1
租赁和商务服务业	L	54	766001	741809	3.3	558764	566160	-1.3
科学研究和技术服务业	M	39	109494	99456	10.1	72240	58673	23.1
水利、环境和公共设施管理业	N	5	10787	9222	17.0	6199	5653	9.7
居民服务、修理和其他服务业	O	7	25980	22160	17.2	23595	19822	19.0
教育	P	35	29801	27400	8.8	17190	15259	12.7
卫生和社会工作	Q	13	28853	22451	28.5	20740	16055	29.2
文化、体育和娱乐业	R	6	19945	20936	-4.7	15288	16070	-4.9

表 5-2 续表 3

单位:万元

指标	门类代码	单位数(个)	营业税金及附加			营业利润			利润总额		
			2012年	2011年	增长(%)	2012年	2011年	增长(%)	2012年	2011年	增长(%)
总计		**368**	**70450**	**71638**	**-1.7**	**196693**	**176121**	**11.7**	**280613**	**243587**	**15.2**
交通运输、仓储和邮政业	G	169	31452	39498	-20.4	59349	57572	3.1	85546	69469	23.1
信息传输、软件和信息技术服务业	I	14	9611	8757	9.7	56282	52309	7.6	58786	57200	2.8
房地产业	K	26	1133	924	22.7	110	-138	-180.2	189	-32	-683.6
租赁和商务服务业	L	54	22811	16770	36.0	64513	49336	30.8	119214	98632	20.9
科学研究和技术服务业	M	39	2851	3188	-10.6	14278	17998	-20.7	14652	18182	-19.4
水利、环境和公共设施管理业	N	5	441	355	24.2	647	-629	-203.0	688	157	339.3
居民服务、修理和其他服务业	O	7	680	588	15.6	58	61	-5.0	11	54	-80.4
教育	P	35	499	393	27.1	624	62	903.5	831	409	103.5
卫生和社会工作	Q	13	68	63	7.9	772	-565	-236.7	655	-566	-215.8
文化、体育和娱乐业	R	6	904	1102	-18.0	60	113	-47.4	40	83	-51.5

表 5-2 续表 4

单位：万元

指　　标	门类代码	单位数（个）	应付职工薪酬(本年贷方累计发生额) 2012年	2011年	增长(%)	从业人员期末人数(人)	从业人员平均人数(人)
总　　计		**368**	**378811**	**339462**	**11.6**	**63268**	**62672**
交通运输、仓储和邮政业	G	169	233883	210363	11.2	30089	29178
信息传输、软件和信息技术服务业	I	14	19156	17651	8.5	4338	4216
房地产业	K	26	8040	6623	21.4	3617	3493
租赁和商务服务业	L	54	56687	50516	12.2	12270	13071
科学研究和技术服务业	M	39	22217	19773	12.4	3290	3266
水利、环境和公共设施管理业	N	5	2322	2163	7.4	646	630
居民服务、修理和其他服务业	O	7	12341	11357	8.7	1924	1918
教育	P	35	13508	11558	16.9	4400	4284
卫生和社会工作	Q	13	5672	4400	28.9	1802	1743
文化、体育和娱乐业	R	6	4985	5060	-1.5	892	873

全市重点服务业企业按区县分主要经济指标

表 5-3　　　　单位：万元

指　　标	单位数(个)	固定资产原价			本年折旧		
		2012年	2011年	增长(%)	2012年	2011年	增长(%)
总　　计	**368**	**3571892**	**3160469**	**13.0**	**221535**	**199712**	**10.9**
市　区	212	3256220	2874277	13.3	202456	184018	10.0
新浦区	68	1300195	1026048	26.7	99406	91678	8.4
海州区	20	31962	32960	-3.0	4316	3236	33.4
连云区	54	1576548	1474239	6.9	80848	75781	6.7
开发区	70	347515	341031	1.9	17886	13323	34.3
赣榆县	43	84419	75167	12.3	6016	4953	21.4
东海县	47	68978	65781	4.9	7927	6429	23.3
灌云县	42	102241	97251	5.1	3554	3270	8.7
灌南县	24	60035	47992	25.1	1583	1041	52.0

表 5-3 续表 1

单位:万元

指　　标	单位数(个)	资产总计			所有者权益合计		
		2012年	2011年	增长(%)	2012年	2011年	增长(%)
总　　计	**368**	**16087305**	**12620302**	**27.5**	**7294191**	**5862625**	**24.4**
市　区	212	11984233	9762186	22.8	5240356	4407777	18.9
新浦区	68	3063404	2241433	36.7	1307668	927099	41.0
海州区	20	145273	140243	3.6	21202	16911	25.4
连云区	54	5831266	4893412	19.2	2694448	2346569	14.8
开发区	70	2944290	2487099	18.4	1217038	1117198	8.9
赣榆县	43	2170911	1632564	33.0	667446	616040	8.3
东海县	47	313366	233260	34.3	78211	72389	8.0
灌云县	42	633063	515409	22.8	480398	380985	26.1
灌南县	24	985732	476883	106.7	827781	385435	114.8

表 5-3 续表 2

单位:万元

指　　标	单位数(个)	营业收入			营业成本		
		2012年	2011年	增长(%)	2012年	2011年	增长(%)
总　　计	**368**	**3223831**	**3038594**	**6.1**	**2515304**	**2352300**	**6.9**
市　区	212	2773023	2668079	3.9	2212953	2110400	4.9
新浦区	68	791596	735402	7.6	550957	522598	5.4
海州区	20	72277	60210	20.0	59813	49360	21.2
连云区	54	1386472	1304603	6.3	1155744	1053134	9.7
开发区	70	522678	567865	-8.0	446439	485308	-8.0
赣榆县	43	166194	129047	28.8	95901	70068	36.9
东海县	47	81011	63628	27.3	62726	41421	51.4
灌云县	42	169633	149635	13.4	125593	116051	8.2
灌南县	24	33969	28204	20.4	18131	14360	26.3

表 5-3 续表 3

单位:万元

指标	单位数(个)	营业税金及附加			营业利润			利润总额		
		2012年	2011年	增长(%)	2012年	2011年	增长(%)	2012年	2011年	增长(%)
总计	**368**	**70450**	**71638**	**-1.7**	**196693**	**176121**	**11.7**	**280613**	243587	**15.2**
市区	212	58094	62503	-7.1	139279	133795	4.1	207428	190236	9.0
新浦区	68	21921	20081	9.2	59151	58618	0.9	81126	74532	8.8
海州区	20	1968	1681	17.1	-1115	-2626	-57.5	964	380	153.9
连云区	54	27315	33020	-17.3	77971	59630	30.8	83022	68774	20.7
开发区	70	6891	7722	-10.8	3271	18174	-82.0	42316	46551	-9.1
赣榆县	43	4385	2969	47.7	35701	28857	23.7	37069	29882	24.1
东海县	47	2394	1872	27.9	3641	-253	-1540.4	12407	4830	156.9
灌云县	42	5065	3708	36.6	17962	12438	44.4	18036	12095	49.1
灌南县	24	512	585	-12.5	111	1283	-91.4	5672	6545	-13.3

表5-3 续表4

单位:万元

指 标	单位数(个)	应付职工薪酬(本年贷方累计发生额)			从业人员期末人数(人)	从业人员平均人数(人)
		2012年	2011年	增长(%)		
总 计	368	378811	339462	11.6	63268	62672
市 区	212	313194	283997	10.3	44995	44759
新浦区	68	96104	84893	13.2	20904	19792
海州区	20	4102	3679	11.5	1761	1767
连云区	54	190487	176149	8.1	19136	20068
开发区	70	22502	19276	16.7	3194	3132
赣榆县	43	28445	24912	14.2	6094	5988
东海县	47	21062	17398	21.1	4920	4813
灌云县	42	7320	5728	27.8	4038	3950
灌南县	24	8791	7427	18.4	3221	3162

6

交通运输、邮电

全市交通运输基本情况

表 6-1

	单 位	2005	2006	2007	2008	2009	2010	2011	2012
一、铁 路									
铁路营业里程	公里	84	84	84	84	84	84	84	84
港口铁路专用线	米	107498	109998	117716	68964	68964	68964	68964	68964
火车站点个数	个					12	12	12	12
# 客运站	个					3	3	3	3
货运站	个					9	9	9	9
二、公 路									
1、全社会公路总里程	公里	4835	9356	9981	10920	10832	11223	11313	11507
# 等级公路	公里	4491	8668	9661	10603	10636	11049	11221	11415
# 高速公路	公里	239	282	282	282	286	336	349	349
一级公路	公里	56	173	173	191	201	246	285	335
# 国 道	公里	493	493	493	563	563	612	612	612
省 道	公里	310	354	354	284	284	281	294	330
2、公路密度									
以国土面积计算	公里/百平方公里					144.43	149.64	150.83	153.42
以人口数量计算	公里					22.08	22.87	22.73	23.12
3、公路桥梁	座	412	413	628	706	2492	2726	2740	2832
	米	19881	20103	31060	43273	147059	178763	184556	193044
三、港 口									
1、生产用码头个数	个	98	128	158	161	180	180	180	180
码头长度	米	7897	8580	12051	16261	15777	16437	16077	16437
内河码头泊位	个	66	96	121	121	121	121	121	121
沿海码头泊位	个	32	32	37	40	59	59	59	62
# 万吨级	个	27	29	34	39	40	40	40	41
2、沿海港口吞吐能力	万吨	3577	4115	4560	6045	8527	9213	9123	9857
3、港口国际旅客航线	条	2	2	2	2	2	2	2	2
四、内 河									
内河航道总里程	公里	1138.48	1138.48	1138.48	1106.46	1106.46	1114.11	1114.11	1113.68
# 等级航道	公里	441.97	503.96	503.96	441.97	446.19	504.21	504.21	501.85
通机动船里程	公里	921.77	921.77	921.77	921.77	921.77	928.63	928.63	929.42
五、民 航									
民航机场	个	1	1	1	1	1	1	1	1
航线	条	7	3	9	11	12	15	16	18
起降架次	次	1835	2177	2677	3216	3747	5540	5408	6229

全社会公路总里程

表 6–2　　(2012 年)　　单位:公里

	全 市	市 区	赣榆县	东海县	灌云县	灌南县
全社会公路总里程	**11506**	**1426**	**2759**	**2884**	**2533**	**1904**
一、按公路等级分						
1、等级公路	11415	1366	2759	2884	2533	1874
# 高速公路	349	122	91	43	67	26
一级公路	335	83	65	114	15	58
二级公路	1930	300	450	425	435	320
三级公路	666	56	157	283	117	53
四级公路	8135	805	1996	2019	1899	1417
2、等外公路	92	61				31
二、按行政等级分						
国　道	612	157	186	111	122	36
省　道	330	26	34	108	72	90
县　道	2002	249	503	465	435	350
乡　道	3602	376	761	982	968	515
村　道	4960	618	1275	1218	936	913
专用公路						
三、按路面技术状况分						
1、有铺装路面(高级)	9769	1207	2315	2361	2012	1874
# 沥青路	1449	296	253	324	226	350
水泥路	8320	911	2062	2037	1786	1524
2、简易铺装路面(次高级)	53	53				
3、未铺装路面	1684	166	444	523	521	30
4、晴雨通车里程	6193	310	128	2841	2466	448
绿化里程	5645	310	128	2298	2464	445
养护里程	6193	310	128	2841	2466	448
四、桥梁情况						
数量(座)	2832	385	909	564	426	548
延长(米)	193044	54039	48876	27511	39275	23343
五、乡镇通公路情况						
1、乡镇数(个)	83	12	18	21	18	14
通公路比重(%)	100	100	100	100	100	100
2、村委会数(个)	1467	153	444	347	312	211
通公路比重(%)	100	100	100	100	100	100

注:公路总里程含等外公路

交通运输行业营业户数及从业人员

表 6-3

	营业户数(户)		从业人员(人)	
	2011年	2012年	2011年	2012年
一、道路运输部门				
道路货物运输	18121	22556	86000	88000
# 汽车运输	17611	22556		
道路旅客运输	14	18	3452	3576
道路运输服务	150	150	2850	2956
汽车维修	1081	1174	3635	4361
二、水路运输部门				
内河:货物运输	21	20	2498	2337
沿海:货物运输	18	18	1085	1007
旅客运输	2	2	42	42
三、港口生产单位				
内河港口	6	6	118	118

全市港口码头总体情况

表 6-4

(2012 年)

	码头个数(个)	泊位个数(个)	泊位长度(米)	泊位年通过能力(万吨)
一、生产性码头	**152**	**183**	**17155**	**10906**
1、内河码头	102	121	5289	1049
# 1000 吨级及以上	1	6	330	138
500 吨级	1	15	750	250
300 吨级	32	32	1430	523
300 吨级以下	68	68	2779	138
2、沿海码头	50	62	11866	9857
# 万吨级以上	33	41	9947	8545
二、非生产性码头	4	4	741	
沿海码头	4	4	741	

连云港港码头泊位及库场情况

表 6–5

	单　位	1990	1995	2000	2005	2010	2011	2012
一、港口码头								
1、码头泊位	个	24	30	34	37	61	61	62
2、生产用码头								
总延长	米	3858	4824	5803	6421	11553	11553	11827
泊位数	个	18	25	30	32	59	59	56
# 万吨级以上	个	13	20	25	27	40	40	43
年吞吐能力		1645	2025	2265	3577	9213	9213	9587
3、非生产用码头								
总延长	米	650	449	449	470	297	297	741
泊位数	个	5	4	4	5	2	2	4
二、铁路专用线								
总延长	米	59254	70514	90554	107498	68964	68964	65090
# 装卸线	米	10379	11335	14093	16445	28728	28728	28729
三、仓库堆场								
1、生产用库场								
总面积	平方米	431339	578144	812966	242454	3713273	3713273	
容　量	吨	967970	1197399	1807084	9717052	14954444	14954444	
(1)仓　库:总面积	平方米	45992	61844	90619	100843	169371	169371	195491
容　量	吨	31793	40355	72319	231623	411967	411967	214821
(2)圆筒仓:总容积	立方米		102900	102900	144621	144621	144621	144621
容　量	吨		70600	70600	104575	104575	104575	
(5)堆　场:总面积	平方米	385100	516300	722347	2323698	3543902	3543902	4696902
容　量	吨	936200	1186444	1664165	9380854	14437902	14437902	163679034
#煤　场:总面积	平方米	193801	201161	265143	363000	495540	495540	95540
容　量	吨	685488	722288	945243	2200000	1660000	1660000	1660000
集装箱堆场:总面积	平方米		61042	61042	406957	398013	398013	1909834
堆存能力	标准箱		6782	6782	57447	159605	159605	260605
2、非生产用库场总面积	平方米	19478	172192	173890	13151	40487	40487	41087
机械库场	平方米					6353	6353	
材料库场	平方米					550	550	
3、出租、外借的仓库堆场	平方米					5760	5760	

连云港港设施及装备情况

表 6–6

	单 位	2006	2007	2008	2009	2010	2011	2012
一、港务船舶								
1、工作船:艘 数	艘	17	17	17	19	19	19	21
总吨位	吨	6910	5150	7105	7175	7175	7175	8167
载客量	座	15	15	15	35	35	35	35
功 率	千瓦	30769	33413	33622	35534	35534	35534	45094
# 拖轮:艘 数	艘	14	15	15	15	15	15	17
总吨位	吨	4396	4859	4859	4859	4859	4859	5851
功 率	千瓦	28519	32343	32423	32343	32343	32343	41903
交通船:艘 数	艘	1	1	1	3	3	3	
总吨位	吨	23	23	23	93	93	93	
载客量	座	15	15	15	35	35	35	
功 率	千瓦	99	99	99	2011	2011	2011	
2、工程技术船:艘 数	艘	5	7	8	6	6	6	6
总吨位	吨	2414	9637	2414	7318	7318	7318	7318
功 率	千瓦	12790	12915	2635	7635	7635	7635	7635
二、机车车辆								
机车合计:台 数	台	6	7	7	7	7	7	10
功 率	千瓦	11400	14360	11805	11805	11805	11805	19330
三、装械机械								
1、生产用装卸机械:台(组)数	台	968	1046	1061	1415	935	935	1355
长 度	米	18282	18489	18489	12830	9867	9867	
(1)起重机械类	台	193	214	221	246	188	188	236
# 固定式起重机	台				38	14	14	
轮胎起重机	台	112	119	125	103	94	94	116
门座起重机	台	63	77	77	71	67	67	85
(2)输送机械类:台(组)数	台	97	99	99	84	47	47	116
长 度	米	18282	18489	18489	12830	9867	9867	26621
(3)装卸搬运机械类	台	550	597	597	881	557	557	753
(4)专用机械类	台	128	136	144	204	143	143	238
2、非生产用装卸机械合计	台		258	258	264	257	257	292

全市内河航运航道情况

表 6-7　　(2012年)　　单位:公里

	全 市	市 区	赣榆县	东海县	灌云县	灌南县
内河航道总里程	**1113.68**	**226.41**	**152.45**	**118.07**	**440.08**	**176.67**
一、基本情况						
通机动船里程	929.42	226.41	127.38	57.97	340.99	176.67
水深1米以上里程	1103.78	226.41	152.45	118.07	430.18	176.67
通航闸数(个)	76	8	2	5	56	5
#套　闸	10	2			7	1
航道养护船舶(个)	12	3			3	2
跨河桥梁(个)	251	67	50	43	65	25
#碍　航	154	41	34	25	41	13
不通航乡镇数(个)	45	1	12	17	6	9
二、按航道水深划分						
2.5m以上	359.36	51.60		23.40	161.05	123.31
2.4—2.2m	59.56	10.60		30.30	7.70	10.96
2.1—1.5m	535.14	113.39	152.45	54.67	172.23	42.40
1.4—1.0m	149.72	50.82		9.70	89.20	
1.0m以下	9.90				9.90	
三、按航道等级划分						
1、等级航道	1113.68	226.41	152.45	118.07	440.08	176.67
一级航道						
二级航道						
三级航道	117.87	30.10		2.40	57.96	27.41
四级航道	93.45			16.50	21.94	55.01
五级航道	90.95	21.50		3.50	58.55	7.40
六级航道	64.24	14.31			6.00	43.93
七级航道	135.34	46.88	19.99	11.50	56.97	
2、等外航道	611.83	113.62	132.46	84.17	238.66	42.92

内河港口设施及装备情况

表 6-8

	单位	2008	2010	2011	2012
一、生产用装卸机械	台	**156**	**166**	**166**	**166**
300 吨级及以上码头泊位前沿装卸机械	台	36	46	46	46
起重机械	台	33	43	43	43
普通门座起重机	台	1	1	1	1
固定式起重机	台	28	38	38	38
轮胎起重机	台	3	3	3	3
汽车起重机	台	1	1	1	1
输送机械	台	3	3	3	3
带式(皮带)输送机	台	1	1	1	1
斗式提升机	台	1	1	1	1
埋刮板机	台	1	1	1	1
专用机械	台				
300 吨级以下码头泊位前沿装卸机械	台	76	76	76	76
库场机械	台	36	36	36	36
水平运输	台	8	8	8	8
二、生产用仓库面积	平方米	**2415**	**2415**	**2415**	**2415**
生产用仓库容积	立方米	5430	5430	5430	5430
堆场面积	平方米	51700	59700	59700	59700
煤场面积	平方米	1000	1000	1000	1000
矿石堆场面积	平方米	2600	2600	2600	2600
其他堆场面积	平方米	48100	48100	48100	48100
堆场容量吨数	吨	55300	55300	55300	55300
煤场容量吨数	吨	1000	1000	1000	1000
矿石堆场容量吨数	吨	5500	5500	5500	5500

注:2009 年与 2010 年数据相同。

水路运输船舶拥有量

表 6-9 (2012 年)

	单位	2012	内 河	沿 海	2011
一、机动船					
艘数	艘	1378	1124	254	1188
总吨	吨位	260986		260986	208183
总载重量	吨位	607877	280262	327615	577366
载客量	客位	728		428	740
标准箱位	标箱				463
功率	千瓦	303240	138793	164447	216950
1、客　船					
艘数	艘	6		6	6
总吨	吨位	560		560	560
总载重量	吨位	278		278	278
载客量	客位	728		428	440
功率	千瓦	2497		2497	1527
2、客货船(远洋)					
艘数	艘	1			1
总吨	吨位	16071			16071
总载重量	吨位	6526			6526
载客量	客位	300			300
标准箱位	标箱	293			293
功率	千瓦	6320			6320
3、货　船					
艘数	艘	1338	1109	229	1154
总吨	吨位	253070		253070	186707
总载重量	吨位	607599	280262	327337	570510
标准箱位	标箱				170
功率	千瓦	249043	137004	112039	174849
4、拖　船					
艘数	艘	34	15	19	27
总吨	吨位	7356		7356	4845
功率	千瓦	51700	1789	49911	34254
二、驳 船					
艘数	艘	277	275	2	476
净载重量	吨位	114375	91575	22800	156997

主要年份全社会客货运输量

表 6-10

年　份	全社会客运量(万人)	公路客运量	全社会货运量(万吨)	公路货运量	铁路客运发送量(万人)	铁路货运发送量(万吨)
1978	1150	1013	477	133	137	301
1980	1728	1602	633	240	126	342
1981	1891	1762	645	214	129	374
1982	2190	2049	682	211	141	414
1983	3054	2895	1395	772	159	463
1984	3143	2965	1532	792	178	493
1985	3180	3018	2452	1659	161	529
1986	3331	3173	2666	1769	157	532
1987	3672	3501	2713	1860	170	595
1988	3550	3370	3026	2263	179	562
1989	3350	3182	3027	2173	167	589
1990	3044	2905	2701	2091	137	457
1991	3350	3198	1507	1010	149	372
1992	4442	4260	3142	2331	179	493
1993	3760	3552	3146	2374	206	388
1994	3964	3751	3175	2246	207	445
1995	3610	3382	4947	3973	218	501
1996	4458	4265	3741	2719	182	516
1997	3153	2952	2654	1780	192	551
1998	4506	4303	3360	2582	195	542
1999	4817	4618	4265	3380	195	539
2000	5034	4820	3629	2739	209	626
2001	5138	4936	4094	2913	198	923
2002	5297	5104	4318	2962	189	1101
2003	5429	5245	4452	3062	179	1155
2004	6137	5912	4837	3328	217	1247
2005	6831	6551	5628	3843	266	1485
2006	7936	7759	6464	4566	155	1588
2007	9006	8768	7193	5229	175	1516
2008	14935	14681	10967	8514	223	1936
2009	12322	12040	11242	7670	241	3022
2010	13481	13158	13937	9651	267	3405
2011	14428	14419	12901	11279	267	4094
2012	15948	15923	14832	13107	250	4298

注:全社会客运量及货运量均包含公路、铁路、水运及民航数据,历史数据按此口径有所调整。

全社会客货运输（吞吐）量

表 6-11

(2012 年)

指　　标	单　位	合　计	公　路	水　路	铁　路	民　航	港　口
地方交通客运量	万人	15948	15923	25.00			
旅客周转量	万人公里	648601	642864	5737			
地方交通货运量	万吨	14832	13107	1725			
货物周转量	万吨公里	2101527	889298	1212229			
境内铁路客运发送量	万人	250.20			250.20		
境内铁路货运总量	万吨	5692.13			5692.13		
# 发送量	万吨	4297.83			4297.83		
旅客吞吐量	人	635810				513890	121920
# 离港量	人	335578				273944	61634
货物吞吐量	万吨	18527.89				0.36	18527.53
集装箱吞吐量	万标箱	502.01					502.01

表 6-11 续

(2011 年)

指　　标	单　位	合　计	公　路	水　路	铁　路	民　航	港　口
地方交通客运量	万人	14428	14419	9.00			
旅客周转量	万人公里	591495	581227	10268			
地方交通货运量	万吨	12901	11279	1622			
货物周转量	万吨公里	1913931	778531	1135400			
境内铁路客运发送量	万人	267.43			267.43		
境内铁路货运总量	万吨	5720.72			5720.72		
# 发送量	万吨	4093.86			4093.86		
旅客吞吐量	人	644806				503213	141593
# 离港量	人	327148				254819	72329
货物吞吐量	万吨	16628.36				0.34	16628.02
集装箱吞吐量	万标箱	485.19					485.19

连云港境内铁路客运发送量

表 6-12　　单位:万人

	2007	2008	2009	2010	2011	2012
客运发送量	**174.51**	**223.03**	**241.01**	**266.91**	**267.43**	**250.20**
连云港东				42.96	46.82	45.38
连云港				152.96	154.56	146.38
东海县				70.99	66.05	58.44

连云港境内铁路货运量

表 6-13　　单位:万吨

	2010年		2011年		2012年	
	发送量	到达量	发送量	到达量	发送量	到达量
合　　计	**3404.72**	**1509.55**	**4113.13**	**1511.88**	**4297.83**	**1394.31**
连云港口		106.25		124.18	272.45	124.89
连　云	596.63	51.51	675.36	66.86	718.72	23.68
墟沟北			236.01		2807.96	583.45
墟　沟	195.71	8.62	248.52	11.52	232.19	24.87
连云港东	2538.51	995.63	2877.53	1013.03	181.49	307.52
盐　坨	9.68	45.82	11.70	28.12	11.45	16.70
新浦东	7.64	50.91	14.53	36.89	18.09	40.58
连云港	0.53	162.93	0.06	140.49	0.08	174.53
白塔埠	0.48	5.37		7.73	0.10	12.72
东海县	19.95	36.90	23.01	38.87	26.36	28.14
阿湖镇	35.60	45.61	26.42	44.19	28.96	57.24

注:阿湖镇站位于东海县洪庄镇境内。

主要年份连云港港口吞吐量

表 6–14

年份	港口货物吞吐量（万吨）	#进口	出口	#外贸	内贸	港口集装箱吞吐量（万标箱）	大陆桥集装箱运量（标准箱）
1978	594	196	398	199	395		
1980	739	225	514	293	446		
1981	756	259	497	332	424		
1982	806	278	528	355	451		
1983	858	315	543	399	459		
1984	900	349	551	449	451		
1985	929	367	562	523	406		
1986	948	345	603	536	412		
1987	894	338	556	541	353		
1988	1114	377	737	690	424		
1989	1126	378	748	643	483		
1990	1137	294	843	624	513	0.86	
1991	1213	260	953	699	514	1.44	
1992	1359	336	1023	717	642	1.55	50
1993	1417	268	1149	672	745	2.33	
1994	1589	342	1247	845	744	5.03	61
1995	1716	466	1250	1065	651	6.55	257
1996	1583	404	1179	998	586	8.96	12118
1997	1652	424	1228	1034	618	11.31	30016
1998	1776	433	1343	1014	762	9.16	12194
1999	2017	533	1484	998	1019	11.05	10514
2000	2708	771	1937	1454	1255	12.00	4893
2001	3058	1078	1980	1877	1181	15.75	7526
2002	3316	1307	2009	2002	1314	20.51	4175
2003	3752	1574	2178	2409	1343	30.11	5350
2004	4352	2219	2133	2760	1592	50.23	8329
2005	6016	3132	2884	3893	2123	100.00	9514
2006	7232	3627	3605	4480	2752	130.23	49892
2007	8507	4206	4301	4983	3524	200.31	59366
2008	10061	5256	4805	5509	4552	300.05	63946
2009	11378	7312	4066	6606	4772	303.18	58390
2010	13506	8759	4747	7804	5702	387.10	85366
2011	16628	10669	5959	9158	7470	485.19	106403
2012	18528	11702	6826	9661	8847	502.01	78149

连云港港口货物吞吐量

表 6-15　(2012 年)　单位:万吨

	合计			进港		出港	
		外贸	内贸		外贸		外贸
港口货物吞吐量	**18527.53**	**9680.34**	**8847.19**	**11701.62**	**7931.39**	**6825.90**	**1748.94**
较 2011 年增减%	11.4	5.7	18.4	9.7	5.9	14.5	5.0
按物类分:							
1. 煤炭及制品	2766.55	792.61	1973.94	1395.98	773.47	1370.57	19.14
2. 石油、天然气及制品	166.83	11.43	155.40	111.66	8.36	55.17	3.08
3. 金属矿石	7363.27	5273.80	2089.47	5904.98	5268.89	1458.29	4.90
4. 钢铁	633.54	198.71	434.83	167.14	40.03	466.41	158.68
5. 矿物性建筑材料	405.20		405.20	364.34		40.86	
6. 水泥	101.50	49.21	52.29	56.66	4.38	44.84	44.83
7. 木材	330.52	329.76	0.76	75.50	74.74	255.02	255.02
8. 非金属矿石	174.00	173.38	0.62	157.25	157.25	16.75	16.14
9. 化肥及农药	72.25	72.19	0.06	29.60	29.60	42.65	42.59
10. 盐	61.46	2.33	59.13	29.16	0.19	32.30	2.14
11. 粮食	428.41	418.54	9.87	423.10	418.42	5.30	0.12
12. 机械、设备、电器	291.63	280.84	10.78	11.57	1.20	280.06	279.64
13. 化工原料及制品	162.34	93.01	69.33	100.61	62.78	61.72	30.23
14. 有色金属	312.46	291.09	21.37	285.26	285.26	27.19	5.83
15. 轻工、医药产品	32.31	23.99	8.32	28.93	23.99	3.38	
16. 农林牧渔业产品	86.22	55.74	30.48	70.58	51.12	15.64	4.62
17. 其他	5139.05	1613.70	3525.35	2489.30	731.70	2649.75	882.00

连云港港口货物集运情况

表 6-16　　(2012 年)　　单位:万吨

	合 计	铁 路	公 路	水 运	内 贸	外 贸
港口集运货物总计	**12906.24**	**999.80**	**2014.96**	**9891.48**	**2314.63**	**7576.85**
较 2011 年增减%						
1. 煤炭及制品	2187.76	742.61	196.68	1248.47	492.57	755.90
2. 石油、天然气及制品	2.94		0.25	2.69		2.69
3. 金属矿石	5343.54	101.68	124.54	5117.32	37.67	5079.65
4. 钢铁	160.80	17.73	114.65	28.43	9.06	19.36
5. 矿物性建筑材料						
6. 水泥	45.75		41.14	4.61		4.61
7. 木材	284.66		192.75	91.92	0.77	91.15
8. 非金属矿石	189.04	26.71	10.00	152.34		152.34
9. 化肥及农药	76.48	22.32	33.59	20.57	0.03	20.54
10. 盐	30.34	0.66	1.98	27.70	27.11	0.59
11. 粮食	427.62		21.11	406.50	4.79	401.71
12. 机械、设备、电器	247.12		245.98	1.14	0.29	0.86
13. 化工原料及制品	86.61	0.51	51.59	34.52	11.54	22.97
14. 有色金属	307.38	55.17	69.98	182.23		182.23
15. 轻工、医药产品	19.85	0.48	1.50	17.87		17.87
16. 农林牧渔业产品	65.22		7.79	57.44	4.58	52.86
17. 其他货类	3431.13	31.95	901.43	2497.75	1726.22	771.52
附:总计中集装箱(万标箱)	315.53	5.35	62.36	247.83	91.95	155.88

连云港港口货物疏运情况

表 6–17　　(2012 年)　　单位:万吨

	合 计	铁 路	公 路	水 运		
					内 贸	外 贸
港口集运货物总计	**13863.86**	**3644.49**	**3704.41**	**6514.96**	**4152.44**	**2362.52**
较 2011 年增减%						
1. 煤炭及制品	1792.27	407.72	204.64	1179.91	1147.81	32.11
2. 石油、天然气及制品	1.31		1.31			
3. 金属矿石	6084.01	2779.84	1851.37	1452.81	1216.84	235.97
4. 钢铁	226.13	6.27	19.72	200.14	23.25	176.89
5. 矿物性建筑材料						
6. 水泥	61.58		8.99	52.59	0.03	52.56
7. 木材	464.44		145.72	318.72	0.02	318.70
8. 非金属矿石	183.39	128.32	21.19	33.88		33.88
9. 化肥及农药	83.09	15.53	13.09	54.46	0.59	53.87
10. 盐	30.69		27.76	2.93		2.93
11. 粮食	563.98	144.23	400.52	19.22	1.37	17.84
12. 机械、设备、电器	449.90		1.81	448.09		448.09
13. 化工原料及制品	95.84	1.44	38.35	56.05	8.47	47.58
14. 有色金属	254.63	59.64	66.58	128.42	2.39	126.03
15. 轻工、医药产品	30.60	1.95	22.53	6.12		6.12
16. 农林牧渔业产品	93.33		83.39	9.93		9.93
17. 其他货类	3448.68	99.55	797.44	2551.69	1751.66	800.03
附:总计中集装箱(万标箱)	318.14	7.19	60.13	250.82	93.20	157.62

连云港港口集装箱吞吐量

表 6-18

(2012 年)

	箱数(标箱)	进港	出港	重量(万吨)	进港	出港
总　　计	**5020089**	**2495208**	**2524881**	**4972.97**	**2450.90**	**2522.07**
1.国际航线	2980033	1473457	1506576	1143.96	489.82	654.15
中国台湾	96107	39404	56703	105.97	30.38	75.59
日本	126994	71504	55490	123.05	44.79	78.25
韩国	183220	88396	94823.5	197.22	94.05	103.17
东南亚	1218117	609038	609079.5	378.86	167.86	211.01
俄罗斯	562		562	0.12		0.12
美国	1354893	664975	689918	338.32	152.31	186.01
澳大利亚	141	141		0.43	0.43	
2.国内支线	188524	102220	86303.5	364.87	239.77	125.11
上海	85881	43894	41987	158.41	97.46	60.95
青岛	102525	58208	44316.5	206.22	142.07	64.16
宁波	118	118		0.24	0.24	
3.国内航线	1851532	919531	932001.5	3464.13	1721.31	1742.82
上海	42947	29598	13348.25	55.16	30.64	24.52
大连	106285	54667	51618	252.17	131.81	120.37
天津	3488	1439	2049	2.77	2.30	0.47
青岛	1188028	584030	603997.25	2288.57	1146.45	1142.12
营口	21470	11364	10106	54.95	28.69	26.26
宁波	12998	5588	7410	18.98	9.30	9.67
福州	210	89	121	0.58	0.26	0.32
厦门	81	81		0.02	0.02	
汕头	346	149	197	0.77	0.29	0.48
蛇口	348311	169413	178898	629.96	295.11	334.85
日照	104851	51757	53094	127.43	60.37	67.06
南沙	22088	10925	11163	32.45	15.74	16.71
大丰	430	430		0.32	0.32	

全社会内河港口吞吐量

表 6-19　　单位:万吨

年　份	全 市	市 区	赣榆县	东海县	灌云县	灌南县
1996	157.70	39.70	1.60	13.80	27.20	75.40
1999	136.80	14.40	0.10	8.50	28.30	85.50
2000	113.00			3.20	22.50	68.00
2001	106.00	18.00		3.00	2.00	83.00
2002	187.00	118.00		6.00	4.00	59.00
2003	162.70	15.00		18.50	18.20	110.00
2004	262.00	25.00		23.30	22.50	190.00
2005	300.10	26.00		19.20	19.90	234.00
2006	309.99	60.14		63.85	32.10	153.90
2007	448.01	39.50		68.51	60.00	280.00
2008	517.11	42.96		89.15	82.00	303.00
2009	550.30	45.38		86.25	83.77	334.90
2010	880.73	50.38		125.05	156.00	549.30
2011	959.55	54.89		136.24	169.96	598.46
2012	1798.97	91.86		86.84	123.92	335.95

注:不包含灌河沿海数据。

内河港口货物分类吞吐量

表 6-20　　(2012 年)　　单位:万吨

	合　计	出　港	进　港
内河港口吞吐量	1798.97	499.92	1029.20
一、按货类分			
1、干散货	1209.64	481.11	694.48
# 煤炭及制品	73.04		73.04
金属矿石	446.01	7.51	438.50
散水泥	13.60		13.60
散粮	30.04	11.35	18.69
散化肥	7.89	7.89	
2、件杂货	589.33	18.81	334.72
# 木材	4.82	4.82	
粮食	19.45	4.01	15.44
化肥	14.56	8.18	6.38
水泥	60.84		60.84

灌河港口货物吞吐量

表 6–21　　(2012 年)　　单位:万吨

	合　计	出　港	进　港
港口货物吞吐量	**1160.40**	**890.55**	**269.85**
1、干散货	623.75	589.70	34.05
煤炭及制品	56.80	56.80	
金属矿石	438.50	438.50	
散水泥			
散粮			
散化肥			
2、件杂货	536.65	300.85	235.80
木材			
粮食			
化肥			
水泥	51.25	51.25	
3、其他			

灌河港口货物吞吐量

表 6–21 续　　(2011 年)　　单位:万吨

	合　计	出　港	进　港
港口货物吞吐量	**1000.84**	**730.07**	**270.77**
1、干散货	660.21	606.37	53.84
煤炭及制品	55.65	55.65	
金属矿石	358.72	358.72	
散水泥			
散粮			
散化肥			
2、件杂货	340.63	123.70	216.93
木材			
粮食			
化肥			
水泥	38.05	38.05	
3、其他			

连云港港轮渡进出港旅客人数

表 6-22 单位:人次

	2004	2005	2006	2007	2008	2009	2010	2011	2012
进出港旅客总数	**64**	**44283**	**64923**	**72964**	**102432**	**115992**	**135119**	**141593**	**121920**
1、按构成分									
国内旅客	64	9526	12369	17576	30033	44139	60248	79028	96499
港澳台胞		3069	3769	3807	4106	3774	39995	3051	1720
华侨									
外国人		31688	48785	51581	68293	68079	70144	59514	23701
2、按航线分									
国际航线			64923	72964	102432	115992	135119	141593	121920
仁川	64		64923	68483	60480	55862	58526	66027	59632
平泽				4481	41952	60130	76593	75566	62288
旅客发送量	**64**	**21565**	**32123**	**36692**	**51128**	**57941**	**67469**	**72329**	**61634**
1、按构成分									
国内旅客	64	4690	6243	9077	14979	22106	30743	39611	48738
港澳台胞		1555	1985	1988	2103	1891	1850	1478	1102
华侨									
外国人		15320	23895	25627	34046	33944	34876	31240	11794
2、按航线分									
国际航线			32123	36692	51128	57941	67469	72329	61634
仁川	64	21565	32123	34260	29490	28100	29021	32690	29997
平泽				2432	21638	29841	38448	39639	31637
旅客到达量		**22718**	**32800**	**36272**	**51304**	**58051**	**67650**	**69264**	60286
1、按构成分									
国内旅客		4836	6126	8499	15054	22033	29505	39417	47761
港澳台胞		1514	1784	1819	2003	1883	38145	1573	618
华侨									
外国人		16368	24890	25954	34247	34135	35268	28274	11907
2、按航线分									
国际航线			32800	36272	51304	58051	67650	69264	60286
仁川	64	22718	32800	34223	30990	27762	29505	33337	29635
平泽				2049	20314	30289	38145	35927	30651

注:连云港远洋客轮运输开始于 2004 年,主要经营连云港—仁川、连云港—平泽两条线路。

全 市 机 动 车 保 有 量

表 6–23　　　　　　　　　　　　　　　　　　　　　　　　　　单位:辆

指　标	2012年	# 进口	# 个人	# 新注册	2011年
机动车保有量	**667943**	**6568**	**611746**	**69325**	**618883**
一、汽　车	**273056**	**6549**	**223894**	**45065**	**230462**
1、载客汽车	202836	6477	170231	36528	166567
# 大型	3482	39	191	419	3176
中型	4645	220	2329	136	4632
小型	187687	6185	161250	35650	151999
微型	7022	33	6461	323	6760
# 双层	27		3		27
卧铺	111		21		137
铰接	40			30	10
越野	2958	2241	1982	619	2327
专用客车	251	4	58	68	179
2、载货汽车	52462	34	37877	7234	44589
# 重型	22583	3	13037	3075	19409
中型	8595	1	6992	708	7743
轻型	21255	30	17820	3451	17377
微型	29		28		60
# 厢式	7584		6033	882	6629
封闭	681	1	412	107	572
罐式	495		193	22	474
平板	126		60	15	112
自卸	5481		4021	733	4864
特殊结构	452		170	78	374
仓栅	2012		1565	318	1690
半挂牵引	9974	3	3731	968	8938
3、三轮汽车	8956	9	8896	479	10659
低速汽车	1858	9	1740	88	2406
二、摩 托 车	**384759**	**19**	**384007**	**23293**	**379277**
普通	369674	18	368929	22995	363438
轻便	15085	1	15078	298	15839
三、挂　车	**10127**		**3845**	**967**	**9143**
全挂车	111		42		127
半挂车	10016		3803	967	9016

全市分县区机动车保有量

表 6-24 (2012 年) 单位:辆

指 标	全 市	赣榆县	东海县	灌云县	灌南县
机动车保有量	**667943**	**127272**	**152332**	**106764**	**68698**
一、汽 车	273056	48437	54548	38662	25584
1、载客汽车	202836	31946	37897	25044	19368
大型	3482	363	261	324	341
中型	·4645	598	971	786	558
小型	187687	29472	35046	23025	17780
微型	7022	1513	1619	909	689
2、载货汽车	52462	11969	11208	9006	4792
重型	22583	5083	4094	3439	1418
中型	8595	1613	2210	1787	984
轻型	21255	5262	4892	3777	2387
微型	29	11	12	3	3
3、三轮汽车	8956	3051	990	3934	970
低速汽车	1858	1006	491	194	165
二、摩 托 车	**384759**	**77344**	**95920**	**66579**	**42558**
普通	369674	76986	94012	63687	41017
轻便	15085	358	1908	2892	1541
三、挂 车	**10127**	**1491**	**1864**	**1523**	**555**
重型	9992	1434	1835	1518	552
中型	135	57	29	5	3
轻型					
四、营运车辆	**79216**	**17488**	**14141**	**18268**	**9263**
# 公路客运	1534	124	270	424	201
公交客运	1504	200	123	282	158
出租客运	2301	155	218	104	201
旅游客运	269	39	21	27	2
货 运	70263	16398	12263	17256	8537
租 赁	961	46	701	38	11
危化运输	697	186	115	45	17
教 练	1687	340	430	92	136
五、非营运车辆	**588670**	**109774**	**138178**	**88492**	**59412**
# 消 防	25	4	4	6	1
救 护	373	102	79	62	63
工程救险	392	25	274	17	15

公路旅客营运车辆拥有量

表 6-25　　(2012 年)

指　标	单位	合计	按标记吨位分		
			大型	中型	小型
公路营运载客汽车	辆	**1479**	**823**	**584**	**72**
	客位	48239	37207	9957	1075
# 卧铺客车	辆	33	12	21	
	客位	1485	860	625	
# 班车客运客车	辆	1272	666	534	72
	客位	37945	28285	8585	1075
旅游客车	辆	158	113	45	
	客位	8158	6932	1226	
包车客车	辆	49	44	5	
	客位	2136	1990	146	

表 6-25 续表　　(2012 年)

指　标	单位	按车长分			按等级分		安装 GPS 的车辆
		特大型	大型	中型	高级	中级	
公路营运载客汽车	辆	**24**	**310**	**1042**	**381**	**582**	**1242**
	客位	1276	13554	31676	15717	22028	39233
# 卧铺客车	辆		12	21	23	10	33
	客位		660	825	1165	320	1485
# 班车客运客车	辆	10	250	909	305	451	1035
	客位	556	10505	25151	12155	15296	28939
旅游客车	辆	14	49	95	73	85	158
	客位	720	2499	4939	3426	4732	8158
包车客车	辆		11	38	3	46	49
	客位		550	1586	136	2000	2136

公路货物营运车辆拥有量

表 6-26　　　　(2012 年)

指　标	单位	总计	个体	按标记吨位分		
				大型	重型	个体
公路营运载货汽车	辆	**31897**	**22511**	**21925**	**19018**	**13363**
	吨位	465413	234934	448213	430493	219147
1、按车型结构分						
栏板货车	辆	18403	14368	11602	9726	7878
	吨位	221752	126699	209225	198110	114747
厢式车	辆	10691	7834	7581	6586	5179
	吨位	176386	103087	171882	165501	99256
集装箱车	辆	1574	9	1574	1574	9
	吨位	47167	295	47167	47167	295
	TEU	3148	18	3148	3148	18
罐车	辆	1229	300	1168	1132	297
	吨位	20108	4853	19939	19715	4849
2、按经营范围分						
普通载货汽车	辆	28293	22078	18461	15687	12946
	吨位	381692	228368	364823	347959	212613
专用载货汽车	辆	3604	433	3464	3331	417
	吨位	83721	6566	83390	82534	6534

表 6-26 续表　　　　(2012 年)

指　标	单位	按标记吨位分				安装 GPS 的车辆
		中型	个体	小型	个体	
公路营运载货汽车	辆	**1230**	**1022**	**8742**	**8126**	**3869**
	吨位	4050	3403	13150	12384	65725
1、按车型结构分						
栏板货车	辆	895	834	5906	5656	1280
	吨位	2985	2793	9542	9159	13565
厢式车	辆	279	188	2831	2467	968
	吨位	903	610	3601	3221	10063
集装箱车	辆					1011
	吨位					29876
	TEU					2022
罐车	辆	56		5	3	610
	吨位	162		7	4	12221
2、按经营范围分						
普通载货汽车	辆	1145	1018	8687	8114	1837
	吨位	3778	3387	13091	12368	15838
专用载货汽车	辆	85	4	55	12	2032
	吨位	272	16	59	16	49887

营业性交通运输客货运输量

表 6-27　　(2012 年)

	单 位	全 市	市 区	赣榆县	东海县	灌云县	灌南县
一、客运情况							
1、客运量	万人	15948	15923	25	648601	642864	5737
陆运	万人	10002	9977	25	461020	455283	5737
水运	万人	1538	1538		43041	43041	
2、旅客周转量	万人公里	1693	1693		58101	58101	
陆运	万人公里	1495	1495		47211	47211	
水运	万人公里	1220	1220		39228	39228	
二、货运情况							
1、货运量	万吨	14832	13107	1725	2101527	889298	1212229
陆运	万吨	6817	5425	1392	1334087	255753	1078334
水运	万吨	2343	2343		150148	150148	
2、货运周转量	万吨公里	2934	2857	77	275792	245866	29926
陆运	万吨公里	1488	1383	105	178134	134294	43840
水运	万吨公里	1250	1099	151	163366	103237	60129
三、平均运输距离							
1、旅客运输							
陆运	公里	40.37	45.63	27.99	34.32	31.58	32.15
水运	公里	229.48	229.48				
2、货物运输							
陆运	公里	67.85	47.14	64.08	86.06	97.10	93.94
水运	公里	702.74	774.67		388.65	417.52	398.21
四、集装箱运输							
1、公路标准集装箱	个	130.65					
货运量	吨	1027.71					
2、水路标准集装箱	个	251.04					
货运量	万吨	1085.94					

城市客运情况主要指标

表 6-28　　(2012 年)

	单位	全市	市区	赣榆县	东海县	灌云县	灌南县
一、城市客运							
运营车辆	辆	953	724	60	75	68	26
# 公共汽车	辆	953	724	60	75	68	26
# 当年新增工交	辆	175	138		37		
标准运营车数	标台	1043	835	60	64	58	26
运营线路网长度	公里	1697	1093	158	166	235	45
客运总量	万人次	13487	11563	615	613	513	180
二、出租汽车							
运营车数	辆	2276	1611	153	212	100	200
客运总量	万人次	7596	5843	694	641	240	717

交通基础设施全行业投资完成情况

表 6-29　　(2012 年)　　单位:亿元

	总计	公路建设	航道建设	港口建设	客货运站	铁路建设	民航建设
"十一五"合计	**338.05**	**159.43**	**37.58**	**135.01**	**1.84**	**0.30**	**1.76**
2006年	46.02	22.76	0.15	22.71	0.40		
2007年	62.98	30.07	6.75	25.91	0.25		
2008年	71.83	31.33	11.93	28.26	0.30		
2009年	76.81	36.02	11.64	27.72	0.56		0.50
2010年	80.42	39.24	7.10	30.41	0.33	0.30	1.26
"十二五"合计	**161.32**	**47.73**	**5.42**	**82.53**	**5.76**	**3.60**	**0.00**
2011年	77.58	22.33	4.42	38.87	3.02	3.60	
2012年	83.74	25.39	1.00	43.65	2.74		

民航连云港机场主要指标

表6–30

年度	起降架次	旅客吞吐量（人）	#出港	#过站	货邮行吞吐量（吨）	#出港	#货物	换算旅客（人）
1985		8453			69			9215
1986		12970			89			13956
1987		13071			112			14320
1988		13495			102			14626
1989		11347			102			12483
1990		19736			171			21632
1991		28607			196			30781
1992		31932			241			34611
1993		15731			156			17467
1994		62100	30738		796	406		70948
1995		98363	48771		1087	443		110438
1996		108413	54909		1173	543		121445
1997		89032	45857		1184	596		102190
1998		75369	38700		1086	604		87436
1999		41257	20594		802	471		50161
2000		46904	23318		961	645		57580
2001		39742	20180		708	477		47606
2002		35341	16932		608	405		42095
2003		45020	22162		663	500		52383
2004		82290	41092		920	616		92512
2005	1835	95975	46497		934	611		106347
2006	2177	154753	75717	1491	1117	650	541	167160
2007	2677	199515	105055	17637	1488	944	789	216044
2008	3216	208630	109469	19037	1981	1323	993	230641
2009	3747	291059	162449	40309	2244	1403	944	315992
2010	5548	423031	241629	64664	2945	1780	1149	455753
2011	5408	460784	254819	57514	3378	1944	1375	503213
2012	6229	483768	273944	67054	3611	2032	1388	513890

主要年份邮电通讯主要指标

表 6-31

(2012 年)

年　份	邮电通讯业务收入(万元)	邮政速递业务收入	固定电话用户数(户)	城市电话	移动电话用户数(万户)
1978	251		6043	3839	
1980	325		9150	5916	
1981	416		9809	3682	
1982	506		10561	7293	
1983	561		11971	8370	
1984	630		12588	9052	
1985	741		14427	10614	
1986	806		16385	12078	
1987	987	301	18666	14109	
1988	1130	353	21606	16768	
1989	1285	451	25323	19996	
1990	1573	543	29360	23730	
1991	4125	791	37360	31332	
1992	6354	1048	52779	46084	
1993	9770	1340	74267	65937	
1994	13959	2066	116521	97521	
1995	19645	2605	162598	123183	
1996	28824	3403	216139	144143	1.18
1997	36985	5121	253615	154443	2.33
1998	50769	5291	334059	184257	3.84
1999	67126	6680	477183	272903	8.64
2000	95711	8639	605975	321000	20.24
2001	119544	9534	732662	364362	32.88
2002	105486	10869	696907	341519	48.76
2003	124113	11026	892000	441843	54.06
2004	126500	11563	1222345	645628	62.43
2005	159343	12219	1400700	785300	74.67
2006	173888	13938	1449466	761707	108.54
2007	209447	17383	1445300	782461	148.2
2008	251594	20433	1372128	724109	181.61
2009	248021	27429	1339172	767264	246.6
2010	270359	27485	1101524	507992	306.68
2011	297209	28671	1040840	567671	367.40
2012	342351	48400	1036105	521980	383.22

邮政速递业务主要指标

表 6-32　　(2012 年)

指　　标	单位	全　市	市　区	赣榆县	东海县	灌云县	灌南县
一、邮政局所总数	处	136	31	24	31	29	21
二、邮路总长度	公里	2355	1191	190	353	355	266
农村投递路线长度	公里	10951	1158	2142	2593	3228	1830
三、已通邮的行政村	个	1435	140	422	346	302	225
提供投递服务的乡镇	个	83	11	18	21	19	14
邮政信报箱群	处	1088	101	132	526	230	99
信报箱格口数	个	231161	189255	6107	12560	17417	5822
四、邮政业务总收入	万元	48400	16545	8485	10123	7858	5390
邮政业务总量	万元	23112	6025	4248	5359	4489	2991
五、主要经营业务量							
函　件	万 件	2149.20	1338.79	116.04	217.75	322.45	154.14
包　裹	件	63782	26775	19163	12064	4668	1112
机　要	件	13733	11922	544	646	391	230
报　纸	万份	7527.13	2186.87	915.95	3165.06	698.47	560.78
杂　志	万份	309.14	110.96	47.00	98.79	28.26	24.13
集邮票	万枚	73.30	8.87	40.99	3.46	10.93	9.05
集邮品	册	39154	17868	5969	4470	5889	4958
特快专递	万件	223.62					
# 代理快递	万件	26.10	10.79	4.44	5.17	3.60	2.10
物　流	万件	283.33					
代理汇兑	万笔	62.60	11.84	10.15	23.00	9.48	8.14
代理储蓄业务收入	万元	13206	2432	2753	3057	3012	1952
六、邮政储蓄期末余额	亿元	85.27	18.18	18.19	17.78	18.50	12.62
# 定期期末余额	亿元	47.04	12.58	9.79	7.90	9.77	7.00

注:本资料按原口径统计,即除包括邮政外,还包括邮政速递公司数据。

通讯业务主要指标

表 6-33　　　　(2012 年)

指　　标	单位	全　市	市　区	赣榆县	东海县	灌云县	灌南县
一、业务收入							
通讯业务收入	万元	293951	121163	52730	52618	37172	30268
中国电信	万元	92979	42950	17221	14737	10602	7469
中国移动	万元	167139	58605	31661	33858	23023	19993
中国联通	万元	29815	17474	3224	3424	3340	2353
中国铁通	万元	3467	1664	589	555	208	451
附:邮政通讯业务总收入	万元	333115	133427	59679	61608	43839	34561
二、电话业务							
本地电话用户	户	1036105	395810	209409	187230	134014	109642
# 农村电话用户	户	514125	73921	147933	128421	90738	73112
城市电话用户	户	521980	321889	61476	58809	43276	36530
# 移动市话用户	户						
移动电话年末用户	万户	383.22	136.01	76.25	73.19	55.02	42.74
中国电信	万户	72.65	29.30	14.48	12.33	9.59	6.95
中国移动	万户	259.94	84.10	53.20	53.64	38.13	30.86
中国联通	万户	50.64	22.61	8.57	7.22	7.30	4.93
# 移动 3G 电话用户	万户	77.57	36.66	13.61	11.87	9.32	6.11
三、互联网业务							
全部互联网用户数	户						
# 固定宽带接入用户	户	697814	299165	136329	122806	74660	64854
移动电话上网用户	户	2115400					
电信网络视讯用户	户						

注:互联网业务用户数据含广电网络公司数据。

7

固定资产投资和建筑业

全社会固定资产投资完成情况

表 7–1　　　　单位:万元

	2012年	2011 年	增减%
总　　计	**15199404**	**12409297**	**22.48**
#工业投资	9403997	7450592	26.22
一、规模以上投资	12808779	10431878	22.78
#工业投资	8567824	7000627	22.39
1、城镇投资	12058265	9852133	22.39
#房地产投资	1622296	1646532	–1.47
#工业投资	7952424	6532294	21.71
2、农村投资	750514	579745	29.46
#工业投资	615400	468333	31.40
二、规模以下投资	2390625	1977419	20.90
#工业投资	836173	506050	65.24

分县区全社会投资完成情况

表 7–2　　　　(2012 年)　　　　单位:万元

	市区	赣榆县	东海县	灌云县	灌南县
总　　计	**6107865**	**2484834**	**2269497**	**2168722**	**2168486**
#工业投资	2958878	1783530	1628632	1378087	1514870
一、规模以上投资	5617143	2023134	1893483	1644649	1630370
#工业投资	2756667	1643975	1558932	1269426	1338824
1、城镇投资	5609088	1670142	1736064	1486855	1556116
#房地产投资	1024215	157911	180888	119224	140058
#工业投资	2755127	1333481	1429772	1137803	1296241
2、农村投资	8055	352992	157419	157794	74254
#工业投资	1540	310494	129160	131623	42583
二、规模以下投资	490722	461700	376014	524073	538116
#工业投资	202211	139555	69700	108661	176046

注：规模以上投资指城镇计划总投资或实际需要总投资在 500 万元以上的项目或单位及农村计划总投资或实际需要总投资在 500 万元以上的项目或单位及全部房地产投资。其余为规模以下投资。

主要年份全社会固定资产投资完成额

表7-3 单位:万元

年份	全市	市区	赣榆县	东海县	灌云县	灌南县
1979	10692	8375	413	508	337	1059
1980	13347	10331	972	1106	549	389
1981	13063	11011	626	432	585	409
1982	19354	14906	1374	857	1407	810
1983	23888	20109	1415	965	1044	355
1984	35084	28624	1784	1917	2012	747
1985	53275	44306	1905	3229	2826	1009
1986	89170	64929	5057	10786	3724	4674
1987	136708	106688	8018	11509	4343	6150
1988	149354	100017	22403	13591	5592	7751
1989	104718	70316	18975	3294	5206	6927
1990	106764	71762	11947	10517	5041	7497
1991	102070	55426	14106	16653	7062	8823
1992	180282	109900	22604	25260	13193	9325
1993	356145	205307	76833	40823	12537	20645
1994	421577	206672	97130	71587	27947	18241
1995	607286	298630	145373	91891	49459	21933
1996	596143	288512	120500	92733	65635	28763
1997	655189	323205	97484	76434	112837	45229
1998	838307	448650	107848	101222	101366	79221
1999	1088270	606276	139176	121657	135102	86059
2000	1278297	704041	165218	163487	141682	103869
2001	1518275	920743	176793	175180	140184	105375
2002	1805422	1148402	192875	186262	160826	117057
2003	2123858	1281550	244380	228195	222538	147195
2004	2463014	1292928	327407	321898	291989	228792
2005	3235953	1473498	501304	484647	418828	357676
2006	4238887	1813212	701722	630586	568297	525070
2007	5846184	2200618	1065641	918735	879421	781769
2008	7776820	2856412	1385318	1117484	1235656	1181950
2009	10000980	3374262	1788839	1584112	1679156	1574611
2010 老口径	12342481	4088923	2203860	1916424	2066637	2066637
2010 新口径	9943569	3525965	1760573	1595012	1523003	1539016
2011 新口径	12409297	4868834	2063816	1880279	1795300	1801068
2012 新口径	13531937	5774042	2152595	1932157	1839350	1833793

全市规模以上投资增减情况

表 7–4

指　标　名　称	2012年	2011年	增长(%)
一、计划总投资(万元)			
1 建设项目计划总投资	29357851	27865559	5.36
其中: 本年新开工项目	10832015	13611115	–20.42
2 自开始建设至本年底累计完成投资	16873816	14973853	12.69
二、自年初累计完成投资(万元)	11186483	8785346	27.33
其中: 本月完成投资	961380	830424	15.77
其中: 国有经济控股	5881108	5152778	14.13
其中: 国有经济控股	2415768	1768221	36.62
其中: 住宅	38993	38172	2.15
其中: 基础设施投资	1912632	1426460	34.08
其中: 民间投资	8056594	6698977	20.27
1 按构成分			
建筑工程	4981364	3415171	45.86
安装工程	818450	539000	51.85
设备工器具购置	4715597	4208165	12.06
其中: 用于更新的设备	114317	11471	896.57
其他费用	671072	623010	7.71
2 按建设性质分			
其中:(1)新　建	8865286	7319538	21.12
(2)扩　建	806405	578493	39.4
(3)改　建	1457178	857376	69.96
3 按登记注册类型分			
内资企业	10307392	8377468	23.04
国有企业	1726509	959941	79.86

表 7-4 续表 1

指　标　名　称	2012年	2011年	增长(%)
集体企业	91005	25494	256.97
股份合作企业		22950	-100
联营企业	17400	28910	-39.81
国有联营企业			
集体联营企业			
国有与集体联营企业	17400	25000	-30.4
其他联营企业		3910	-100
有限责任公司	2194232	2455711	-10.65
国有独资公司	388403	593406	-34.55
其他有限责任公司	1805829	1862305	-3.03
股份有限公司	207428	245928	-15.65
私营企业	6031668	4616834	30.65
私营独资企业	2316369		
私营合伙企业	874165		
私营有限责任公司	2699801		
私营股份有限公司	141333		
其他企业	39150	21700	80.41
港、澳、台商投资企业	474293	206561	129.61
合资经营企业(港或澳、台资)	60274	48234	24.96
合作经营企业(港或澳、台资)			
港、澳、台商独资经营企业	309933	114567	170.53
港、澳、台商投资股份有限公司	104086	43760	137.86
其他港、澳、台商投资企业			
外商投资企业	401198	190457	110.65
中外合资经营企业	321723	138385	132.48
中外合作经营企业			
外商独资企业	79475	48072	65.32
外商投资股份有限公司		4000	-100

表7–4续表2

指　标　名　称	2012年	2011年	增长(%)
其他外商投资企业			
个体经营	3600	10860	-66.85
个体户	3600	10860	-66.85
个人合伙			
4、按产业分			
①第一产业	209829	89983	133.19
②第二产业	8690128	7075247	22.82
工业	8567824	6944542	23.37
其中:能源工业	364922	426483	-14.43
原材料工业	3773658	3054233	23.56
机电工业	2328536	1899895	22.56
轻纺工业	2052035	1595169	28.64
③第三产业	2286526	1620116	41.13
5、按国民经济行业分			
(一)农、林、牧、渔业	209829	89983	133.19
农业	126409	41790	202.49
林业		2390	-100
畜牧业	25429	25540	-0.43
渔业	44903	11000	308.21
农、林、牧、渔服务业	13088	9263	41.29
(二)采矿业	62606	15500	303.91
煤炭开采和洗选业			
石油和天然气开采业			
黑色金属矿采选业	38343		
有色金属矿采选业	17740	5400	228.52
非金属矿采选业	6523	5000	30.46

表 7-4 续表 3

指　标　名　称	2012年	2011年	增长(%)
其他开采业		5100	-100
(三)制造业	8097750	6530993	23.99
农副食品加工业	315295	224370	40.52
食品制造业	62027	60876	1.89
酒、饮料和精制茶制造业	15612	44347	-64.8
烟草制品业			
纺织业	157803	104273	51.34
纺织服装和服饰业	118570	136964	-13.43
皮革、毛皮、羽毛(绒)及其制品业	40669	28705	41.68
木材加工及木、竹、藤、棕、草制	236044	109330	115.9
家具制造业	94456	71099	32.85
造纸及纸制品业	48517	23644	105.2
印刷业和记录媒介的复制	3600		
文教体育用品制造业	114490	35820	219.63
石油加工、炼焦及核燃料加工业	44400	103850	-57.25
化学原料及化学制品制造业	1934178	1357194	42.51
医药制造业	395221	378048	4.54
化学纤维制造业	29399	24180	21.58
橡胶和塑料制品业	305226	223839	36.36
非金属矿制品业	1168599	1220211	-4.23
黑色金属冶炼和压延加工业	370514	385654	-3.93
有色金属冶炼和压延加工业	207574	116129	78.74
金属制品业	564541	421089	34.07
通用设备制造业	183644	71881	155.48

表 7–4 续表 4

指　标　名　称	2012年	2011年	增长(%)
专用设备制造业	320469	368720	–13.09
汽车制造业	338661	126799	167.08
铁路、船舶、航空航天等制造业	141520	97787	44.72
电气机械及器材制造业	488101	418026	16.76
计算机、通信和其他电子设备制造业	248070	310691	–20.16
仪器仪表制造业	43530	31250	39.3
其他制造业	68490	18570	268.82
废弃资源综合利用业	36710	17647	108.02
金属制品、机械和设备修理业	1820		
(四)电力、热力、燃气及水的生产和供应业	407468	392399	3.84
电力、热力的生产和供应业	296402	255707	15.91
燃气生产和供应业	24120	66926	–63.96
水的生产和供应业	86946	69766	24.63
(五)建筑业	122304	130705	–6.43
房屋建筑业	32919	50347	–34.62
土木工程建筑业	78785	66108	19.18
建筑安装业	6600	4450	48.31
建筑装饰和其他建筑业	4000	9800	–59.18
(六)批发和零售业	173194	120354	43.9
批发业	61900	72886	–15.07
零售业	111294	47468	134.46
(七)交通运输、仓储和邮政业	728795	276405	163.67
铁路运输业			
道路运输业	231748	108018	114.55
水上运输业	404855	83280	386.14
航空运输业			
管道运输业			
装卸搬运和运输代理业	32130	31518	1.94

表 7–4 续表 5

指　标　名　称	2012年	2011年	增长(%)
仓储业	57062	53469	6.72
邮政业	3000	120	2400
(八)住宿和餐饮业	39077	54390	-28.15
住宿业	25197	50090	-49.7
餐饮业	13880	4300	222.79
(九)信息传输、软件和信息技术服务业	72193	22629	219.03
电信、广播电视和卫星传输服务业	58373	10979	431.68
互联网和相关服务业			
软件和信息技术服务业	13820	11650	18.63
(十)金融业	19807		
货币金融业	7067		
资本市场业	12740		
保险业			
其他金融业			
(十一)房地产业	172130	113647	51.46
房地产业	172130	113647	51.46
(十二)租赁和商务服务业	233684	119139	96.14
租赁业			
商务服务业	233684	119139	96.14
(十三)科学研究和技术服务业	28177	25312	11.32
研究与试验发展		1669	-100
专业技术服务业	20480	8393	144.01
科技交流和推广服务业	7697	15250	-49.53
(十四)水利、环境和公共设施管理业	575550	593041	-2.95
水利管理业	160713	81039	98.32
生态保护和环境治理业	12730	2666	377.49
公共设施管理业	402107	509336	-21.05
(十五)居民服务和其他服务业	8813	32567	-72.94

表 7–4 续表 6

指　标　名　称	2012年	2011年	增长(%)
居民服务业	4513	137	3194.16
机动车、电子产品和日用产品修理业	4300	5650	–23.89
其他服务业		26780	–100
(十六)教育	95665	61415	55.77
教育	95665	61415	55.77
(十七)卫生和社会工作	48021	38121	25.97
卫生	38991	38121	2.28
社会工作	9030		
(十八)文化、体育和娱乐业	55822	107569	–48.11
新闻和出版业			
广播、电视、电影和影视录音制作业	13384		
文化艺术业		4570	–100
体育	23230	85300	–72.77
娱乐业	19208	17699	8.53
(十九)公共管理和社会组织	35598	61177	–41.81
中国共产党机关			
国家机构	35598	49487	–28.07
人民政协和民主党派		3490	–100
社会保障			
群众团体、社会团体和其他成员组织		8200	–100
基层群众自治组织			
(二十)国际组织			
国际组织			
三、本年新增固定资产(万元)	8630030	7201359	19.84
四、项目个数(个)			
1、施工项目个数	1327	1440	–7.85
其中：本年新开工	834	771	8.17
2、本年投产项目个数	886	939	–5.64

表 7-4 续表 7

指　标　名　称	2012年	2011年	增长(%)
五、房屋建筑面积(平方米)			
1、本年施工房屋面积	16162259	13678773	18.16
其中:住宅	610795	210910	189.6
2、年竣工房屋面积	8305520	4992059	66.37
其中:住宅	267700	210910	26.93
六、本年资金来源合计	11852625	9253807	28.08
1、上年末结余资金		1196	-100
2、本年资金来源小计	11852625	9252611	28.1
(1)国家预算内资金	213166	80276	165.54
其中:中央预算资金	16000		
(2)国内贷款	888041	339585	161.51
(3)债券			
(4)利用外资	253666	103377	145.38
其中:外商直接投资	193335	85594	125.87
(5)自筹资金	10431536	8617655	21.05
其中:企、事业单位自有资金	5121184	4835148	5.92
其中:股东投入资金	269575		
其中:借入资金	47247		
(6)其他资金来源	66216	111718	-40.73
七、各项应付款合计	90235	31549	186.02
其中:工程款	69323	23677	192.79
八、征用和购置土地面积			
1、规划用地面积	129925331	124985751	3.95
2、本年实际征用和购置土地面积	21139246	22580749	-6.38
3、本年实际征用和购置土地成交价款	417381	436007	-4.27

全市规模以上工业投资增减情况

表 7-5　　　　单位:万元

指　标　名　称	2012年	2011年	增长(%)
一、计划总投资(万元)			
1、建设项目计划总投资	20980588	20401466	2.84
其中:本年新开工项目	7473084	10709161	-30.22
2、自开始建设至本年底累计完成投资	11985385	10321700	16.12
二、自年初累计完成投资(万元)	8567824	6944542	23.37
其中:本年新开工	4648261	4050232	14.77
1、按构成分			
建筑工程	2828822	1951619	44.95
安装工程	678571	463239	46.48
设备工器具购置	4551850	4096341	11.12
其中:用于更新的设备	87876	10650	725.13
其他费用	508581	433343	17.36
2、按建设性质分			
(1)新建	6465587	5635569	14.73
(2)扩建	708892	489351	44.86
(3)改建	1335731	793683	68.3
(7)单独购置		2900	-100
3、按登记注册类型分			
内资企业	7785548	6595999	18.03
国有企业	255214	197510	29.22
集体企业	47875	10000	378.75
股份合作企业		9600	-100
联营企业	17400	25000	-30.4
国有与集体联营企业	17400	25000	-30.4
有限责任公司	170001	1748639	-2.78

表 7-5 续表 1

单位:万元

指　标　名　称	2012年	2011年	增长(%)
国有独资公司	67240	81371	-17.37
其他有限责任公司	1632774	1667268	-2.07
股份有限公司	204928	244886	-16.32
私营企业	5543767	4352164	27.38
私营独资企业	2010970		
私营合伙企业	822154		
私营有限责任公司	2590410		
私营股份有限公司	120233		
其他企业	16350	8200	99.39
港、澳、台商投资企业	389763	190159	104.97
合资经营企业(港或澳、台资)	60274	45212	33.31
合作经营企业(港或澳、台资)			
港、澳、台商独资经营企业	235319	101187	132.56
港、澳、台商投资股份有限公司	94170	43760	115.2
其他港、澳、台商投资企业			
外商投资企业	392513	158384	147.82
中外合资经营企业	316069	123926	155.05
中外合作经营企业			
外商独资企业	76444	34458	121.85
工业	8567824	6944542	23.37
农副食品加工业	315295	224370	40.52
食品制造业	62027	60876	1.89
酒、饮料和精制茶制造业	15612	44347	-64.8
烟草制品业			
纺织业	157803	104273	51.34
纺织服装和服饰业	118570	136964	-13.43
皮革、毛皮、羽毛(绒)及其制品业	40669	28705	41.68
木材加工及木、竹、藤、棕、草制	236044	109330	115.9
家具制造业	94456	71099	32.85
造纸及纸制品业	48517	23644	105.2
印刷业和记录媒介的复制	3600		
文教体育用品制造业	114490	35820	219.63
石油加工、炼焦及核燃料加工业	44400	103850	-57.25

表 7-5 续表 2

单位:万元

指 标 名 称	2012年	2011年	增长(%)
化学原料及化学制品制造业	1934178	1357194	42.51
医药制造业	395221	378048	4.54
化学纤维制造业	29399	24180	21.58
橡胶和塑料制品业	305226	223839	36.36
非金属矿制品业	1168599	1220211	-4.23
黑色金属冶炼和压延加工业	370514	385654	-3.93
有色金属冶炼和压延加工业	207574	116129	78.74
金属制品业	564541	421089	34.07
通用设备制造业	183644	71881	155.48
专用设备制造业	320469	368720	-13.09
汽车制造业	338661	126799	167.08
铁路、船舶、航空航天等制造业	141520	97787	44.72
电气机械及器材制造业	488101	418026	16.76
计算机、通信和其他电子设备制造业	248070	310691	-20.16
仪器仪表制造业	43530	31250	39.3
其他制造业	68490	18570	268.82
废弃资源综合利用业	36710	17647	108.02
金属制品、机械和设备修理业	1820		
三、本年新增固定资产(万元)	6914254	5791991	19.38
四、项目个数(个)			
1、施工项目个数	928	1067	-13.03
其中:本年新开工	623	587	6.13
2、本年投产项目个数	654	758	-13.72
五、本年资金来源合计	8927734	7308983	22.15
1、上年末结余资金		230	-100
2、本年资金来源小计	8927734	7308753	22.15
(1)国家预算资金	68691	24600	179.23
其中:中央预算资金	6000		
(2)国内贷款	680608	289440	135.15
(3)债券			
(4)利用外资	252643	89762	181.46
(5)自筹资金	7879936	6845277	15.11
(6)其他资金来源	45856	59674	-23.16

规模以上投资完成额

表7-6　(不含房地产)(2012年)　单位:万元

指标名称	全市	城镇	农村
一、计划总投资(万元)			
1、建设项目计划总投资	29357851	28110230	1247621
其中:本年新开工项目	10832015	9901721	930294
2、自开始建设至本年底累计完成投资	16873816	15930123	943693
二、自年初累计完成投资(万元)	11186483	10435969	750514
其中:本月完成投资	961380	896721	64659
其中:本年新开工	5881108	5249790	631318
其中:国有经济控股	2415768	2381449	34319
其中:住宅	38993	29335	9658
其中:基础设施投资	1912632	1871713	40919
其中:民间投资	8381307	7665112	716195
1、按构成分			
建筑工程	4981364	4692198	289166
安装工程	818450	747798	70652
设备工器具购置	4715597	4369924	345673
其中:用于更新的设备	114317	101472	12845
其他费用	671072	626049	45023
2、按建设性质分			
其中:(1)新建	8865286	8331198	534088
其中:(2)扩建	806405	712302	94103
其中:(3)改建	1457178	1334855	122323
3、按登记注册类型分			
内资企业	10307392	9556878	750514
国有企业	1726509	1693730	32779
集体企业	91005	70801	20204
联营企业	17400	17400	
国有与集体联营企业	17400	17400	
有限责任公司	2194232	2183105	11127

表 7-6 续表 1　　(不含房地产)(2012 年)　　单位:万元

指标名称	全市	城镇	农村
国有独资公司	388403	386863	1540
其他有限责任公司	1805829	1796242	9587
股份有限公司	207428	207428	
私营企业	6031668	5345264	686404
私营独资企业	2316369	2050584	265785
私营合伙企业	874165	768664	105501
私营有限责任公司	2699801	2384683	315118
私营股份有限公司	141333	141333	
其他企业	39150	39150	
港、澳、台商投资企业	474293	474293	
合资经营企业(港或澳、台资)	60274	60274	
港、澳、台商独资经营企业	309933	309933	
港、澳、台商投资股份有限公司	104086	104086	
外商投资企业	401198	401198	
中外合资经营企业	321723	321723	
外资企业	79475	79475	
个体经营	3600	3600	
个体户	3600	3600	
①第一产业	209829	139950	69879
②第二产业	8690128	8070228	619900
工业	8567824	7952424	615400
能源工业	364922	325382	39540
原材料工业	3773658	3609099	164559
机电工业	2328536	2216682	111854
轻纺工业	2052035	1804473	247562
③第三产业	2286526	2225791	60735
5、按国民经济行业分			
农、林、牧、渔业	209829	139950	69879

表 7-6 续表 2　　(不含房地产)(2012 年)　　单位:万元

指标名称	全市	城镇	农村
农业	126409	84297	42112
林业			
畜牧业	25429	16126	9303
渔业	44903	28332	16571
农、林、牧、渔服务业	13088	11195	1893
采矿业	62606	58883	3723
黑色金属矿采选业	38343	38343	
有色金属矿采选业	17740	17740	
非金属矿采选业	6523	2800	3723
制造业	8097750	7497613	600137
农副食品加工业	315295	244132	71163
食品制造业	62027	54195	7832
酒、饮料和精制茶制造业	15612	11612	4000
烟草制品业			
纺织业	157803	139803	18000
纺织服装、服饰业	118570	87900	30670
皮革、毛皮、羽毛及其制品和制鞋业	40669	38469	2200
木材加工和木、竹、藤、棕、草制品业	236044	200914	35130
家具制造业	94456	74806	19650
造纸和纸制品业	48517	37317	11200
印刷和记录媒介复制业	3600	3600	
文教、工美、体育和娱乐用品制造业	114490	87123	27367
石油加工、炼焦和核燃料加工业	44400	6400	38000
化学原料和化学制品制造业	1934178	1918191	15987
医药制造业	395221	392021	3200
化学纤维制造业	29399	29399	
橡胶和塑料制品业	305226	256714	48512
非金属矿物制品业	1168599	1049937	118662
黑色金属冶炼和压延加工业	370514	364514	6000

表 7-6 续表 3　　(不含房地产)(2012 年)　　单位:万元

指标名称	全市	城镇	农村
有色金属冶炼和压延加工业	207574	203974	3600
金属制品业	564541	489855	74686
通用设备制造业	183644	170954	12690
专用设备制造业	320469	320469	
汽车制造业	338661	338661	
铁路、船舶、航空航天和其他运输设备制造业	141520	141520	
电气机械和器材制造业	488101	473800	14301
计算机、通信和其他电子设备制造业	248070	237893	10177
仪器仪表制造业	43530	43530	
其他制造业	68490	61690	6800
废弃资源综合利用业	36710	16400	20310
金属制品、机械和设备修理业	1820	1820	
电力、热力、燃气及水生产和供应业	407468	395928	11540
电力、热力生产和供应业	296402	294862	1540
燃气生产和供应业	24120	24120	
水的生产和供应业	86946	76946	10000
建筑业	122304	117804	4500
房屋建筑业	32919	28419	4500
土木工程建筑业	78785	78785	
建筑安装业	6600	6600	
建筑装饰和其他建筑业	4000	4000	
批发和零售业	173194	173194	
批发业	61900	61900	
零售业	111294	111294	
交通运输、仓储和邮政业	728795	708811	19984
铁路运输业			
道路运输业	231748	231748	
水上运输业	404855	387871	16984
装卸搬运和运输代理业	32130	32130	

表 7-6 续表 4　　(不含房地产)(2012 年)　　单位:万元

指标名称	全市	城镇	农村
仓储业	57062	54062	3000
邮政业	3000	3000	
住宿和餐饮业	39077	31218	7859
住宿业	25197	17338	7859
餐饮业	13880	13880	
信息传输、软件和信息技术服务业	72193	72193	
电信、广播电视和卫星传输服务	58373	58373	
软件和信息技术服务业	13820	13820	
金融业	19807	19807	
货币金融服务	7067	7067	
资本市场服务	12740	12740	
房地产业	172130	152633	19497
房地产业	172130	152633	19497
租赁和商务服务业	233684	232684	1000
商务服务业	233684	232684	1000
科学研究和技术服务业	28177	28177	
专业技术服务业	20480	20480	
科技推广和应用服务业	7697	7697	
水利、环境和公共设施管理业	575550	563155	12395
水利管理业	160713	154713	6000
生态保护和环境治理业	12730	12730	
公共设施管理业	402107	395712	6395
居民服务、修理和其他服务业	8813	8813	
居民服务业	4513	4513	
机动车、电子产品和日用产品修理业	4300	4300	
教育	95665	95665	
教育	95665	95665	
卫生和社会工作	48021	48021	

表 7-6 续表 5　　(不含房地产)(2012 年)　　单位:万元

指　标　名　称	全　市	城　镇	农　村
卫生	38991	38991	
社会工作	9030	9030	
文化、体育和娱乐业	55822	55822	
新闻和出版业			
广播、电视、电影和影视录音制作业	13384	13384	
文化艺术业			
体育	23230	23230	
娱乐业	19208	19208	
公共管理、社会保障和社会组织	35598	35598	
中国共产党机关			
国家机构	35598	35598	
三、本年新增固定资产(万元)	8630030	7910498	719532
四、项目个数(个)			
1、施工项目个数	1327	1173	154
其中:本年新开工	834	712	122
2、本年投产项目个数	886	776	110
五、房屋建筑面积(平方米)			
1、本年施工房屋面积	16162259	14582468	1579791
其中:住宅	610795	520095	90700
2、本年竣工房屋面积	8305520	7149761	1155759
其中:住宅	267700	237000	30700
六、本年资金来源合计	11852625	11083786	768839
1、上年末结余资金			
2、本年资金来源小计	11852625	11083786	768839
(1)国家预算资金	213166	206666	6500

表 7-6 续表 6　　(不含房地产)(2012 年)　　单位:万元

指　标　名　称	全　市	城　镇	农　村
其中:中央预算资金	16000	14000	2000
(2)国内贷款	888041	824306	63735
(3)债券			
(4)利用外资	253666	253666	
其中:外商直接投资	193335	193335	
(5)自筹资金	10431536	9739142	692394
其中:企、事业单位自有资金	5121184	4939795	181389
其中:股东投入资金	269575	261068	8507
其中:借入资金	47247	47247	
(6)其他资金来源	66216	60006	6210
七、各项应付款合计	90235	87282	2953
其中:工程款	69323	67630	1693
八、征用和购置土地面积			
1、规划用地面积	129925331	121949113	7976218
2、本年实际征用和购置土地面积	21139246	19083133	2056113
3、本年实际征用和购置土地成交价款	417381	391479	25902

分地区规模以上固定资产投资完成情况

表 7-7　　(不含房地产)(2012 年)　　单位:万元

指标名称	全市	市区	赣榆县	东海县	灌云县	灌南县
一、计划总投资(万元)						
1、建设项目计划总投资	29357851	18374401	3510225	2398274	2280130	2794821
其中:本年新开工项目	10832015	4879577	2082654	1401526	1257679	1210579
2、自开始建设至本年底累计完成投资	16873816	8126803	2566884	2172039	2057773	1950317
二、自年初累计完成投资(万元)	11186483	4724442	1755278	1645759	1620129	1440875
其中:本月完成投资	961380	511040	161107	209106	53952	26175
其中:本年新开工	5881108	2038250	1225900	1198579	943412	474967
其中:国有经济控股	2415768	1902149	210534	47483	188350	67252
其中:住宅	38993	28383	6950		3660	
其中:基础设施投资	1912632	1391692	217176	28082	175581	100101
其中:民间投资	8381307	2641619	1509304	1424982	1431779	1373623
1、按构成分						
建筑工程	4981364	2880442	570735	554007	567017	409163
安装工程	818450	206548	332023	70054	65336	144489
设备工器具购置	4715597	1231461	762430	968626	915383	837697
其中:用于更新的设备	114317	96102	1200		17015	
其他费用	671072	405991	90090	53072	72393	49526
2、按建设性质分						
其中:(1)新建	8865286	4155710	1223111	1383510	728908	1374047
其中:(2)扩建	806405		296735	36300	114229	
其中:(3)改建	1457178	209591	181032	225949	776992	63614
3、按登记注册类型分						
内资企业	10307392	4150013	1710708	1407534	1598262	1440875
国有企业	1726509	1255383	175456	47483	180935	67252
集体企业	91005		11375	57180		
股份合作企业						
联营企业	17400		17400			
国有联营企业						
集体联营企业						
国有与集体联营企业	17400		17400			

表 7-7 续表 1　　(不含房地产)(2012 年)　　单位:万元

指标名称	全市	市区	赣榆县	东海县	灌云县	灌南县
其他联营企业						
有限责任公司	2194232		103067	47134	53587	100431
国有独资公司	388403		16800			
其他有限责任公司	1805829	1518410	86267	47134	53587	100431
股份有限公司	207428		80444			3214
私营企业	6031668	828447	1313766	1255737	1363740	1269978
私营独资企业	2316369	587031	28244	225344	665423	810327
私营合伙企业	874165		99593	528124		151188
私营有限责任公司	2699801	130231	1119515	502269	698317	249469
私营股份有限公司	141333		66414			58994
其他企业	39150		9200			
港、澳、台商投资企业	474293		38570	124470		
合资经营企业(港或澳、台资)	60274		9130			
合作经营企业(港或澳、台资)						
港、澳、台商独资经营企业	309933		29440	124470		
港、澳、台商投资股份有限公司	104086					
其他港、澳、台商投资企业						
外商投资企业	401198		6000	113755	18267	
中外合资经营企业	321723			64931	18267	
中外合作经营企业						
外资企业	79475		6000	48824		
外商投资股份有限公司						
其他外商投资企业						
个体经营	3600				3600	
个体户	3600				3600	
个人合伙						
4、按产业分						
①第一产业	209829	34000	15985	27959	43441	88444
②第二产业	8690128	2984574	1559025	1569031	1366694	1210804
工业	8567824	2878244	1550525	1569031	1366694	1203330
能源工业	364922		101880		37878	
原材料工业	3773658	1049293	585559	814949	799318	524539
机电工业	2328536	938844	326681	395476	189695	477840
轻纺工业	2052035	711253	484110	317508	327693	211471
③第三产业	2286526	1705868	180268	48769	209994	141627
5、按国民经济行业分						
农、林、牧、渔业	209829	34000	15985	27959	43441	88444

表7-7续表2　　(不含房地产)(2012年)　　单位:万元

指标名称	全市	市区	赣榆县	东海县	灌云县	灌南县
农业	126409		3674	22159		80626
林业						
畜牧业	25429	3050	6631	5800	4023	5925
渔业	44903		3900		30003	
农、林、牧、渔服务业	13088		1780		9415	1893
采矿业	62606		42066	2800		
煤炭开采和洗选业						
石油和天然气开采业						
黑色金属矿采选业	38343		38343			
有色金属矿采选业	17740					
非金属矿采选业	6523		3723	2800		
开采辅助活动						
其他采矿业						
制造业	8097750	2599134	1414121	1560791	1320374	1203330
农副食品加工业	315295	25895	115539	72499	74955	26407
食品制造业	62027	29648	4200	12100	7982	8097
酒、饮料和精制茶制造业	15612				9000	6612
烟草制品业						
纺织业	157803	53862	33255	38050	31200	1436
纺织服装、服饰业	118570	2310	48643	34480	19260	13877
皮革、毛皮、羽毛及其制品和制鞋业	40669		14900	18620	3460	3689
木材加工和木、竹、藤、棕、草制品业	236044	87346	13090	19734	22971	92903
家具制造业	94456		55220		15000	2897
造纸和纸制品业	48517			11090	34127	
印刷和记录媒介复制业	3600					3600
文教、工美、体育和娱乐用品制造业	114490		63650	30095		4365
石油加工、炼焦和核燃料加工业	44400		41000			
化学原料和化学制品制造业	1934178	493302	230503	18250	720695	471428
医药制造业	395221	243920	46179	24179	70806	10137
化学纤维制造业	29399					18549
橡胶和塑料制品业	305226	72977	91748	89519	42600	8382
非金属矿物制品业	1168599	252756	104111	755929	44546	11257

表 7-7 续表 3　　(不含房地产)(2012 年)　　单位:万元

指标名称	全市	市区	赣榆县	东海县	灌云县	灌南县
黑色金属冶炼和压延加工业	370514	158838	169244	1400	6930	34102
有色金属冶炼和压延加工业	207574	120057	33558	19060	27147	7752
金属制品业	564541	240226	64291	55000	54407	150617
通用设备制造业	183644	75398	14399	1840	33374	58633
专用设备制造业	320469	228750	7000	46956	33285	4478
汽车制造业	338661	102470	73364	78500	9730	74597
铁路、船舶、航空航天和其他运输设备制造业	141520			1000	8620	122080
电气机械和器材制造业	488101	125090	124043	201102	18590	19276
计算机、通信和其他电子设备制造业	248070	114480	43584	11078	31689	47239
仪器仪表制造业	43530					920
其他制造业	68490		12800			
废弃资源综合利用业	36710		9800	20310		
金属制品、机械和设备修理业	1820					
电力、热力、燃气及水生产和供应业	407468	261370	94338	5440	46320	
电力、热力生产和供应业	296402		50160		27178	
燃气生产和供应业	24120		10720		10700	
水的生产和供应业	86946		33458	5440	8442	
建筑业	122304	106330	8500			7474
房屋建筑业	32919		4500			1456
土木工程建筑业	78785					6018
建筑安装业	6600					
建筑装饰和其他建筑业	4000		4000			
批发和零售业	173194	132445	10820	19851	7548	2530
批发业	61900		10820			2530
零售业	111294			19851	7548	
交通运输、仓储和邮政业	728795	510360	78784	9182	68223	62246
铁路运输业						
道路运输业	231748	112614	11000	9182	60408	38544
水上运输业	404855		62584		1315	8698

表7-7 续表4　　(不含房地产)(2012年)　　单位:万元

指标名称	全市	市区	赣榆县	东海县	灌云县	灌南县
航空运输业						
管道运输业						
装卸搬运和运输代理业	32130					
仓储业	57062		5200		6500	15004
邮政业	3000					
住宿和餐饮业	39077	22558	15639			880
住宿业	25197		2639			
餐饮业	13880		13000			880
信息传输、软件和信息技术服务业	72193	68393			3800	
电信、广播电视和卫星传输服务	58373				3800	
互联网和相关服务						
软件和信息技术服务业	13820					
金融业	19807	19807				
货币金融服务	7067					
资本市场服务	12740					
保险业						
其他金融业						
房地产业	172130	80366	17651		58431	15682
房地产业	172130		17651		58431	15682
租赁和商务服务业	233684	226408	1000	6276		
租赁业						
商务服务业	233684		1000	6276		
科学研究和技术服务业	28177	22316	5120		741	
研究和试验发展						
专业技术服务业	20480					
科技推广和应用服务业	7697		5120		741	
水利、环境和公共设施管理业	575550	486018	48376	5100	12907	23149
水利管理业	160713		15035		12907	1088
生态保护和环境治理业	12730		4730			
公共设施管理业	402107		28611	5100		22061

表 7-7 续表 5　　(不含房地产)(2012 年)　　单位:万元

指 标 名 称	全 市	市 区	赣榆县	东海县	灌云县	灌南县
居民服务、修理和其他服务业	8813	2300	2000		4513	
居民服务业	4513				4513	
机动车、电子产品和日用产品修理业	4300		2000			
其他服务业						
教育	95665	58854	878		23460	12473
教育	95665		878		23460	12473
卫生和社会工作	48021	13230			21371	13420
卫生	38991				21371	13420
社会工作	9030					
文化、体育和娱乐业	55822	37645		8360	6000	3817
新闻和出版业						
广播、电视、电影和影视录音制作业	13384				6000	
文化艺术业						
体育	23230			3360		470
娱乐业	19208			5000		3347
公共管理、社会保障和社会组织	35598	25168			3000	7430
中国共产党机关						
国家机构	35598				3000	7430
人民政协、民主党派						
社会保障						
群众团体、社会团体和其他成员组织						
基层群众自治组织						
国际组织						
国际组织						
三、本年新增固定资产(万元)	8630030	3051166	1773929	1258787	1158206	1387942
四、项目个数(个)						
1、施工项目个数	1327	496	191	202	235	203
其中:本年新开工	834	286	136	156	179	77
2、本年投产项目个数	886	291	140	166	167	122
五、房屋建筑面积(平方米)						

表 7-7 续表 6　　(不含房地产)(2012 年)　　单位:万元

指　标　名　称	全　市	市　区	赣榆县	东海县	灌云县	灌南县
1、本年施工房屋面积	16162259	7072882	1333009	2439094	1502824	3814450
其中:住宅	610795	506095	44000		60700	
2、本年竣工房屋面积	8305520	3547084	706041	1684953	510365	1857077
其中:住宅	267700	223000	44000		700	
六、本年资金来源合计	11852625	5082745	1834179	1657328	1693413	1584960
1、上年末结余资金						
2、本年资金来源小计	11852625	5082745	1834179	1657328	1693413	1584960
(1)国家预算资金	213166	121240	57396		34530	
其中:中央预算资金	16000	14000	2000			
(2)国内贷款	888041	344885	299721	162515	27420	53500
(3)债券						
(4)利用外资	253666	21800	31098	199745	1023	
其中:外商直接投资	193335	3700		189635		
(5)自筹资金	10431536	4548639	1443534	1293618	1614635	1531110
其中:企、事业单位自有资金	5121184	3670777	29119	1273408	147880	
其中:股东投入资金	269575	23350	7981	11650		226594
其中:借入资金	47247	8350	325			38572
(6)其他资金来源	66216	46181	2430	1450	15805	350
七、各项应付款合计	90235	46180	4665		2473	36917
其中:工程款	69323	44180	4532		1273	19338
八、征用和购置土地面积						
1、规划用地面积	129925331	84601933	16937492	6106119	13014440	9265347
2、本年实际征用和购置土地面积	21139246	6638620	6620207	2990422	2341711	2548286
3、本年实际征用和购置土地成交价款	417381	250612	48483	42367	28032	47887

市区分地区规模以上固定资产投资完成情况

表 7-8　　　　(不含房地产投资)　　　　单位:万元

指标名称	市区	市直	连云	新浦	海州	开发	徐圩新区	云台山景区
一、计划总投资(万元)								
1、建设项目计划总投资	18374401	4183071	3599077	2154033	865605	2654539	4845307	72769
其中:本年新开工项目	4879577	132660	1215514	1065831	468592	1231831	714649	50500
2、自开始建设至本年底累计完成投资	8126803	926997	2151149	1412986	597350	2137011	871025	30285
二、自年初累计完成投资(万元)	4724442	266877	1078140	843211	430872	1642670	452177	10495
其中:本月完成投资	511040	77139	87402	49236	15841	260390	20987	45
其中:本年新开工	2038250	37867	353360	529905	268785	734026	106142	8165
其中:国有经济控股	1902149	266877	610729	534923	31600	255643	198782	3595
其中:住宅	28383		10300	1083	17000			
其中:基础设施投资	1391692	266877	386978	455451	21754	199178	58569	2885
其中:民间投资	2641619		441473	290288	387220	1262343	253395	6900
1、按构成分								
建筑工程	2880442	170630	805753	577153	255489	778504	284228	8685
安装工程	206548	4103	36405	103602	51664		10304	470
设备工器具购置	1231461	82512	135507	77306	82485	807030	46221	400
其中:用于更新的设备	96102		3110	30644	22733		39385	230
其他费用	405991	9632	100475	85150	41234	57136	111424	940
2、按建设性质分								
其中:(1)新建	4155710	41084	1067140	695742	306822	1592330	447317	5275
其中:(2)扩建	359141	156363	11000	108898	72800		4860	5220
其中:(3)改建	209591	69430		38571	51250	50340		

表 7-8 续表 1　　　　　　　　　　　（不含房地产）　　　　　　　　　　　单位：万元

指　标　名　称	市　区	市直	连云	新浦	海州	开发	徐圩新区	云台山景区
3、按登记注册类型分								
内资企业	4150013	266877	871511	819557	415150	1314246	452177	10495
国有企业	1255383	110514	478940	527969	31600		104305	2055
集体企业	22450		5100	11000	6350			
有限责任公司	1890013	156363	193838	55895	136344	1244706	94477	8390
国有独资公司	371603	11960	51968			223368	82767	1540
其他有限责任公司	1518410	144403	141870	55895	136344	1021338	11710	6850
4、按产业分								
①第一产业				23000	11000			
②第二产业	2984574	156363	507853	271894	321478	1324318	401128	1540
工业	2878244	156363	507853	271894	311928	1324318	304348	1540
能源工业	225164	156363	3400	48861			15000	1540
原材料工业	1049293		465038	77995	53840	202490	249930	
机电工业	938844		16593	110520	151690	638963	21078	
轻纺工业	711253		31154	56938	114278	496863	12020	
③第三产业	1705868	110514	570287	548317	98394	318352	51049	8955
5、按国民经济行业分								
农、林、牧、渔业	34000			23000	11000			
农业	19950			12000	7950			
制造业	2599134		485038	206842	311928	1324318	271008	
电力、热力、燃气及水生产和供应业	261370	156363	5075	65052			33340	1540
建筑业	106330				9550		96780	

表 7-8 续表 2　　　　　　　　(不含房地产)　　　　　　　　单位:万元

指标名称	市区	市直	连云	新浦	海州	开发	徐圩新区	云台山景区
批发和零售业	132445		5810	80905	45730			
交通运输、仓储和邮政业	510360	110514	332258	11008	14560	42020		
住宿和餐饮业	22558		8700	7008				6850
信息传输、软件和信息技术服务业	68393			54573		13820		
金融业	19807			7067		12740		
房地产业	80366		2560	34986	17000		25820	
租赁和商务服务业	226408		140534	1000	2150	82724		
科学研究和技术服务业	22316		20480	1836				
水利、环境和公共设施管理业	486018		31484	244308	16654	167048	25229	1295
居民服务、修理和其他服务业	2300				2300			
教育	58854		3100	55704				50
卫生和社会工作	13230		4200	9030				
文化、体育和娱乐业	37645		10861	26784				
公共管理、社会保障和社会组织	25168		10300	14108				760
三、本年新增固定资产(万元)	3051166		353828	834145	430872	1379022	34719	18580
四、项目个数(个)								
1、施工项目个数	496	8	64	123	132	114	48	7
其中:本年新开工	286	3	33	77	92	63	14	4
2、本年投产项目个数	291		34	81	87	84	3	2
五、房屋建筑面积(平方米)								
1、本年施工房屋面积	7072882		58320	1610864	947920	3307170	994342	154266
其中:住宅	506095		12530	259565	234000			

表7-8续表3　　(不含房地产)　　单位:万元

指标名称	市区	市直	连云	新浦	海州	开发	徐圩新区	科教园区
2、本年竣工房屋面积	3547084		14520	376162	623063	2525743	7596	
其中:住宅	223000				223000			
六、本年资金来源合计	5082745	290215	1199327	873477	481522	1732380	494134	11690
1、上年末结余资金								
2、本年资金来源小计	5082745	290215	1199327	873477	481522	1732380	494134	11690
(1)国家预算资金	121240			90620	29350			1270
其中:中央预算资金	14000				14000			
(2)国内贷款	344885	244305		5630	94950			
(3)债券								
(4)利用外资	21800			18100		3700		
其中:外商直接投资	3700					3700		
(5)自筹资金	4548639	45910	1196526	759127	316642	1728680	494134	7620
其中:企、事业单位自有资金	3670777		1186126	573299	181172	1728680		1500
其中:股东投入资金	23350				23350			
其中:借入资金	8350				8350			
(6)其他资金来源	46181		2801		40580			2800
七、各项应付款合计	46180			46180				
其中:工程款	44180			44180				
八、征用和购置土地面积								
1、规划用地面积	84601933	4970670	15358960	16797990	2829398	10985985	32895960	762970
2、本年实际征用和购置土地面积	6638620		934864	2458276	738870	2312344		194266
3、本年实际征用和购置土地成交价款	250612		41692	40248	12916	155046		710

分地区城镇规模以上固定资产投资完成情况

表 7-9　　(不含房地产)　　单位:万元

指　标	全　市	市　区	赣榆县	东海县	灌云县	灌南县
一、计划总投资(万元)						
1、建设项目计划总投资	28110230	18326112	2919672	2186532	2035383	2642531
其中:本年新开工项目	9901721	4834977	1594207	1279576	1018082	1174879
2、自开始建设至本年底累计完成投资	15930123	8116728	2138937	1965624	1896679	1812155
二、自年初累计完成投资(万元)	10435969	4716387	1402286	1488340	1462335	1366621
其中:本月完成投资	896721	510995	123738	198336	39255	24397
其中:本年新开工	5249790	2031715	900059	1082164	788444	447408
其中:国有经济控股	2381449	1899314	179050	47483	188350	67252
其中:住宅	29335	28383	952			
其中:基础设施投资	1871713	1388857	184192	22982	175581	100101
其中:民间投资	7665112	2636399	1187796	1267563	1273985	1299369
1、按构成分						
建筑工程	4692198	2873377	433388	500351	515833	369249
安装工程	747798	206078	283092	60343	57998	140287
设备工器具购置	4369924	1231061	618299	879184	832121	809259
其中:用于更新的设备	101472	95872			5600	
其他费用	626049	405871	67507	48462	56383	47826
2、按建设性质分						
其中:(1)新建	8331198	4152875	1008798	1235691	634041	1299793
其中:(2)扩建	712302	353921	209113	36300	112968	
其中:(3)改建	1334855	209591	129975	216349	715326	63614
3、按登记注册类型分						
内资企业	9556878	4141958	1357716	1250115	1440468	1366621
国有企业	1693730	1254088	143972	47483	180935	67252
集体企业	70801	22450	4675	43676		
联营企业	17400		17400			
有限责任公司	2183105	1883253	103067	46134	53587	97064
国有独资公司	386863	370063	16800			
其他有限责任公司	1796242	1513190	86267	46134	53587	97064
股份有限公司	207428	123770	80444			3214
私营企业	5345264	828447	998958	1112822	1205946	1199091
私营独资企业	2050584	587031	14948	197044	510455	741106
私营合伙企业	768664	95260	55347	466869		151188

表 7-9 续表 1　　（不含房地产）　　单位：万元

指　　标	全　市	市　区	赣榆县	东海县	灌云县	灌南县
私营有限责任公司	2384683	130231	862249	448909	695491	247803
私营股份有限公司	141333	15925	66414			58994
其他企业	39150	29950	9200			
港、澳、台商投资企业	474293	311253	38570	124470		
港、澳、台商独资经营企业	309933	156023	29440	124470		
港、澳、台商投资股份有限公司	104086	104086				
外商投资企业	401198	263176	6000	113755	18267	
中外合资经营企业	321723	238525		64931	18267	
外资企业	79475	24651	6000	48824		
4、按产业分						
①第一产业	139950	34000	10310	5800	23870	65970
②第二产业	8070228	2983034	1244031	1439871	1235071	1168221
工业	7952424	2876704	1240031	1439871	1235071	1160747
能源工业	325382	223624	63880		37878	
原材料工业	3609099	1049293	525970	731939	778905	522992
机电工业	2216682	938844	259753	395476	154028	468581
轻纺工业	1804473	711253	372718	271358	269450	179694
③第三产业	2225791	1699353	147945	42669	203394	132430
5、按国民经济行业分						
农、林、牧、渔业	139950	34000	10310	5800	23870	65970
农业	84297	19950				64347
林业						
畜牧业	16126	3050	4630	5800	1023	1623
渔业	28332	11000	3900		13432	
农、林、牧、渔服务业	11195		1780		9415	
采矿业	58883	17740	38343	2800		
煤炭开采和洗选业						
石油和天然气开采业						
黑色金属矿采选业	38343		38343			
有色金属矿采选业	17740	17740				
非金属矿采选业	2800			2800		
开采辅助活动						
其他采矿业						

表 7-9 续表 2　　(不含房地产)　　单位:万元

指　　标	全　市	市　区	赣榆县	东海县	灌云县	灌南县
制造业	7497613	2599134	1117350	1431631	1188751	1160747
农副食品加工业	244132	25895	76184	52349	63297	26407
食品制造业	54195	29648	4200	8100	7982	4265
酒、饮料和精制茶制造业	11612				5000	6612
烟草制品业						
纺织业	139803	53862	29555	38050	16900	1436
纺织服装、服饰业	87900	2310	25893	34480	14560	10657
皮革、毛皮、羽毛及其制品和制鞋业	38469		14900	18620	1260	3689
木材加工和木、竹、藤、棕、草制品业	200914	87346	10970	17434	16986	68178
家具制造业	74806	21339	35570		15000	2897
造纸和纸制品业	37317	3300		4890	29127	
印刷和记录媒介复制业	3600					3600
文教、工美、体育和娱乐用品制造业	87123	16380	47333	19045		4365
石油加工、炼焦和核燃料加工业	6400	3400	3000			
化学原料和化学制品制造业	1918191	493302	216063	18250	720695	469881
医药制造业	392021	243920	46179	24179	67606	10137
化学纤维制造业	29399	10850				18549
橡胶和塑料制品业	256714	72977	70186	87069	18100	8382
非金属矿物制品业	1049937	252756	64962	693229	27733	11257
黑色金属冶炼和压延加工业	364514	158838	163244	1400	6930	34102
有色金属冶炼和压延加工业	203974	120057	33558	19060	23547	7752
金属制品业	489855	240226	12241	55000	36680	145708
通用设备制造业	170954	75398	14399	1840	25034	54283
专用设备制造业	320469	228750	7000	46956	33285	4478
汽车制造业	338661	102470	73364	78500	9730	74597
铁路、船舶、航空航天和其他运输设备制造业	141520	9820		1000	8620	122080
电气机械和器材制造业	473800	125090	113042	201102	15290	19276
计算机、通信和其他电子设备制造业	237893	114480	39707	11078	25389	47239
仪器仪表制造业	43530	42610				920
其他制造业	61690	55690	6000			
废弃资源综合利用业	16400	6600	9800			
金属制品、机械和设备修理业	1820	1820				
电力、热力、燃气及水生产和供应业	395928	259830	84338	5440	46320	

表 7–9 续表 3　　　　(不含房地产)　　　　单位:万元

指　　标	全　市	市　区	赣榆县	东海县	灌云县	灌南县
电力、热力生产和供应业	294862	217524	50160		27178	
燃气生产和供应业	24120	2700	10720		10700	
水的生产和供应业	76946	39606	23458	5440	8442	
建筑业	117804	106330	4000			7474
房屋建筑业	28419	26963				1456
土木工程建筑业	78785	72767				6018
建筑安装业	6600	6600				
建筑装饰和其他建筑业	4000		4000			
批发和零售业	173194	132445	10820	19851	7548	2530
批发业	61900	48550	10820			2530
零售业	111294	83895		19851	7548	
交通运输、仓储和邮政业	708811	510360	61800	9182	65223	62246
铁路运输业						
道路运输业	231748	112614	11000	9182	60408	38544
水上运输业	387871	332258	45600		1315	8698
航空运输业						
管道运输业						
装卸搬运和运输代理业	32130	32130				
仓储业	54062	30358	5200		3500	15004
邮政业	3000	3000				
住宿和餐饮业	31218	17338	13000			880
住宿业	17338	17338				
餐饮业	13880		13000			880
信息传输、软件和信息技术服务业	72193	68393			3800	
电信、广播电视和卫星传输服务	58373	54573			3800	
互联网和相关服务						
软件和信息技术服务业	13820	13820				
金融业	19807	19807				
货币金融服务	7067	7067				
资本市场服务	12740	12740				
保险业						
其他金融业						
房地产业	152633	80366	10951		54831	6485

表 7-9 续表 4　　　　(不含房地产)　　　　单位:万元

指　　标	全　市	市　区	赣榆县	东海县	灌云县	灌南县
房地产业	152633	80366	10951		54831	6485
租赁和商务服务业	232684	226408	1000	5276		
租赁业						
商务服务业	232684	226408	1000	5276		
科学研究和技术服务业	28177	22316	5120		741	
研究和试验发展						
专业技术服务业	20480	20480				
科技推广和应用服务业	7697	1836	5120		741	
水利、环境和公共设施管理业	563155	484723	42376		12907	23149
水利管理业	154713	131683	9035		12907	1088
生态保护和环境治理业	12730	8000	4730			
公共设施管理业	395712	345040	28611			22061
居民服务、修理和其他服务业	8813	2300	2000		4513	
居民服务业	4513				4513	
机动车、电子产品和日用产品修理业	4300	2300	2000			
其他服务业						
教育	95665	58854	878		23460	12473
教育	95665	58854	878		23460	12473
卫生和社会工作	48021	13230			21371	13420
卫生	38991	4200			21371	13420
社会工作	9030	9030				
文化、体育和娱乐业	55822	37645		8360	6000	3817
新闻和出版业						
广播、电视、电影和影视录音制作业	13384	7384			6000	
文化艺术业						
体育	23230	19400		3360		470
娱乐业	19208	10861		5000		3347
公共管理、社会保障和社会组织	35598	25168			3000	7430
中国共产党机关						
国家机构	35598	25168			3000	7430
人民政协、民主党派						
社会保障						
群众团体、社会团体和其他成员组织						
基层群众自治组织						

表 7-9 续表 5　　(不含房地产)　　单位:万元

指　　标	全　市	市　区	赣榆县	东海县	灌云县	灌南县
国际组织						
国际组织						
三、本年新增固定资产(万元)	7910498	3051166	1455288	1109818	1026874	1267352
四、项目个数(个)						
1、施工项目个数	1173	492	135	170	190	186
其中:本年新开工	712	283	86	137	135	71
2、本年投产项目个数	776	291	99	136	140	110
五、房屋建筑面积(平方米)						
1、本年施工房屋面积	14582468	6918616	1023738	2223294	1137172	3279648
其中:住宅	520095	506095	14000			
2、本年竣工房屋面积	7149761	3547084	469170	1472753	298003	1362751
其中:住宅	237000	223000	14000			
六、本年资金来源合计	11083786	5073875	1472936	1499649	1535521	1501805
1、上年末结余资金						
2、本年资金来源小计	11083786	5073875	1472936	1499649	1535521	1501805
(1)国家预算资金	206666	120740	51396		34530	
其中:中央预算资金	14000	14000				
(2)国内贷款	824306	344885	257561	155760	15600	50500
(3)债券						
(4)利用外资	253666	21800	31098	199745	1023	
其中:外商直接投资	193335	3700		189635		
(5)自筹资金	9739142	4541519	1130451	1142694	1473523	1450955
其中:企、事业单位自有资金	4939795	3669277	14070	1131044	125404	
其中:股东投入资金	261068	23350	3939	11650		222129
其中:借入资金	47247	8350	325			38572
(6)其他资金来源	60006	44931	2430	1450	10845	350
七、各项应付款合计	87282	46180	4185			36917
其中:工程款	67630	44180	4112			19338
八、征用和购置土地面积						
1、规划用地面积	121949113	84239307	15813782	4455429	8919277	8521318
2、本年实际征用和购置土地面积	19083133	6484354	5657809	2620202	1857131	2463637
3、本年实际征用和购置土地成交价款	391479	250262	35907	38147	20881	46282

市区城镇规模以上固定资产投资完成情况

表 7-10　　(不含房地产)　　单位:万元

指 标 名 称	市 区	市 直	连 云	新 浦	海 州	开 发	徐圩新区	云台山景区
一、计划总投资(万元)								
1、建设项目计划总投资	18326112	4183071	3599077	2154033	865605	2654539	4845307	24480
其中:本年新开工项目	4834977	132660	1215514	1065831	468592	1231831	714649	5900
2、自开始建设至本年底累计完成投资	8116728	926997	2151149	1412986	597350	2137011	871025	20210
二、自年初累计完成投资(万元)	4716387	266877	1078140	843211	430872	1642670	452177	2440
其中:本月完成投资	510995	77139	87402	49236	15841	260390	20987	
其中:本年新开工	2031715	37867	353360	529905	268785	734026	106142	1630
其中:国有经济控股	1899314	266877	610729	534923	31600	255643	198782	760
其中:住宅	28383		10300	1083	17000			
其中:基础设施投资	1388857	266877	386978	455451	21754	199178	58569	50
其中:民间投资	2636399		441473	290288	387220	1262343	253395	1680
1、按构成分								
建筑工程	2873377	170630	805753	577153	255489	778504	284228	1620
安装工程	206078	4103	36405	103602	51664		10304	
设备工器具购置	1231061	82512	135507	77306	82485	807030	46221	
其中:用于更新的设备	95872		3110	30644	22733		39385	
其他费用	405871	9632	100475	85150	41234	57136	111424	820
2、按建设性质分								
其中:(1)新建	4152875	41084	1067140	695742	306822	1592330	447317	2440
其中:(2)扩建	353921	156363	11000	108898	72800		4860	
其中:(3)改建	209591	69430		38571	51250	50340		
3、按登记注册类型分								
内资企业	4141958	266877	871511	819557	415150	1314246	452177	2440
国有企业	1254088	110514	478940	527969	31600		104305	760
集体企业	22450		5100	11000	6350			
联营企业								
有限责任公司	1883253	156363	193838	55895	136344	1244706	94477	1630
国有独资公司	370063	11960	51968			223368	82767	
其他有限责任公司	1513190	144403	141870	55895	136344	1021338	11710	1630
股份有限公司	123770		2600	18580	33050	69540		
私营企业	828447		191033	201413	182606		253395	
私营独资企业	587031		96399	194346	42891		253395	
私营合伙企业	95260		4100		91160			
私营有限责任公司	130231		79309	7067	43855			

表 7-10 续表 1　　(不含房地产)　　单位:万元

指标名称	市区	市直	连云	新浦	海州	开发	徐圩新区	云台山景区
私营股份有限公司	15925		11225		4700			
其他企业	29950			4700	25200			50
港、澳、台商投资企业	311253		36077		12052	263124		
港、澳、台商独资经营企业	156023		22907		12052	121064		
港、澳、台商投资股份有限公司	104086		9916			94170		
外商投资企业	263176		170552	23654	3670	65300		
中外合资经营企业	238525		167521	5654	3670	61680		
外资企业	24651		3031	18000		3620		
4、按产业分								
①第一产业	34000			23000	11000			
②第二产业	2983034	156363	507853	271894	321478	1324318	401128	
工业	2876704	156363	507853	271894	311928	1324318	304348	
能源工业	223624	156363	3400	48861			15000	
原材料工业	1049293		465038	77995	53840	202490	249930	
机电工业	938844		16593	110520	151690	638963	21078	
轻纺工业	711253		31154	56938	114278	496863	12020	
③第三产业	1699353	110514	570287	548317	98394	318352	51049	2440
5、按国民经济行业分								
农、林、牧、渔业	34000			23000	11000			
农业	19950			12000	7950			
林业								
畜牧业	3050				3050			
渔业	11000			11000				
农、林、牧、渔服务业								
采矿业	17740		17740					
煤炭开采和洗选业								
石油和天然气开采业								
黑色金属矿采选业								
有色金属矿采选业	17740		17740					
非金属矿采选业								
开采辅助活动								
其他采矿业								

表 7-10 续表 2　　　　(不含房地产)　　　　单位:万元

指标名称	市区	市直	连云	新浦	海州	开发	徐圩新区	云台山景区
制造业	2599134		485038	206842	311928	1324318	271008	
农副食品加工业	25895				17655	8240		
食品制造业	29648		8238	4890	12900	3620		
酒、饮料和精制茶制造业								
烟草制品业								
纺织业	53862				16252	37610		
纺织服装、服饰业	2310				2310			
皮革、毛皮、羽毛及其制品和制鞋业								
木材加工和木、竹、藤、棕、草制品业	87346			2240	8531	76575		
家具制造业	21339		4309		17030			
造纸和纸制品业	3300				3300			
印刷和记录媒介复制业								
文教、工美、体育和娱乐用品制造业	16380		5200		1900	9280		
石油加工、炼焦和核燃料加工业	3400		3400					
化学原料和化学制品制造业	493302		282216	7580	21160	78440	103906	
医药制造业	243920				8800	235120		
化学纤维制造业	10850					10850		
橡胶和塑料制品业	72977			11197	15900	45880		
非金属矿物制品业	252756		29700	70415	26580	124050	2011	
黑色金属冶炼和压延加工业	158838		15325		500		143013	
有色金属冶炼和压延加工业	120057		120057					
金属制品业	240226		3186	1680	8700	226660		
通用设备制造业	75398			2700	29650	21970	21078	
专用设备制造业	228750			27950	38810	161990		
汽车制造业	102470			8150	8000	86320		
铁路、船舶、航空航天和其他运输设备制造业	9820				1200	8620		
电气机械和器材制造业	125090		13407	43710	23700	44273		
计算机、通信和其他电子设备制造业	114480			8330	17020	89130		
仪器仪表制造业	42610			18000	24610			
其他制造业	55690					55690		
废弃资源综合利用业	6600				5600		1000	
金属制品、机械和设备修理业	1820				1820			
电力、热力、燃气及水生产和供应业	259830	156363	5075	65052			33340	

表 7-10 续表 3　　　　(不含房地产)　　　　单位:万元

指标名称	市区	市直	连云	新浦	海州	开发	徐圩新区	云台山景区
电力、热力生产和供应业	217524	156363		46161			15000	
燃气生产和供应业	2700			2700				
水的生产和供应业	39606		5075	16191			18340	
建筑业	106330				9550		96780	
房屋建筑业	26963						26963	
土木工程建筑业	72767				2950		69817	
建筑安装业	6600				6600			
建筑装饰和其他建筑业								
批发和零售业	132445		5810	80905	45730			
批发业	48550		5810	15640	27100			
零售业	83895			65265	18630			
交通运输、仓储和邮政业	510360	110514	332258	11008	14560	42020		
铁路运输业								
道路运输业	112614	110514			2100			
水上运输业	332258		332258					
航空运输业								
管道运输业								
装卸搬运和运输代理业	32130					32130		
仓储业	30358			11008	9460	9890		
邮政业	3000				3000			
住宿和餐饮业	17338		8700	7008				1630
住宿业	17338		8700	7008				1630
餐饮业								
信息传输、软件和信息技术服务业	68393			54573		13820		
电信、广播电视和卫星传输服务	54573			54573				
互联网和相关服务								
软件和信息技术服务业	13820					13820		
金融业	19807			7067		12740		
货币金融服务	7067			7067				
资本市场服务	12740					12740		
保险业								
其他金融业								

表 7-10 续表 4　　　　　　　　　　(不含房地产)　　　　　　　　　　单位:万元

指标名称	市区	市直	连云	新浦	海州	开发	徐圩新区	云台山景区
房地产业	80366		2560	34986	17000		25820	
房地产业	80366		2560	34986	17000		25820	
租赁和商务服务业	226408		140534	1000	2150	82724		
租赁业								
商务服务业	226408		140534	1000	2150	82724		
科学研究和技术服务业	22316		20480	1836				
研究和试验发展								
专业技术服务业	20480		20480					
科技推广和应用服务业	1836			1836				
水利、环境和公共设施管理业	484723		31484	244308	16654	167048	25229	
水利管理业	131683			123442			8241	
生态保护和环境治理业	8000				8000			
公共设施管理业	345040		31484	120866	8654	167048	16988	
居民服务、修理和其他服务业	2300				2300			
居民服务业								
机动车、电子产品和日用产品修理业	2300				2300			
其他服务业								
教育	58854		3100	55704				50
教育	58854		3100	55704				50
卫生和社会工作	13230		4200	9030				
卫生	4200		4200					
社会工作	9030			9030				
文化、体育和娱乐业	37645		10861	26784				
新闻和出版业								
广播、电视、电影和影视录音制作业	7384			7384				
文化艺术业								
体育	19400			19400				
娱乐业	10861		10861					
公共管理、社会保障和社会组织	25168		10300	14108				760
中国共产党机关								
国家机构	25168		10300	14108				760
人民政协、民主党派								
社会保障								

表 7-10 续表 5　　　　　　　　　　(不含房地产)　　　　　　　　　　单位:万元

指标名称	市区							
		市直	连云	新浦	海州	开发	徐圩新区	云台山景区
群众团体、社会团体和其他成员组织								
基层群众自治组织								
国际组织								
国际组织								
三、本年新增固定资产(万元)	3051166		353828	834145	430872	1379022	34719	18580
四、项目个数(个)								
1、施工项目个数	492	8	64	123	132	114	48	3
其中:本年新开工	283	3	33	77	92	63	14	1
2、本年投产项目个数	291		34	81	87	84	3	2
五、房屋建筑面积(平方米)								
1、本年施工房屋面积	6918616		58320	1610864	947920	3307170	994342	
其中:住宅	506095		12530	259565	234000			
2、本年竣工房屋面积	3547084		14520	376162	623063	2525743	7596	
其中:住宅	223000				223000			
六、本年资金来源合计	5073875	290215	1199327	873477	481522	1732380	494134	2820
1.上年末结余资金								
2.本年资金来源小计	5073875	290215	1199327	873477	481522	1732380	494134	2820
(1)国家预算资金	120740			90620	29350			770
其中:中央预算资金	14000				14000			
(2)国内贷款	344885	244305		5630	94950			
(3)债券								
(4)利用外资	21800			18100		3700		
其中:外商直接投资	3700					3700		
(5)自筹资金	4541519	45910	1196526	759127	316642	1728680	494134	500
其中:企、事业单位自有资金	3669277		1186126	573299	181172	1728680		
其中:股东投入资金	23350				23350			
其中:借入资金	8350				8350			
(6)其他资金来源	44931		2801		40580			1550
七、各项应付款合计	46180			46180				
其中:工程款	44180			44180				
八、征用和购置土地面积								
1、规划用地面积	84239307	4970670	15358960	16797990	2829398	10985985	32895960	400344
2、本年实际征用和购置土地面积	6484354		934864	2458276	738870	2312344		40000
3、本年实际征用和购置土地成交价款	250262		41692	40248	12916	155046		360

分地区农村规模以上固定资产投资完成情况

表 7-11　　(不含房地产)　　单位:万元

指标	全市	市区	赣榆县	东海县	灌云县	灌南县
一、计划总投资(万元)						
1. 建设项目计划总投资	1247621	48289	590553	211742	244747	152290
其中:本年新开工项目	930294	44600	488447	121950	239597	35700
2. 自开始建设至本年底累计完成投资	943693	10075	427947	206415	161094	138162
二、自年初累计完成投资(万元)	750514	8055	352992	157419	157794	74254
其中:本月完成投资	64659	45	37369	10770	14697	1778
其中:本年新开工	631318	6535	325841	116415	154968	27559
其中:国有经济控股	34319	2835	31484			
其中:住宅	9658		5998		3660	
其中:基础设施投资	40919	2835	32984	5100		
其中:民间投资	716195	5220	321508	157419	157794	74254
1. 按构成分						
建筑工程	289166	7065	137347	53656	51184	39914
安装工程	70652	470	48931	9711	7338	4202
设备工器具购置	345673	400	144131	89442	83262	28438
其中:用于更新的设备	12845	230	1200		11415	
其他费用	45023	120	22583	4610	16010	1700
2. 按建设性质分						
其中:(1)新建	534088	2835	214313	147819	94867	74254
其中:(2)扩建	94103	5220	87622		1261	
其中:(3)改建	122323		51057	9600	61666	
3. 按登记注册类型分						
内资企业	750514	8055	352992	157419	157794	74254
国有企业	32779	1295	31484			
集体企业	20204		6700	13504		
有限责任公司	11127	6760		1000		3367
国有独资公司	1540	1540				
其他有限责任公司	9587	5220		1000		3367
股份有限公司						
私营企业	686404		314808	142915	157794	70887
私营独资企业	265785		13296	28300	154968	69221

表 7-11 续表 1　　(不含房地产)　　单位:万元

指　　标	全　市	市　区	赣榆县	东海县	灌云县	灌南县
私营合伙企业	105501		44246	61255		
私营有限责任公司	315118		257266	53360	2826	1666
4、按产业分						
①第一产业	69879		5675	22159	19571	22474
②第二产业	619900	1540	314994	129160	131623	42583
工业	615400	1540	310494	129160	131623	42583
能源工业	39540	1540	38000			
原材料工业	164559		59589	83010	20413	1547
机电工业	111854		66928		35667	9259
轻纺工业	247562		111392	46150	58243	31777
③第三产业	60735	6515	32323	6100	6600	9197
5、按国民经济行业分						
农、林、牧、渔业	69879		5675	22159	19571	22474
农业	42112		3674	22159		16279
林业						
畜牧业	9303		2001		3000	4302
渔业	16571				16571	
农、林、牧、渔服务业	1893					1893
采矿业	3723		3723			
非金属矿采选业	3723		3723			
制造业	600137		296771	129160	131623	42583
农副食品加工业	71163		39355	20150	11658	
食品制造业	7832			4000		3832
酒、饮料和精制茶制造业	4000				4000	
纺织业	18000		3700		14300	
纺织服装、服饰业	30670		22750		4700	3220
皮革、毛皮、羽毛及其制品和制鞋业	2200				2200	
木材加工和木、竹、藤、棕、草制品业	35130		2120	2300	5985	24725
家具制造业	19650		19650			
造纸和纸制品业	11200			6200	5000	
文教、工美、体育和娱乐用品制造业	27367		16317	11050		
石油加工、炼焦和核燃料加工业	38000		38000			
化学原料和化学制品制造业	15987		14440			1547

表 7-11 续表 2　　(不含房地产)　　单位:万元

指　　标	全　市	市　区	赣榆县	东海县	灌云县	灌南县
医药制造业	3200				3200	
橡胶和塑料制品业	48512		21562	2450	24500	
非金属矿物制品业	118662		39149	62700	16813	
黑色金属冶炼和压延加工业	6000		6000			
有色金属冶炼和压延加工业	3600				3600	
金属制品业	74686		52050		17727	4909
通用设备制造业	12690				8340	4350
电气机械和器材制造业	14301		11001		3300	
计算机、通信和其他电子设备制造业	10177		3877		6300	
其他制造业	6800		6800			
废弃资源综合利用业	20310			20310		
电力、热力、燃气及水生产和供应业	11540	1540	10000			
电力、热力生产和供应业	1540	1540				
水的生产和供应业	10000		10000			
建筑业	4500		4500			
房屋建筑业	4500		4500			
交通运输、仓储和邮政业	19984		16984		3000	
水上运输业	16984		16984			
仓储业	3000				3000	
住宿和餐饮业	7859	5220	2639			
住宿业	7859	5220	2639			
房地产业	19497		6700		3600	9197
房地产业	19497		6700		3600	9197
租赁和商务服务业	1000			1000		
商务服务业	1000			1000		
水利、环境和公共设施管理业	12395	1295	6000	5100		
水利管理业	6000		6000			
公共设施管理业	6395	1295		5100		
三、本年新增固定资产(万元)	719532		318641	148969	131332	120590

表 7-11 续表 3　　　　　　　　(不含房地产)　　　　　　　　单位:万元

指　　标	全　市	市　区	赣榆县	东海县	灌云县	灌南县
四、项目个数(个)						
1、施工项目个数	154	4	56	32	45	17
其中:本年新开工	122	3	50	19	44	6
2、本年投产项目个数	110		41	30	27	12
五、房屋建筑面积(平方米)						
1、本年施工房屋面积	1579791	154266	309271	215800	365652	534802
其中:住宅	90700		30000		60700	
2、本年竣工房屋面积	1155759		236871	212200	212362	494326
其中:住宅	30700		30000		700	
六、本年资金来源合计	768839	8870	361243	157679	157892	83155
1、上年末结余资金						
2、本年资金来源小计	768839	8870	361243	157679	157892	83155
(1)国家预算资金	6500	500	6000			
其中:中央预算资金	2000		2000			
(2)国内贷款	63735		42160	6755	11820	3000
(3)债券						
(4)利用外资						
其中:外商直接投资						
(5)自筹资金	692394	7120	313083	150924	141112	80155
其中:企、事业单位自有资金	181389	1500	15049	142364	22476	
其中:股东投入资金	8507		4042			4465
其中:借入资金						
(6)其他资金来源	6210	1250			4960	
七、各项应付款合计	2953		480		2473	
其中:工程款	1693		420		1273	
八、征用和购置土地面积						
1、规划用地面积	7976218	362626	1123710	1650690	4095163	744029
2、本年实际征用和购置土地面积	2056113	154266	962398	370220	484580	84649
3、本年实际征用和购置土地成交价款	25902	350	12576	4220	7151	1605

固定资产投资竣工的房屋建筑面积

表 7-12　　（城镇规模以上不含房地产）　　单位：万平方米

年　份	全　市	市　区	赣榆县	东海县	灌云县	灌南县
1979	31.51	25.89	1.21	1.86	1.12	1.43
1980	45.23	32.96	3.24	4.22	3.05	1.76
1981	45.63	37.76	2.51	1.92	2.24	1.20
1982	53.79	37.14	3.91	3.52	5.13	4.09
1983	51.07	38.14	5.48	3.54	3.25	0.66
1984	57.64	36.65	5.64	5.91	6.81	2.63
1985	77.82	52.36	7.82	6.85	6.52	4.30
1986	94.57	66.27	6.71	8.57	6.39	6.63
1987	83.17	60.18	4.77	9.09	6.17	2.96
1988	82.92	53.03	6.61	6.19	8.91	8.18
1989	59.28	44.61	5.14	2.69	4.14	2.70
1990	56.60	40.92	8.17	3.96	1.60	1.95
1991	62.32	40.89	9.16	4.60	4.82	2.85
1992	61.85	35.20	9.32	6.28	6.20	4.85
1993	111.77	77.78	10.04	7.44	9.75	6.76
1994	105.19	68.11	13.13	6.94	11.22	5.79
1995	118.76	90.92	10.64	7.97	5.78	3.45
1996	105.61	62.19	11.35	13.58	14.30	4.19
1997	95.40	58.53	15.30	6.08	10.19	5.30
1998	101.84	43.00	17.99	18.10	13.51	9.24
1999	128.04	61.48	16.91	12.83	25.48	11.34
2000	77.95	35.20	15.50	7.87	10.70	8.68
2001	123.85	64.11	28.61	11.99	7.36	11.78
2002	90.06	51.99	9.92	10.64	15.78	1.73
2003	81.54	38.20	11.71	12.83	18.80	
2004	120.71	82.65	13.95	13.57	10.54	
2005	193.48	36.42	55.49	55.50	46.07	
2006	139.75	39.91	20.74	19.67	32.19	27.24
2007	225.84	60.88	64.82	65.90	27.83	6.41
2008	288.67	29.22	71.71	133.39	54.35	0.00
2009	483.39	149.72	119.42	113.39	42.46	58.40
2010	444.96	198.11	64.86	78.37	27.87	75.75
2011	499.21	209.82	18.57	83.26	56.55	131.01
2012	830.55	354.70	70.60	168.50	51.00	185.70

固定资产投资竣工的住宅建筑面积

表 7-13 　　(城镇规模以上不含房地产) 　　单位:万平方米

年　份	全　市	市　区	赣榆县	东海县	灌云县	灌南县
1979	14.87	13.26	0.25	0.54	0.58	0.24
1980	20.12	16.48	0.72	1.22	0.92	0.78
1981	19.36	16.61	0.48	0.91	0.92	0.44
1982	25.42	20.57	1.05	0.94	2.14	0.72
1983	25.12	21.26	1.86	0.92	0.75	0.33
1984	23.31	16.62	1.38	2.26	2.55	0.5
1985	30.04	23.51	1.92	1.91	1.52	1.18
1986	35.77	29.4	1.7	1.89	1.51	1.27
1987	24.61	19.65	1.11	1.25	1.93	0.67
1988	26.61	16.63	3.9	1.61	2.81	1.66
1989	20.16	17.3	1.36	0.5	0.7	0.3
1990	19.96	16.74	0.87	0.84	0.64	0.87
1991	18.68	12.89	2.31	1.42	0.91	1.15
1992	26.66	14.92	4.98	4.12	1.4	1.24
1993	44.64	34.27	4.13	3.01	1.75	1.48
1994	32.86	18.25	8.11	1.93	2.27	2.3
1995	56.34	46.24	4.29	2.98	0.84	1.99
1996	75.88	55.21	5.89	7.63	5.6	1.55
1997	68.40	50.93	6.04	4.68	3.24	3.51
1998	81.34	48.27	10.43	10.77	6.24	5.63
1999	134.08	93.16	12.34	9.82	12.15	6.61
2000	85.08	57.83	7.66	5.45	5.52	8.62
2001	111.56	76.93	21.52	2.16	2.59	8.36
2002	102.75	84.03	6.03	7.64	3.15	1.9
2003	98.74	77.59	6.66	7.42	5.21	1.86
2004	115.31	88.17	11.11	4	12.03	
2005	112.82	93.4	3.2	10.18	6.04	
2006	150.80	82.18	23.33	22.08	17.41	5.8
2007	213.60	127.75	28.51	29.86	27.48	
2008	27.64			7.54	20.1	
2009	6.76	6.76				
2010	24.58	24.58				
2011	21.09	20.67	1.00		0.43	
2012	26.77	22.30	4.40		0.07	

固定资产投资效果情况

表 7-14

(2012 年)(规模以上不含房地产)

指标名称	单位	总计	城镇投资	农村投资
一、本年施工的建设项目	个	1327	1173	154
本年全部建成投产项目	个	886	776	110
项目建成投产率	%	66.77	66.16	71.43
二、计划总投资	万元	29357851	28110230	1247621
本年完成投资	万元	11186483	10435969	750514
建设周期	年	38.10	37.13	60.16
三、本年新增固定资产	万元	8630030	7910498	719532
固定资产交付使用率	%	77.15	75.80	95.87
四、房屋施工面积	平方米	16162259	14582468	1579791
房屋竣工面积	平方米	8305520	7149761	1155759
房屋竣工率	%	51.39	49.03	73.16

分地区固定资产投资效果情况

表 7-15

(规模以上不含房地产)

指标	单位	全市	市区	赣榆县	东海县	灌云县	灌南县
一、本年施工的建设项目	个	1327	496	191	202	235	203
本年全部建成投产项目	个	886	291	140	166	167	122
项目建成投产率	%	66.77	58.67	73.30	82.18	71.06	60.10
二、计划总投资	万元	29357851	18374401	3510225	2398274	2280130	2794821
本年完成投资	万元	11186483	4724442	1755278	1645759	1620129	1440875
建设周期	年	38.10	25.71	50.00	68.62	71.05	51.56
三、本年新增固定资产	万元	8630030	3051166	1773929	1258787	1158206	1387942
固定资产交付使用率	%	77.15	64.58	101.06	76.49	71.49	96.33
四、房屋施工面积	平方米	16162259	7072882	1333009	2439094	1502824	3814450
房屋竣工面积	平方米	8305520	3547084	706041	1684953	510365	1857077
房屋竣工率	%	51.39	50.15	52.97	69.08	33.96	48.69

高新技术产业投资完成情况

表7-16　　　　单位:万元

指　标　名　称	2012年	2011年	增　长
总　计	**2340027**	**2012923**	**16.25**
按行业分			
二、计算机及办公设备制造业	2900		
三、电子及通讯设备制造业	206856	310691	−33.42
四、医药制造业	391616	377353	3.78
五、专用科学仪器设备制造业	48410	46013	5.21
六、电气机械及设备制造业	141581	199255	−28.94
七、新材料产业	1534844	1067961	43.72
八、软件和信息技术服务业	13820	11650	18.63
按登记注册类型分			
内资企业	10307392	1801754	472.08
国有企业	1726509		
集体企业	91005		
联营企业	17400		
国有与集体联营企业	17400		
有限责任公司	2194232	443640	394.6
国有独资公司	388403		
其他有限责任公司	1805829	443640	307.05
股份有限公司	207428	209725	−1.1
私营企业	6031668	1145189	426.7
私营独资企业	2316369		
私营合伙企业	874165		
私营有限责任公司	2699801		
私营股份有限公司	141333		***
其他企业	39150	3200	1123.44
港、澳、台商投资企业	474293	116170	308.27
合资经营企业(港或澳、台资)	60274	29629	103.43
港、澳、台商独资经营企业	309933	42781	624.46
港、澳、台商投资股份有限公司	104086	43760	137.86
外商投资企业	401198	94999	322.32
中外合资经营企业	321723	94999	238.66
外商独资企业	79475		
个体经营	3600		
个体户	3600		

分行业民间投资完成情况

表 7-17　　　　单位:万元

指　标　名　称	2012年	2011年	增 长
总 计	**8056594**	**6698977**	**20.27**
按国民经济行业分 2012			
(一)农、林、牧、渔业	184514	62876	193.46
农业	114409	29710	285.09
林业		2390	-100
畜牧业	25429	25540	-0.43
渔业	41003	2000	1950.15
农、林、牧、渔服务业	3673	3236	13.5
(二)采矿业	62606	15500	303.91
黑色金属矿采选业	38343		
有色金属矿采选业	17740	5400	228.52
非金属矿采选业	6523	5000	30.46
其他开采业		5100	-100
(三)制造业	7234591	6129972	18.02
农副食品加工业	297895	198610	49.99
食品制造业	48299	42196	14.46
酒、饮料和精制茶制造业	15612	44347	-64.8
纺织业	113101	93753	20.64
纺织服装和服饰业	118570	133864	-11.43
皮革、毛皮、羽毛(绒)及其制品业	40669	25385	60.21
木材加工及木、竹、藤、棕、草制	226914	109330	107.55
家具制造业	94456	62202	51.85
造纸及纸制品业	48517	23644	105.2
文教体育用品制造业	107300	35820	199.55
石油加工、炼焦及核燃料加工业	44400	103850	-57.25
化学原料及化学制品制造业	1638035	1255595	30.46
医药制造业	365746	354327	3.22
化学纤维制造业	29399	24180	21.58
橡胶和塑料制品业	305226	223839	36.36
非金属矿制品业	1061406	1078216	-1.56
黑色金属冶炼和压延加工业	370514	378141	-2.02
有色金属冶炼和压延加工业	204320	116129	75.94
金属制品业	564541	421089	34.07
通用设备制造业	161674	60181	168.65
专用设备制造业	301019	364840	-17.49

表7-17 续表1 单位:万元

指　标　名　称	2012年	2011年	增 长
汽车制造业	313461	126799	147.21
铁路、船舶、航空航天等制造业	141520	97787	44.72
电气机械及器材制造业	305194	410710	-25.69
计算机、通信和其他电子设备制造业	199453	288431	-30.85
仪器仪表制造业	25530	31250	-18.3
其他制造业	50690	7810	549.04
废弃资源综合利用业	35710	17647	102.36
金属制品、机械和设备修理业	1820		
(四)电力、热力、燃气及水的生产和供应业	62434	97300	-35.83
电力、热力的生产和供应业	6481		
燃气生产和供应业	21420	66926	-67.99
水的生产和供应业	34533	30374	13.69
(五)建筑业	8496	43692	-80.55
房屋建筑业		27547	-100
土木工程建筑业	4496	11695	-61.56
建筑安装业		4450	-100
(六)批发和零售业	159319	112909	41.1
批发业	61900	72886	-15.07
零售业	97419	40023	143.41
(七)交通运输、仓储和邮政业	61143	90837	-32.69
道路运输业	10149	19290	-47.39
装卸搬运和运输代理业	4320	22638	-80.92
仓储业	33661	48789	-31.01
邮政业	3000	120	2400
(八)住宿和餐饮业	23369	42120	-44.52
住宿业	9489	37820	-74.91
餐饮业	13880	4300	222.79
(十一)房地产业	99207	24435	306
房地产业	99207	24435	306
(十二)租赁和商务服务业	61266	14200	331.45
商务服务业	61266	14200	331.45
(十四)水利、环境和公共设施管理业	50402	13562	271.64
公共设施管理业	49314	13562	263.62
(十五)居民服务和其他服务业	4300	21287	-79.8
居民服务业		137	-100
机动车、电子产品和日用产品修理业	4300	5650	-23.89
其他服务业		15500	-100
(十六)教育	7053	2802	151.71
教育	7053	2802	151.71
(十七)卫生和社会工作	15320	3955	287.36
卫生	13420	3955	239.32
(十八)文化、体育和娱乐业	11707	8875	31.91
体育	3360	4700	-28.51
娱乐业	8347	3585	132.83

2012年全市投资项目计划总投资前100位项目

表7-18 单位：万元

排序	建设单位	项目名称	计划总投资
1	江苏核电有限公司	田湾核电站	3117411
2	江苏斯尔邦石化有限公司	年产360万吨醇基多联产项目	2196818
3	连云港港30万吨级航道建设指挥部	连云港港30万吨级航道工程	789200
4	连云港金海岸开发公司	连云港海滨新区基础设施工程	602523
5	江苏虹港石化有限公司	年产150万吨TPA项目	500720
6	江苏新海发电有限公司	江苏新海发电有限公司“上大压小”扩建工程	456000
7	江苏宝通镍业有限公司	年产41万吨镍合金(一期)项目	400000
8	江苏德邦兴华化工股份公司	年产35万吨合成氨系列产品项目	330732
9	连云港市交通局	242省道青口至杨集段改建	280000
10	连云港港口集团	连云港旗台港区25万吨级矿石码头工程	264980
11	连云港新海湾码头有限公司	连云港港赣榆港区一期(起步)工程	223700
12	连云港华乐合金有限公司	镍合金制品制造项目	200000
13	台玻东海玻璃有限公司	年产40万吨光伏玻璃生产线迁建改造项目	185299
14	连云港凯帝重工科技有限公司	年产30万吨机械装备制造及钢管钢结构(一期)项目	180000
15	连云港神州新能源有限公司	500MW/年太阳能电池组项目	169600
16	番禺珠江钢管(连云港)有限公司	80万吨油气管线钢管项目	165000
17	江苏金港湾投资有限公司	连云港保税物流中心	164900
18	江苏金桥盐化集团	过氧化氢、PVC树脂生产	149790
19	连云港市水利局	通榆河北延送水工程	145310
20	连云港金信利不锈钢有限公司	压延卷板生产线	144884
21	连云港苏宁置业有限公司	连云港苏宁广场项目	136300
22	江苏环球铜业有限公司	废旧资源再生项目	135011
23	连云港市交通局	新建226省道连云港段一期	130000
24	连云港港口集团	旗台港区氧化铝及散化肥专业泊位	128770
25	连云港港口集团	连云港旗台港区防波堤工程	121958

表 7-18 续表 1　　　　单位:万元

排序	建　设　单　位	项　目　名　称	计划总投资
26	江苏方洋集团有限公司	连云港新海至徐圩港区公路	110000
27	连云港合乐不锈钢有限公司	不锈钢制品	106000
28	江苏金茂源生物化工有限公司	年产 10 万吨乙酸乙酯等产品项目	100314
29	江苏纳华光伏材料有限公司	年产五万吨多晶硅线割专用材料和 10 万吨硅片切割液回收再利用工程项目	100000
30	连云港太平洋光伏石英材料有限公司	年产 12 万只多晶硅铸锭用石英方坩埚、16 万只大口径石英圆坩埚及光伏石英材料研发中心项目	100000
31	中材江苏太阳能新材料有限公司	年产 30 万只石英坩埚项目	100000
32	江苏海力源石英科技有限公司	年产 10 万只多晶硅铸锭用石英电弧坩埚及 20 万只大口径石英坩埚	100000
33	东海晶澳太阳能光伏材料有限公司	年产 420 吨多晶硅锭项目	100000
34	连云港东睦新材料有限公司	新材料生产基地	100000
35	连云港美通科技发展有限公司	木材加工	100000
36	连云港市体育局	连云港市体育中心	100000
37	江苏善俊清洁能源科技有限公司	聚丙烯和多元醇项目	94957
38	连云港恒运医药科技有限公司	9 个医药产品搬迁技改项目	94076
39	江苏万驰电器有限公司	万驰年产 30 万台套空调整机生产线项目	90000
40	中复神鹰碳纤维有限责任公司	碳纤维制造	90000
41	连云港港海化工有限公司	80 万吨/年柴油加氢及配套项目	89015
42	江苏省电力公司	临海输变电工程	87023
43	连云港善德化学有限公司	农药中间体项目	85373
44	江苏东成生物科技有限公司	10 万吨/年药用酒精生产线	85000
45	连云港港龙钢材现货交易市场管理有限公司	钢材加工及仓储	85000
46	江苏和利瑞科技发展有限公司	化学原料制造项目	85000
47	江苏润科地产开发有限公司	花果山大酒店	81848
48	江苏迪安化工有限公司	迪安年产 42240 吨高档分散染料等产品项目	80673
49	淮海工学院	淮海花园	80450
50	江苏连顺纺织染整有限公司	高档服饰面料	80400

表 7-18 续表 2　　　　单位:万元

排序	建　设　单　位	项　目　名　称	计划总投资
51	连云港宝石精密重工科技有限公司	年产 30 万件汽车压缩机等精密铸件项目	80000
52	江苏创瑞设备制造有限公司	创瑞年产 500 台高节能全自动标准件专用设备项目	80000
53	江苏豪森医药股份有限公司	研发中心	80000
54	连云港金隆投资发展有限公司	金隆生产资料物流园区	80000
55	连云港天洋汽车有限公司	轻重卡车制造(一期)	78000
56	江苏方洋集团有限公司	226 省道(纵五路–圩子口)	76055
57	连云港美尔美图船业有限公司	美尔美图年修造 50 万吨船舶项目	75000
58	连云港市东茂矿业有限公司	镍铁合金项目	75000
59	连云港北港镍业有限公司	3.5 万吨/年镍铁合金生产线	74000
60	江苏苏海投资有限公司	东温庄水库	73918
61	江苏石光光伏有限公司	年产 350 兆瓦太阳能光伏组件项目	72000
62	江苏方洋集团有限公司	徐圩新区公共租赁住房工程	71458
63	连云港市交通局	324 省道灌云段	67000
64	江苏晋光化工科技有限公司	年产 10000 吨荧光增白剂项目	65000
65	国农生物肥料连云港有限责任公司	生物肥料制造	65000
66	益海(连云港)精细化工有限公司	脂肪胺生产	65000
67	江苏裕灌现代农业有限公司	裕灌年产 25 万吨菌丝堆料及 5 万吨果蔬加工项目一期	63000
68	江苏省金桥盐盐化集团有限责任公司	30 万吨离子膜烧碱项目	63000
69	连云港深喜嘉瑞宝有限公司	嘉瑞宝国际广场	61966
70	华东国际时尚物料城开发(连云港)有限公司	商贸物料城	61308
71	江苏苏海投资有限公司	滨海新城围海造陆	60448
72	东海县东大科教投资有限公司	东海水晶文化创意产业园	60000
73	连云港宏创医药有限公司	创新原料药生产基地(一期)	60000
74	连云港长风医疗器材有限公司	医疗器械制造	60000
75	中国船舶重工集团公司第七一六研究所	科研生产区工程	60000

表7-18续表3 单位:万元

排序	建　设　单　位	项　目　名　称	计划总投资
76	连云港兴隆实业集团有限公司	兴隆国际商贸广场(一期)	60000
77	江苏中茂工艺品制造有限公司	旅游休闲用品生产线	58000
78	益海天成(连云港)化工有限公司	酰氯、AKD助剂、环氧氯丙烷生产	58000
79	江苏方洋集团有限公司	9单元地块7条路(先进装备制造业基地)	56659
80	江苏润科投资发展有限公司	南京医科大学康达学院迁建项目	56000
81	江苏宁连钢材有限公司	钢材现货市场	55009
82	江苏聚力新能源有限公司	太阳能组件生产线	53615
83	灌南县交通局	灌南县新港大道二期项目	51000
84	连云港市广播电视台	连云港市广播影视文化产业城	51000
85	江苏方洋集团有限公司	横二路	50547
86	江苏方洋集团有限公司	张圩小区	50000
87	赣榆海洲湾现代渔业园区管委会	现代渔业园项目	50000
88	连云港中翔钢材现货交易市场管理有限公司	新建钢材现货交易市场一期	50000
89	灌南县经济投资发展有限公司	灌南县中小企业园项目	50000
90	连云港菁商实业有限公司	木材深加工及研发	50000
91	江苏光大豪锐信息产业投资有限公司	国家软件园(一期)	50000
92	海洲资产经营有限责任公司	锦屏磷矿棚户区改造	49927
93	江苏蔷薇实业集团有限公司	年产30万吨固体硅酸钠及2万吨白碳黑1万吨硅胶3万吨分子筛项目	49000
94	江苏明盛化工有限公司	年产30000吨氯磺酸改扩建项目	48975
95	连云港市交通局	新建310国道大酒壶至青湖段	48960
96	江苏省镔鑫特钢材料有限公司	合金棒材生产线	48800
97	连云港云海电源有限公司	铅酸电池生产线	48800
98	连云港港口集团	旗台港区液体散货泊位工程	48580
99	连云港亚新金属有限公司	亚新年产100万吨不锈钢制品项目	48500
100	江苏省双源新型材料有限公司	150万吨/年矿渣微粉生产线	48000

2012年全市投资项目当年完成投资前100位项目

表 7-19　　单位:万元

排序	建 设 单 位	项 目 名 称	当年完成投资
1	连云港港30万吨级航道建设指挥部	连云港港30万吨级航道工程	243374
2	江苏新海发电有限公司	江苏新海发电有限公司“上大压小”扩建工程	144403
3	台玻东海玻璃有限公司	年产40万吨光伏玻璃生产线迁建改造项目	110365
4	益海天成(连云港)化工有限公司	酰氯、AKD助剂、环氧氯丙烷生产	106934
5	连云港天洋汽车有限公司	轻重卡车制造(一期)	81650
6	番禺珠江钢管(连云港)有限公司	80万吨油气管线钢管项目	72303
7	江苏宝通镍业有限公司	年产41万吨镍合金(一期)项目	70710
8	连云港美尔美图船业有限公司	美尔美图年修造50万吨船舶项目	69719
9	连云港宝石精密重工科技有限公司	年产30万件汽车压缩机等精密铸件项目	69117
10	江苏纳华光伏材料有限公司	年产五万吨多晶硅线割专用材料和10万吨硅片切割液回收再利用工程项目	67720
11	江苏金桥盐化集团	过氧化氢、PVC树脂生产	67705
12	江苏虹港石化有限公司	年产150万吨TPA项目	65500
13	江苏海力源石英科技有限公司	年产10万只多晶硅铸锭用石英电弧坩埚及20万只大口径石英坩埚	63838
14	江苏豪森医药股份有限公司	研发中心	62250
15	益海(连云港)精细化工有限公司	脂肪胺生产	60587
16	江苏宁连钢材有限公司	钢材现货市场	60170
17	江苏环球铜业有限公司	废旧资源再生项目	59835
18	连云港太平洋光伏石英材料有限公司	年产12万只多晶硅铸锭用石英方坩埚、16万只大口径石英圆坩埚及光伏石英材料研发中心项目	59502
19	连云港港龙钢材现货交易市场管理有限公司	钢材加工及仓储	59490
20	国农生物肥料连云港有限责任公司	生物肥料制造	57680
21	连云港华乐合金有限公司	镍合金制品制造项目	56968
22	江苏金港湾投资有限公司	连云港保税物流中心	55934
23	华东国际时尚物料城开发(连云港)有限公司	商贸物料城	54984
24	连云港金信利不锈钢有限公司	压延卷板生产线	54490
25	中复神鹰碳纤维有限责任公司	碳纤维制造	51940

表 7-19 续表 1

单位:万元

排序	建设单位	项目名称	当年完成投资
26	连云港苏宁置业有限公司	连云港苏宁广场项目	51390
27	江苏善俊清洁能源科技有限公司	聚丙烯和多元醇项目	51000
28	江苏省电力公司	临海输变电工程	50160
29	江苏晋光化工科技有限公司	年产 10000 吨荧光增白剂项目	49530
30	江苏省镔鑫特钢材料有限公司	合金棒材生产线	48800
31	连云港新海湾码头有限公司	连云港港赣榆港区一期(起步)工程	45600
32	江苏金茂源生物化工有限公司	年产 10 万吨乙酸乙酯等产品项目	45314
33	连云港兴鑫钢铁有限公司	兴鑫年产 100 万吨线材技改项目	45104
34	连云港能连科技有限公司	多晶硅棒制造	44280
35	连云港健坤实业有限公司	年产 200 万套汽车钢圈	42521
36	连云港亨伟新能源科技有限公司	50 万吨硫磺制酸项目	40000
37	江苏省电力公司连云港供电公司	500 千伏及以下输变电工程	39680
38	江苏华海诚科新材料有限公司	电子材料制造	39250
39	江苏和利瑞科技发展有限公司	化学原料制造项目	39208
40	江苏佳麦化工有限公司	佳麦年产 48000 吨苯甲酸等项目	39190
41	江苏省镔鑫特钢材料有限公司	3*80 万吨链篦级回转炉项目	38400
42	东海县东大科教投资有限公司	东海水晶文化创意产业园	38400
43	连云港市交通局	新建 226 省道连云港段一期	38363
44	江苏省镔鑫特钢材料有限公司	日产原矿破碎筛分 5000 吨项目	38343
45	连云港东睦新材料有限公司	新材料生产基地	38320
46	连云港港海化工有限公司	80 万吨/年柴油加氢及配套项目	38000
47	江苏克胜集团股份有限公司	克胜年产 3000 吨吡虫啉等项目	37815
48	江苏金桥盐化集团有限责任公司灌西盐场	棚户区改造工程	37666
49	连云港亨泰化工有限公司	亨泰年产 7100 吨医药中间体项目	36332
50	连云港神州新能源有限公司	500MW/年太阳能电池组项目	35900

表 7-19 续表 2

单位:万元

排序	建　设　单　位	项　目　名　称	当年完成投资
51	江苏恒瑞医药股份有限公司	综合制剂生产基地(二期)	35320
52	灌南县交通局	灌南县新港大道二期项目	35061
53	连云港金海岸开发公司	连云港海滨新区基础设施工程	34000
54	连云港市交通局	242省道青口至杨集段改建	33634
55	连云港健发磁性材料有限公司	永磁材料、处理抛光粉荧光粉项目	33558
56	江苏中茂工艺品制造有限公司	旅游休闲用品生产线	33500
57	江苏名洋船业有限公司	名洋年修造 30 万吨散装货船二期项目	33103
58	连云港柏德实业有限公司	年产 2500 万件无纺布制品项目	32650
59	东海县蓝博能源有限公司	年产 5 万吨光伏材料切割刃料项目	32557
60	连云港东海硅微粉有限公司	年产 20000 吨超细硅微粉	32550
61	江苏东成生物科技有限公司	10 万吨/年药用酒精生产线	32300
62	江苏豪森医药股份有限公司	综合制剂生产基地(二期)	31920
63	江苏中浦工程设备制造有限公司	起重机制造	31870
64	连云港致诚化工有限公司	致诚年产 1000 吨氯化钙等项目	31815
65	连云港瑞马石化机械设备制造有限公司	碳纤维制品制造	31550
66	连云港市海丰塑胶有限公司	30 万吨/年聚苯乙烯项目	31493
67	江苏和利瑞科教发展有限公司	年产 7000 吨染料、17500 吨染料中间体项目	30897
68	东海县大西洋型材有限公司	年产 20000T/a U-pvc 塑钢门窗型材	30800
69	江苏润鸿生物化学有限公司	润鸿农药原药及制剂项目	30133
70	江苏盛吉化工有限公司	年产 10 万吨染料及染料中间体项目	28178
71	连云港市交通局	新建 310 国道大酒壶至青湖段	28130
72	连云港光伸置业有限公司	国际购物中心	27740
73	灌南县经济投资发展有限公司	灌南县中小企业园项目	27531
74	连云港莆商实业有限公司	木材深加工及研发	27500
75	连云港莱亚化学有限公司	年产 15000 吨增白剂项目	27251

表 7-19 续表 3　　单位:万元

排序	建设单位	项目名称	当年完成投资
76	连云港宏创医药有限公司	创新原料药生产基地(一期)	26660
77	江苏明盛化工有限公司	年产 30000 吨氯磺酸改扩建项目	25895
78	博世(中国)投资有限公司	博世东海汽车测试技术中心项目	25200
79	连云港云海电源有限公司	铅酸电池生产线	25020
80	江苏汇联铝业有限公司	铝制品生产线	25000
81	连云港同达科技有限公司	新型塑料模板建材制造	24750
82	连云港市兆昱新材料实业有限公司	氧化铽镝分离生产线	24214
83	连云港科铭化工有限公司	年产 18800 吨高纯度对甲酚技改项目	24109
84	连云港兆力金属制品有限公司	年产 15000 吨金属制品项目	24050
85	连云港兴鑫钢铁有限公司	兴鑫年产 300 万吨钢材生产线环保技改项目	23847
86	江苏雅仕保鲜产业有限公司	保鲜基地	23710
87	连云港兴隆实业集团有限公司	兴隆国际商贸广场(一期)	23300
88	江苏新海连发展有限公司	连云新城回吹填及地基加固工程	23200
89	江苏省兰天车轮有限公司	年产 15 万套“五件式工程无内胎车轮”技改项目	23050
90	江苏聚力新能源有限公司	太阳能组件生产线	23000
91	江苏齐天铁塔制造有限公司	年产 30000 吨钢管杆项目	22900
92	连云港正达新材料有限公司	年产 50000 吨晶体切割材料项目	22730
93	江苏康缘医药股份有限公司	公用工程	22650
94	连云港金天地化工有限公司	有机化学产品技改	22585
95	连云港温氏畜牧有限公司	年产 10 万吨猪饲料加工项目	22500
96	中材江苏太阳能新材料有限公司	年产 30 万只石英坩埚项目	22425
97	江苏健坤木业有限公司	健坤年产 10 万件立方米纤维板项目	22342
98	晨曦木业连云港有限公司	木材加工	22120
99	连云港善德化学有限公司	农药中间体项目	22116
100	灌南县灌河旅游发展有限公司	二郎神文化遗迹公园项目	22061

分地区房地产开发投资情况

表 7-20　　(2012 年)　　单位:万元

指　　标	全　市	连云区	新浦区	海州区	云台山景　区	市开发区
一、投资额和新增固定资产						
计划总投资	11072914	1802508	3540917	612196	122000	1158559
累计完成投资	6473336	704393	2377534	426105	85462	649393
本年完成投资	1622296	150924	630045	74498	18488	150260
#土地开发投资额						
配套工程投资	54886	1506	20666	501		113
其中:国有经济控股	80394	7210	48884		18288	
按构成分						
建筑工程	1095012	98930	401481	51230	18288	86723
安装工程	194634	12736	75353	13737	150	14941
设备工器具购置	60135	8213	27308	4475	25	2160
其他费用	272515	31045	125903	5056	25	46436
其中:旧建筑物购置费	11760		8541	31		
土地购置费	156222	17840	72805			41214
按用途分						
住宅投资	1187566	107256	470032	44324	18438	114238
其中:90 平方米及以下	279310	26366	141962	11784	18288	13466
其中:144 平方米以上	158675	29488	60939	4176		48792
其中:经济适用房						
其中:别墅、高档公寓	35937	2601	1534	6771	150	20612
办公楼	31026	13413	10029	326		1108
商业营业用房	264294	18131	80954	27163	50	26469
其他	139410	12124	69030	2685		8445
本年新增固定资产	1033846	55782	459573	70050	36500	98157

表 7-20 续表 1　　(2012 年)　　单位:万元

指　标	单位	全　市	连云区	新浦区	海州区	云台山景　区	市开发区
二、资金来源		3205800	291684	1153185	211266	22585	311592
1.上年末结余资金	万元	528540	50127	200299	28304	5900	92566
2.本年资金来源小计	万元	2677260	241557	952886	182962	16685	219026
(1)国内贷款	万元	225536	38102	86536	33100	5500	8700
其中:银行贷款	万元	214718	34844	86536	33100	5500	8700
非银行金融机构贷款	万元	10818	3258				
(2)利用外资	万元	21336					21336
其中:外商直接投资	万元	21336					21336
(3)自筹资金	万元	892184	101781	294515	45990	4400	99829
其中:自有资金	万元	422743	29680	172861	14445		69690
(4)其他资金来源	万元	1538204	101674	571835	103872	6785	89161
其中:定金及预收款	万元	754821	48411	297316	72377	6785	38440
个人按揭贷款	万元	657256	50115	174647	31495		49561
本年各项应付款合计	万元	649859	30964	245228	70910	11488	34580
其中:工程款	万元	443586	17683	155986	26454	11488	27704
三、土地购置和开发							
待开发土地面积	平方米	2275777	80000	331142	89365		72383
本年购置土地面积	平方米	1027660	37952	183206	125428		406477
本年土地成交价款	万元	114294	4100	42420	13938		23139

表 7-20 续表 2　　　　(2012 年)　　　　单位:万元

指　标	合　计	市　区	赣榆县	东海县	灌云县	灌南县
一、投资额和新增固定资产						
计划总投资	11072914	7236180	948336	1058415	800271	1029712
累计完成投资	6473336	4242887	598948	563185	484887	583429
本年完成投资	1622296	1024215	157911	180888	119224	140058
#土地开发投资额						
配套工程投资	54886	22786	3780	10556	13051	4713
其中:国有经济控股	80394		6012			
按构成分						
建筑工程	1095012	656652	110599	124512	102433	100816
安装工程	194634	116917	8610	34187	8480	26440
设备工器具购置	60135	42181	1766	9221	1695	5272
其他费用	272515	208465	36936	12968	6616	7530
其中:旧建筑物购置费	11760	8572	3088	100		
土地购置费	156222	131859	18483	3687	590	1603
按用途分						
住宅投资	1187566	754288	108971	129193	79813	115301
其中:90 平方米及以下	279310	211866	32368	8190	22035	4851
其中:144 平方米以上	158675	143395	3665	3793	7220	602
其中:经济适用房						
其中:别墅、高档公寓	35937	31668	70		2209	1990
办公楼	31026	24876	640	3195	1865	450
商业营业用房	264294	152767	31829	33897	24928	20873
其他	139410	92284	16471	14603	12618	3434
本年新增固定资产	1033846	720062	131960	78270	37259	66295

表 7-20 续表 3　　(2012 年)　　单位:万元

指　　标	合 计	市　区	赣榆县	东海县	灌云县	灌南县
二、资金来源	3205800	1990312	420495	339336	238785	216872
1.上年末结余资金	528540	377196	24358	51559	60756	14671
2.本年资金来源小计	2677260	1613116	396137	287777	178029	202201
(1)国内贷款	225536	171938	27381	12297	10200	3720
其中:银行贷款	214718	168680	24321	12297	6500	2920
非银行金融机构贷款	10818	3258	3060		3700	800
(2)利用外资	21336	21336				
其中:外商直接投资	21336	21336				
(3)自筹资金	892184	546515	156224	71770	53700	63975
其中:自有资金	422743	286676	54190	38496	14921	28460
(4)其他资金来源	1538204	873327	212532	203710	114129	134506
其中:定金及预收款	754821	463329	91169	81744	60311	58268
个人按揭贷款	657256	305818	113837	120227	43750	73624
本年各项应付款合计	649859	393170	74652	87003	42996	52038
其中:工程款	443586	239315	45078	80750	37590	40853
三、土地购置和开发						
待开发土地面积	2275777	572890	561797	99915	217217	823958
本年购置土地面积	1027660	753063	162006	7811	72780	32000
本年土地成交价款	114294	83597	22076	1210	5808	1603

分登记注册类型房地产开发投资情况

表 7-21　　(2012 年)　　单位:万元

指　　标	合计	内资企业	国有企业	集体企业	股份合作企业	国有独资公司	其他有限责任公司
一、投资额和新增固定资产							
计划总投资	11072914	8661472	288847	19700	36700	22130	1810792
累计完成投资	6473336	5341862	209607	15045	36702	23103	1178718
本年完成投资	1622296	1349738	36709	5117	102	1050	269332
土地开发投资额							
配套工程投资	54886	50252	89				5132
其中:国有经济控股	80394	80394	36709			1050	42635
按构成分							
建筑工程	1095012	905255	31915	5117	10	20	179608
安装工程	194634	169133	3221		75	365	40109
设备工器具购置	60135	53201	683		17	320	15173
其他费用	272515	222149	890			345	34442
# 旧建筑物购置费	11760	11760					
土地购置费	156222	115008	780				13193
按用途分							
住宅投资	1187566	983964	26699	3325	13		188282
其中:90 平方米及以下	279310	250651	21318	1266			56522
其中:140 平方米以上	158675	100103	348	238			27962
其中:别墅、高档公寓	35937	15325					8610
办公楼	31026	27588	3240			1045	10317
商业营业用房	264294	213400	5127	667		3	38846
其他	139410	124786	1643	1125	89	2	31887
本年新增固定资产	1033846	868119	48564	5117		3152	188628

表 7-21 续表 1　　(2012 年)　　单位:万元

指标	合计	内资企业	国有企业	集体企业	股份合作企业	国有独资公司	其他有限责任公司
二、资金来源	3205800	2937610	54152	5209	5315	55002	687879
1.上年末结余资金	528540	491614	13775	2880	1352	636	194953
2.本年资金来源小计	2677260	2445996	40377	2329	3963	54366	492926
(1)国内贷款	225536	206039	6180		1200	5115	32179
其中:银行贷款	214718	195221	5680		1200	5115	26621
非银行金融机构贷款	10818	10818	500				5558
(2)利用外资	21336						
其中:外商直接投资	21336						
(3)自筹资金	892184	824770	12362	2329	430		184495
其中:自有资金	422743	368394	3794				100451
(4)其他资金来源	1538204	1415187	21835		2333	49251	276252
其中:定金及预收款	754821	690100	10722		159	1624	138547
个人按揭贷款	657256	600143	11113				118617
本年各项应付款合计	649859	616609	21191				129116
其中:工程款	443586	415886	21189				83736
三、土地购置和开发							
待开发土地面积	2275777	2169177					332199
本年购置土地面积	1027660	668480					99552
本年土地成交价款	114294	94090					9823
其中:拆迁补偿费	6094	6094					
土地使用权出让金	102970	82776					5603
契税	2852	2565					184

表 7–21 续表 2　　(2012 年)　　单位:万元

指　　标	股份有限公司	私营独资企业	私营合伙企业	私营有限责任公司	私营股份有限公司
一、投资额和新增固定资产					
计划总投资	61600	432621	20278	4974543	994261
累计完成投资	48854	221345	16362	2932205	659921
本年完成投资	13344	76891	3583	692087	251523
土地开发投资额					
配套工程投资	2576	953		30897	10605
其中:国有经济控股					
按构成分					
建筑工程	10426	54402	2783	481568	139406
安装工程	1438	4875	700	82334	36016
设备工器具购置	1480	1111	100	22110	12207
其他费用		16503		106075	63894
# 旧建筑物购置费				11760	
土地购置费		12850		45885	42300
按用途分					
住宅投资	11006	55472	2643	482248	214276
其中:90 平方米及以下	1470	10784	680	105327	53284
其中:140 平方米以上	1473	18573	835	34320	16354
其中:别墅、高档公寓				6715	
办公楼		428		10983	1575
商业营业用房	1255	14136	930	131999	20437
其他	1083	6855	10	66857	15235
本年新增固定资产	9086	38851		497900	76821

表 7-21 续表 3　　　　(2012 年)　　　　单位:万元

指　　标	股份有限公司	私营独资企业	私营合伙企业	私营有限责任公司	私营股份有限公司
二、资金来源	28544	158634	9704	1502997	430174
1.上年末结余资金	4260	17603	290	208634	47231
2.本年资金来源小计	24284	141031	9414	1294363	382943
(1)国内贷款	80	16120	1500	114165	29500
其中:银行贷款		13220	1500	112385	29500
非银行金融机构贷款	80	2900		1780	
(2)利用外资					
其中:外商直接投资					
(3)自筹资金	770	54380	1840	444320	123844
其中:自有资金		16196		220373	27580
(4)其他资金来源	23434	70531	6074	735878	229599
其中:定金及预收款	10321	31807	3399	400239	93282
个人按揭贷款	13113	34841	2675	312567	107217
本年各项应付款合计	7231	14895	3900	338524	101752
其中:工程款	7172	8314	3900	232982	58593
三、土地购置和开发					
待开发土地面积		115163		1488596	233219
本年购置土地面积		36478		339700	192750
本年土地成交价款		3562		39885	40820
其中:拆迁补偿费		22		6072	
土地使用权出让金		3540		32813	40820
契税		95		1137	1149

分登记注册类型房地产开发投资情况

表 7-22　　(2012 年)　　单位:万元

指　　标	合 计	港澳台商投资企业	与港澳台商合资经营企业	港澳台商独资经营企业	外商投资企业	中外合资经营企业	中外合作经营企业	外 资 企 业
一、投资额和新增固定资产								
计划总投资	11072914	369620	304869	64751	883263	766000	25000	92263
累计完成投资	6473336	270205	226412	43793	211876	149496	28687	33693
本年完成投资	1622296	99877	79180	20697	22421	19451	5	2965
土地开发投资额								
配套工程投资	54886	3500		3500	1021	901		120
其中:国有经济控股	80394							
按构成分								
建筑工程	1095012	85952	66458	19494	17082	15056	5	2021
安装工程	194634	8384	7414	970	2176	1792		384
设备工器具购置	60135	3652	3512	140	1122	1026		96
其他费用	272515	1889	1796	93	2041	1577		464
# 旧建筑物购置费	11760							
土地购置费	156222							
按用途分								
住宅投资	1187566	71387	55506	15881	17977	15295	3	2679
其中:90 平方米及以下	279310	13793	13793		1400	1365		35
其中:140 平方米以上	158675	7915	7915		1865	1839	1	25
其中:经济适用房								
其中:别墅、高档公寓	35937							
办公楼	31026	1650		1650	680	667		13
商业营业用房	264294	22847	21157	1690	1578	1315	1	262
其他	139410	3993	2517	1476	2186	2174	1	11
本年新增固定资产	1033846	36179	19357	16822	31391	14891	16500	

表 7-22 续表 1　　　　　　　　(2012 年)　　　　　　　　单位:万元

指　　标	合　计	港澳台商投资企业	与港澳台商合资经营企业	港澳台商独资经营企业	外商投资企业	中外合资经营企业	中外合作经营企业	外　资企　业
二、资金来源	3205800	206626	116323	90303	61564	33218	4166	24180
1.上年末结余资金	528540	31147	25442	5705	5779	1088	1116	3575
2.本年资金来源小计	2677260	175479	90881	84598	55785	32130	3050	20605
(1)国内贷款	225536	18500	18500		997			997
其中:银行贷款	214718	18500	18500		997			997
非银行金融机构贷款	10818							
(2)利用外资	21336	21336		21336				
其中:外商直接投资	21336	21336		21336				
(3)自筹资金	892184	61914	31585	30329	5500	4280		1220
其中:自有资金	422743	52769	28200	24569	1580	1580		
(4)其他资金来源	1538204	73729	40796	32933	49288	27850	3050	18388
其中:定金及预收款	754821	39599	25605	13994	25122	14217	3000	7905
个人按揭贷款	657256	33471	15171	18300	23642	13109	50	10483
本年各项应付款合计	649859	19402	10955	8447	13848	4501	3831	5516
其中:工程款	443586	17546	9405	8141	10154	3922	3831	2401
三、土地购置和开发								
待开发土地面积	2275777				106600	50000		56600
本年购置土地面积	1027660	359180	51137	308043				
本年土地成交价款	114294	20204	2000	18204				
其中:拆迁补偿费	6094							
土地使用权出让金	102970	20194	2000	18194				
契税	2852	287		287				

分资质等级房地产开发投资情况

表 7-23　　(2012 年)　　单位:万元

指　　标	合 计	按资质等级分				
		一级	二级	三级	暂定	其他
一、投资额和新增固定资产						
计划总投资	11072914	325069	5335868	1555199	2566397	131822
累计完成投资	6473336	271408	3232784	947972	1292358	79421
本年完成投资	1622296	57590	707547	219622	460405	26872
土地开发投资额						
配套工程投资	54886		26726	10575	17472	
其中:国有经济控股	80394	1050	43989	11055	6012	18288
按构成分						
建筑工程	1095012	46959	467012	169289	303371	21658
安装工程	194634	8526	103052	25538	42477	100
设备工器具购置	60135	1760	36651	7923	11541	100
其他费用	272515	345	100832	16872	103016	5014
# 旧建筑物购置费	11760		8137		3623	
土地购置费	156222		22520	1210	86478	4800
按用途分						
住宅投资	1187566	39445	494018	166814	349958	23093
其中:90 平方米及以下	279310	16379	117763	17924	91188	22590
其中:140 平方米以上	158675	1321	76739	7501	23821	501
其中:经济适用房						
其中:别墅、高档公寓	35937		10979	2519	1827	
办公楼	31026	6035	14824	963	7842	254
商业营业用房	264294	6601	125198	37316	65440	3270
其他	139410	5509	73507	14529	37165	255
本年新增固定资产	1033846	109390	490598	134623	164364	36714

表 7-23 续表　　　　(2012 年)　　　　单位:万元

指　　标	合 计	按资质等级分				
		一级	二级	三级	暂定	其他
二、资金来源	3205800	193865	1627770	488102	866440	29623
1.上年末结余资金	528540	15806	367134	56911	81454	7235
2.本年资金来源小计	2677260	178059	1260636	431191	784986	22388
(1)国内贷款	225536	10115	124650	16971	68300	5500
其中:银行贷款	214718	10115	121392	13011	64700	5500
非银行金融机构贷款	10818		3258	3960	3600	
(2)利用外资	21336				21336	
其中:外商直接投资	21336				21336	
(3)自筹资金	892184	7000	355544	173520	345157	10963
其中:自有资金	422743		157864	82338	182541	
(4)其他资金来源	1538204	160944	780442	240700	350193	5925
其中:定金及预收款	754821	65484	386312	118738	178412	5875
个人按揭贷款	657256	47833	338010	107589	163824	
本年各项应付款合计	649859	5410	321868	108964	201785	11832
其中:工程款	443586	2910	215624	87467	125967	11618
三、土地购置和开发						
待开发土地面积	2275777		813995	406489	1055293	
本年购置土地面积	1027660		165359	116437	705869	39995
本年土地成交价款	114294		15740	11048	82706	4800
其中:拆迁补偿费	6094		7	2022	4065	
土地使用权出让金	102970		15613	8026	74531	4800
契税	2852		356	123	2181	192

按隶属关系和营业状态分房地产开发投资情况

表 7-24　　(2012 年)　　单位:万元

指标	合计	按隶属关系				按营业状态		
		省辖市	县(区)	镇	其他	营业	停业(歇业)	当年关闭
一、投资额和新增固定资产								
计划总投资	11072914	449931	348309	17000	9099115	9787770	72052	54533
累计完成投资	6473336	300267	237171	9000	5277505	5722735	62162	39046
本年完成投资	1622296	53187	51764	9000	1358085	1441776	15398	14862
土地开发投资额								
配套工程投资	54886		189		54584	54773		
其中:国有经济控股	80394	41463	3544		35387	80394		
按构成分								
建筑工程	1095012	43367	43058	6322	915542	982554	14798	10937
安装工程	194634	6410	6795	1230	165258	179693		
设备工器具购置	60135	2955	1031	130	53859	57975		
其他费用	272515	455	880	1318	223426	221554	600	3925
# 旧建筑物购置费	11760				11760	11760		
土地购置费	156222		780	1318	112910	113808		1200
按用途分								
住宅投资	1187566	33589	42113		997626	1052156	12196	8976
其中:90 平方米及以下	279310	20818	5001		240025	262283	655	2906
其中:140 平方米以上	158675	948	2360		106575	109123		760
其中:经济适用房								
其中:别墅、高档公寓	35937	1457			13868	15325		
办公楼	31026	6831	4990	2395	15702	29908		10
商业营业用房	264294	9936	2004	4805	221080	234172	2793	860
其他	139410	2831	2657	1800	123677	125540	409	5016
本年新增固定资产	1033846	51564	43434		840691	924571	9266	1852

表 7-24 续表　　(2012 年)　　单位:万元、万平方米

指　　标	合 计	按隶属关系				按营业状态		
		省辖市	县(区)	镇	其他	营业	停 业(歇业)	当年关闭
二、资金来源	3205800	171654	110914	14083	2909149	3140674	39133	25993
1.上年末结余资金	528540	29711	17321		481508	523219	832	4489
2.本年资金来源小计	2677260	141943	93593	14083	2427641	2617455	38301	21504
(1)国内贷款	225536	14053	7000		204483	222036	1300	2200
其中:银行贷款	214718	10795	5000		198923	211218	1300	2200
非银行金融机构贷款	10818	3258	2000		5560	10818		
(2)利用外资	21336				21336	21336		
其中:外商直接投资	21336				21336	21336		
(3)自筹资金	892184	34098	16898	5748	835440	851968	29115	11101
其中:自有资金	422743	25530	8264		388949	399050	18370	5323
(4)其他资金来源	1538204	93792	69695	8335	1366382	1522115	7886	8203
其中:定金及预收款	754821	26092	24564	4000	700165	749235	5586	
个人按揭贷款	657256	20073	45131	4335	587717	649053		8203
本年各项应付款合计	649859	33444	6316	13000	597099	619243	25766	4850
其中:工程款	443586	32112	5630	12000	393844	424789	17217	1580
三、土地购置和开发								
待开发土地面积	2275777		146474		2129303	2275777		
本年购置土地面积	1027660				1027660	1021011	6649	
本年土地成交价款	114294				114294	113434	860	
其中:拆迁补偿费	6094				6094	6094		
土地使用权出让金	102970				102970	102110	860	
契税	2852				2852	2852		

按控股情况分房地产开发投资

表 7-25 (2012 年) 单位:万元

指标	合计	按控股情况分					
		国有控股	集体控股	私人控股	港澳台商控股	外商控股	其他
一、投资额和新增固定资产							
计划总投资	11072914	442810	391711	7672550	369620	883263	154401
累计完成投资	6473336	327697	210406	4683371	270205	211876	120388
本年完成投资	1622296	80394	56805	1196278	99877	22421	16261
土地开发投资额							
配套工程投资	54886	89		50063	3500	1021	100
其中:国有经济控股	80394	80394					
按构成分							
建筑工程	1095012	59435	46632	789695	85952	17082	9493
安装工程	194634	4057	8669	152238	8384	2176	4169
设备工器具购置	60135	2342	1404	48315	3652	1122	1140
其他费用	272515	14560	100	206030	1889	2041	1459
# 旧建筑物购置费	11760			11760			
土地购置费	156222	7380		107628			
按用途分							
住宅投资	1187566	54441	40642	874769	71387	17977	14112
其中:90 平方米及以下	279310	30408	3382	216741	13793	1400	120
其中:140 平方米以上	158675	14048	1239	83456	7915	1865	1360
其中:经济适用房							
其中:别墅、高档公寓	35937		1457	13868			
办公楼	31026	6831	4990	15515	1650	680	252
商业营业用房	264294	12402	6085	193170	22847	1578	1743
其他	139410	6720	5088	112824	3993	2186	154
本年新增固定资产	1033846	60742	19933	760691	36179	31391	26753

表 7-25 续表 1　　(2012 年)　　单位:万元、万平方米

指　　标	合　计	按控股情况分					
		国有控股	集体控股	私人控股	港澳台商控　股	外商控股	其　他
二、资金来源	3205800	149750	133551	2612847	206626	61564	41462
1.上年末结余资金	528540	21181	32050	437157	31147	5779	1226
2.本年资金来源小计	2677260	128569	101501	2175690	175479	55785	40236
(1)国内贷款	225536	14053	14500	175486	18500	997	2000
其中:银行贷款	214718	10795	14500	169926	18500	997	
非银行金融机构贷款	10818	3258		5560			2000
(2)利用外资	21336				21336		
其中:外商直接投资	21336				21336		
(3)自筹资金	892184	29674	12011	769023	61914	5500	14062
其中:自有资金	422743	15094	9682	336935	52769	1580	6683
(4)其他资金来源	1538204	84842	74990	1231181	73729	49288	24174
其中:定金及预收款	754821	26102	26085	627367	39599	25122	10546
个人按揭贷款	657256	11113	48905	526695	33471	23642	13430
本年各项应付款合计	649859	41522	10715	556072	19402	13848	8300
其中:工程款	443586	34451	9192	364643	17546	10154	7600
三、土地购置和开发							
待开发土地面积	2275777	13320	16234	2009383		106600	130240
本年购置土地面积	1027660	29600		638880	359180		
本年土地成交价款	114294	4120		89970	20204		
其中:拆迁补偿费	6094			6094			
土地使用权出让金	102970	4000		78776	20194		
契税	2852	120		2445	287		

分地区房地产企业财务状况

表 7-26　　(2012 年)　　单位:个、万元

指　　标	全　市	连云区	新浦区	海州区	云台山景区	市开发区
企业个数	348	26	87	18	2	22
其中:亏损企业个数	120	12	34	9	1	12
一、年初存货	3331439	447039	1430343	160268	20796	219330
二、年末资产负债						
流动资产合计	5868309	677955	2304023	310640	27826	575159
其中:应收账款	224605	4959	76074	11151	282	16172
存货	3561654	479506	1310172	230666	8365	369232
固定资产合计	74353	5258	31250	11515	932	1876
固定资产原价	96100	8041	44402	13088	1466	3699
累计折旧	31209	5390	11951	2863	535	2284
其中:本年折旧	6823	749	2608	383	3	513
在建工程	437634		100474	613		134
资产总计	6344808	745344	2490493	329071	29528	618268
流动负债合计	4499962	504869	1761640	230998	28278	369857
其中:应付账款	418176	86249	135813	18368		21412
非流动负债合计	381096	41096	237550	31823		59
负债合计	4881058	545965	1999190	262821	28278	369916
所有者权益合计	1463750	199379	491302	66250	1250	248352
# 实收资本	1158998	117583	374132	58655	2169	220537
三、损益及分配						
营业收入	1970298	164955	766120	68851	3660	124780
# 主营业务收入	1967943	164949	765015	68771	3605	124215
土地转让收入	11512					9571
商品房屋销售收入	1946199	163826	760328	68734	3590	114507
房屋出租收入	4750	1071	3093	8	14	
其他收入	5483	52	1594	28		137

表 7-26 续表 1　　(2012 年)　　单位:个、万元

指　标	全　市	连云区	新浦区	海州区	云台山景区	市开发区
营业成本	1519915	115169	567940	53643	2853	105119
其中:主营业务成本	1504789	114865	560541	53022	2853	101574
营业税金及附加	147823	13568	59440	5803	315	6699
其中:主营业务税金及附加	146490	13512	58367	5729	315	6681
其他业务利润	9177	405	5521	550	14	
销售费用	51746	3157	23553	1437		5148
管理费用	83879	7518	28051	3965	901	8480
其中:税金	6873	365	2699	126	20	1442
其中:差旅费	5204	442	1546	202	50	415
其中:工会经费	332	14	68	12	2	50
财务费用	16233	2377	5124	537	5	1424
其中:利息收入	1496	91	806	109	1	75
其中:利息支出	9478	1503	3285	173	5	631
资产减值损失	3577	13	58	182		3338
公允价值变动收益	65		100			
投资收益	320	−280	−153	4		735
营业利润	165788	22912	94326	3330	−455	−1355
补贴收入	216		2			3
营业外收入	2106	639	357	80	1	30
营业外支出	7463	982	3155	268	12	779
利润总额	160399	22569	91474	3143	−467	−2102
应交所得税	35449	1494	17228	1096		879
四、人工成本						
应付职工薪酬(本年贷方累计发生数)	36507	3623	11070	1962	359	3507
五、土地和固定资产支出	135576	7431	56791	5		15279
土地购置	121201	5860	55311			15220
房屋和建筑物	11122	1362	433			
机器设备	276	35	9	2		5
运输工具	2010	29	606			40
其他费用	967	146	431	3		13

表 7-26 续表 2　　(2012 年)　　单位:个、万元

指　　标	全　市	市　区	赣榆县	东海县	灌云县	灌南县
企业个数	348	155	51	48	37	57
其中:亏损企业个数	120	68	22	14	11	5
一、年初存货	3331439	2277776	353745	231666	218679	249572
二、年末资产负债						
流动资产合计	5868309	3895603	537529	562689	460737	411751
其中:应收账款	224605	108637	26972	66331	13637	9028
存货	3561654	2397941	338760	291186	293605	240162
固定资产合计	74353	50831	7563	11241	1432	3286
固定资产原价	96100	70697	9207	10116	2593	3487
累计折旧	31209	23023	2137	3487	1169	1393
其中:本年折旧	6823	4257	552	1092	511	410
在建工程	437634	101221	227647	6395	102372	
资产总计	6344808	4212703	586894	633754	480257	431200
流动负债合计	4499962	2895642	451510	470697	371815	310299
其中:应付账款	418176	261841	21611	69134	32719	32870
非流动负债合计	381096	310528	40853	10341	9823	9551
负债合计	4881058	3206170	492363	481038	381637	319850
所有者权益合计	1463750	1006533	94531	152717	98619	111350
# 实收资本	1158998	773075	96743	111317	101201	76662
三、损益及分配						
营业收入	1970298	1128365	184864	337070	120012	199986
# 主营业务收入	1967943	1126554	184855	336536	120012	199986
土地转让收入	11512	9571			1940	
商品房屋销售收入	1946199	1110985	181708	336056	117463	199986
房屋出租收入	4750	4186	84	480		
其他收入	5483	1811	3063		609	

表 7-26 续表 3　　(2012 年)　　单位:个、万元

指　　标	全　市	市　区	赣榆县	东海县	灌云县	灌南县
营业成本	1519915	844723	160825	265160	90994	158213
其中:主营业务成本	1504789	832855	160546	264585	90752	156051
营业税金及附加	147823	85826	14245	24218	10714	12821
其中:主营业务税金及附加	146490	84604	14161	24193	10714	12818
其他业务利润	9177	6490	192	1588	900	7
销售费用	51746	33295	5606	6682	2702	3461
管理费用	83879	48915	8872	11986	6025	8080
其中:税金	6873	4652	635	852	217	518
其中:差旅费	5204	2654	358	995	619	578
其中:工会经费	332	146	40	92	20	35
财务费用	16233	9467	1318	2645	836	1967
其中:利息收入	1496	1083	76	172	105	60
其中:利息支出	9478	5597	627	2060	778	416
资产减值损失	3577	3591			-13	
公允价值变动收益	65	100		-35		
投资收益	320	306	2	6		6
营业利润	165788	118757	-5947	26372	8996	17610
补贴收入	216	4	12		200	
营业外收入	2106	1106	269	528	202	1
营业外支出	7463	5196	459	957	453	399
利润总额	160399	114617	-6137	25956	8745	17217
应交所得税	35449	20698	2462	7673	2555	2061
四、人工成本						
应付职工薪酬(本年贷方累计发生数)	36507	20521	4269	4523	3690	3504
五、土地和固定资产支出	135576	79505	25510	22182	1165	7213
土地购置	121201	76391	24783	11693	1148	7185
房屋和建筑物	11122	1795		9327		
机器设备	276	51	111	110		3
运输工具	2010	675	297	1015	6	17
其他费用	967	593	319	37	12	7

按用途施工、竣工面积及销售分组情况

表 7-27　　(2012 年)　　单位:万元、平方米

指　　标	合计	住宅	90平米及以下	144平米以上	别墅、高档公寓	办公楼	商业营业用房	其他房屋
房屋施工面积	23225224	17611646	3106709	2064487	450037	540029	3210913	1862636
其中:新开工面积	4612821	3532388	496450	371357	73406	122171	700821	257441
房屋竣工面积	3786395	2893614	462753	433380	15360	94622	543941	254218
其中:不可销售面积	5434	366		366			2537	2531
商品住宅竣工套数		25086	5768	2496	55			
竣工房屋价值	890670	675788	110914	120863	3520	22047	133621	59214
出租房屋面积	19732					0	19732	0
商品房销售面积	4190481	3720952	463755	269305	10243	56840	292953	119736
其中:现房销售面积	540956	437048	42680	60893	4377	2418	94166	7324
其中:期房销售面积	3649525	3283904	421075	208412	5866	54422	198787	112412
商品房销售额	1843699	1540881	204528	138547	5444	32756	223175	46887
其中:现房销售额	217166	158073	16091	39686	1626	1244	55638	2211
其中:期房销售额	1626533	1382808	188437	98861	3818	31512	167537	44676
商品住宅销售套数		33436	5905	1518	96			
其中:现房销售套数		3871	709	282	78			
其中:期房销售套数		29565	5196	1236	18			
空置面积	1140974	755872	22575	156409	24519	15407	302175	61235
其中:空置 1-3 年面积	687095	461262	11884	80666	21620	407	200340	25086
其中:空置 3 年以上面	8743	8743		8743				

按地区施工、竣工面积及销售分组情况

表 7-28　　(2012 年)　　单位:万元、平方米

指　　标	全　市	连云区	新浦区	海州区	云台山景　区	市　开发　区	赣榆县	东海县	灌云县	灌南县
房屋施工面积	23225224	1870407	8350136	664975	234390	1418395	3877437	2414067	2346257	2049160
其中:新开工面积	4612821	477732	1175525	137423	27000	466699	778667	838317	310308	401150
房屋竣工面积	3786395	255906	1562058	197005	148900	155009	597231	426329	147953	296004
其中:不可销售面积	5434	366	1422				1115		2531	
竣工房屋价值	890670	51749	419612	55450	36500	33122	131771	71270	32989	58207
出租房屋面积	19732						8202	11530		
商品房销售面积	4190481	268340	1227703	137441		293505	504028	705713	454018	618122
其中:现房销售面积	540956	47576	72844	28163		72853	76705	34288	50155	176761
其中:期房销售面积	3649525	220764	1154859	109278		220652	427323	671425	403863	441361
商品房销售额	1843699	125920	748255	60332		113065	178243	262260	162289	197816
其中:现房销售额	217166	22480	55262	10667		27069	23838	14922	14914	52495
其中:期房销售额	1626533	103440	692993	49665		85996	154405	247338	147375	145321
空置面积	1140974	98287	264144	127270	6056	118831	124365	103980	45480	252561
其中:空置 1-3 年面积	687095	33148	202869	119798	6056	85123	37212	34713	38008	130168
其中:空置 3 年以上面积	8743	8743								

按地区分住宅施工、竣工及销售情况

表 7–29　　(2012 年)　　单位:万元、平方米、套

指　标	全　市	市　区	赣榆县	东海县	灌云县	灌南县
住宅施工面积	17611646	9396759	3053220	1740715	1695533	1725419
# 90 平方米以下	3106709	2240311	405494	103220	317842	39842
住宅新开工面积	3532388	1914869	538942	534006	234265	310306
# 90 平方米以下	496450	284137	119945	25275	67093	
住宅竣工面积	2893614	1634339	523957	357889	107463	269966
# 90 平方米以下	462753	366358	54900	23620	11745	6130
住宅竣工套数(套)	25086	14473	4405	3225	976	2007
# 90 平方米以下	5768	4541	697	329	132	69
住宅竣工房屋价值	675788	427689	113100	58662	23874	52463
# 90 平方米以下	110914	93094	10321	4524	1381	1594
住宅销售面积	3720952	1699009	459739	636631	388873	536700
# 90 平方米以下	463755	333382	47743	22123	53404	7103
住宅销售额	1540881	872938	153986	225868	129830	158259
# 90 平方米以下	204528	158387	18672	7953	17368	2148
住宅销售套数(套)	33436	15406	4055	5640	3566	4769
# 90 平方米以下	5905	4190	583	361	679	92
住宅空置面积	755872	400892	103034	42973	27984	180989
# 90 平方米以下	22575	16516		2450	59	3550

表 7-29 续表　　(2012 年)　　单位:万元、平方米、套

指　标	全　市	连云区	新浦区	海州区	云台山景区	市开发区
住宅施工面积	17611646	1395449	6125737	461687	234390	1179496
# 90 平方米以下	3106709	290832	1095132	167729	234390	452228
住宅新开工面积	3532388	426146	931993	123182	27000	406548
# 90 平方米以下	496450	84731	123021	39624	27000	9761
住宅竣工面积	2893614	211857	1073223	49567	148900	150792
# 90 平方米以下	462753	23052	100956		148900	93450
住宅竣工套数(套)	25086	1891	8733	400	1950	1499
# 90 平方米以下	5768	263	1289		1950	1039
住宅竣工房屋价值	675788	43830	301464	13809	36500	32086
# 90 平方米以下	110914	6027	28581		36500	21986
住宅销售面积	3720952	241753	1079644	120879		272431
# 90 平方米以下	463755	27050	190178	45599		70555
住宅销售额	1540881	111041	613551	51100		100841
# 90 平方米以下	204528	10748	103341	19160		25138
住宅销售套数(套)	33436	2070	9659	1171		2635
# 90 平方米以下	5905	320	2374	521		975
住宅空置面积	755872	67519	214081	21082	6056	98439
# 90 平方米以下	22575	2936	9001			4579

完成投资前30位房地产企业

表7-30　　(2012年)　　单位：万元

序号	单位名称	完成投资
1	连云港绿源置业有限公司	60860
2	连云港市亿人城建开发有限公司	56210
3	江苏两淮盐化有限公司	40599
4	三禾置业连云港有限公司	31870
5	连云港香溢广电房地产开发有限公司	29375
6	连云港诚联房地产开发有限公司	28520
7	上海绿地集团连云港东部置业有限公司	26828
8	连云港蓝天置业有限公司	26672
9	连云港天峻置地有限公司	25208
10	连云港市日月房地产开发有限公司	24000
11	连云港恒大名都置业有限公司	22000
12	连云港天乾房地产开发有限公司	21970
13	连云港市美麟房地产开发有限公司	21650
14	连云港市远通房地产开发有限公司	20952
15	九龙云天集团有限公司	20500
16	江苏东盛房地产综合开发有限公司	19130
17	连云港市润邦置业有限公司	19124
18	连云港中发置业有限公司	18927
19	连云港市住房保障中心	18288
20	连云港宏宇置业有限公司	16500
21	连云港诚基置业有限公司	16300
22	连云港金鹰置业有限公司	16131
23	赣榆新城开发有限公司	15622
24	连云港恒润置业有限公司	15583
25	连云港万锦房地产开发有限公司	12740
26	连云港华振投资有限公司	12537
27	东海县晶都房地产开发有限公司	12410
28	江苏润城房地产置业有限公司	12324
29	连云港市华通房地产开发有限公司	12300
30	连云港阳光海湾置业发展有限公司	11724

商品房销售收入前30位房地产企业

表7-31　　(2012年)　　单位：万元

序号	单　位　名　称	销售收入
1	江苏两淮盐化有限公司	102161
2	连云港恒大名都置业有限公司	40950
3	江苏东盛房地产综合开发有限公司	37250
4	九龙云天集团有限公司	33060
5	连云港市美麟房地产开发有限公司东海分公司	32451
6	连云港市亿人城建开发有限公司	30458
7	连云港宝翔置业有限公司	29637
8	连云港蓝天置业有限公司	28131
9	连云港融辉置业有限公司	27104
10	连云港亿家圆置业发展有限公司	26903
11	连云港丽城置业有限公司	24586
12	江苏万润房地产开发有限公司	23404
13	连云港华振投资有限公司	22288
14	连云港东瑞房地产开发有限公司	22277
15	江苏润城房地产置业有限公司	22037
16	连云港市美麟房地产开发有限公司	21896
17	上海绿地集团连云港东部置业有限公司	21722
18	连云港诚联房地产开发有限公司	21661
19	连云港景力房地产有限公司	21499
20	连云港香溢广电房地产开发有限公司	21200
21	连云港金泰房地产开发有限公司	20728
22	灌南县华泰房地产开发有限公司	19539
23	连云港香溢置业有限公司	19534
24	灌南县元和房地产开发有限公司	19460
25	连云港阳光海湾置业发展有限公司	19182
26	赣榆新城开发有限公司	18335
27	江苏华骏置业有限公司	18330
28	连云港恒润置业有限公司	18189
29	连云港德源泰置业有限公司	18180
30	连云港锦绣香江置业有限公司	16823

分地区建筑业生产情况

表 7-32

(2012 年)

指标	单位	全市	市区	赣榆县	东海县	灌云县	灌南县
企业个数	个	231	113	43	23	29	23
签订的合同额	万元	5565319	2325055	1105776	670046	718035	746407
承包工程完成情况	万元	4034160	1504143	853844	472042	634351	569780
三、建筑业总产值	万元	4315274	1591502	955725	485309	674576	608163
#装饰装修产值	万元	81447	52563	7719	8971	3100	9094
#在外省完成的产值	万元	1585430	431346	548956	96162	301709	207257
按构成分:1.建筑工程产值	万元	4229837	1526596	936952	484674	673453	608163
2.安装工程产值	万元	84097	64201	18773		1123	
3.其他产值	万元	1341	706		635		
竣工产值	万元	3126816	1129023	681566	422568	422319	471340
房屋建筑施工面积	平方米	34511055	9480668	11077781	3922293	4977656	5052657
# 本年新开工面积	平方米	20494243	4880746	5498062	2090921	4102223	3922291
实行投标承包面积	平方米	31354317	9220845	9019436	3846803	4281248	4985985
# 本年新开工	平方米	18864755	4808297	4619827	2015431	3545581	3875619
自有施工机械设备年末净值	万元	2510227	1038134	563182	345935	270171	292805
自有施工机械设备年末总台数	台	59694	18486	13463	6753	6536	14456
自有施工机械设备年末总功率	千瓦	1477603	691693	334732	152816	194177	104185
年末从业人数	人	248751	81226	79734	30063	30474	27254
工程技术人员	人	21557	10726	3693	3205	2061	1872
一级建造师	人	654	445	108	52	16	33
现场施工工人	人	173766	61498	39446	24003	25294	23525
#持证上岗人员	人	94454	29613	27394	12773	11838	12836
计算劳动生产率平均人数	人	228094	74069	64068	24901	31143	33913

建筑业企业生产情况

表 7-33　　(2012 年)　　单位:万元

指　　标	企业个数(个)	有工作量企业(个)	建筑业合同情况	承包工程完成情况	建筑业总产值	装饰装修产值	在外省完成的产值
总　　计	**231**	**231**	**5565319**	**4034160**	**4315274**	**81447**	**1585430**
其中:国有及国有控股企业	25	25	708379	504230	562647		126181
一、按登记注册类型分组							
内资企业	229	229	5555033	4024553	4305667	81447	1578048
国有企业	19	19	506171	356132	414548		109807
集体企业	19	19	400360	299850	317107		99312
股份合作企业	1	1	950	950	2750		
有限责任公司	55	55	1591101	1177576	1307633	11652	564342
国有独资公司	2	2	136773	83588	83588		16374
其他有限责任公司	53	53	1454329	1093988	1224046	11652	547968
股份有限公司	6	6	187429	141648	144151	390	74065
私营企业	122	122	2691431	1925919	1994536	69405	659513
私营独资企业	7	7	80723	74507	75471	3254	53116
私营合伙企业	1	1	643	579	1278	1278	
私营有限责任公司	100	100	2254422	1627137	1673689	63469	542849
私营股份有限公司	14	14	355643	223696	244098	1404	63547
其他企业	7	7	177591	122479	124942		71009
港、澳、台商投资企业	1	1	8061	7382	7382		7382
与港澳台商合资经营企业	1	1	8061	7382	7382		7382
外商投资企业	1	1	2226	2226	2226		
中外合资经营企业	1	1	2226	2226	2226		
二、按国民经济行业分组							
房屋和土木工程建筑业	159	159	5234508	3757190	3977161	8301	1525186
房屋工程建筑	102	102	4152782	2959506	3120852	7717	1368547
房屋工程建筑	102	102	4152782	2959506	3120852	7717	1368547
土木工程建筑业	57	57	1081726	797684	856309	584	156639
铁路、道路、隧道和桥梁工程建筑	24	24	585734	431829	465411	584	134460
水利和内河港口工程建筑	12	12	390836	292354	307415		20000
架线和管道工程建筑	7	7	31681	31681	32187		
其他土木工程建筑	14	14	73476	41820	51296		2179
建筑安装业	20	20	169423	143310	151144	390	13338
建筑装饰业	37	37	78865	68435	81581	72756	7467
其他建筑业	15	15	82523	65225	105389		39439
工程准备	8	8	41662	29649	67081		39439
其他未列明的建筑活动	7	7	40861	35577	38308		

表 7-33 续表 1　　　　(2012 年)　　　　单位:万元

指　　标	企业个数(个)		建筑业合同情况	承包工程完成情况	建筑业总产值		
		有工作量企业(个)				装饰装修产值	在外省完成的产值
三、按隶属关系分组							
中央	1	1	96670	46272	71325		68169
省(自治区、直辖市)	1	1	2707	2617	2617		
地区(州、盟、省辖市)	31	31	787755	552763	564964		79033
县(区、市、旗)	24	24	705902	589270	719003	1059	376692
镇	1	1	5181	5120	5120		
乡	1	1			1734		
其他	172	172	3967105	2838117	2950512	80388	1061537
四、按企业资质等级分组							
施工总承包	149	149	5280282	3797532	4000605	8691	1532905
一级	17	17	2256340	1466039	1596857	1818	855706
二级	55	55	1833864	1333622	1363329	4338	392459
三级及以下	77	77	1190078	997871	1040419	2536	284740
专业承包	82	82	285038	236628	314670	72756	52525
一级	5	5	47567	32053	37442	17034	6262
二级	26	26	125377	104679	145742	16023	29886
三级及以下	51	51		99896	131487	39699	16377
五、按控股情况分							
国有控股	25	25	708379	504230	562647		126181
集体控股	30	30	690814	560097	675562	1059	345893
私人控股	168	168	4100651	2918540	3024142	80388	1097476
外商控股	1	1	2226	2226	2226		
其他	5	5	63250	49068	50699		15880

表 7-33 续表 2　　(2012 年)　　单位:万元

指　　标	建筑工程产值	安装工程产值	其他产值	竣工产值
总　　计	**4229837**	**84097**	**1341**	**3126816**
其中:国有及国有控股企业	559817	2829		381410
一、按登记注册类型分组				
内资企业	4220230	84097	1341	3124591
国有企业	411719	2829		277731
集体企业	313627	3480		230258
股份合作企业	2750			2750
有限责任公司	1288336	19279	18	973827
国有独资公司	83588			41668
其他有限责任公司	1204748	19279	18	932159
股份有限公司	116403	27748		114179
私营企业	1965050	28441	1045	1441016
私营独资企业	75347		124	23181
私营合伙企业	1278			1228
私营有限责任公司	1644394	28441	854	1173859
私营股份有限公司	244031		67	242748
其他企业	122346	2319	278	84830
港、澳、台商投资企业	7382			
与港澳台商合资经营企业	7382			
外商投资企业	2226			2226
中外合资经营企业	2226			2226
二、按国民经济行业分组				
房屋和土木工程建筑业	3971835	3986	1341	2854018
房屋工程建筑	3116032	3480	1341	2220063
房屋工程建筑	3116032	3480	1341	2220063
土木工程建筑业	855803	506		633956
铁路、道路、隧道和桥梁工程建筑	465411			313423
水利和内河港口工程建筑	307415			264217
架线和管道工程建筑	31681	506		31591
其他土木工程建筑	51296			24725
建筑安装业	73462	77682		138573
建筑装饰业	79769	1812		75351
其他建筑业	104773	617		58874
工程准备	67081			30975
其他未列明的建筑活动	37691.3	616.5		27899.4

表 7-33 续表 3　　(2012 年)　　单位:万元

指　　标	建筑工程产值	安装工程产值	其他产值	竣工产值
三、按隶属关系分组				
中央	71325			
省(自治区、直辖市)	2617			2527
地区(州、盟、省辖市)	510049	54619	296	444978
县(区、市、旗)	718473	530		488247
镇	5120			4845
乡	1734			1734
其他	2920520	28947	1045	2184486
四、按企业资质等级分组				
施工总承包	3946515	52749	1341	2868654
一级	1568721	27748	388	1007711
二级	1338116	24384	829	1072407
三级及以下	1039679	617	124	788535
专业承包	283322	31348		258163
一级	36600	842		22166
二级	140570	5172		111109
三级及以下	106152	25334		124889
五、按控股情况分				
国有控股	559817	2829		381410
集体控股	653309	22253		479326
私人控股	2963806	59014	1322	2220813
外商控股	2226			2226
其他	50680		18	43043

表 7-33 续表 4　　　　　　　　(2012 年)　　　　　　　　单位：平方米、万元、台、千瓦

指　　标	房屋建筑施工面积				年末自有施工机械设备		
		本年新开工面积	实行投标承包面积	本年新开工	净值	总台数	总功率
总　　计	**34511055**	**20494243**	**31354317**	**18864755**	**251023**	**59694**	**1477603**
其中：国有及国有控股企业	351419	170878	351419	170878	40041	3355	252751
一、按登记注册类型分组							
内资企业	34475305	20493143	31318567	18863655	249866	59614	1474583
国有企业	351419	170878	351419	170878	23896	1973	209068
集体企业	2711301	1453275	2709301	1451275	20210	7717	230454
股份合作企业					130	40	1700
有限责任公司	10225165	4607857	9262320	4582288	65633	25199	461914
国有独资公司					7145	762	22472
其他有限责任公司	10225165	4607857	9262320	4582288	58488	24437	439442
股份有限公司	1545851	991333	1544751	991333	9470	2605	22693
私营企业	18842387	12751923	16731414	11219824	121659	20867	506816
私营独资企业	560128	534128	560128	534128	3420	525	16245
私营合伙企业					1	50	500
私营有限责任公司	16179417	11108544	14209168	9607165	88250	17438	405867
私营股份有限公司	2102842	1109251	1962118	1078531	29989	2854	84204
其他企业	799182	517877	719362	448057	8867	1213	41938
港、澳、台商投资企业	35750	1100	35750	1100	1145	20	1920
与港澳台商合资经营企业	35750	1100	35750	1100	1145	20	1920
外商投资企业					12	60	1100
中外合资经营企业					12	60	1100
二、按国民经济行业分组							
房屋和土木工程建筑业	34362817	20467209	31266083	18837721	228797	51300	1243962
房屋工程建筑	33595939	20214337	30575885	18595349	152138	42990	752508
房屋工程建筑	33595939	20214337	30575885	18595349	152138	42990	752508
土木工程建筑业	766878	252872	690198	242372	76659	8310	491454
铁路、道路、隧道和桥梁工程建筑	313568	181236	313568	181236	48209	3203	352064
水利和内河港口工程建筑	113657	61136	113657	61136	20980	3725	85214
架线和管道工程建筑					1460	706	12723
其他土木工程建筑	339653	10500	262973		6011	676	41453
建筑安装业	148238	27034	88234	27034	8435	1731	55964
建筑装饰业					6054	2624	37102
其他建筑业					7737	4039	140575
工程准备					4036	478	18956
其他未列明的建筑活动					3700	3561	121619

表 7-33 续表 5　　(2012 年)　　单位:平方米、万元、台、千瓦

指标	房屋建筑施工面积	本年新开工面积	实行投标承包面积	本年新开工	年末自有施工机械设备 净值	总台数	总功率
三、按隶属关系分组							
中央					1260	96	9209
省(自治区、直辖市)	2000	2000	2000	2000	607	34	2100
地区(州、盟、省辖市)	1425539	850010	1425387	849858	34056	5369	172114
县(区、市、旗)	5290941	1256355	4351665	1254355	35500	8147	387654
镇	48630	29650	48630	29650	151	58	3652
乡					362	27	595
其他	27743945	18356228	25526635	16728892	179087	45963	902279
四、按企业资质等级分组							
施工总承包	34451051	20494243	31354317	18864755	215930	51406	1199606
一级	12707862	5432787	11668706	5380907	55653	18090	348311
二级	12336472	8073838	12179162	7926528	97935	24160	551593
三级及以下	9406717	6987618	7506449	5557320	62342	9156	299702
专业承包	60004				35093	8288	277997
一级					1397	413	6140
二级					23583	2263	110843
三级及以下	60004				10112	5612	161014
五、按控股情况分							
国有控股	351419	170878	351419	170878	40041	3355	252751
集体控股	5759954	1557032	4820678	1555032	23079	9183	306928
私人控股	28058963	18616089	25841653	16988753	183456	46401	898709
外商控股					12	60	1100
其他	340719	150244	340567	150092	4436	695	18115

表 7–33 续表 6　　(2012 年)　　单位:人

指　标	计算劳动生产率的平均人数	年末从业人数	工程技术人　员	一　级建造师	现场施工工　人	持证上岗人员
总　计	**228094**	**248751**	**21557**	**654**	**173766**	**94454**
其中:国有及国有控股企业	16875	17892	2565	134	13533	6617
一、按登记注册类型分组						
内资企业	227296	247731	21442	653	173588	94291
国有企业	10912	11354	1587	93	8653	4917
集体企业	20130	24413	2007	40	20425	11019
股份合作企业	76	77	6		61	8
有限责任公司	70284	75147	5062	167	34124	19332
国有独资公司	3569	3646	465	40	2781	325
其他有限责任公司	66715	71501	4597	127	31343	19007
股份有限公司	10206	9914	811	44	7815	5753
私营企业	109181	120310	10820	288	97807	51535
私营独资企业	3318	3791	405	11	2566	310
私营合伙企业	182	128	12		21	11
私营有限责任公司	90892	100680	8593	227	82651	45390
私营股份有限公司	14789	15711	1810	50	12569	5824
其他企业	6507	6516	1149	21	4703	1727
港、澳、台商投资企业	689	898	95		90	75
与港澳台商合资经营企业	689	898	95		90	75
外商投资企业	109	122	20	1	88	88
中外合资经营企业	109	122	20	1	88	88
二、按国民经济行业分组						
房屋和土木工程建筑业	212610	233045	19299	524	162712	88379
房屋工程建筑	180014	199087	14636	327	137724	77766
房屋工程建筑	180014	199087	14636	327	137724	77766
土木工程建筑业	32596	33958	4663	197	24988	10613
铁路、道路、隧道和桥梁工程建筑	19741	20074	2581	102	15140	5615
水利和内河港口工程建筑	8988	9716	1222	72	7963	3827
架线和管道工程建筑	1088	1325	332	6	761	600
其他土木工程建筑	2779	2843	528	17	1124	571
建筑安装业	6851	6500	1222	58	4512	2540
建筑装饰业	4840	5469	624	56	3918	2035
其他建筑业	3793	3737	412	16	2624	1500
工程准备	2515	2359	272	10	1921	1370
其他未列明的建筑活动	1278	1378	140	6	703	130

表 7-33 续表 7　　(2012 年)　　单位:人

指　　标	计算劳动生产率的平均人数	年末从业人数	工程技术人　员	一　级建造师	现场施工工　人	持证上岗人员
三、按隶属关系分组						
中央	922	739	191	25	386	189
省(自治区、直辖市)	171	115	8		100	8
地区(州、盟、省辖市)	20308	23104	3710	157	17226	6594
县(区、市、旗)	44169	58600	2414	48	23222	12423
镇	246	263	38		203	203
乡	140	95	47		41	12
其他	162138	165835	15149	424	132588	75025
四、按企业资质等级分组						
施工总承包	209978	230612	19231	555	162849	87333
一级	83742	95164	4342	268	57914	32617
二级	73307	79360	9223	212	62744	32373
三级及以下	52929	56088	5666	75	42191	22343
专业承包	15873	15410	2326	99	10917	6966
一级	1309	1287	181	30	987	446
二级	7853	7649	1102	24	5233	3616
三级及以下	6711	6474	1043	45	4697	2904
劳务分包序列	2243	2729				155
一级	2087	2435				155
二级	88	191				
三级及以下	68	103				
五、按控股情况分						
国有控股	16875	17892	2565	134	13533	6617
集体控股	42426	58184	2521	53	22381	12163
私人控股	166469	169849	16043	456	136355	74751
外商控股	109	122	20	1	88	88
其他	2215	2704	408	10	1409	835

分地区建筑业企业财务状况

表 7–34　　(2012 年)　　单位:万元

指　　标	全　市	市　区	赣榆县	东海县	灌云县	灌南县
年初存货	277372	164687	48975	29716	13321	20674
流动资产合计	2015070	1354335	260034	137497	108576	154629
固定资产合计	408428	181547	87142	62758	42483	34498
#固定资产原价	523618	237887	132509	63418	49096	40708
累计折旧	170042	88138	48057	19019	7968	6862
资产合计	2574270	1618056	361065	210846	186222	198081
负债合计	1585075	1145712	171180	106775	82740	78668
所有者权益合计	983953	472344	184643	104071	103483	119413
营业收入	3607543	1462839	777463	386336	460437	520468
营业成本	3046868	1234960	659733	329549	391142	431484
营业税金及附加	157159	59650	28675	16475	25651	26709
主营业务税金及附加	156486	59596	28080	16475	25627	26709
管理费用	157315	66461	37047	20394	14255	19158
财务费用	26444	14464	4887	2131	2766	2195
营业利润	193659	73590	44256	14944	21612	39257
利润总额	193771	73817	44282	14824	21597	39251
应付职工薪酬	757241	243158	209032	85419	101900	117731
土地和固定资产支出	35874	10211	7243	3727	7520	7173
建筑业企业在境外的营业收入	79447	25933		53514		

建筑业企业财务状况

表 7-35　　(2012 年)　　单位:万元

指　　标	年初存货	流动资产合计	固定资产合计	固定资产原价	累计折旧
总　　计	**277372**	**2015070**	**408428**	**523618**	**170042**
其中:国有及国有控股企业	66139	647011	61122	98719	40674
一、按登记注册类型分组					
内资企业	276006	1986470	387311	499019	165615
国有企业	52760	431012	34627	58118	24831
集体企业	18406	156324	26081	38617	13041
股份合作企业	85	444	130	145	15
有限责任公司	74432	619736	124347	169461	63870
国有独资公司	10969	187682	12947	22660	10781
其他有限责任公司	63463	432054	111401	146802	53090
股份有限公司	16867	107028	17470	22617	5313
私营企业	102744	612186	172087	192748	50702
私营独资企业	1860	11680	6190	5718	1121
私营合伙企业	383	441	1	1	
私营有限责任公司	89107	451897	130645	150904	41394
私营股份有限公司	11394	148168	35251	36125	8186
其他企业	10713	59740	12569	17313	7843
港、澳、台商投资企业	858	20206	1251	2705	1453
与港澳台商合资经营企业	858	20206	1251	2705	1453
外商投资企业	509	8395	19866	21894	2974
中外合资经营企业	509	8395	19866	21894	2974
二、按国民经济行业分组					
房屋和土木工程建筑业	231773	1781879	363805	468646	152658
房屋工程建筑	131059	962388	234690	283768	83817
房屋工程建筑	131059	962388	234690	283768	83817
土木工程建筑业	100715	819492	129115	184879	68841
铁路、道路、隧道和桥梁工程建筑	68851	447513	67237	99350	38695
水利和内河港口工程建筑	19638	296553	30354	46056	18652
架线和管道工程建筑	7255	29723	24169	27265	4361
其他土木工程建筑	4970	45703	7356	12209	7133
建筑安装业	24949	113481	22131	26852	9024
建筑装饰业	9042	48187	12900	14943	4004
其他建筑业	11608	71523	9591	13176	4357
工程准备	3164	21089	5463	8289	3029
其他未列明的建筑活动	8444	50434	4128	4887	1328

表 7-35 续表 1　　　　　　　　　　(2012 年)　　　　　　　　　　单位:万元

指　　标	年初存货	流动资产合　计	固定资产合　计		
				固定资产原　价	累计折旧
三、按隶属关系分组					
中央	35691	91775	4827	9729	4903
省(自治区、直辖市)	25	138	607	830	260
地区(州、盟、省辖市)	45438	692208	55472	88384	40697
县(区、市、旗)	31863	198251	67879	108176	41193
镇	27	2262	271	266	115
乡		2282	571	559	186
其他	164329	1028155	278801	315674	82689
四、按企业资质等级分组					
施工总承包	238666	1794394	355030	456661	147588
一级	114269	842497	97877	148683	54136
二级	79821	473522	149335	184805	62057
三级及以下	44576	478375	107819	123173	31395
专业承包	38706	220677	53397	66957	22455
一级	2722	22589	3147	5045	2420
二级	23438	119190	31371	38675	13122
三级及以下	12546	78899	18880	23237	6913
五、按控股情况分					
国有控股	66139	647011	61122	98719	40674
集体控股	37965	273265	55902	90087	38237
私人控股	167949	1045155	265705	301566	82331
外商控股	509	8395	19866	21894	2974
其他	4810	41245	5833	11352	5826

表 7-35 续表 2　　(2012 年)　　单位:万元

指　　标	资产合计	负债合计	所有者权益合计	营业收入	营业成本
总　　计	**2574270**	**1585075**	**983953**	**3607543**	**3046868**
其中:国有及国有控股企业	757371	596836	160535	521923	437543
一、按登记注册类型分组					
内资企业	2517895	1550695	961958	3594455	3036813
国有企业	504916	383311	121605	381811	323665
集体企业	185238	110629	74608	221555	182478
股份合作企业	589	120	469	2750	2320
有限责任公司	781511	492272	289239	1190873	1000981
国有独资公司	208131	189809	18322	75706	64073
其他有限责任公司	573380	302464	270916	1115167	936907
股份有限公司	124558	87634	36924	109230	91348
私营企业	848692	434007	409444	1609910	1370144
私营独资企业	17870	6787	11084	47160	36671
私营合伙企业	545	28	518	1278	942
私营有限责任公司	619546	296860	317445	1350678	1155876
私营股份有限公司	210731	130333	80397	210793	176655
其他企业	72391	42722	29669	78326	65878
港、澳、台商投资企业	24530	4832	19698	8060	6226
与港澳台商合资经营企业	24530	4832	19698	8060	6226
外商投资企业	31845	29548	2297	5029	3829
中外合资经营企业	31845	29548	2297	5029	3829
二、按国民经济行业分组					
房屋和土木工程建筑业	2287940	1414105	868594	3286105	2796234
房屋工程建筑	1268009	669584	593184	2493482	2126344
房屋工程建筑	1268009	669584	593184	2493482	2126344
土木工程建筑业	1019930	744521	275410	792622	669890
铁路、道路、隧道和桥梁工程建筑	572636	419483	153153	438228	381599
水利和内河港口工程建筑	332914	242183	90732	272565	223024
架线和管道工程建筑	58488	43687	14801	33162	24284
其他土木工程建筑	55892	39168	16724	48667	40983
建筑安装业	141692	90932	50761	143580	109930
建筑装饰业	63049	23908	39141	79007	61394
其他建筑业	81589	56131	25458	98852	79310
工程准备	26598	16992	9607	60704	51104
其他未列明的建筑活动	54991	39139	15852	38148	28206

表7-35续表3　　(2012年)　　单位:万元

指　　标	资产合计	负债合计	所有者权益合计	营业收入	营业成本
三、按隶属关系分组					
中央	107966	102615	5351	69021	68879
省(自治区、直辖市)	745	67	678	2617	2271
地区(州、盟、省辖市)	767861	594616	173245	508405	413978
县(区、市、旗)	299219	129773	169446	605126	512696
镇	2533	66	2467	5120	4149
乡	2936	2788	147	1627	1538
其他	1393010	755150	632619	2415628	2043358
四、按企业资质等级分组					
施工总承包	2291569	1421787	864540	3304933	2802727
一级	998694	715118	283575	1416319	1215061
二级	673949	329898	344052	1040971	879992
三级及以下	618926	376771	236914	847643	707674
专业承包	282701	163289	119413	302611	244140
一级	25736	15852	9884	37419	31458
二级	154791	96403	58389	147354	123230
三级及以下	102175	51034	51140	117837	89453
五、按控股情况分					
国有控股	757371	596836	160535	521923	437543
集体控股	342670	197764	144906	590851	495982
私人控股	1385499	737189	643069	2439690	2066250
外商控股	31845	29548	2297	5029	3829
其他	56885	23739	33146	50050	43263

表 7-35 续表 4　　　　(2012 年)　　　　单位:万元

指　　标	营业税金及附加	主营业务税金及附加	管理费用	财务费用	营业利润	利润总额
总　　计	**157159**	**156486**	**157315**	**26444**	**193659**	**193771**
其中:国有及国有控股企业	18703	18669	26233	4373	28361	28261
一、按登记注册类型分组						
内资企业	156830	156157	155224	26442	193170	193279
国有企业	12979	12946	14206	2571	21680	21583
集体企业	9810	9810	15300	1182	12033	12441
股份合作企业	165	165	20	15	230	230
有限责任公司	52441	52064	61240	4845	68747	68764
国有独资公司	3061	3061	3936	1445	3191	3190
其他有限责任公司	49380	49003	57304	3400	65556	65574
股份有限公司	4051	4051	4390	800	5392	5309
私营企业	74131	73868	57096	16444	80501	80367
私营独资企业	3313	3313	1449	501	5140	5140
私营合伙企业	79	79	76	34	109	109
私营有限责任公司	61625	61376	47498	13218	64193	64056
私营股份有限公司	9114	9100	8074	2691	11059	11062
其他企业	3253	3253	2972	585	4587	4585
港、澳、台商投资企业	188	188	1199	-2	328	328
与港澳台商合资经营企业	188	188	1199	-2	328	328
外商投资企业	141	141	892	4	161	164
中外合资经营企业	141	141	892	4	161	164
二、按国民经济行业分组						
房屋和土木工程建筑业	142282	141687	127225	24475	174433	174581
房屋工程建筑	113351	112758	88962	17872	132852	133335
房屋工程建筑	113351	112758	88962	17872	132852	133335
土木工程建筑业	28931	28928	38262	6603	41581	41246
铁路、道路、隧道和桥梁工程建筑	17107	17105	21684	4956	9679	9674
水利和内河港口工程建筑	8383	8383	9337	1207	26662	26560
架线和管道工程建筑	1049	1049	5131	34	2570	2573
其他土木工程建筑	2391	2391	2110	405	2670	2439
建筑安装业	5916	5887	16490	777	7839	7819
建筑装饰业	3591	3563	6851	570	5663	5660
其他建筑业	5371	5349	6749	622	5724	5711
工程准备	4114	4114	2245	319	2449	2451
其他未列明的建筑活动	1257	1235	4504	303	3275	3260

表 7-35 续表 5　　　　(2012 年)　　　　单位:万元

指　　标	营业税金及附加	主营业务税金及附加	管理费用	财务费用	营业利润	利润总额
三、按隶属关系分组						
中央	2245	2245	2048	973	-7260	-7297
省(自治区、直辖市)	139	128	65	4	116	116
地区(州、盟、省辖市)	16977	16976	31558	3689	35511	35987
县(区、市、旗)	24737	24544	30103	2480	33835	33963
镇	307	307	227	19	419	419
乡	33	33	29	2	26	26
其他	112722	112253	93287	19276	131012	130557
四、按企业资质等级分组						
施工总承包	143520	142910	133942	24391	176902	176964
一级	56199	56028	37476	11640	85281	85232
二级	46929	46711	50380	6073	51390	51332
三级及以下	40392	40172	46086	6679	40232	40399
专业承包	13640	13576	23373	2052	16757	16808
一级	1439	1439	3276	189	1011	1011
二级	6695	6681	8222	1128	6917	7001
三级及以下	5505	5455	11876	736	8829	8796
五、按控股情况分						
国有控股	18703	18669	26233	4373	28361	28261
集体控股	22850	22677	37993	1662	31806	32332
私人控股	113683	113216	89463	20265	131835	131364
外商控股	141	141	892	4	161	164
其他	1782	1782	2735	140	1496	1649

表 7-35 续表 6　　(2012 年)　　单位:万元

指　　标	本年应付职工薪酬	土地和固定资产支出	建筑业企业在境外完成的营业收入
总　　计	**757241**	**35874**	**79447**
其中:国有及国有控股企业	57229	3946	
一、按登记注册类型分组			
内资企业	753905	35871	79447
国有企业	36219	3531	
集体企业	52063	2399	
股份合作企业	242	35	
有限责任公司	252404	12454	
国有独资公司	11763		
其他有限责任公司	240641	12454	
股份有限公司	30251	294	
私营企业	362678	16396	79447
私营独资企业	13993	611	
私营合伙企业	230		
私营有限责任公司	304321	13679	53514
私营股份有限公司	44134	2107	25933
其他企业	20049	763	
港、澳、台商投资企业	2751		
与港澳台商合资经营企业	2751		
外商投资企业	585	2	
中外合资经营企业	585	2	
二、按国民经济行业分组			
房屋和土木工程建筑业	708287	32020	79447
房屋工程建筑	602813	20745	79447
房屋工程建筑	602813	20745	79447
土木工程建筑业	105474	11275	
铁路、道路、隧道和桥梁工程建筑	64451	2322	
水利和内河港口工程建筑	28328	8485	
架线和管道工程建筑	4490	66	
其他土木工程建筑	8205	402	
建筑安装业	22119	1980	
建筑装饰业	14096	976	
其他建筑业	12739	897	
工程准备	9815	707	
其他未列明的建筑活动	2925	190	

表 7-35 续表 7　　(2012 年)　　单位:万元

指　　标	本年应付职工薪酬	土地和固定资产支出	建筑业企业在境外完成的营业收入
三、按隶属关系分组			
中央	4352		
省(自治区、直辖市)	762	2	
地区(州、盟、省辖市)	69758	6337	
县(区、市、旗)	140049	4593	
镇	1078		
乡	340		
其他	540902	24942	79447
四、按企业资质等级分组			
施工总承包	708376	32682	79447
一级	282520	4265	25933
二级	244953	19378	
三级及以下	180902	9039	53514
专业承包	48865	3192	
一级	4079	506	
二级	24024	1020	
三级及以下	20762	1666	
五、按控股情况分			
国有控股	57229	3946	
集体控股	139456	3456	
私人控股	551760	27383	79447
外商控股	585	2	
其他	8212	1086	

建筑业总产值排名前 50 名企业

表 7-36　　(2012 年)　　单位:万元

序号	企业名称	建筑业总产值	序号	企业名称	建筑业总产值
1	江苏万年达建设集团有限公司	321764	26	连云港苏润建筑安装工程公司	41782
2	江苏三兴建工集团有限公司	264507	27	连云港广厦建设有限公司	40063
3	江苏万象建工集团有限公司	175843	28	连云港市南方建设工程有限公司	40027
4	连云港港务工程公司	174835	29	灌云县同创建筑安装工程有限公司	38619
5	江苏永超建设有限公司	81637	30	江苏大力建设工程有限公司	38306
6	江苏苏港工程有限公司	77621	31	赣榆县市政建筑园林总公司	35800
7	江苏宝隆建设工程有限公司	75603	32	江苏东一建筑工程有限公司	34600
8	江苏登壹建设工程有限公司	73995	33	灌云县县城建筑安装工程公司	33072
9	江苏中粟建设工程有限公司	71485	34	灌云县穆圩建筑安装工程公司	32995
10	路桥华祥国际工程有限公司	71325	35	东海县海陵建筑安装工程有限公司	30380
11	江苏海通建设工程有限公司	63447	36	连云港东海建筑安装工程有限公司	30364
12	江苏帝都建设工程有限公司	61380	37	中浦建设(集团)有限公司	30347
13	江苏云申建设工程有限公司	55012	38	东海县裕兴建筑安装工程有限公司	30113
14	江苏玉龙建设工程有限公司	54462	39	连云港外贸建筑安装工程有限责任公司	30100
15	江苏东海天工建设有限公司	51758	40	江苏齐天电力工程有限公司	30035
16	江苏地亚建筑有限公司	51380	41	连云港皓宇交通工程有限公司	30015
17	连云港市晶都建设集团有限公司	50055	42	连云港东方建设工程集团公司	29957
18	连云港市兴云建筑安装有限公司	49620	43	江苏省江天建设工程有限公司	29903
19	连云港市华信建筑安装工程有限公司	48960	44	江苏瑞辉建设有限公司	29536
20	江苏汇锦建设工程有限公司	48170	45	连云港市中云建设工程有限公司	29486
21	连云港华建建筑安装工程有限公司	47500	46	东海县星泰建筑安装工程有限公司	28738
22	江苏华航建设集团有限公司	46175	47	赣榆县水利建筑安装工程公司	28495
23	连云港先诚建筑安装工程有限公司	45128	48	连云港市工业设备安装工程有限公司	27748
24	连云港翔业建筑工程有限公司	43084	49	灌南县水利建筑工程公司	26085
25	江苏梅岭建设工程有限公司	42364	50	连云港市正恒建设有限公司	26032

建筑业资产总计排名前 50 位企业

表 7-37　　(2012 年)　　单位:万元

序号	企 业 名 称	资产总计	序号	企 业 名 称	资产总计
1	江苏海通建设工程有限公司	197731	26	赣榆县金泰公路工程有限公司	21879
2	连云港港务工程公司	191407	27	赣榆县市政建筑园林总公司	19471
3	路桥华祥国际工程有限公司	107966	28	连云港正帮建设有限公司	18522
4	江苏万年达建设集团有限公司	94648	29	江苏登壹建设工程有限公司	18075
5	江苏三兴建工集团有限公司	85253	30	连云港金柱桩基工程有限公司(原连云港市地基基础工程公司)	17361
6	连云港市园林建设工程公司	70579	31	连云港建港实业总公司	17353
7	中浦建设(集团)有限公司	67325	32	江苏地亚建筑有限公司	16980
8	连云港外贸建筑安装工程有限责任公司	63727	33	江苏苏港工程有限公司	16801
9	连云港市市政工程有限公司	63508	34	连云港市恒远交通建设有限公司	16671
10	连云港市建设开发实业发展公司	50978	35	江苏东一建筑工程有限公司	15875
11	江苏梅岭建设工程有限公司	41465	36	连云港锦屏建设工程有限公司	15692
12	灌云县交通工程总公司	39287	37	江苏省江天建设工程有限公司	15686
13	江苏齐天电力工程有限公司	34933	38	连云港市工业设备安装工程有限公司	15457
14	江苏华航建设集团有限公司	32846	39	连云港东盛建设工程有限公司	15225
15	江苏玉龙建设工程有限公司	32505	40	连云港翔业建筑工程有限公司	15104
16	江苏中粟建设工程有限公司	31899	41	连云港东能电力工程有限公司	15034
17	连云港新奥燃气工程有限公司	31845	42	连云港东海建筑安装工程有限公司	14537
18	连云港市水利建筑安装工程有限公司	27952	43	连云港明达工程爆破有限公司	14439
19	灌南县水利建筑工程公司	27427	44	连云港市中云建设工程有限公司	14364
20	连云港惠能基础建设工程有限公司	24530	45	连云港恒源电力实业有限公司	14093
21	赣榆县水利建筑安装工程公司	24206	46	连云港市朝阳建设工程有限公司	13532
22	江苏永超建设有限公司	23892	47	东海县水利建筑安装工程公司	13258
23	连云港市晶都建设集团有限公司	23641	48	东海县星泰建筑安装工程有限公司	13150
24	连云港市振东建设工程有限公司	23368	49	江苏大力建设工程有限公司	12982
25	江苏万象建工集团有限公司	22454	50	江苏东海天工建设有限公司	12545

建筑业工程结算收入排名前50位企业

表7-38　　(2012年)　　单位:万元

序号	企业名称	工程结算收入	序号	企业名称	工程结算收入
1	江苏三兴建工集团有限公司	279593	26	东海县第三建筑安装工程有限公司	29086
2	江苏万年达建设集团有限公司	279264	27	江苏梅岭建设工程有限公司	28389
3	连云港港务工程公司	170236	28	连云港翔业建筑工程有限公司	28327
4	江苏万象建工集团有限公司	169583	29	连云港外贸建筑安装工程有限责任公司	27381
5	江苏宝隆建设工程有限公司	75607	30	连云港皓宇交通工程有限公司	27014
6	江苏永超建设有限公司	72322	31	连云港市正恒建设有限公司	26032
7	路桥华祥国际工程有限公司	69021	32	江苏齐天电力工程有限公司	25575
8	江苏海通建设工程有限公司	56474	33	连云港市朝阳建设工程有限公司	25303
9	江苏地亚建筑有限公司	51376	34	江苏东海天工建设有限公司	24717
10	连云港市晶都建设集团有限公司	49801	35	江苏云申建设工程有限公司	24691
11	连云港市华信建筑安装工程有限公司	45351	36	连云港市工业设备安装工程有限公司	24382
12	江苏帝都建设工程有限公司	42964	37	江苏国祥建设工程总公司	24352
13	江苏登壹建设工程有限公司	42336	38	江苏大力建设工程有限公司	24261
14	江苏华航建设集团有限公司	41672	39	江苏汇锦建设工程有限公司	23965
15	灌云县同创建筑安装工程有限公司	38619	40	连云港市恒远交通建设有限公司	23895
16	中浦建设(集团)有限公司	37774	41	江苏东一建筑工程有限公司	23874
17	连云港广厦建设有限公司	36858	42	连云港市兴云建筑安装有限公司	23852
18	江苏苏港工程有限公司	36783	43	东海县路桥工程有限公司	23248
19	江苏玉龙建设工程有限公司	34608	44	灌南县水利建筑工程公司	23105
20	连云港市南方建设工程有限公司	32414	45	东海县星泰建筑安装工程有限公司	22863
21	江苏中粟建设工程有限公司	31621	46	连云港港口建筑安装工程公司	22621
22	连云港先诚建筑安装工程有限公司	30457	47	连云港中平建设有限公司	22125
23	连云港华建建筑安装工程有限公司	30310	48	连云港市盛侨建筑安装工程有限公司	22122
24	连云港东方建设工程集团公司	29957	49	灌云县交通工程总公司	21476
25	连云港市中云建设工程有限公司	29486	50	连云港锦屏建设工程有限公司	20904

8

国内商业

主要年份分地区社会消费品零售总额

表 8-1　　　　单位:万元

指　　标	全　市	市　区	赣榆县	东海县	灌云县	灌南县
1978	37173	11780	6519	8299	6542	4033
1980	51221	16529	10450	9823	8607	5812
1985	108209	42324	18662	19650	15583	11990
1990	216207	94931	36989	32767	34289	17231
1993	386841	131669	86626	67363	64898	36285
1994	545278	173794	119604	100777	105478	45625
1995	697327	228131	152031	136092	125569	55504
1996	829642	299893	172747	152373	143182	61447
1997	891542	308030	186210	168113	155941	73248
1998	941915	315061	197268	184712	164115	80759
1999	993713	331984	209316	192547	172608	87258
2000	1065701	363433	225034	207739	172900	96595
2001	1147574	396800	239748	223653	182423	104950
2002	1260330	459876	258194	237799	190470	113991
2003	1378617	533488	272735	248428	202142	121824
2004	1574788	630023	304645	277872	225870	136378
2005	1820800	740489	348819	318163	257040	156289
2006	2115302	861409	404867	369510	297979	181537
2007	2490785	1015066	476805	435152	350361	213401
2008	3104447	1251310	595029	549666	439840	268603
2009	3626978	1481256	664633	641612	489338	350139
2010	4306460	1760397	788181	762295	580179	415409
2011	5002331	1970232	945271	931645	686767	468415
2012	5754940	2266190	1082792	1078900	786918	540140

社会消费品零售总额

表 8-2　　(2012 年)　　单位:万元

类型或行业	全市	市区	赣榆县	东海县	灌云县	灌南县
社会消费品零售总额	**5754940**	**2286089.7**	**1082792**	**1058999.9**	**786918.1**	**540140.3**
一、按销售在地分组:						
(一)城镇	4701443.5	2285437.3	728535.3	734550.5	549360.4	403560
其中:城区	2461744.9	2284832.3	62095.2	56195.9	31857	26764.5
(二)乡村	1053496.5	652.4	354256.7	324449.4	237557.7	136580.3
二、按行业分组:						
(一)批发业	578992	280306.3	108535.2	93312.2	34173.7	62664.6
1、限额以上企业	428154.4	254694.8	81874.2	44920.5	21771.5	24893.4
2、限额以下企业和个体	150837.6	25611.5	26661	48391.7	12402.2	37771.2
(1)限额以下企业	13511.4		9003	4508.4		
(2)个体	137326.2	25611.5	17658	43883.3	12402.2	37771.2
(二)零售业	4673595.4	1791444.4	876649	884452.1	702956.4	418093.5
1、限额以上企业	1449369.7	870521.1	109424.8	307781.9	63825.3	97816.6
2、限额以下企业和个体	3224225.7	920923.3	767224.2	576670.2	639131.1	320276.9
(1)限额以下企业	825151.5	233113.5	118609.7	169188.6	204150.6	100089.1
(2)个体	2399074.2	687809.8	648614.5	407481.6	434980.5	220187.8
(三)住宿业	83584.9	42629.7	5787	15638.7	10090.1	9439.4
1、限额以上企业	29608.3	20702.7	2079.1	3122.6	1655.4	2048.5
2、限额以下企业和个体	53976.6	21927	3707.9	12516.1	8434.7	7390.9
(1)限额以下企业	4998	1170.2	22.6	693.7	43.7	3067.8
(2)个体	48978.6	20756.8	3685.3	11822.4	8391	4323.1
(四)餐饮业	418767.7	171709.3	91820.8	65596.9	39697.9	49942.8
1、限额以上企业	150870.3	62243.7	22637.1	41813.6	13032.1	11143.8
2、限额以下企业和个体	267897.4	109465.6	69183.7	23783.3	26665.8	38799
(1)限额以下企业	44213.5	23084.8	754.7	2512.2	5000.9	12860.9
(2)个体	223683.9	86380.8	68429	21271.1	21664.9	25938.1

注:限额以上企业含限额以上个体户。

市区社会消费品零售总额

表 8-3　　　　(2012 年)　　　　单位:万元

类型或行业	市区	新浦区	海州区	连云区	开发区
社会消费品零售总额	2281778.9	1428305.1	295084.7	448513	109876.1
一、按销售在地分组:					
(一)城镇	2281126.5	1427652.7	295084.7	448513	109876.1
其中:城区	2280521.5	1427652.7	294479.7	448513	109876.1
(二)乡村	652.4	652.4			
二、按行业分组:					
(一)批发业	280306.3	200417	35572.6	32891.4	11425.3
1、限额以上企业	199119.2	199493.9	27135.5	17370.2	10695.2
2、限额以下企业和个体	25611.5	923.1	8437.1	15521.2	730.1
(1)限额以下企业					
(2)个体	25611.5	923.1	8437.1	15521.2	730.1
(二)零售业	1787133.6	1120118.9	252592.8	319991.7	94430.2
1、限额以上企业	529073.5	562718.8	225526.5	74886.4	3078.6
2、限额以下企业和个体	920923.3	557400.1	27066.3	245105.3	91351.6
(1)限额以下企业	233113.5	231715.3	799.7	598.5	
(2)个体	687809.8	325684.8	26266.6	244506.8	91351.6
(三)住宿业	42629.7	31129.3	402.4	9488.9	1609.1
1、限额以上企业	20702.7	14349.9	297.4	6055.4	
2、限额以下企业和个体	21927	16779.4	105	3433.5	1609.1
(1)限额以下企业	1170.2	1170.2			
(2)个体	20756.8	15609.2	105	3433.5	1609.1
(四)餐饮业	171709.3	76639.9	6516.9	86141	2411.5
1、限额以上企业	62243.7	36483.6	2936.7	21349.4	1474
2、限额以下企业和个体	109465.6	40156.3	3580.2	64791.6	937.5
(1)限额以下企业	23084.8	18509.8	12.6	4562.4	
(2)个体	86380.8	21646.5	3567.6	60229.2	937.5

批发和零售业商品销售表

表 8–4 (2012 年) 单位:万元

类型或行业	销售总额合计	批发总额合计	零售总额合计
总　　计	**18796341.8**	**13650815.9**	**5145525.9**
1、限额以上	6317337.7	4546875.1	1770462.6
2、限额以下	12479004.1	9103940.8	3375063.3
一、批发业	12036614	11457622	578992
1、限额以上	4846528.1	4418373.7	428154.4
2、限额以下	7190085.9	7039248.3	150837.6
二、零售业	6759727.8	2193193.9	4566533.9
1、限额以上	1470809.6	128501.4	1342308.2
2、限额以下	5288918.2	2064692.5	3224225.7

住宿和餐饮业经营情况表

表 8–5 (2012 年) 单位:万元

类型或行业	住宿和餐饮业合计	住宿业	餐饮业
营业额合计	**851940.5**	**257047**	**594893.5**
(一)限额以上企业	109134.9	56214.8	52920.1
1、客房收入	31400	24198.5	7201.5
2、餐费收入	69227.5	27207.2	42020.3
3、商品销售额	3890.4	1201.7	2688.7
4、其他收入	4617	3607.4	1009.6
(二)限额以下企业和个体	742805.6	200832.2	541973.4
其中:餐费收入和商品销售额	321874	53976.6	267897.4

注:限上住宿和餐饮业含限额以上个体户。

限额以上批发零售贸易业基本情况

表 8-6

(2012 年)

类型或行业	法人单位 (个)	经营网点 (个)	零售企业营业面积 (平方米)	从业人员 (个)	销售额 (万元)
批发零售贸易业合计	**393**	**623**	**572717**	**20251**	**6317337.7**
市　　区	188	398	335906	12621	4649841.5
赣 榆 县	61	79	51240	2159	538779.7
东 海 县	47	49	94653	2751	376216.9
灌 云 县	53	53	40208	1472	571040.9
灌 南 县	44	44	50710	1248	181458.7
(一)批发业	208	208	34212	8303	4846528.1
市　　区	105	105	6122	5405	3596417.5
赣 榆 县	34	34	9995	1320	451948.3
东 海 县	18	18	200	506	157700.7
灌 云 县	33	33	6115	749	528948.3
灌 南 县	18	18	11780	323	111513.3
(二)零售业	185	415	538505	11948	1470809.6
市　　区	83	293	329784	7225	1053424.0
赣 榆 县	27	45	41245	839	86831.4
东 海 县	29	31	94453	2245	218516.2
灌 云 县	20	20	34093	723	42092.6
灌 南 县	26	26	38930	925	69945.4
在零售业中					
1、按经营方式	185	415	538505	11948	1470809.6
独立商店	166	191	398955	8079	942574.3
连锁店总店	4	119	47141	1496	73308.5
连锁店分店	7	64	72541	1277	81401
其　　它	8	41	19868	1096	373525.8
2、按业态分	185	415	538505	11948	1470809.6
百货商店	14	14	81732	683	115873.9
超级市场	23	158	150831	4199	199068.3
专业(专卖店)	137	232	285507	6577	1057263.2
其　　它	11	11	20435	534	98604.2

限额以上住宿和餐饮业基本情况

表 8–7

(2012 年)

类型或行业	法人单位 (个)	经营网点 (个)	零售企业营业面积 (平方米)	从业人员 (个)	营业额 (万元)
住宿和餐饮业合计	**101**	**103**	**203240**	**7547**	**109134.9**
市　　区	64	66	115727	4872	69298.0
赣 榆 县	12	12	20497	622	7238.1
东 海 县	17	17	41978	1378	25302.4
灌 云 县	5	5	16438	454	4507.4
灌 南 县	3	3	8600	221	2789
(一)住宿业	53	53	96839	4327	56214.8
市　　区	35	35	58123	2844	40451.0
赣 榆 县	5	5	9318	393	3518.2
东 海 县	8	8	15360	649	8063.5
灌 云 县	3	3	9438	251	2402.3
灌 南 县	2	2	4600	190	1779.8
(二)餐饮业	48	50	106401	3220	52920.1
市　　区	29	31	57604	2028	28847.0
赣 榆 县	7	7	11179	229	3719.9
东 海 县	9	9	26618	729	17238.9
灌 云 县	2	2	7000	203	2105.1
灌 南 县	1	1	4000	31	1009.2
在住宿业中					
按星级等级分组	53	53	96839	4327	56214.8
一星					
二星	7	7	3580	243	3985.6
三星	24	24	45556	1523	19630.6
四星	6	6	21980	1296	15004.3
五星	2	2	8000	554	8826.9
其他	14	14	17723	711	8767.4
在餐饮业中					
按国民经济行业分组	48	50	106401	3220	52920.1
正餐服务	43	43	98301	2957	44582.4
快餐服务	3	5	5060	211	6894.6
饮料及冷饮服务					
其他餐饮服务	2	2	3040	52	1443.1

限额以上批发零售贸易业商品购、销、存总额

表 8-8　　(2012 年)　　单位:万元

项　　目	购进总额	#从生产者购进	#进　口
批发零售贸易企业总计	**6520074**	**6375079.1**	**144994.9**
按市县分			
市　区	4834690.7	4696466.8	138223.9
赣　榆　县	538435.2	538435.2	
东　海　县	370233	370233	
灌　云　县	614653.4	607882.4	6771
灌　南　县	162061.7	162061.7	
一、批发贸易业	4927438.6	4786105.7	141332.9
#国有及国有控股	2068061.5	2015398.3	52663.2
1、按登记注册类型分组			
内资企业	4927438.6	4786105.7	141332.9
国有企业	1315308	1284347.1	30960.9
集体企业	9630.2	9630.2	
有限责任公司	923604.1	886164.2	37439.9
国有独资公司	94758	73055.7	21702.3
其他有限责任公司	828846.1	813108.5	15737.6
股份有限公司	117955.2	117952.2	
私营企业	2493555.4	2420623.3	72932.1
私营有限责任公司	2214878	2148772.2	66105.8
私营股份有限公司	104309.5	101154.2	3155.3
2、按国民经济行业分组			
农畜产品批发	367976.7	367976.7	
谷物、豆及薯类批发	248405.1	248405.1	
种子、饲料批发	26415.6	26415.6	
棉、麻批发	32563	32563	
食品、饮料及烟草制品批发	222330.9	222330.9	
米、面制品及食用油批发	11999.7	11999.7	
糕点、糖果及糖批发			
肉、禽、蛋及水产品批发	2506.4	2506.4	
盐及调味品批发	18613	18613	
饮料及茶叶批发	5023.4	5023.4	
烟草制品批发	165142.6	165142.6	
医药及医疗器材批发	119829.5	119829.5	
西药批发	104387.1	104387.1	

表 8-8 续表 1 (2012 年) 单位:万元

项　　目	购进总额	#从生产者购进	#进　口
中药材及中成药批发	3430.7	3430.7	
矿产品、建材及化工产品批发	3867937.6	3761391.6	106546
煤炭及制品批发	1414160.2	1376720.3	37439.9
石油及制品批发	389333.2	389333.2	
非金属矿及制品批发	17550	17550	17550
金属及金属矿批发	1537297.9	1528022.1	9275.8
建材批发	113858.2	113858.2	
化肥批发	85005.4	85005.4	
其他化工产品批发	310732.7	268452.4	42280.3
机械设备、五金交电及电子产品批发	88567.6	88567.6	
农业机械批发	30415.8	30415.8	
汽车、摩托车及零配件批发	30787.2	30787.2	
五金、交电批发			
通讯及广播电视设备批发	1987.8	1987.8	
其他批发	168896.5	168896.5	
再生物资回收与批发	99829	99829	
二、零售业	1592635.4	1588973.4	3662
其中:国有控股	92457.5	92457.5	
1、按登记注册类型分组			
内资企业	1455460.7	1451798.7	3662
国有企业	56192.5	56192.5	
集体企业	33097.5	33097.5	
股份合作企业	345319.9	345319.9	
有限责任公司	249911.3	249820.3	91
国有独资公司			
其他有限责任公司	249911.3	249820.3	91

表 8–8 续表 2　　　　(2012 年)　　　　单位:万元

项　　目	购进总额	#从生产者购进	#进　口
股份有限公司	3740.6	3740.6	
私营企业	598122.2	594551.2	3571
私营独资企业	46912.9	46912.9	
私营合伙企业	3782.9	3782.9	
私营有限责任公司	540308.6	536737.6	3571
私营股份有限公司	7117.8	7117.8	
其他	169076.7	169076.7	
港、澳、台商投资企业	90198.6	90198.6	
港、澳、台商投资股份有限公司			
综合零售	318800	315229	3571
百货零售	114449.9	114449.9	
超级市场零售	199289.1	199289.1	
其他综合零售	5061	1490	3571
食品、饮料及烟草制品专门零售	156150.4	156150.4	
饮料及茶叶零售	51585.4	51585.4	
烟草制品零售	13399.4	13399.4	
其他食品零售			
纺织、服装及日用品专门零售	5440.7	5440.7	
服装零售	2285.7	2285.7	
文化、体育用品及器材专门零售	96989.4	96989.4	
图书零售	30734.6	30734.6	
珠宝首饰零售	48754.4	48754.4	
医药及医疗器材专门零售	177463.7	177463.7	
药品零售	177463.7	177463.7	
汽车、摩托车、燃料及零配件专门零售	733755.4	733664.4	91
汽车零售	373579.3	373488.3	91
摩托车及零配件零售	602	602	
机动车燃料零售	354298.9	354298.9	
家用电器及电子产品专门零售	97958.6	97958.6	

表 8-8 续表 3　　(2012 年)　　单位:万元

项　　目	购进总额	#从生产者购进	#进　口
家用电器零售	83261.1	83261.1	
计算机、软件及辅助设备零售	7498.8	7498.8	
无店铺及其他零售	4154.3	4154.3	
生活用燃料零售	3351.9	3351.9	
3、按经营方式分组			
独立门店	896744.2	896653.2	91
连锁总店(总部)	71424.6	71424.6	
连锁门店	69988.9	69988.9	
其他	554477.7	550906.7	3571
4、按零售业态分组			
超市	39294.8	39294.8	
大型超市	159994.3	159994.3	
百货店	115051.9	115051.9	
专业店	371926.4	371926.4	
专卖店	852092.3	852001.3	91
购物中心	531	531	
厂家直销中心	43443.2	43443.2	
补充资料			
批发业:其他有限责任公司	828846.1	813108.5	15737.6
其中:1、国有控股	476898.6	476898.6	
2、集体控股	2824.3	2824.3	
股份有限公司	117955.2	117955.2	
其中:1、国有控股	113711.2	113711.2	
2、集体控股			
零售业:其他有限责任公司	249911.3	249820.3	91
其中:1、国有控股	36265	36265	
2、集体控股	2767.6	2767.6	
股份有限公司	3740.6	3740.6	

表 8-8 续表 4　　(2012 年)　　单位:万元

项　目	销售总额	批发	出口	零售	期末库存总额
批发零售贸易企业总计	**6317337.7**	**4846528.1**	**89896.9**	**1470809.6**	**478730.9**
按市县分					
市　区	4649841.5	3596417.5	28287.5	1053424.0	335700.0
赣 榆 县	538779.7	451948.3	1689.7	86831.4	22809.1
东 海 县	376216.9	157700.7		218516.2	31237.8
灌 云 县	571040.9	528948.3	59919.7	42092.6	69867.8
灌 南 县	181458.7	111513.3		69945.4	19116.2
一、批发贸易业	4609408.4	4557912.7	89896.9	51495.7	359987.4
# 国有及国有控股	1587979.7	1587169.1	1912.5	810.6	192555.6
1、按登记注册类型分组					
内资企业	4609408.4	4557912.7	89896.9	51495.7	359987.4
国有企业	763367.2	762556.6		810.6	144890.5
集体企业	9675.3	9675.3			831.7
有限责任公司	1089142.4	1084894.7	16354.8	4247.7	48718.5
国有独资公司	132988.5	132988.5	1912.5		14974
其他有限责任公司	956153.9	951906.2	14442.3	4247.7	33744.5
股份有限公司	119325.4	119325.4			71.6
私营企业	2572296.7	2525859.3	73542.1	46437.4	151333.7
私营有限责任公司	2241930.7	2200993.8	13017.5	40936.9	136850.5
私营股份有限公司	112614.8	109810.4	60524.6	2804.4	6335.1
2、按国民经济行业分组					
农畜产品批发	367143.9	367141.5	61609.4	2.4	87534.3
谷物、豆及薯类批发	246236	246235.7		0.3	83569.3
种子、饲料批发	23093.4	23093.4	1689.7		3448.7
棉、麻批发	32391.6	32389.5		2.1	321.4
食品、饮料及烟草制品批发	324208.2	323111.6	2860.9	1096.6	14622.5
米、面制品及食用油批发	12883.8	12883.8			45.5
糕点、糖果及糖批发					
肉、禽、蛋及水产品批发	2760.4	2760.4			100.5
盐及调味品批发	20827	20016.6		810.4	1093
饮料及茶叶批发	5872.4	5872.4			696.5
烟草制品批发	259255.8	259255.8			9157.8
医药及医疗器材批发	175968.4	175634.6	12186.3	333.8	5101.5
西药批发	160300.5	160300.5			5031.7

表 8-8 续表 5　　　　(2012 年)　　　　单位:万元

项　　目	销售总额	批发	出口	零售	期末库存总额
中药材及中成药批发	3471.6	3147.8		323.8	58.8
矿产品、建材及化工产品批发	3376201.5	3339198.9	1912.5	37002.6	186935.9
煤炭及制品批发	880967.2	877166.1	1912.5	3801.1	57591.3
石油及制品批发	390298.9	373536.3		16762.6	6539.1
非金属矿及制品批发	15833.7	15833.7			1716.3
金属及金属矿批发	1626681.9	1624753.2		1928.7	106744.7
建材批发	123732.6	123299.8		432.8	442.1
化肥批发	87760.1	87760.1			1189.5
其他化工产品批发	250927.1	236849.7		14077.4	12712.9
机械设备、五金交电及电子产品批发	99286.5	90538		8748.5	10960.3
农业机械批发	36898.4	35587.9		1310.5	1251.9
汽车、摩托车及零配件批发	32477.2	32477.2			2173.4
五金、交电批发					
通讯及广播电视设备批发	2002.1	2002.1			10.1
其他批发	200034.5	195723.4	11132.2	4311.1	7947.9
再生物资回收与批发	105424.9	101113.8		4311.1	5834.6
二、零售业	1707929.3	288615.4		1419313.9	118743.5
其中:国有控股	94525	20		94505	16833.7
1、按登记注册类型分组					
内资企业	1568803.5	268969.4		1299834.1	116692.5
国有企业	55241.5			55241.5	13689.4
集体企业	32969.9	4342		28627.9	1411.2
股份合作企业	380519.2	167462.3		213056.9	13020.5
有限责任公司	274758.8	15564.7		259194.1	21343.1
国有独资公司					
其他有限责任公司	274758.8	15564.7		259194.1	21343.1

表 8-8 续表 6　　(2012 年)　　单位:万元

项　　目	销售总额	批发	出口	零售	期末库存总额
股份有限公司	3909.8	578.5		3331.3	346.4
私营企业	638076.6	35825.3		602251.3	54328.5
私营独资企业	49124.6	5317.2		43807.4	5715.3
私营合伙企业	3193.1			3193.1	1088.8
私营有限责任公司	576930.2	29928.2		547002	45879.2
私营股份有限公司	8828.7	579.9		8248.8	1645.2
其他	183327.7	45196.6		138131.1	12553.4
港、澳、台商投资企业	90787.7	19646		71141.7	340.5
港、澳、台商投资股份有限公司					
综合零售	319040.3	5741.2		313299.1	19633.9
百货零售	115271.9	4342		110929.9	3440.3
超级市场零售	199068.3			199068.3	15308.7
其他综合零售	4700.1	1399.2		3300.9	884.9
食品、饮料及烟草制品专门零售	167218.7	41410.1		125808.6	4984.8
饮料及茶叶零售	61306.2	20760.1		40546.1	3542
烟草制品零售	14035.4	1004		13031.4	1098.7
其他食品零售					
纺织、服装及日用品专门零售	6547.9			6547.9	724.5
服装零售	3656.8			3656.8	450
文化、体育用品及器材专门零售	97013.7	4990.5		92023.2	23057.9
图书零售	28579.4			28579.4	12852.6
珠宝首饰零售	50183.2	132		50051.2	9100.1
医药及医疗器材专门零售	195063.7	46124.1		148939.6	13705
药品零售	195063.7	46124.1		148939.6	13705
汽车、摩托车、燃料及零配件专门零售	799689.8	176703		622986.8	47584.2
汽车零售	403809.5	6971.6		396837.9	33236.4
摩托车及零配件零售	602			602	140
机动车燃料零售	389583.2	169278.6		220304.6	13380.4
家用电器及电子产品专门零售	111629.9	13480.7		98149.2	8734.6

表 8-8 续表 7　　　　(2012 年)　　　　单位:万元

项　　目	销售总额	批发		零售	期末库存总额
			出口		
家用电器零售	94968.4	6106.9		88861.5	7670.6
计算机、软件及辅助设备零售	9159.8	579.9		8579.9	716.7
无店铺及其他零售	4482.8	165.8		4317	259.2
生活用燃料零售	3297.4	165.8		3131.6	169.7
3、按经营方式分组					
独立门店	942574.3	49594.3		892980	82215.8
连锁总店(总部)	73308.5	214.5		73094	4471.9
连锁门店	81401	1024		80377	7288.9
其他	610645.5	237782.6		372862.9	24766.9
4、按零售业态分组					
超市	33850.1			33850.1	5407.8
大型超市	165218.2			165218.2	9900.9
百货店	115873.9	4342		111531.9	3580.3
专业店	411721.1	72631		339090.1	42304.2
专卖店	916801.2	190280.1		726521.1	54699.8
购物中心	969.2			969.2	338.9
厂家直销中心	53575.8	19963.1		33612.7	1525.9
补充资料					
批发业:其他有限责任公司	956153.9	951906.2	14442.3	4247.7	33744.5
其中:1、国有控股	522301.3	522301.3			18549.6
2、集体控股	2841.5	2838		3.5	363.1
股份有限公司	119325.4	119325.4			71.6
其中:1、国有控股	113721.3	113721.3			0.1
2、集体控股					
零售业:其他有限责任公司	274758.8	15564.7		259194.1	21343.1
其中:1、国有控股	39283.5	20		39263.5	3144.3
2、集体控股	3701.7			3701.7	416.9
股份有限公司	3909.8	578.5		3331.3	346.4

星级住宿业和限额以上餐饮企业财务状况表

表 8-9　　(2012 年)　　单位:万元

指标名称	年末资产负债					
	流动资产合计	固定资产合计	累计折旧	本年折旧	资产总计	流动负债合计
总　计	**43087.9**	**124189.4**	**42687.4**	**7092.9**	**159772.2**	**119713**
一、住宿业	26394.5	89708.1	34543.1	5254.9	108542.6	79803.3
1、按登记注册类型分组						
内资企业	25132.5	86794.1	33640.1	5045.9	104631.6	77126.3
国有企业	9564.9	49993.4	18198.8	2192.1	56749.5	37017.6
集体企业	103.1	467.7	423.9	7.1	359.4	88.2
股份合作企业						
有限责任公司	3657.5	14826.1	3978.5	608.8	16499.9	16712.4
股份有限公司	267.2	1742	841.6	141.2	1262.1	773.3
私营企业	11539.8	19764.9	10197.3	2096.7	29760.7	22534.8
港、澳、台商投资企业						
2、按国民经济行业分组						
旅游饭店	25437.3	88556.1	34249.7	5218.1	104873.1	76595.2
一般旅馆	957.2	1152	293.4	36.8	3669.5	3208.1
其他住宿服务						
3、按星级等级分组						
二星	1375.6	3379.9	1332	275.1	3564.9	2030.3
三星	10712.8	23113.7	10788.1	2015.2	30504.6	19917
四星	8169.4	32234.7	12701.2	1361.4	29568.2	25116.2
五星	3340.5	26972.6	8262.2	1408.3	36008.3	24151
其他	2796.2	4007.2	1459.6	194.9	8896.6	8588.8
二、餐饮业	16693.4	34481.3	8144.3	1838	51229.6	39909.7
1、按登记注册类型分组						
内资企业	16251.8	33699.2	7462.1	1807.4	50588.7	39810.5
有限责任公司	2144.4	11628.1	2438.5	420.7	12291.7	12187.6
股份有限公司	173.3	142	37	1.2	278.3	98.4
私营企业	13786.2	20476.1	4690.5	1296.5	36517.7	25634.6
港、澳、台商投资企业	441.6	782.1	682.2	30.6	640.9	99.2
2、按国民经济行业分组						
正餐服务	14018.7	32653.9	7073.5	1509.7	47498.4	38093.4
快餐服务	1986.1	847.9	498.8	243.2	2635	1648.3
其他餐饮服务	688.6	979.5	572	85.1	1096.2	168
3、按经营方式						
独立经营	14061.8	33655.7	7565	1580.7	47991.8	37829.8
连锁经营分店	2374.2	692.4	452.3	246.7	2974.2	1945.7
其他	257.4	133.2	127	10.6	263.6	134.2

表 8-9 续表 1　　　　(2012 年)　　　　单位:万元

指标名称	年末资产负债				
	所有者权益合计	实收资本	营业收入合计	主营业务成本	主营业务税金及附加
总　计	**40059.2**	**50512.7**	**94474**	**43724.9**	**4647**
一、住宿业	28739.3	38901.5	54277.2	22028.1	2854.6
1、按登记注册类型分组					
内资企业	27505.3	37034.5	52919.3	21706.1	2789.4
国有企业	19731.9	26663.2	19497.5	7406.4	1039.7
集体企业	271.2	200	738.1	347.9	39.5
股份合作企业					
有限责任公司	-212.5	3138.6	8555.3	3195	485.2
股份有限公司	488.8	250	1784.6	1020	53.7
私营企业	7225.9	6782.7	22343.8	9736.8	1171.3
港、澳、台商投资企业					
2、按国民经济行业分组					
旅游饭店	28277.9	38142.3	50918.9	20737.8	2693.1
一般旅馆	461.4	759.2	3358.3	1290.3	161.5
其他住宿服务					
3、按星级等级分组					
二星	1534.6	1128	3985.2	2459.7	181
三星	10587.6	7125.1	19018.5	8403.4	1029.4
四星	4452	11387.2	15022.7	4806	825.3
五星	11857.3	17000	8826.9	2001.7	492.4
其他	307.8	2261.2	7423.9	4357.3	326.5
二、餐饮业	11319.9	11611.2	40196.8	21696.8	1792.4
1、按登记注册类型分组					
内资企业	10778.2	10609.1	39417.6	21326.2	1748.8
有限责任公司	104.1	1933.4	5906.1	2641	318.5
股份有限公司	179.9	59	852.1	647.4	19.9
私营企业	10883.1	8496.7	31679.9	17689.2	1355.5
港、澳、台商投资企业	541.7	1002.1	779.2	370.6	43.6
2、按国民经济行业分组					
正餐服务	9405	10780.2	33943.5	18224.4	1541.1
快餐服务	986.7	80	4810.2	2385	209.9
其他餐饮服务	928.2	751	1443.1	1087.4	41.4
3、按经营方式					
独立经营	10162	11531.2	34024.3	18495	1446.6
连锁经营分店	1028.5	30	5251.2	2461.6	294.2
其他	129.4	50	921.3	740.2	51.6

表 8–9 续表 2　　(2012 年)　　单位:万元

指标名称	损益及分配				
	其他业务利润	营业费用	管理费用	财务费用	营业利润
总　计	**736.8**	**24250.4**	**19668.3**	**1511.4**	**631.3**
一、住宿业	686.2	14915.3	14491.4	1204.7	–1205.7
1、按登记注册类型分组					
内资企业	686.2	14507.7	14096.4	1055.7	–1224.8
国有企业	479.7	4795.3	6305.8	485.8	–488
集体企业		86.1	226.9	2.4	3.1
股份合作企业					
有限责任公司	90.1	3166.9	2843.2	7.4	–1143.9
股份有限公司		388.3	222.3	11	89.3
私营企业	116.4	6071.1	4498.2	549.1	314.7
港、澳、台商投资企业					
2、按国民经济行业分组					
旅游饭店	685.4	14114.4	13058.6	1176.4	–851
一般旅馆	0.8	800.9	1432.8	28.3	–354.7
其他住宿服务					
3、按星级等级分组					
二星		792.1	394	20.1	162
三星	120.3	5535.9	3695.2	462.7	–145.2
四星	565.1	5179.9	4669.4	503.3	–961.2
五星		2661.5	4144.4	161.6	–618.1
其他	0.8	745.9	1588.4	57	356.8
二、餐饮业	50.6	9335.1	5176.9	306.7	1837
1、按登记注册类型分组					
内资企业	50.6	9156	4893.9	297.6	1943.2
有限责任公司		1338.6	1955.3	19	–366.4
股份有限公司		121.6	21.3	0.1	41.8
私营企业	50.6	7140.1	2808.5	273.7	2361.1
港、澳、台商投资企业		179.1	283	9.1	–106.2
2、按国民经济行业分组					
正餐服务	50.6	7619.2	4763.2	249.2	1494.5
快餐服务		1703	260.2	47.7	204.4
其他餐饮服务		12.9	153.5	9.8	138.1
3、按经营方式					
独立经营	50.6	7338.1	4741.1	248.3	1703.3
连锁经营分店		1963.8	213.2	58.4	260
其他		33.2	222.6		–126.3

表 8-9 续表 3　　(2012 年)　　单位:万元

指标名称	年末资产负债					
	利润总额	应交所得税	应付职工薪酬	全年上交国税总额	全年上交地税总额	企业年平均无偿使用厂方促销人员
总　计	**-326.5**	**669.8**	**16543**	**568.6**	**5257.9**	**90**
一、住宿业	-1187.8	344.7	10606	246.7	3244.6	90
1、按登记注册类型分组						
内资企业	-1206.9	339.9	10362	241.9	3160.3	90
国有企业	-463.9	127.9	4845.2	127.6	1141.7	
集体企业	35.3	17.6	107		57.1	
股份合作企业						
有限责任公司	-1140	27.8	1633.8	4.2	652.9	
股份有限公司	89.3	3	237.6	4.3	56.5	
私营企业	272.4	163.6	3538.4	105.8	1252.1	90
港、澳、台商投资企业						
2、按国民经济行业分组						
旅游饭店	-837.9	315.3	9741.8	209.2	3075.7	90
一般旅馆	-349.9	29.4	864.2	37.5	168.9	
其他住宿服务						
3、按星级等级分组						
二星	165.9	8.8	523	5.6	207.8	90
三星	-180.6	146.2	3305.8	47.7	1175.3	
四星	-922.3	19.4	3853.8	20.7	1036.4	
五星	-570.8	125.1	1549.8	125.1	493.8	
其他	320	45.2	1373.6	47.6	331.3	
二、餐饮业	861.3	325.1	5937	321.9	2013.3	
1、按登记注册类型分组						
内资企业	967.7	322.6	5795.8	319.4	1965.3	
有限责任公司	-336.2	2.2	1359	1	328.9	
股份有限公司	41.8	9	93	0.2	28.9	
私营企业	1357.3	311.4	4179.7	318.2	1546.4	
港、澳、台商投资企业	-106.4	2.5	141.2	2.5	48	
2、按国民经济行业分组						
正餐服务	550.2	272	5399.1	255.8	1755.8	
快餐服务	170.8	35.5	412.4	36.5	211.3	
其他餐饮服务	140.3	17.6	125.5	29.6	46.2	
3、按经营方式						
独立经营	728.4	263.7	5438.1	300.2	1627.8	
连锁经营分店	260.2	61.4	398	21.7	333.9	
其他	-127.3		100.9		51.6	

限额以上批发零售贸易企业财务状况表

表 8-10　　(2012 年)　　单位:万元

指标名称	年末资产负债					
	流动资产合计	应收账款	存 货	固定资产合计	固定资产原价	累计折旧
总　　计	**1947675.7**	**343622.6**	**434098.3**	**175500.7**	**264378.3**	**92950.4**
一、批发业	1518258	267355.2	328916.8	110731.6	165127.1	55413.1
1、按登记注册类型分组						
内资企业	1518258	267355.2	328916.8	110731.6	165127.1	55413.1
国有企业	397962.2	24839.2	144484.7	45658.2	81281.1	35984.7
集体企业	1918.2	238.2	833.7	547.9	720.9	212.8
有限责任公司	383958.4	107799.4	48352.1	27477.7	33634	6636.2
股份有限公司	14933.9	5066.3	71.5	158.3	341.5	183.2
私营企业	699254.4	128542.2	123088.1	36771.1	48812	12177
二、零售业	429417.7	76267.4	105181.5	64769.1	99251.2	37537.3
1、按登记注册类型分类						
内资企业	414438.1	76267.4	103047.1	60368.2	93224.5	35911.5
国有企业	25626.1	114	9597.6	7450.3	11603.4	4153.1
集体企业	5173	236.7	1396.1	1765.4	2078	312.6
股份合作企业	18180.7	681.5	11128.6	6465.8	5076.1	1576.5
有限责任公司	75351.4	8431.6	23141.1	15184.8	27394.6	12210
股份有限公司	1674.7	1161	426.7	39.3	52.7	13.4
私营企业	203724.2	25009.1	46260.1	26241.5	42673.4	16520.7
2、按国民经济行业分组						
综合零售	104812.5	5448.2	19119.1	21085.8	40494.6	19408.8
百货零售	.37506.7	1116.3	3385.2	9375	21160.9	11785.9
超级市场零售	64868.1	4227.3	14881.1	11433.5	18967.5	7534
3、按经营方式分组						
独立经营	279511.9	28847.5	74252.6	52088.3	82195.6	30171.5
连锁经营总店	26410.7	2067.2	4634.5	2196.3	5528	3331.7
连锁经营分店	16108.8	756.9	6037	1602.7	2919.4	1332.7
4、按零售业态分组						
超市	12363.2	2260.9	5846.1	2422	3906	1484
大型超市	52504.9	1966.4	9035	9011.5	15061.5	6050
百货店	37816.7	1146.3	3645.2	9552	21350.9	11798.9
专业店	173405.7	54459.5	38805.5	17580.7	25425.2	7887.8
专卖店	132461.4	11507.7	45058.2	24354.6	30983.7	9632.2

表 8-10 续表 1　　(2012 年)　　单位:万元

指标名称	年末资产负债					
	本年折旧	资产总计	流动负债合计	非流动负债合计	负债合计	所有者权益合计
总　　计	**16583.1**	**2368451.2**	**1753786.2**	**54852.4**	**1807071.1**	**561380.1**
一、批发业	9588.1	1810507.4	1348492	40337.8	1389597.6	420909.8
1、按登记注册类型分组						
内资企业	9588.1	1810507.4	1348492	40337.8	1389597.6	420909.8
国有企业	3722.8	514222.6	323394.7	22285	345679.8	168542.8
集体企业	7.7	2489.8	1112.1		1112.1	1377.7
有限责任公司	3181.8	450201.2	373369.2	15124.1	388493.7	61707.5
股份有限公司	19.8	18361.6	10457		10457	7904.6
私营企业	2437	804882.9	624981.5	2928.7	628677.5	176205.4
二、零售业	6995	557943.8	405294.2	14514.6	417473.5	140470.3
1、按登记注册类型分类						
内资企业	6827.4	538563.3	388372.8	13214.6	399252.1	139311.2
国有企业	920.9	44315	33268.4	3996.5	37264.9	7050.1
集体企业	75.7	6948.4	4379.3		4379.3	2569.1
股份合作企业	159.6	36106.3	19523.3		19523.3	16583
有限责任公司	2018.5	110838.1	78073.1	5983.2	81599.5	29238.6
股份有限公司	2.9	1725.8	1433		1433	292.8
私营企业	3421.2	246083.4	182711.4	1303.4	184136.3	61947.1
2、按国民经济行业分组						
综合零售	2345	141152.1	123755.5	2190.3	125928.7	15223.4
百货零售	1212.4	48831.7	44235.6	477.2	44712.8	4118.9
超级市场零售	1111.2	89602.2	77509.8	1713.1	79205.8	10396.4
3、按经营方式分组						
独立经营	5988	368136.5	264196.3	12172.4	273949.3	94187.2
连锁经营总店	440.9	30376.5	26059.4		26059.4	4317.1
连锁经营分店	187.5	27315.2	24682.9	487	25169.9	2145.3
4、按零售业态分组						
超市	390.7	17963.1	11653.9	396	12049.9	5913.2
大型超市	720.5	71639.1	65855.9	1317.1	67155.9	4483.2
百货店	1225.4	49318.7	44465.6	477.2	44942.8	4375.9
专业店	2021	212807	141180.5	6360.4	145098.2	67708.8
专卖店	2491.3	182623	125379.9	5760.4	131180.7	51442.3

表 8-10 续表 2　　(2012 年)　　单位:万元

指标名称	损益及分配					
	实收资本	主营业务收　入	主营业务成　本	营业税金及附加	主营业务税金及附加	其他业务利　润
总　计	**282506.8**	**5288543.4**	**4870218.4**	**26387.2**	**25680.1**	**19639.9**
一、批发业	187180.1	3912292	3632002.6	22151	21582.8	7323.5
1、按登记注册类型分组						
内资企业	187180.1	3912292	3632002.6	22151	21582.8	7323.5
国有企业	26187.9	679823.5	594863.3	14210.9	14210.9	3856.8
集体企业	1262.9	9307.4	8377.8	34.1	34.1	
有限责任公司	39035.9	942984.8	899887.1	1343.8	1169.9	572.8
股份有限公司	6675.2	102693.4	98206.2	135.3	135.3	
私营企业	111018.2	2126317.7	1980641.2	6417	6022.7	2610.5
二、零售业	95326.7	1376251.4	1238215.8	4236.2	4097.3	12316.4
1、按登记注册类型分类						
内资企业	94326.7	1336012.3	1205317.6	3752.7	3613.8	12316.4
国有企业	3929.7	47482.8	41164.8	135.4	135.4	606
集体企业	2301.1	28225.7	25522	155.9	155.9	
股份合作企业	11207.7	325230	314968.5	272.6	272.6	191.7
有限责任公司	23978	245651.1	211588.9	1125.7	1106	3177.7
股份有限公司	100	3708.4	3483.2	6.8	6.8	
私营企业	49104.7	527323.1	464975.3	1760.1	1641.5	8064.1
2、按国民经济行业分组						
综合零售	23872.4	278010	237905.7	1792	1790.2	4324.6
百货零售	13733.6	100557.3	88220.1	793.6	793.1	984.9
超级市场零售	9438.8	172819	145354.1	995.8	994.5	3272.2
3、按经营方式分组						
独立经营	73183.4	714332.7	627529.7	3043	2927.8	8093.1
连锁经营总店	2063	64442.8	53071.1	233.5	233.5	1615.5
连锁经营分店	4711	69119.8	61135.5	285.6	261.9	2103.9
4、按零售业态分组						
超市	2785	29521.9	25665.4	58.6	57.3	353.3
大型超市	6653.8	143297.1	119688.7	937.2	937.2	2918.9
百货店	13953.6	101147.2	88692	823.7	822.6	984.9
专业店	33080.8	355632.6	308142.6	1145.9	1145.6	1852.3
专卖店	36604.4	686589.6	644851.6	1105.3	969.1	6135.4

表 8-10 续表 3　　(2012 年)　　单位:万元

指标名称	损益及分配					
	营业费用	管理费用	财务费用	营业利润	营业外收入	利润总额
总　计	**181901.7**	**88965.1**	**36340.5**	**96768.7**	**14033.1**	**101453.2**
一、批发业	107077.9	56524.5	28596.5	72211.2	11484.3	77815.5
1、按登记注册类型分组						
内资企业	107077.9	56524.5	28596.5	72211.2	11484.3	77815.5
国有企业	8250.8	28724.5	7296.5	28515.3	8877.6	34081.9
集体企业	257.1	363.4	64.4	210.6		210.6
有限责任公司	24044.3	7992.4	8791.1	795.5	1633	2745.7
股份有限公司		1968.9	252	2132.4	53.6	2186
私营企业	74420.3	17290.2	11862.3	40049.8	882.6	38051.8
二、零售业	74823.8	32440.6	7744	24557.5	2548.8	23637.7
1、按登记注册类型分类						
内资企业	72696.2	28562.7	7663.1	23786.5	2513.5	22831.4
国有企业	2877.8	2551.7	382.8	952.9	561.5	1458.4
集体企业	1060	472.6	326.6	723.6		723.6
股份合作企业	4584.7	975.1	919.8	3701	931.3	4457.3
有限责任公司	22562.6	7472.2	1081.9	4134.9	277.8	3343.1
股份有限公司	55.7	64.9	0.9	96.9		96.9
私营企业	32676	14162.1	3923.8	12244.8	718.9	10804.8
2、按国民经济行业分组						
综合零售	27718.5	10389.3	1521	1146.7	308.9	1066.8
百货零售	6228.2	3757.7	708.9	1877.2	4.2	1861.7
超级市场零售	21399.8	6405.3	771.2	-672.4	237.2	-804.3
3、按经营方式分组						
独立经营	37844.5	25023.7	5512.5	19683.1	1161.1	17661.2
连锁经营总店	8789.6	1669.5	437.8	243.2	127.7	288.4
连锁经营分店	9340.5	1338	115.9	-2047.3	63.7	-1997.7
4、按零售业态分组						
超市	2639.2	914.6	83.9	1368.8	27.5	1089.4
大型超市	18760.6	5490.7	687.3	-2041.2	209.7	-1893.7
百货店	6248.7	3775.8	730.6	1907.2	4.2	1891.7
专业店	24241.8	11480.7	1949.7	10908.4	864.9	9673.6
专卖店	16959.2	9979.3	4178.7	10504.1	1233.8	10890.8

表 8-10 续表 4　　(2012 年)　　单位:万元

指标名称	损益及分配					
	应交所得税	应付职工薪酬	应交增值税	土地和固定资产支出	全年上交国税部门税金总额	其中:增值税
总　　计	**16627.6**	**63810.4**	**58225.4**	**19280.1**	**85796.9**	**53062.8**
一、批发业	12430.3	34010.5	42257.4	10943.7	66335.3	38284.4
1、按登记注册类型分组						
内资企业	12430.3	34010.5	42257.4	10943.7	66335.3	38284.4
国有企业	8523.4	11783.7	11207.9	1738.6	30833.7	11394.2
集体企业	29.2	105.4	53.8	62.3	76.2	
有限责任公司	811.6	5414.5	7315	5019.5	8307.4	7622.7
股份有限公司	155.1	1206.8	16.7	50.9	51.4	42.4
私营企业	2776.1	15464.7	22887	4072.4	26144.8	19225.1
二、零售业	4197.3	29799.9	15968	8336.4	19461.6	14778.4
1、按登记注册类型分类						
内资企业	4197.1	28787.7	15851.2	8336.4	19344.8	14778.4
国有企业	21.3	2092	354.7	1630.6	465.2	330.2
集体企业	91.8	214.3	286.6		340.3	286.6
股份合作企业	957.8	843	2266.7	934.6	3021.2	2266.7
有限责任公司	1149.1	9526.2	4107.2	819.3	5511.1	4035.6
股份有限公司	21.5	60.2	68.4	40	68.4	68.4
私营企业	1423.3	15025.8	6772.8	4839.2	8005.8	5858.9
2、按国民经济行业分组						
综合零售	290.3	10731	3778.5	414.9	4577.6	3795.9
百货零售	117.9	1794.2	1584.4	195.6	2166.3	1742
超级市场零售	149.6	8857	2177.2	219.3	2371.1	2037
3、按经营方式分组						
独立经营	2235	20548.5	8404.7	7268.9	10728.9	7269.6
连锁经营总店	83.7	3171	1153.7		1157.3	1153.7
连锁经营分店	90.6	3690.7	744.6	132.9	862.1	758.9
4、按零售业态分组						
超市	144.2	2325.4	296.4		444.6	242.7
大型超市	5.4	6531.6	1880.8	219.3	1926.5	1794.3
百货店	125.4	1877.9	1604.8	267.6	2186.7	1762.4
专业店	1605.8	8927.4	5643.2	1962.8	6228	4745.4
专卖店	1885.6	9174.2	4915.8	5844.7	6583.2	4625.6

表 8-10 续表 5　　　　(2012 年)　　　　单位:万元

指标名称	损益及分配					
	全年上交地税部门税金总	营业税	所得税	本企业年平均无偿使用厂方促销人	亏损企业数(个)	亏损总额
总　计	**17982.2**	**3737**	**2783**	**240**	**77**	**21736.3**
一、批发业	12416.1	2457.5	1657.1	3	45	15459.8
1、按登记注册类型分组						
内资企业	12416.1	2457.5	1657.1	3	45	15459.8
国有企业	3755.7	477.3	220.9		1	0.4
集体企业	40.9	1.7	26.8			
有限责任公司	1699.5	512.6	117	2	8	2667.6
股份有限公司	281	125.9	155.1		1	420.7
私营企业	6631.3	1340	1137.3	1	35	12371.1
二、零售业	5566.1	1279.5	1125.9	237	32	6276.5
1、按登记注册类型分类						
内资企业	5054.1	1279.5	1125.9	237	32	6276.5
国有企业	92.5	41.3	13.6		1	336
集体企业	294.3	155.7	58.1			
股份合作企业	617	119.8				
有限责任公司	1161.8	545.9	229.8	191	8	3288.5
股份有限公司	29.3	0.1	21.5			
私营企业	1830.3	364	259.8	46	22	2397.7
2、按国民经济行业分组						
综合零售	1586.3	420.1	91.9	57	11	3007.9
百货零售	678.7	257.9	49.9		1	73.1
超级市场零售	900.7	162.2	42	57	9	2933.8
3、按经营方式分组						
独立经营	3342.9	793.7	499.2	109	27	3424
连锁经营总店	350.3	85.1	91.1		1	64.3
连锁经营分店	127.7	92.1			3	2787.2
4、按零售业态分组						
超市	96.2	23.8	29.4	57	3	219.9
大型超市	804.5	138.4	12.6		6	2713.9
百货店	715.7	287.4	57.4		1	73.1
专业店	2057.6	342.3	725.8		9	1038.9
专卖店	1649.1	285.7	286.8	24	12	2229.7

星级住宿业和限额以上餐饮业经营情况表

表 8-11　　(2012 年)　　单位:万元

指标名称	营业额	客房收入	餐费收入	商品销售收入	其他收入	本企业(单位)经营网点(个)
一、合　计	**109134.9**	**31400**	**69227.5**	**3890.4**	**4617**	**152**
(一)、住宿业	56214.8	24198.5	27207.2	1201.7	3607.4	67
其中:国有控股	23007.1	9954.9	10271	636.2	2145	14
1、按登记注册类型分组						
内资企业	54856.9	23253.3	26804.5	1201.7	3597.4	63
国有企业	19497.9	8459.4	8452.1	619.8	1966.6	12
集体企业	738.1	262.2	475.9			1
股份合作企业						
联营企业						
有限责任公司	8822.3	3757.9	4749.9	16.4	298.1	10
国有独资公司	1254.8	543.5	692.2	16.2	2.9	1
其他有限责任公司	7567.5	3214.4	4057.7	0.2	295.2	9
股份有限公司	1784.6	428.6	1137.7	59.1	159.2	2
私营企业	24014	10345.2	11988.9	506.4	1173.5	38
私营独资企业	5510.2	2142.9	2921.7	142.2	303.4	9
私营合伙企业	1072	302	286.5	91.1	392.4	3
私营有限责任公司	14130.9	6361.7	7108.8	182.7	477.7	21
私营股份有限公司	3300.9	1538.6	1671.9	90.4		5
港、澳、台商投资企业						
与港澳台商合资经营企业						
港、澳、台商独资经营企业						
其他港澳台投资						
外商投资企业	1357.9	945.2	402.7		10	4
中外合作经营企业	1357.9	945.2	402.7		10	4

表 8-11 续表 1　　(2012 年)　　单位:万元

指标名称	营业额	客房收入	餐费收入	商品销售收入	其他收入	本企业(单位)经营网点(个)
2、按国民经济行业分组						
旅游饭店	52589.2	21984.5	25962	1041.4	3601.3	58
一般旅馆	3625.6	2214	1245.2	160.3	6.1	9
3、按星级登记分组						
一星						
二星	3985.6	1259.4	2217.8	179.7	328.7	8
三星	19630.6	8406.2	9531.3	708.2	984.9	29
四星	15004.3	6195	7572.2	16.4	1220.7	10
五星	8826.9	4217	4276.3	4.5	329.1	3
其他	8767.4	4120.9	3609.6	292.9	744	17
4、按单位规模分						
大型						
中型	18299.9	7416.9	9406.8	0.2	1476	5
小型	36231.5	16040.3	17070.4	1181.4	1939.4	57
微型	43	43				1
二、餐饮业	52920.1	7201.5	42020.3	2688.7	1009.6	85
其中:国有控股	9617.6	691.8	8922.1		3.7	8
1、按登记注册类型分组						
内资企业	52140.9	7201.5	41435.7	2532.4	971.3	83
国有企业	8691.1	277.8	8413.3			6
集体企业						
股份合作企业	1930.9		1930.9			1
联营企业						
有限责任公司	6251.5	1086.5	4649.1	248.8	267.1	7
其他有限责任公司	6251.5	1086.5	4649.1	248.8	267.1	7

表 8-11 续表 2　　(2012 年)　　单位:万元

指标名称	营业额	客房收入	餐费收入	商品销售收入	其他收入	本企业(单位)经营网点(个)
股份有限公司	852.1		727.2	124.9		2
私营企业	34415.3	5837.2	25715.2	2158.7	704.2	67
私营独资企业	15353.4	3480.1	9893.8	1687.4	292.1	20
私营合伙企业	413.9		413.9			1
私营有限责任公司	15562.6	1602	13529.3	413.7	17.6	40
私营股份有限公司	3085.4	755.1	1878.2	57.6	394.5	6
港、澳、台商投资企业	779.2		584.6	156.3	38.3	2
与港澳台商合资经营企业	249		211.5		37.5	1
与港澳台商合作经营企业						
外商投资企业						
外资企业						
2、按国民经济行业分组						
正餐服务	44582.4	6880.3	34287.5	2405	1009.6	77
快餐服务	6894.6		6661.2	233.4		6
其他餐饮服务	1443.1	321.2	1071.6	50.3		2
3、按经营方式分组						
独立门店	44148.9	5699.4	35147.7	2334.9	966.9	72
连锁总店(总部)						
连锁门店	7839.9	1318.9	6333.6	144.7	42.7	12
其他	931.3	183.2	539	209.1		1
4、按单位规模分组						
大型						
中型	9108.7	1168.4	7940.3			5
小型	30723.7	4494.4	22870.1	2448.6	910.6	66
微型	475.8	104.6	219.5	95.4	56.3	1

9

对外经济和旅游

全市利用外资情况

表9-1　　　　单位:万美元

年份	签订合同数(个)	合同利用外资额				实际利用外资			
		合计	对外借款	外商直接投资	外商其他投资	合计	对外借款	外商直接投资	外商其他投资
1985	6	326		59	267	111		111	
1986	11	2710	1667	487	556	1137	1027	49	61
1987	9	1404	232	523	639	889	283	268	338
1988	17	2809	2294	329	186	1047	723	246	78
1989	10	1726	724	971	31	2267	850	736	681
1990	13	1062	799	262	1	1169	1016	140	13
1991	27	3216	162	3011	43	1136	981	151	4
1992	269	33433	786	32566	81	3897	792	3024	81
1993	404	25478	134	24775	569	7412	349	6495	568
1994	253	20537	6224	13595	718	8433	2169	5845	419
1995	313	28026	1464	26213	349	9495	2064	7089	342
1996	209	38395	5884	32511		17848	9534	8314	
1997	187	9489	470	7728	1291	16731	5842	10613	276
1998	117	11390	2114	9261	15	13145	2822	10308	15
1999	121	210620	199600	11020		16180	11512	4668	
2000	118	17642	7440	10202		17360	12590	4770	
2001	93	10113		10113		19495	13714	5781	
2002	161	19677		19677		53726	43717	10009	
2003	237	50976		50976		80892	59577	21405	
2004	274	69075		69075		48730	24071	24659	
2005	271	103634		103634		27480		27480	
2006	221	111786		111786		34569		34569	
2007	207	168292		168292		73787		73787	
2008	147	181367		181367		93528		93528	
2009	159	185793		185793		103992		103992	
2010	141	182234		182234		110120		110120	
2011	128	120538		120538		60986		60986	
2012	109	85565		85565		73354		73354	

分地区利用外资签订合同数

表 9-2　　　　单位:项

年　份	全　市	市　区	赣榆县	东海县	灌云县	灌南县
1984	4	4				
1985	6	5	1			
1986	11	11				
1987	9	8	1			
1988	17	14	3			
1989	10	7	2	1		
1990	13	11		1	1	
1991	27	21	4		2	
1992	269	174	42	27	24	3
1993	404	282	70	34	14	4
1994	253	164	52	25	4	8
1995	313	192	62	30	26	3
1996	209	105	51	18	35	
1997	187	86	52	12	32	5
1998	117	57	22	8	28	2
1999	121	67	14	11	24	5
2000	118	53	18	19	17	11
2001	93	60	13	11	4	5
2002	161	77	29	30	21	4
2003	237	100	38	58	32	9
2004	274	113	55	39	45	22
2005	271	100	71	48	34	18
2006	221	106	39	39	25	12
2007	207	102	34	30	24	17
2008	147	93	16	16	11	11
2009	159	103	21	21	7	7
2010	141	66	30	20	14	11
2011	128	59	21	26	9	13
2012	109	58	18	15	22	1

分地区合同利用外资额

表 9–3 单位:万美元

年份	全市	市区	赣榆县	东海县	灌云县	灌南县
1984	1691	1691				
1985	326	306	20			
1986	2710	2710				
1987	1404	1316	88			
1988	2809	2763	46			
1989	1726	1391	12	110		
1990	1062	1025		20	17	
1991	3216	1069	2111		36	
1992	33433	27737	2983	643	2024	46
1993	25478	21517	2915	702	307	37
1994	20537	17656	1156	1027	618	80
1995	28026	23291	1922	1604	1108	101
1996	38395	27937	1132	7749	1577	
1997	9489	6919	1068	382	1081	42
1998	11390	9259	468	115	1288	260
1999	210620	208800	503	395	741	181
2000	17642	14831	833	334	1080	564
2001	10113	8507	632	539	248	187
2002	19677	14026	1878	1941	1798	34
2003	50976	30841	8334	7736	2559	1506
2004	69075	40889	10921	8372	5309	3584
2005	103634	52282	17494	17866	8125	7867
2006	111786	73099	15783	10142	4290	8472
2007	168292	100461	18518	20036	15873	13404
2008	181367	117488	14552	17895	15641	15791
2009	185793	114634	18998	24650	13585	13926
2010	182234	80453	31430	21403	22690	26258
2011	120538	82996	8390	11334	5508	12310
2012	85565	43828	14980	12200	19128	–4571

分地区实际利用外资额

表 9-4 单位:万美元

年份	全市	市区	赣榆县	东海县	灌云县	灌南县
1984	840	840				
1985	111	91	20			
1986	1137	1137				
1987	889	801	88			
1988	1047	1001	46			
1989	2267	2255	12			
1990	1169	1079		90		
1991	1136	1101	31		4	
1992	3897	3139	425	171	116	46
1993	7412	6480	475	366	85	6
1994	8433	7070	588	532	203	40
1995	9495	7316	883	627	568	101
1996	17848	15857	493	891	607	
1997	16731	13284	915	1821	657	54
1998	13145	8982	1035	2015	908	205
1999	16180	14207	598	242	929	204
2000	17360	15390	553	456	660	301
2001	19495	17943	664	451	235	202
2002	53726	50586	1061	937	1081	61
2003	80892	73572	2510	2066	1723	1021
2004	48730	34461	4484	3659	2682	3444
2005	27480	15872	2133	7994	154	1327
2006	34569	18048	5744	4469	2302	4006
2007	73787	34654	11086	8430	8290	11327
2008	93528	37363	14092	13810	15000	13263
2009	103992	42932	15367	15074	15186	15433
2010	110120	45829	16021	17110	15059	16101
2011	60986	44568	5660	7630	1555	1573
2012	73354	38697	13010	13936	5457	2254

外国和港澳台直接投资情况

表 9–5 (2012 年)

项目	新签协议合同数（项）	协议合同外资金额（万美元）	实际利用外资金额（万美元）	期末实有企业数（个）
合计	**109**	**85565**	**73354**	
一、按登计注册类型分	109	85565	73354	
1.中外合资经营	16	12421	14443	
#港澳台商合资经营				
2.中外合作经营				
#港澳台商合作经营				
3.外资企业	93	73144	58933	
#港澳台商独资				
4.外商投资股份有限公司				
二、按国民经济行业分	`109	85565	73354	
农、林、牧、渔业	24	15259	13870	
采矿业	1	2300	550	
制造业	50	55165	41064	
电力、燃气及水的生产和水的供应业	0	0	156	
建筑业	0	2940	3226	
交通运输、仓储和邮政业	5	202	4062	
批发和零售业	1	5	3643	
住宿和餐饮业	19	8323	131	
房地产业	2	5	1718	
租赁和商务服务业	1	1600	623	
科学研究、技术服务和地质勘察业	1	-6660	1694	
水利、环境和公共设施管理业	0	0	1897	
居民服务和其他服务业	2	2833	552	
教育	2	2593	0	
文化、体育和娱乐业	0	500	168	
其他	1	500	0	

表 9-5 续表　　　　　　　　　　　　(2012 年)

项　　目	新签协议合同数(项)	协议合同外资金额(万美元)	实际利用外资金额(万美元)	期末实有企业数(个)
合　计	**109**	**85589**	**73376**	
三、按国别、地区分	109	85589	73376	
(一)、亚　洲	91	71548	52353	
# 香　港	67	49287	40919	
澳　门				
台　湾	7	2460	2888	
日　本	1	2288	2508	
马来西亚		50	111	
新加坡	4	7045	2677	
韩　国	6	7471	352	
泰　国				
阿拉伯联合酋长国			180	
(二)、非　洲	1	200	412	
(三)、欧　洲	1	3041	495	
塞浦路斯	1	599	8974	
德　国				
英　国			371	
西班牙				
法　国	1	577	8531	
匈牙利				
(四)、拉丁美洲	3	1249	2127	
(五)、北美洲	6	3280	6782	
加拿大	3	1057	884	
美　国	3	783	682	
(六)、大洋州	3	751	210	
澳大利亚	3	651		
(七) 其　它	4	5121	2435	

分地区利用外资情况

表 9-6　　　(2012年)　　　单位:万美元

指　　标	全　市	市　区	赣榆县	东海县	灌云县	灌南县
一、新签协议个数(个)	109	53	18	15	22	1
1.对外借款						
2.外商直接投资	109	53	18	15	22	1
合资经营	16	10	3	2	1	
合作经营						
独资经营	93	43	15	13	21	1
3.外商其它投资						
二、新签协议金额	85565	43828	14980	12200	19128	-4571
1.对外借款						
2.外商直接投资	85565	43828	14980	12200	19128	-4571
合资经营	12421	6427	5505	-250	947	-208
合作经营						
独资经营	73144	37401	9475	12450	18181	-4363
3.外商其它投资						
三、实际利用外资	73354	38697	13010	13936	5457	2254
1.对外借款						
2.外商直接投资	73376					
合资经营	14443					
合作经营						
独资经营	58933					
3.外商其它投资						

主要年份对外承包和劳务合作情况

表 9-7

指　　标	单位	1995	2000	2001	2002	2003	2004	2005	2006	2007	2008	2009	2010	2011	2012
一、新签合同数	个	50	103	56		148	213	724	800			1163		50	51
#承包工程	个	6		2		2								15	21
劳务合作	个	44	103	54		146	213	724	800			1163		35	30
二、合同金额	万美元	4175	7617	8416	11674	9328	11143	15842	19760	23560	28075	9303	12717	25868	21234
#承包工程	万美元	1656		216		157								6866	4696
劳务合作	万美元	2519	7617	8200	11674	9171	11143	15842	19760	23560	28075	9303	12717	19002	16538
三、完成营业额	万美元	3262	7629	8472	10007	11323	13003	16595	19806	23816	29190	6202	11304	12612	15164
#承包工程	万美元	1401		240		399								16451	4723
劳务合作	万美元	1861	7629	8232	10007	10924	13003	16595	19806	23816	29190	6202	11304	3839	10441
四、新派人数				3720	4354	4417	5123	6385	7646	8900	11617	3960	4710	12612	5401
#承包工程				14		31								92	2
劳务合作				3706	4354	4386	5123	6385	7646	8900	11617	3960	4710	5230	5399
五、年末在外人数	人	2400	6385	7686	9120	10226	12088	15134	18823	22000	25921	29881		6274	8065
#承包工程	人	175		58		31								266	81
劳务合作	人	2225	6385	7628	9120	10195	12088	15134	18823	22000	25921	29881		6008	7984

主要年份进出口主要指标

表 9-8　　　　单位:万美元

年份	外贸进出口总额	进口	出口	出口：外商投资企业	海关进出口商品总值	进口	出口	差额(出超+入超-)
1988	597	178	419		126379	97829	28550	-69279
1989	1244	589	655		136006	111833	24173	-87660
1990	2095	528	1567	1039	111511	78087	33424	-44663
1991	3534	623	2911		122840	78983	43857	-4385
1992	4452	851	3601		129895	90127	39768	-50359
1993	10233	2905	7328	3783	117101	68804	48297	-20507
1994	17855	5500	12355	4944	122441	76717	45724	-30993
1995	27675	5676	21999	8569	177674	94716	82958	-11758
1996	36525	6362	30163	11813	164765	83679	81086	-2593
1997	36955	3836	33119	6315	164624	73584	91040	17456
1998	32824	6300	26524	8067	151110	69942	81168	11226
1999	41872	9821	32051	9190	137059	72499	64560	-7939
2000	48509	9679	38830	10227	197504	116649	80855	-35794
2001	68078	19310	48768	13080	253400	142712	110688	-32024
2002	74691	24374	50316	16234	299527	160380	139147	-21233
2003	95167	37420	57747	22120	488320	269438	218882	-50556
2004	153923	77817	76106	30150	661000	374000	287000	-87000
2005	203906	110727	93179	39459	806000	449000	357000	-92000
2006	271309	126516	144793	65250	894805	429347	465458	36111
2007	325302	140622	184680	81016				
2008	444874	215716	229158	95909	1739000	840000	899000	59000
2009	386010	190612	195398	77155	1346540	854308	492232	-362076
2010	507608	247465	260142	111697	1878000	1174000		
2011	690008	316432	373577	137441			704000	-470000
2012	800363	440108	360255	129766				

注:外贸进出口总额 1998 年起为海关口径。

主要年份接待国际旅游者情况

表 9-9

指　　标	1990	1995	2000	2001	2002	2003	2004	2005
一、旅游者人数(人次)	2400	4488	11518	10941	11820	22769	40298	53758
外国人	1502	3273	9175	7169	8280	15709	36160	46972
华侨	22	25						
港澳台同胞	876	1190	2343	3772	3540	7060	4138	6786
二、旅游者人天数(人天)	11746	18290	130841	144972	176750	209011	293050	353333
外国人	9178	12382	83108	77633	113591	150026	234643	284066
华侨	56	126						
港澳台同胞	2512	5782	43854	67339	63159	58985	58407	69267
三、旅游者平均停留天数	4.89	4.08	11.36	13.25	14.95	9.18	7.27	6.57
外国人	6.11	3.78	9.06	10.83	13.72	9.55	6.49	6.05
华侨	2.55	5.04						
港澳台同胞	2.87	4.86	18.72	17.85	17.84	8.35	14.11	10.21

表 9-9 续表 1

指　　标	2006	2007	2008	2009	2010	2011	2012
一、旅游者人数(人次)	68891	82204	90922	100076	116663	132289	
外国人	59726	70200	75485	82712	93119	107583	
华侨							
港澳台同胞	9165	12004	15437	17364	23544	24706	
二、旅游者人天数(人天)	481351	580457	611458	655618	735634	831581	
外国人	376206	458224	462224	506020	572617	659916	
华侨							
港澳台同胞	105145	122233	149234	149598	163017	171665	
三、旅游者平均停留天数	6.99	7.06	6.73	6.55	6.7	6.3	
外国人	6.3	6.53	6.12	6.12	7.4	6.13	
华侨							
港澳台同胞	11.47	10.18	9.67	8.62	4.96	6.95	

连云港经济技术开发区主要综合指标

表 9–10

指　　标	单位	2000	2005	2008	2009	2010	2011	2012
1.地区生产总值(当年价)	万元	230002	655367	1263271	1583726	2005500	2555000	3300500
2.工业总产值(当年价)	万元	626294	1766260	3517195	4570364	6012135	8032077	10051314
#三资企业	万元	325673	1120331	2522570	2970375	3684800	4717825	5591080
3.固定资产投资额	万元	50108	320898	1005282	1263956	1566012	1453504	1875130
#基础设施及配套	万元	3192	117850	209530	236274	185428	163546	127465
4.新批准成立企业数	个	85	523	617	997	917	834	518
三资企业	个	20	49	60	47	39	30	17
内联企业	个	65	474	557	950	878	804	501
5.建设项目总投资								
三资企业	万美元	5608	24260	83209	213110	162219	129067	59398
内联企业	万元	9200	154803	951461	418373	3068565	3710018	705207
6.新签利用外资协议	个	20	49	70	63	41	30	14
7.合同利用外资额	万美元	2470	38895	112042	93062	63076	64996	16787
8.实际利用外资额	万美元	2099	12237	27288	30715	32085	34716	19458
9.新投产(开业)生产企业	个	15	24	60	56	41	56	57
三资企业	个	5	6	18	15	9	7	8
内联企业	个	10	18	42	41	32	49	49
10.外贸出口供货额	万元	65384	236751	553694	561412	681092	724183	683025

表 9-10 续表

指　　标	单位	2000	2005	2008	2009	2010	2011	2012
11.出口总额	万美元	5738	26034	81068	73083	99512	147337	137691
#三资企业	万美元	5514	22265	67367	47253	65943	83585	78124
12.进口总额	万美元	18367	69739	162388	153759	168131	210737	304822
#三资企业	万美元	4256	62356	130615	105885	112586	128218	185447
13.财政收入	万元	21806	111338	342403	420932	553007	792052	936508
#税收	万元	21272	109337	214579	250278	314315	361710	496602
14.累计开发土地面积	平方公里	6	14	21	21	21	21	21
15.年末总人口	人	23688	64090	65566	66365	72627	74368	76291
16.年末从业人员数	人	15000	22120	40980	45020	50900	60865	64334
职工年平均工资	元	8010	14612	22805	23969	29211	33399	36562
17.乡村劳动力	人	12700	23100	22800	24882	25398	26853	30901
18.农业总产值(不变价)	万元	1830	5875	5712	4652	7056	6336	6475
农业总产值(当年价)	万元	3066	11124	9800	8834	9410	9222	10946
19.农业增加值	万元	1625	5923	5780	4652	4660	5453	5573
20.农民人均纯收入	元	3765	5450	7555	8508.5	9589.5	10754	12310
21.中小学教师数	人	381	1003	684	723	736	811	774
22.中小学在校学生数	人	5784	10156	6678	8737	8539	6144	6275

10

财政、金融

主要年份分地区财政收入

表 10-1　　单位:万元

年份	全市	市区	赣榆县	东海县	灌云县	灌南县
1952	9335	6638	692	410	1595	
1957	15394	10489	1941	275	2689	
1962	14429	7778	2709	375	3365	202
1965	10551	6335	1360	526	2061	269
1970	15589	10316	1274	663	3369	367
1975	14011	7886	1936	970	2819	400
1976	14982	9421	1845	1004	2285	427
1977	18108	11796	1821	1079	2732	590
1978	18598	12086	1752	1155	2912	693
1979	17871	11960	1885	1058	2507	461
1980	17443	11013	2742	1061	2136	491
1981	16080	9840	2449	1127	2120	544
1982	18360	11194	2928	1338	2232	668
1983	19526	12418	2681	1423	2362	678
1984	21134	13254	2886	1607	2534	853
1985	24889	15048	3084	2116	3565	1076
1986	27081	16832	3061	2292	3515	1381
1987	29667	17525	3591	2613	4215	1723
1988	33552	20404	4000	3105	3608	2435
1989	39849	27096	4005	2260	3925	2563
1990	42595	28386	4456	2645	4321	2787
1991	41253	27552	4524	2671	3591	2915
1992	45031	29320	4830	2866	4391	3624
1993	64463	41897	6697	5555	4754	5560
1994	74826	47012	8188	7413	5934	6279
1995	105512	62576	13156	12435	10422	6923
1996	129515	72382	18181	16620	14321	8011
1997	150029	82733	21239	18876	17318	9863
1998	164713	87594	24389	22211	19488	11031
1999	171151	92022	24730	22379	20290	11730
2000	172118	104758	19730	18650	17479	11501
2001	198350	132581	19500	20361	13510	12398
2002	269860	187591	25505	25808	15430	15526
2003	341292	239988	30187	30797	19715	20605
2004	423290	305703	34080	34623	22760	26124
2005	562810	401919	48809	54421	26044	31617
2006	783434	527406	81941	81716	40141	52230
2007	1228489	737611	140219	140219	90134	120306
2008	1805989	1068109	190539	181483	170098	195760
2009	2323194	1296708	252020	254233	250104	270129
2010	3525751	1818060	428975	430299	405017	443400
2011	4624063	2499553	523731	550241	511096	539442
2012	5647419	2950713	671000	699772	649764	686170

主要年份分地区财政支出

表 10-2 单位:万元

年份	全市	市区	赣榆县	东海县	灌云县	灌南县
1952	348	114	39	98	97	
1957	1562	371	423	431	337	
1962	1968	432	460	390	381	305
1965	2342	614	450	440	384	454
1970	4127	1438	527	724	718	720
1975	5372	1815	842	883	1121	711
1976	5462	1828	1018	855	979	782
1977	6428	2463	1089	1049	1017	810
1978	8505	2911	1392	1372	1624	1206
1979	9278	3615	1674	1520	1322	1147
1980	9074	3204	1577	1617	1522	1154
1981	8875	2916	1617	1659	1478	1205
1982	10496	3622	2097	1988	1542	1247
1983	12845	4699	2424	2239	2012	1471
1984	17824	7724	2812	2717	2674	1897
1985	18241	7669	2826	2765	3040	1941
1986	22769	9561	3266	3579	3788	2575
1987	25500	11172	3587	3488	4108	3145
1988	33255	16150	4749	3938	4629	3789
1989	39205	18000	5683	5658	5411	4453
1990	43727	19620	6420	6342	6202	5143
1991	48151	20868	7485	7093	6610	6095
1992	48631	21475	7524	7260	6454	5918
1993	64926	31058	9275	8319	7808	8466
1994	74559	35646	10027	10018	9658	9210
1995	103591	54650	13779	13688	12482	8982
1996	120244	58392	17101	16946	16702	11103
1997	143882	70566	20590	20240	19124	13362
1998	155341	70996	24813	23561	21050	14921
1999	168744	76152	24675	27766	23218	16933
2000	184271	80498	28819	31661	23878	19415
2001	206829	98301	33928	28073	24118	22409
2002	261481	131453	40106	36771	26595	26556
2003	350763	189112	51022	45787	32365	32477
2004	423762	230601	55440	52122	42659	42940
2005	590029	307592	82821	85342	60212	54062
2006	791109	402941	123312	116479	76846	71531
2007	1264260	591601	192310	191704	135180	153465
2008	1793057	801222	272246	260346	223656	235587
2009	2357840	1052483	307199	346236	322016	329906
2010	3520268	1427610	558057	532849	490307	511445
2011	4683826	2072183	667256	721557	603967	618863
2012	6000552	2736535	842275	876722	766123	778897

主要年份全市金融情况

表 10-3　　　　单位:万元

年　　份	金融机构年末存款余　额	金融机构年末贷款余　额	银行现金收　入	银行现金支　出	货币投放(+)或回笼(-)
1978	18325	40177	34120	34845	725
1979	25728	44376	42438	44620	2182
1980	30773	53957	60209	62501	2292
1981	43480	61801	74377	77519	3142
1982	43170	77212	99337	103998	4661
1983	54932	94062	147480	156769	9289
1984	78179	125008	179814	189426	9612
1985	95187	173262	206218	215233	9015
1986	134855	227661	271919	283208	11289
1987	165429	277205	353602	364198	10596
1988	195941	336579	498101	521758	23657
1989	225961	386703	556915	571283	14368
1990	289432	463730	573471	596646	23175
1991	362994	559578	652334	687300	34966
1992	444244	649705	870052	896452	26400
1993	547007	732336	1279348	1328436	49088
1994	780589	898847	1971028	2011648	40620
1995	1018028	1085732	2839484	2843477	3993
1996	1280764	1270659	2963300	2936375	-26925
1997	1411761	1491812	3295314	3284630	-10684
1998	1610654	1649442	4929467	4947676	18209
1999	1756503	1633910	5550835	5567981	17147
2000	1928933	1517021	6144289	6175901	31612
2001	2145938	1638563	6523181	6563454	40273
2002	2598763	2007409	7864707	7852947	-11760
2003	3029369	2485955	10074169	10074122	-38
2004	3690945	2826945	13468939	13451226	-17713
2005	4373862	3110028	15876594	15883304	6710
2006	5186726	3824119	19755977	19837053	81076
2007	6430648	4745606	25008906	25177789	168883
2008	8212547	5585321	28055024	28255814	200790
2009	10194413	7724789	33779901	34052867	272966
2010	12438078	9462601			
2011	13886864	10881698			
2012	15380361	12851957			

注:2002 年始金融机构存贷款余额含外币。

主要年份市区金融情况

表 10–4

单位:万元

年份	金融机构年末存款余额	金融机构年末贷款余额	银行现金收入	银行现金支出	货币投放(+)或回笼(–)
1978	8831	17939	12598	12750	152
1979	11699	17547	15082	15214	132
1980	10492	20302	19046	19103	57
1981	17639	29497	22917	22154	–763
1982	20891	37804	27422	25456	–1966
1983	29036	44624	36247	33294	–2953
1984	45609	58545	45106	43365	–1741
1985	57065	91562	61169	59821	–1348
1986	76509	126185	82720	84543	1823
1987	89342	159721	113700	115814	2114
1988	114059	201479	159858	164425	4567
1989	129999	234331	190981	187805	–3176
1990	166605	282905	201226	203081	1855
1991	213671	336867	240088	247311	7223
1992	258228	389137	352685	362133	9448
1993	315490	453336	585152	611752	26600
1994	448583	525700	841588	851199	9611
1995	571965	609199	1222596	1213018	–9578
1996	748686	693534	1454225	1436420	–17805
1997	815086	789947	1665177	1633433	–31744
1998	962211	877935	2272091	2241829	–30262
1999	1048470	915330	2573896	2556208	–17688
2000	1142571	868110	3128435	3118529	–9906
2001	1282757	939173	3601480	3629993	28513
2002	1565333	1272773	4038930	4050414	11484
2003	1864153	1697361	5215939	5254685	38746
2004	2185788	1497974	6977840	6971045	–6795
2005	2689429	2223651	7830877	7852013	21136
2006	3212353	2810114	9790306	9878060	87754
2007	3974597	3543599	11767727	11847806	80079
2008	5225624	4263905	12343614	12445343	101729
2009	6529460	5598987	13843916	14073531	229613
2010	7927688	6552445			
2011	8653254	7227460			
2012	9281118	8437068			

注:2002 年始金融机构存贷款余额含外币。

主要年份居民储蓄存款余额

表 10–5　　　　　　　　　　　　　　　　　　　　　　　　　　单位:万元

年　　份	全　市	市　区	赣 榆 县	东 海 县	灌 云 县	灌 南 县
1978	3778	1408	718	606	790	256
1979	5444	2001	1441	962	693	347
1980	7569	3041	1911	1146	979	492
1985	37410	15757	6542	8237	4884	1990
1986	53296	22138	10932	10045	6980	3201
1987	76362	31997	13851	15697	10196	4621
1988	97117	40580	17293	19177	13982	6085
1989	122562	56722	19579	22522	17102	6637
1990	159024	76349	24065	29199	20431	8980
1991	202338	99944	30478	35205	25001	11710
1992	245912	115726	38480	43210	33332	15164
1993	313536	147394	47208	54527	42629	21778
1994	459841	207362	71158	86318	63036	31967
1995	621682	285758	96377	106587	85737	47223
1996	773392	375526	121439	121701	103137	51589
1997	884287	451885	141086	136906	110352	44058
1998	969186	489130	153257	149644	116795	60360
1999	1074698	540945	181322	166337	120510	65584
2000	1143738	570133	196443	186656	120826	69680
2001	1292757	651619	210418	211020	136131	83568
2002	1591979	823091	243460	249810	175726	99892
2003	1846317	967318	276136	285442	200548	116873
2004	2177281	1118980	326569	342661	245913	143158
2005	2501283	1258526	382372	403125	283091	174169
2006	2859617	1435612	441696	452843	329119	200347
2007	3182380	1512511	509579	509842	395640	254808
2008	3984207	1967009	619922	601482	489392	306400
2009	4529230	2239869	688656	694244	549440	357021
2010	5382380	2593197	850302	866863	647709	424309
2011	6294164	2998524	1028432	1033104	734154	499950
2012	7327912	3386740	1216261	1227772	873390	623750

注:2002 年始居民储蓄存款余额含外币。

财政一般预算收入

表 10-6　　单位:万元

年份	全市	市区	赣榆县	东海县	灌云县	灌南县
1997	98638	50644	16080	14057	12901	4956
1998	107785	50904	19245	17392	14690	5554
1999	111279	53140	17680	19404	15100	5955
2000	94767	57753	11764	10221	9361	5668
2001	124680	76718	14096	15762	10517	7587
2002	136481	82679	16422	17691	10926	8763
2003	156691	94861	18740	19516	13284	10290
2004	185762	115643	21186	20435	14384	14114
2005	245920	160134	26118	26891	15432	17345
2006	339593	210084	40023	40023	23308	26155
2007	487851	275120	63018	63018	42133	44562
2008	662115	362043	80186	75022	70087	74777
2009	902133	450489	117132	113479	105029	116004
2010	1413888	703217	183999	180157	164685	181830
2011	1800800	889407	238099	235008	216093	222193
2012	2089396	1008146	292104	274607	258598	255941

财政一般预算支出

表 10-6 续表　　单位:万元

年份	全市	市区	赣榆县	东海县	灌云县	灌南县
1997	143882	70566	20590	20240	19124	13362
1998	151762	67632	24774	23511	20948	14897
1999	160402	73012	21050	27746	21799	16795
2000	166016	76860	25361	26549	19205	18041
2001	202771	95679	32885	27910	24038	22259
2002	231308	107425	37744	35206	25926	25007
2003	279784	131062	46032	42581	30511	29598
2004	324841	148068	49423	50045	38257	39048
2005	458548	208125	71007	74318	54872	50226
2006	576435	248771	99524	95944	67910	64286
2007	806647	326875	138124	132799	101374	107475
2008	1064297	408732	187856	172444	140634	154631
2009	1403077	541586	222959	220576	197007	220949
2010	2027515	784868	330259	319384	288577	304427
2011	2746339	1130713	446294	433497	359118	376717
2012	3048809	1203715	527998	486842	410088	420166

财 政 预 算 内 收 入

表 10-7　　(2012年)　　单位:万元

指　　标	全 市	市 区	赣 榆 县	东 海 县	灌 云 县	灌 南 县
财政预算内总收入	**5647419**	**2,940,713**	**671,000**	**699,772**	**649,764**	**686,170**
地方财政收入	4891497	2,403,329	605,891	660,409	607,972	613,896
公共财政预算收入	2,089,396	1,008,146	292,104	274,607	258,598	255,941
一、税收收入	1,609,241	756,299	229,694	213,496	206,723	203,029
增值税	165,868	116,848	14,199	9,518	9,759	15,544
营业税	673,349	303,400	108,878	99,074	67,583	94,414
企业所得税	130,920	100,860	10,235	5,254	7,313	7,258
个人所得税	36,970	25,494	4,210	3,058	2,078	2,130
资源税	43,134	9,257	4,149	20,294	9,434	
城市维护建设税	83,437	58,036	8,427	6,143	4,157	6,674
房产税	33,880	15,854	3,424	7,034	3,198	4,370
印花税	17,318	9,331	2,700	1,876	1,510	1,901
城镇土地使用税	58,522	18,338	6,992	5,469	21,666	6,057
土地增值税	114,210	44,440	18,937	7,872	32,178	10,783
车船税	7,937	3,586	1,171	1,474	907	799
耕地占用税	2,122	1,221	55	846		
契税	241,574	49,634	46,317	45,584	46,940	53,099
二、非税收入	480,155	251,847	62,410	61,111	51,875	52,912
专项收入	62,664	33,533	13,711	4,474	4,705	6,241
行政事业性收费收入	327,354	186,711	37,268	45,422	18,125	39,828
罚没收入	38,947	16,668	7,013	6,494	6,310	2,462
国有资本经营收入	19,547	2,001	2,070	266	12,096	3,114
国有资源(资产)有偿使用收入	26,014	10,623	1,521	4,455	9,080	335
其他收入	5,629	2,311	827		1,559	932
政府性基金收入	2,378,961	1,095,343	276,617	356,060	321,237	329,704
社会保险基金合计	396,743	273,443	37,170	29,742	28,137	28,251

表 10-7 续表

单位:万元

指　　标	市　区	市　直	开发区	景　区	连云区	新浦区	海州区
财政预算内总收入	**2,940,713**	**1,060,932**	**936,508**	**6,206**	**419,190**	**363,098**	**154,779**
地方财政收入	2,403,329	929,362	720,122	5,729	379,056	280,246	88,814
公共财政预算收入	1008146	223,484	329,988	5,710	148,394	221,759	78,811
一、税收收入	756,299	127,148	280,177	1,971	112,878	170,887	63,238
增值税	116,848	23,935	55,341	88	6,012	14,428	17,044
营业税	303,400	13,554	124,710	797	62,473	82,470	19,396
企业所得税	100,860	26,579	32,291	35	13,486	21,047	7,422
个人所得税	25,494	6,184	6,273	109	4,565	6,142	2,221
资源税	9,257	107	7,722	434	-21	1,015	
城市维护建设税	58,036	12,019	24,281	74	5,671	9,857	6,134
房产税	15,854	5,178	4,296	63	1,844	3,185	1,288
印花税	9,331	1,283	3,514	14	1,396	2,317	807
城镇土地使用税	18,338	2,959	7,757	3	2,026	3,870	1,723
土地增值税	44,440	84	5,575	50	11,282	24,331	3,118
车船税	3,586	403	465	71	660	1,237	750
耕地占用税	1,221			233		988	
契税	49,634	34,863	7,952		3,484		3,335
二、非税收入	251,847	96,336	49,811	3,739	35,516	50,872	15,573
专项收入	33,533	13,570	10,674	30	2,424	4,208	2,627
行政事业性收费收入	186,711	54,435	39,101	3,700	31,471	45,697	12,307
罚没收入	16,668	14,461	28		661	946	572
国有资本经营收入	2,001	2,001					
国有资源(资产)有偿使用收入	10,623	9,614	8	9	960	21	11
其他收入	2,311	2,255					56
政府性基金收入	1,095,343	492,043	390,134	19	208,409	3,006	1,732
社会保险基金合计	273,443	187,438			22,253	55,481	8,271

财政预算内支出

表 10–8　　(2012 年)　　单位:万元

指　　标	全　市	市　区	赣榆县	东海县	灌云县	灌南县
地方财政支出	6,000,552	2,736,535	842,275	876,722	766,123	778,897
一般预算支出	3,125,474	1,279,601	536,889	480,020	410,191	418,773
一、一般公共服务	367,196	143,025	54,683	78,017	31,262	60,209
二、外交						
三、国防	4,857	4,119	90	211	148	289
四、公共安全	145,241	78,602	22,098	15,588	15,801	13,152
五、教育	574,042	210,864	121,123	99,214	74,787	68,054
六、科学技术	74,926	27,582	16,187	15,026	5,423	10,708
七、文化体育与传媒	43,409	23,720	9,189	3,044	4,942	2,514
八、社会保障和就业	206,174	50,827	43,811	49,587	29,884	32,065
九、医疗卫生	170,333	42,618	40,683	33,168	26,694	27,170
十、节能环保	72,178	28,213	14,512	7,730	17,572	4,151
十一、城乡社区事务	547,318	282,524	34,626	41,775	101,459	86,934
十二、农林水事务	431,496	65,796	119,437	106,721	75,625	63,917
十三、交通运输	211,419	188,209	5,544	7,437	5,486	4,743
十四、资源勘探电力信息等事务	96,058	25,226	28,055	7,125	12,497	23,155
十五、商业服务业等事务	39,037	12,828	4,427	6,140	1,520	14,122
十六、金融监管等事务支出	6,124	1,331	989	2,152	690	962
十七、地震灾后恢复重建支出						
十八、国土资源气象等事务	2,445	1,899	546			
十九、住房保障支出	44,071	24,728	14,453	1,543	1,359	1,988
二十、粮油物资管理事务	54,154	37,539	4,639	4,519	3,804	3,653
二十一、储备事务支出	3,972	2,099	559	245	616	453
二十二、国债还本付息支出	2,259	723	369	376	335	456
二十三、其他支出	28,765	27,129	869	402	287	78
政府性基金支出	2,484,087	1,182,917	268,216	373,926	327,155	331,873
社会保险基金合计	390991	274,017	37170	22776	28777	28251

表 10–8 续表 单位:万元

指标	市区	市直	开发区	景区	连云区	新浦区	海州区
地方财政支出	2,736,535	1,357,718	668,600	15,014	346,975	241,120	107,108
一般预算支出	1,279,601	645,520	243,710	12,453	112,479	173,170	92,269
一、一般公共服务	143,025	68,747	17,726	1,477	22,030	21,336	11,709
二、外交							
三、国防	4,119	3,598		2	147	259	113
四、公共安全	78,602	65,334	850	92	5,319	4,435	2,572
五、教育	210,864	81,313	21,541	3,138	34,619	44,667	25,586
六、科学技术	27,582	17,034	6,160		1,527	2,394	467
七、文化体育与传媒	23,720	20,025	268	20	2,389	693	325
八、社会保障和就业	50,827	24,949	3,172	822	4,516	11,359	6,009
九、医疗卫生	42,618	26,248	2,701	110	2,767	5,220	5,572
十、节能环保	28,213	19,159	1,977	131	2,604	920	3,422
十一、城乡社区事务	282,524	31,431	172,669	3,966	13,093	49,762	11,603
十二、农林水事务	65,796	29,597	4,883	1,075	9,053	8,811	12,377
十三、交通运输	188,209	183,108	671		4,200	110	120
十四、资源勘探电力信息等事务	25,226	9,246	8,533		336	281	6,830
十五、商业服务业等事务	12,828	6,463	219	601	954	3,775	816
十六、金融监管等事务支出	1,331	1,266			65		
十七、地震灾后恢复重建支出							
十八、国土资源气象等事务	1,899	497	456	7	324	460	155
十九、住房保障支出	24,728	23,834	341	9	544		
二十、粮油物资管理事务	37,539	26,773	987	357	2,553	3,488	3,381
二十一、储备事务支出	2,099	1,812			35	119	133
二十二、国债还本付息支出	723	723					
二十三、其他支出	27,129	4,363	556	646	5,404	15,081	1,079
政府性基金支出	1.182,917	524115	424890	2561	212243	12469	6639
社会保险基金合计	274,017	188083			22253	55481	8200

金融机构综合存贷款(本外币)

表 10-9　　　　(2012 年)　　　　单位:万元

指　　标	全　市	市　区	赣榆县	东海县	灌云县	灌南县
一、各项存款	**15380361**	**9281118**	**1895312**	**1881950**	**1438532**	**883450**
1.单位存款	7567510	5546695	655922	624463	501450	238980
其中:活期存款	3343973	2125572	368621	283562	381284	184934
定期存款	1486685	1133954	118165	148569	61005	24991
通知存款	262521	254573		3738	4210	
保证金存款	1343496	1062254	83416	124784	49107	23936
2.个人存款	7327912	3386740	1216261	1227772	873390	623750
储蓄存款	7274354	3339891	1215546	1224908	872799	621209
保证金存款	3254	2644	6	224		380
结构性存款	50304	44205	709	2640	590	2160
3.财政性存款	285005	178595	16436	9145	62254	18573
4.临时性存款	28181	17105	4377	3225	1369	2104
5.委托存款	1562	1562				
6.其他存款	170192	150421	2317	17343	68	43
二、各项贷款	**12851957**	**8437068**	**1410331**	**1334096**	**977861**	**692602**
(一)境内贷款	12850236	8435387	1410331	1334093	977861	692564
1.短期贷款	6772819	4341561	764709	767940	564522	334086
(1)个人贷款及透支	1435164	202814	466019	407475	189460	169396
其中:个人消费贷款	111419	61939	10921	16995	7860	13705
(2)单位普通贷款及透支	4522661	3345806	280219	359465	373782	163390
其中:经营贷款	4240584	3154785	267449	345514	323879	148958
固定资产贷款	282077	191020	12770	13952	49903	14432
(3)普通并购贷款						
(4)银团贷款	980				980	
(5)贸易融资	814013	792942	18472	1000	300	1300
(6)境外筹资转贷款						
2.中长期贷款	5804960	3891111	633111	540762	400799	339177
(1)个人贷款	2907177	1514663	371690	467313	280842	272669
其中:个人消费贷款	2450764	1295201	308634	411785	211001	224143
(2)单位普通贷款	2682757	2180182	246421	71049	119456	65649
其中:经营贷款	540274	442679	74176	12399	4787	6234
固定资产贷款	2142482	1737503	172245	58650	114670	59415
(3)普通并购贷款						
(4)银团贷款	93145	74385	15000	2400	500	860
(5)贸易融资						
(6)境外筹资转贷款	121882	121882				
3.融资租赁						
4.票据融资	243000	174558	12285	25391	12290	18476
其中:贴现	243000	174558	12285	25391	12290	18476
5.各项垫款	29457	28157	225		250	825
(二)境外贷款	1721	1680		3		38

金融机构存款(人民币)

表 10-10　　(2012 年末)　　单位:万元

指　　标	全　市	市　区	赣 榆 县	东 海 县	灌 云 县	灌 南 县
一、各项存款	**15036631**	**8965199**	**1889270**	**1867075**	**1432805**	**882282**
1. 单位存款	7263619	5260596	651530	616198	496897	238398
其中:活期存款	3225570	2023776	364564	276146	376731	184353
定期存款	1401031	1049036	118165	147833	61005	24991
通知存款	262521	254573		3738	4210	
保证金存款	1243662	962868	83081	124670	49107	23936
2. 个人存款	7288940	3357787	1214610	1221163	872217	623164
储蓄存款	7235945	3311498	1213896	1218301	871626	620623
保证金存款	3226	2618	5	222		380
结构性存款	49770	43671	709	2640	590	2160
3. 财政性存款	285005	178595	16436	9145	62254	18573
4. 临时性存款	27325	16251	4377	3225	1369	2104
5. 委托存款	1562	1562				
6. 其他存款	170180	150409	2317	17343	68	43

金融机构贷款(人民币)

表 10-11 (2012 年末) 单位:万元

指　　标	全　市	市　区	赣榆县	东海县	灌云县	灌南县
二、各项贷款	**11965811**	**7554389**	**1406863**	**1334096**	**977861**	**692602**
(一)境内贷款	11964090	7552709	1406863	1334093	977861	692564
1. 短期贷款	6030051	3602253	761250	767940	564522	334086
(1)个人贷款及透支	1435146	202796	466019	407475	189460	169396
其中:个人消费贷款	111401	61921	10921	16995	7860	13705
(2)单位普通贷款及透支	4438642	3261786	280219	359465	373782	163390
其中:经营贷款	4156565	3070766	267449	345514	323879	148958
固定资产贷款	282077	191020	12770	13952	49903	14432
(3)普通并购贷款						
(4)银团贷款	980				980	
(5)贸易融资	155284	137671	15013	1000	300	1300
(6)境外筹资转贷款						
2. 中长期贷款	5661581	3747741	633102	540762	400799	339177
(1)个人贷款	2907168	1514663	371682	467313	280842	272669
其中:个人消费贷款	2450756	1295201	308626	411785	211001	224143
(2)单位普通贷款	2661268	2158693	246421	71049	119456	65649
其中:经营贷款	540274	442679	74176	12399	4787	6234
固定资产贷款	2120994	1716014	172245	58650	114670	59415
(3)普通并购贷款						
(4)银团贷款	93145	74385	15000	2400	500	860
(5)贸易融资						
(6)境外筹资转贷款						
3. 融资租赁						
4. 票据融资	243000	174558	12285	25391	12290	18476
其中:贴现	243000	174558	12285	25391	12290	18476
5. 各项垫款	29457	28157	225		250	825
(二)境外贷款	1721	1680		3		38

11

人民生活与物价

主要年份居民生活收支情况

表 11-1 单位:元

年　份	城市居民人均年可支配收入	城市居民人均年消费性支出	城市居民恩格尔系数(%)	农村居民人均年纯收入	农村居民人均年生活消费支出	农村居民恩格尔系数(%)
1984				462		
1985	815	668	51.05	495	439	57.18
1986	1016	871	46.61	530	470	57.23
1987	1084	906	50.99	567	503	57.26
1988	1325	1204	48.92	607	538	57.25
1989	1471	1181	53.34	650	576	57.29
1990	1501	1224	55.39	696	617	57.21
1991	1731	1445	55.09	745	661	57.34
1992	1997	1626	52.95	803	656	60.37
1993	2623	2214	47.74	941	757	64.60
1994	3881	3118	47.92	1375	1081	63.18
1995	4504	3726	47.67	2011	1415	59.22
1996	4993	3649	51.90	2396	1596	58.65
1997	5296	3668	50.19	2705	1538	57.93
1998	5458	3945	47.20	2938	1356	56.86
1999	5981	4091	44.93	3051	1317	54.97
2000	6457	4737	38.65	2597	1541	45.88
2001	6981	4908	38.51	2763	1627	46.47
2002	7630	5059	36.94	2991	1723	44.86
2002(新)	6953	5059	36.94			
2003	7782	5768	36.04	3139	1778	47.69
2004	8872	6218	38.81	3501	2048	49.85
2005	10006	7213	38.55	3869	2574	46.08
2006	11475	8324	34.65	4265	2797	45.26
2007	13254	8357	38.90	4828	3317	43.71
2008	15255	10598	38.57	5454	3746	42.18
2009	16958	11577	37.22	6111	4291	39.86
2010	19020	12293	39.07	7039	4766	40.85
2011	21695	14110	38.06	8434	5498	36.71
2012	24342	15615	37.06	9589	6210	36.37

注:城市居民可支配收入 2002 年以后新口径(市区),不含从工资中扣除的社会保障支出。

主要年份城市居民家庭基本情况

表 11-2

指　　标	单　位	2005	2006	2007	2008	2009	2010	2011	2012
一、调查户数	户	200	200	200	200	200	200	200	200
二、平均每户家庭人口	人	2.83	2.82	2.75	2.85	2.81	2.78	2.81	2.81
三、平均每户就业人口	人	1.19	1.23	1.24	1.3	1.23	1.19	1.2	1.21
四、平均每一就业人口负担人数	人	2.4	2.29	2.22	2.19	2.28	2.34	2.34	2.32
五、平均每户就业面	%	41.8	43.6	45.00	45.61	43.77	42.81	42.7	43.06
六、平均每人总使用面积	平方米	23.81	23.62	23.44	24.86	25.16	25.47	24.42	24.49
七、人均家庭总收入	元	10587	12209	14038.00	16771.54	18698	20895	23692	26463
其中:可支配收入	元	10006	11475	13254.00	15254.92	16958	19020	21695	24342
1.工资及补贴收入	元	6298	7133	8339.00	10613.33	11384	12687	12993	14757
2.个体经营净收入	元	876	983	1105.00	607.51	653.05	684.12	2005	2327
3.其他劳动收入	元	56	128	136.00	166.19	148.26	74.22	88	153.48
4.财产性收入	元	70	356	155.00	180.73	351.56	171.84	275	277
5.转移性收入	元	3288	3609	4437.00	5203.78	6161.1	7352.24	8331	9101
# 离退休金	元	2656	2966	3405.00	3828.6	4757.7	5768.03	6120	7453
八、储蓄借贷收入	元	2500	2354	1573.00	3445.09	5102.1	3292.1	3739	4764.82
# 提取储蓄存款	元	2367	2257	1351.00	2185.42	3483.4	2919.47	3331	3055.38
兑售有价证券	元							10	16.49
九、人均家庭总支出	元	9933	10890	11081.00	15674.79	20124	19001	20819	23737.78
# 消费性支出	元	7213	8324	8357.00	10598.42	11577	12293	14110	15615
十、储蓄借贷支出	元	2832	3464	3903.00	3228.46	3256.2	2434.63	3125	3925.51
# 存入储蓄款	元	2370	2952	3390.00	1967.17	2425.8	1559.85	2185	2954.88
购买有价证券	元	22.74		10.81	2.09	0.89		8	20.47

城市居民家庭基本情况

表 11-3　　(2012 年)　　单位:人/户

项　　目	合计	最低收入户	低收入户	中等偏下收入户	中等收入户	中等偏上收入户	高收入户	最高收入户
一、调查户数(户)	**200**	**20**	**20**	**40**	**40**	**40**	**20**	**20**
可支配收入(元)	24342.07	8831.52	12689.4	16740.96	21544.76	29417.41	41260.34	63343.99
服务性消费支出(元)	15614.95	8130.49	8237.63	11311.46	14578.11	19378.43	20973.99	38494.93
二、住房总建筑面积(平方米)	**32.65**	**29.07**	**24.56**	**28.34**	**30.63**	**33.24**	**45.1**	**52.53**
总使用面积(平方米)	24.49	21.81	18.42	21.26	22.98	24.94	33.83	39.41
三、家庭人口数	**2.81**	**3.19**	**3.55**	**3.06**	**2.55**	**2.61**	**2.68**	**2.22**
(一)有收入者人数	2.05	1.67	2.27	2.11	1.97	2.12	2.18	2.03
1.就业人口数	1.21	0.81	1.06	1.41	1.09	1.3	1.56	1.07
(1)国有经济单位职工人数	0.51	0.14	0.31	0.34	0.42	0.64	1.16	0.77
(2)城镇集体经济单位职工人数	0.03		0.05	0.02	0.08			
(3)其他各种经济类型单位职工	0.21	0.4	0.25	0.15	0.2	0.22	0.21	0.1
(4)城镇个体经营者人员数	0.17	0.08	0.11	0.32	0.1	0.23	0.08	0.1
(5)城镇个体被雇人员数	0.24	0.19	0.29	0.54	0.25	0.15	0.03	0.03
(6)离退休再就业人员数	0.04		0.05	0.05	0.02	0.07	0.05	0.07
(7)其他就业人员数	0.01				0.02		0.03	
2.离退休人数	0.82	0.75	1.2	0.68	0.83	0.8	0.62	0.96
3.其他有收入者人数	0.03	0.11	0.01	0.01	0.04	0.02		
(二)无收入者人数	0.76	1.52	1.28	0.95	0.58	0.49	0.49	0.19
四、非家庭人口在家用餐人次数	**11.81**	**6.73**	**4.88**	**4.08**	**11.97**	**20.59**	**17.34**	**16.88**
五、家庭人口在外用餐人次数	**14.56**	**6.94**	**8.6**	**9.29**	**16.7**	**17.98**	**26.51**	**16.92**

城市居民家庭人均现金收支情况

表 11-4　　(2012 年)　　单位:元

项　　目	合计	最低收入户	低收入户	中等偏下收入户	中等收入户	中等偏上收入户	高收入户	最高收入户
一、期初手存现金	**4170.1**	**1535.55**	**2672.39**	**3636.69**	**3517.19**	**5327.71**	**6305.82**	**7992.55**
二、家庭总收入	**26462.87**	**9607.64**	**13444.82**	**18016.48**	**23425.01**	**31919.46**	**45773.26**	**69006.02**
#可支配收入	24342.07	8831.52	12689.4	16740.96	21544.76	29417.41	41260.34	63343.99
(一)工薪收入	14757.21	4120.79	5863.78	9790.6	13054.56	18020.12	33036.34	34472.78
1.工资及补贴收入	14603.73	4099.45	5814.48	9762.5	12802.7	17803.84	32520.19	34386.92
2.其他劳动收入	153.48	21.34	49.3	28.1	251.85	216.28	516.15	85.86
(二)经营净收入	2327.03	329.1	325.49	3117.72	1733.55	4496.11	1042.15	4118.34
(三)财产性收入	277.16	93.73	0.7	124.18	128.29	586.42	566.49	713.7
1.利息收入	88.32	8.65	0.7	45.51	38.07	74.24	349.37	317.44
2.股息与红利收入	9.82			40.14				11.45
3.保险收益	21.92				17.88	101.66		
4.其它投资收入	5.71						62.59	
5.出租房屋收入	147.9	55.97		38.53	72.33	410.52	154.52	384.81
6.知识产权收入								
7.其他财产性收入	3.48	29.1						
(四)转移性收入	9101.47	5064.01	7254.84	4983.98	8508.62	8816.81	11128.29	29701.2
1.养老金或离退休金	7453.09	3745.85	6420.76	4480.6	6897.69	7954.34	8816	21787.48
2.社会救济收入	26.67	95.37	44.37	39.33	3.01	1.94		
3.辞退金							0.02	
4.赔偿收入								
5.保险收入	10.6	55.78		17.65				
#失业保险金	10.6	55.78		17.65				

表 11-4 续表 1

单位:元

项　　目	合计	最　低 收入户	低　收 入　户	中等偏下 收入户	中　等 收入户	中等偏上 收入户	高　收 入　户	最　高 收入户
6.赡养收入	574.62	490.3	425.35	63.58	907.36	270.13	1365.28	1440.73
7.捐赠收入	385.99	397.91	172.54	159.58	435.03	326.87	682.84	1041.27
8.提取住房公积金	398.08							5107.85
9.记帐补贴	212.37	186.57	169.3	194.34	234.17	229.76	223.08	270.05
10.其他转移性收入	40.06	92.24	22.54	28.9	31.34	33.78	41.08	53.83
三、出售财物收入	**2.96**	**22.39**		**0.42**			**1.17**	**1.1**
1.出售住房收入								
2.出售其他物品收入	2.96	22.39		0.42			1.17	1.1
四、借贷收入	**4764.82**	**1143.43**	**204.23**	**1051.5**	**4594.06**	**6899.44**	**16479.22**	**9956.29**
1.提取储蓄存款	3055.38	785.22	204.23	1051.5	1565.17	3877.68	10220.05	9956.29
2.借入款	701.56	320.9			15.07	2904.63	1369.19	
3.收回借出款	4.46	37.31						
4.收回储蓄性保险本	5.11					27.69		
5.兑售有价证券	16.49					89.43		
6.收回投资本金								
7.住房贷款	981.82				3013.81		4889.98	
8.汽车贷款								
9.教育贷款								
10.其他贷款								
11.其他借贷收入								
五、家庭总支出	**23737.78**	**9791.46**	**10165.83**	**14572.42**	**21664.59**	**28391.77**	47291.87	**59378**
(一)消费支出	15614.95	8130.49	8237.63	11311.46	14578.11	19378.43	20973.99	38494.93
#服务性消费支出	3750.33	1675.68	1259.66	2929.17	3429.59	3916.93	5541.03	11534.41
通过互联网购买商品或服	67.08	0.43	1.24	52.97	74.22	26.88	47.61	416.8
(二)购房与建房支出	2660.03				2109.67	2900.42	16430.32	3238.18
(三)转移性支出	3249.17	1071.42	1342.07	2066.7	2711.06	3504.59	4701.42	11953.14

表 11-4 续表 2　　　　单位:元

项　　目	合计	最低收入户	低收入户	中等偏下收入户	中等收入户	中等偏上收入户	高收入户	最高收入户
1.交纳的个人收入税	43.54			2.17	1.61	11.69	40.29	472.25
2.捐赠支出	2529.62	945.91	1153.58	1731.52	2134.11	2941.01	3273.15	8507.59
3.购买彩票	15.39		29.11	14.27	1.61	11.91	11.89	63.4
4.赡养支出	516.48	50.75	115.77	258.14	518.58	376.67	1224.53	2111.29
#在外就学子女费用	324.24			122.89	313.74	137.29	903.47	1706.81
5.各种非储蓄性保险支出	107.22	63.28	43.61	19.21	44.4	68.73	110.32	757.37
#车辆保险支出	30.82					9.33	35.99	329.99
6.其他转移性支出	36.93	11.48		41.4	10.75	94.58	41.24	41.25
(四)财产性支出	347.58			118.49	621.29	351.03	936.59	777.77
(五)社会保障支出	1864.05	589.55	586.13	1075.77	1644.46	2257.3	4249.56	4913.99
1.个人交纳的养老基金	807.28	364.94	303.24	522.67	857.7	1078.85	1348.11	1724.05
2.个人交纳的住房公积金	722.71	123.12	174.85	292.93	545.06	733.95	2139.55	2474.08
3.个人交纳的医疗基金	277.2	89.31	95.05	184.86	235.59	415.95	629.89	478.21
4.个人交纳的失业基金	42.16	8.51	12.99	39.05	5.98	24.8	119.04	183
5.其他社会保障支出	14.69	3.67		36.26	0.14	3.75	12.98	54.64
六、借贷支出	**3925.51**		**591.55**	**1726.29**	**2249.28**	**3608.8**	**8701.1**	**20559.92**
1.存入储蓄款	2954.88		563.38	1450.18	995.07	2066.95	6288.84	18274.2
2.借出款								
3.归还借款	111.06		28.17			582.98		
4.储蓄性保险支出	105			4	92.48	9.86	246.42	810.67
5.购买有价证券	20.47					110.99		
6.其它投资支出	3.49						3.91	39.99
7.归还住房贷款	729.63			272.11	1160.72	833.68	2161.93	1435.05
8.归还汽车贷款								
9.归还教育贷款								
10.归还其他贷款								
11.其他借贷支出	0.98				1	4.35		
七、期末手存现金	**8528.35**	**2651.88**	**5689.76**	**6570.19**	**7806.2**	**12356.71**	**13482.95**	**14422.36**

城市居民家庭人均消费性支出情况

表 11-5　　　　(2012 年)　　　　单位:元

项目	合计	最低收入户	低收入户	中等偏下收入户	中等收入户	中等偏上收入户	高收入户	最高收入户
消费支出	**15614.95**	**8130.49**	**8237.63**	**11311.46**	**14578.11**	**19378.43**	**20973.99**	**38494.93**
#服务性消费支出	3750.33	1675.68	1259.66	2929.17	3429.59	3916.93	5541.03	11534.41
#通过互联网购买商品或服务支出	67.08	0.43	1.24	52.97	74.22	26.88	47.61	416.8
一、食品	**5787.34**	**3995.7**	**4260.37**	**4724.97**	**5881.67**	**6722.11**	**6577.42**	**10680.5**
(一)粮油类	803.9	760.74	754.04	699.37	802.74	906.21	680.22	1153.67
1.粮食	462.85	421.37	400.08	423.7	459.32	501.68	460.49	658.45
(1)大米	193.96	173.26	177.53	180.74	185.44	235.16	172.29	237.29
(2)面粉	65.6	74.4	66.13	46.86	76.39	74.79	50.13	76.48
(3)其他粮食及制品	203.29	173.71	156.42	196.1	197.49	191.73	238.07	344.68
2.淀粉及薯类	77.31	66.17	90.85	59.85	64.67	88.59	66.4	136.89
3.干豆类及豆制品	85.49	87.59	76.89	77.88	88.9	99.74	63.03	102.77
4.油脂类	178.25	185.6	186.22	137.94	189.85	216.2	90.3	255.57
(二)肉禽蛋水产品类	1935.76	1343.52	1615.88	1540.62	2229.08	2628.49	1648.4	2519.22
1.肉类	929.87	624.85	805.9	723.37	1066.07	1287.37	816.79	1164.22
2.禽类	232.56	177	197.96	204.47	288.43	280.97	233.04	211.93
3.蛋类	155.33	140.11	135.39	128.45	165.77	199.41	121.41	199.29
4.水产品类	618	401.56	476.62	484.33	708.82	860.73	477.15	943.78
(三)蔬菜类	584.53	549.32	520.98	479.47	612.78	697.39	463.64	850.96
1.鲜菜	546.36	508.73	495.03	452.02	571.58	655.55	419.86	788.3
2.干菜	22.26	22.9	17.3	15.17	18.99	30.47	24.62	34.86
3.菜制品	15.9	17.69	8.65	12.28	22.21	11.37	19.16	27.81
(四)调味品	78	74.04	64.84	62.47	86	85.35	64.92	129.33
(五)糖烟酒饮料类	512.62	316.68	315.75	510.41	496.79	552.92	817.89	721.83
1.糖类	42.45	19.71	24.93	38.44	42.98	48.58	76.73	61.41
2.烟草类	237.79	155.61	138.83	264.73	234.37	260.51	259.31	375.75
3.酒类	175.51	109.82	107.64	138.69	161.74	193.34	409.01	207.6

表 11-5 续表 1

单位:元

项目	合计	最低收入户	低收入户	中等偏下收入户	中等收入户	中等偏上收入户	高收入户	最高收入户
4. 饮料	56.87	31.55	44.35	68.56	57.71	50.49	72.85	77.07
(六) 干鲜瓜果类	478.05	314.54	342.27	354.22	557.15	543.14	483.64	960.63
(七) 糕点、奶及奶制品	377.52	217.37	292.77	433.25	387.19	329.52	483.48	568.27
1. 糕点	116.72	44.94	72.41	111.11	139.79	106.07	210.46	177.56
2. 奶及奶制品	260.8	172.43	220.37	322.15	247.4	223.45	273.02	390.71
(八) 其他食品	101.71	55.93	76.3	102.86	99.24	152.29	95.06	103.59
(九) 饮食服务	915.25	363.56	277.54	542.31	610.69	826.81	1840.17	3672.99
1. 食品加工服务费	0.33	0.36	0.42	0.12	0.22	0.05	0.82	1.03
2. 在外饮食	914.93	363.2	277.12	542.19	610.47	826.76	1839.35	3671.96
二、衣着	**1684.43**	**559.54**	**661.55**	**1285.51**	**1814.02**	**2009.94**	**3208.56**	**3355.83**
(一) 服装	1250.55	391.28	432.06	932.73	1338.72	1464.03	2511.95	2618.87
(二)衣着材料	19.14	6.72	16.29	16.28	10.25	21.78	39.83	40.72
(三) 鞋类	358.06	139.89	185.11	292.8	405.72	472.87	544.58	560.82
(四) 其他衣着用品	49.15	18.16	24.75	39.69	55.29	42.91	103.28	100.55
(五) 衣着加工服务费	7.53	3.49	3.35	4.01	4.05	8.34	8.91	34.87
三、家庭设备用品及服务	**1184.64**	**410.15**	**596.67**	**611.7**	**1037.23**	**1041.52**	**1656.51**	**5071.74**
(一) 耐用消费品	547.89	70.39	252.31	180.38	394.63	418.86	610.72	3380.2
1. 家具	164.78	1.19	14.73	25.59	128.69	16.92	201.47	1441.3
2. 家庭设备	383.11	69.19	237.58	154.79	265.94	401.94	409.25	1938.9
(二)室内装饰品	9.02			3.52	2.41	2.39	0.77	93.24
(三) 床上用品	132.93	57.46	30.85	74.18	90.88	123.75	250.95	560.2
(四) 家庭日用杂品	413.03	258.01	304.58	304.62	504.15	440.83	528.36	727.26
(五) 家具材料	0.17		0.24	0.62				
(六) 家庭服务	81.6	24.28	8.7	48.39	45.16	55.7	265.71	310.84
四、医疗保健	**1032.81**	**818.99**	**626.81**	**1047.38**	**521.86**	**884.83**	**1189.64**	**3299.71**
(一) 医疗器具	3.13	2.24	9.04	6.85				2.43

表 11-5 续表 2 单位:元

项　　目	合计	最低收入户	低收入户	中等偏下收入户	中等收入户	中等偏上收入户	高收入户	最高收入户
(二)保健器具	25.78	41.46	0.04	14.24	1.79	13.43	144.35	21.72
(三)药 品 费	390.05	313.56	394.25	238.23	303.39	346.56	171.65	1485.81
(四)滋补保健品	147.69	109.22	29.39	107.09	61.78	72.98	611.15	344.42
(五)医 疗 费	463	352.51	193.94	677.64	154.45	451.87	262.4	1415.69
(六)其　　他	3.16		0.13	3.33	0.45		0.08	29.62
五、交通和通讯	**2125.5**	**658.9**	**580.85**	**933.49**	**963.46**	**5308.63**	**2715.2**	**4704.1**
(一)交　　通	1421.23	278.71	291.16	404.91	334.66	4333.01	1369.11	3550.05
1.家庭交通工具	831.48	115.67	84.93	92.87	121.07	3420.66	100.93	1595.14
2.车辆用燃料及零配件	220.28	76.39	70.51	176.51	58.83	239.55	666.42	607.96
3.交通工具服务支出	142.15	31.3	11.71	34.08	32.76	498	137.33	245.18
4.交 通 费	227.31	55.35	124.01	101.45	121.99	174.8	464.43	1101.77
(二)通信	704.28	380.19	289.69	528.58	628.79	975.62	1346.09	1154.06
1.通信工具	190.62	26.94	39.52	98.6	76.4	293.01	750.11	312.94
2.通信服务	513.66	353.25	250.17	429.98	552.39	682.61	595.98	841.12
(1)电 信 费	505.39	353.25	249.22	425.15	550.99	680.72	592.75	762.15
(2)邮　　费	6.67		0.95	4.14	0.9	1.46	2.74	63.3
(3)其　　他	1.59			0.69	0.5	0.44	0.49	15.68
六、教育文化娱乐服务	**1939.52**	**685**	**644.19**	**1245.23**	**2235.17**	**1955.8**	**3022.43**	**5956.9**
(一)文化娱乐用品	429.28	166.03	209.18	155.96	373.77	544.56	583.58	1639.93
(二)文化娱乐服务	573.55	102.62	149.01	450.26	528.48	574.19	761.67	2212.09
(三)教　　育	936.69	416.36	285.99	639.02	1332.92	837.05	1677.18	2104.88
1.教　　材	22.36	12.5	6.29	11.46	47.99	12.44	64.11	11.1
2.教育费用	914.33	403.86	279.7	627.56	1284.92	824.61	1613.07	2093.78
七、居　　住	**1333.27**	**883.61**	**745.23**	**1165.61**	**1545.54**	**1033.33**	**1872.66**	**3045.68**
(一)住　　房	491.95	252.05	100.36	518.35	663.68	74.27	762.44	1696.38
(二)水电燃料及其他	786.09	620.24	637.39	633.57	832.93	843.88	1031.28	1186.04
(三)居住服务费	55.24	11.32	7.48	13.69	48.93	115.19	78.94	163.25
八、其它商品和服务	**529.44**	**118.6**	**121.97**	**297.57**	**579.18**	**422.25**	**731.57**	**2380.47**
(一)其它商品	384.38	49.79	63.16	211.72	440.63	307.36	534.21	1785.98
(二)服　　务	145.06	68.8	58.81	85.85	138.56	114.9	197.36	594.49

城市居民家庭平均每人每月

表 11-6

项　　目	2000	2001	2002	2003	2004	2005
可支配收入	538.10	581.76	579.44	648.49	739.33	833.82
消费性支出	394.72	409.01	421.6	480.64	518.16	601.07
(一)食　　品	**152.59**	**157.53**	**155.73**	**173.24**	**201.1**	**231.73**
1.粮　　食	12.09	13.02	14.96	15.70	20.99	21.99
2.油　　脂	5.23	4.45	4.55	6.15	9.26	6.91
3.肉禽及其制品	31.75	31.48	28.8	39.37	70.50	43.24
4.蛋　　类	7.01	6.63	6.77	6.27	7.15	8.04
5.水 产 品	18.66	18.80	17.73	20.25	23.61	23.56
6.菜　　类	15.95	14.14	13.67	16.40	17.96	20.49
7.烟　　草	6.27	7.77	7.03	8.67	8.35	12.94
8.酒及饮料	5.77	7.60	6.66	8.70	11.63	9.19
9.干鲜瓜果	9.45	8.73	11.5	11.36	13.95	15.11
10.奶及奶制品	5.31	5.43	7.88	8.83	9.41	10.38
(二)衣　　着	**41.49**	**43.65**	**46.54**	**49.15**	**51.34**	**55.08**
1.服　　装	27.36	29.39	30.72	36.51	37.44	39.22
2.衣着材料	2.08	1.99	1.08	1.03	1.08	1.08
(三)家庭设备用品	**56.37**	**41.02**	**21.79**	**31.64**	**32.29**	**34.55**
#日用耐用消费品	40.88	30.73	10.78	17.63	14.75	17.10
(四)医疗保健	**17.71**	**23.60**	**21.06**	**38.26**	**34.02**	**56.27**
#药 品 费	15.43	18.95	13.05	23.54	18.82	27.05
保健器具	0.17	0.15	0.07	1.62	0.12	2.89
医疗保健服务	1.47	3.97	7.49	9.81	10.75	19.95

生活费收入和消费性支出情况

单位:元

项目	2006	2007	2008	2009	2010	2011	2012
可支配收入	956.22	1104.52	1271.24	1413.13	1584.99	1807.88	2028.51
消费性支出	693.67	696.43	883.2	964.73	1024.46	1175.81	1301.24
(一)食品	**240.36**	**271.03**	**340.66**	**359.08**	**400.27**	**447.50**	**482.28**
1.粮食	21.77	22.18	27.47	28.07	33.34	37.37	38.57
2.油脂	7.10	9.40	12.71	10.61	9.96	11.60	14.85
3.肉禽及其制品	41.33	55.08	69.57	72.38	78.98	90.76	96.87
4.蛋类	7.70	9.80	9.92	9.91	10.99	14.02	12.94
5.水产品	25.65	29.53	34.73	39.66	43.39	42.61	51.50
6.菜类	22.35	25.93	31.12	35.82	44.75	42.79	48.71
7.烟草	15.11	15.25	18.76	2.08	20.97	20.60	19.82
8.酒及饮料	10.65	11.22	14.21	15.23	19.08	19.02	19.37
9.干鲜瓜果	17.54	18.99	24.93	27.74	31.95	33.92	39.84
10.奶及奶制品	11.17	10.88	14.54	13.93	14.54	20.56	21.73
(二)衣着	**58.66**	**66.95**	**99.56**	**103.76**	**107.13**	**121.69**	**140.37**
1.服装	40.88	48.82	71.7	75.41	79.86	91.06	104.21
2.衣着材料	0.82	1.05	2	21.66	1.74	1.78	1.60
(三)家庭设备用品	**47.22**	**51.05**	**59.37**	**75.81**	**80.97**	**97.41**	**98.72**
#日用耐用消费品	30.98	30.60	28.18	42.77	40.59	52.49	45.66
(四)医疗保健	**62.95**	**56.19**	**53.76**	**57.05**	**59.56**	**82.24**	**86.07**
#药品费	25.75	24.59	18.41	20.62	17.49	34.19	32.50
保健器具	6.59	0.67	1.43	0.15	0.66	0.61	2.15
医疗保健服务	26.35	26.39	28.42	29.48	34.94	37.82	38.58

表 11-6 续表 1

项　　目	2000	2001	2002	2003	2004	2005
（五）交通和通讯	**25.67**	**29.82**	**33.11**	**46.53**	**51.01**	**53.70**
1.交　　通	7.71	11.22	12.77	21.02	25.06	25.47
#交 通 费	5.13	5.51	6.44	8.64	8.85	10.50
2.通　　信	17.96	18.6	20.34	25.50	25.95	28.22
#电 信 费	13.61	13.98	16.51	19.86	20.28	21.16
邮　　费	0.19	0.22	0.22	0.07	0.08	0.19
（六）娱乐文教服务	**44.05**	**66.42**	**78.14**	**79.13**	**77.70**	**78.55**
1.文化娱乐用品	9.54	12.88	24.43	23.23	21.01	26.39
2.教　　育	22.74	41.88	46.39	42.82	37.97	39.00
#学 杂 费	15.36	20.70	32.27	27.10	20.37	21.32
托 幼 费	2.13	2.74	4.98	4.19	3.35	3.24
成人教育	0.83	1.02	3.94	3.92	4.26	4.65
3. 文化娱乐服务	11.77	11.67	7.32	13.07	18.71	13.16
（七）居　　住	**42.45**	**33.26**	**54.86**	**48.78**	**56.31**	**72.75**
1.房　　租	0.77	0.28	0.46	1.39	1.29	0.74
2.水　　费	2.70	3.25	3.07	2.77	3.31	3.62
3.电　　费	8.79	10.25	11.53	11.97	13.43	15.72
4.燃　　料	11.09	11.15	10.48	11.64	11.30	13.93
#液 化 气	6.70	6.86	6.01	6.06	6.50	7.03
（八）其他商品及服务	**14.38**	**13.7**	**10.38**	**13.91**	**14.39**	**18.44**
1.其他商品	11.55	12.29	2.87	8.59	9.23	12.00
#金银珠宝饰品	0.63	1.31	0.11	2.10	1.59	1.84
理发美容用品	2.15	2.34	2.72	4.11	0.02	0.11
2.其它服务	1.29	0.37	4.36	5.32	5.16	6.44

单位:元

项　　目	2006	2007	2008	2009	2010	2011	2012
(五) 交通和通讯	**77.71**	**58.80**	**98.01**	**124.19**	**120.70**	**122.75**	**177.13**
1.交　　通	44.13	27.70	63.43	83.76	62.12	81.14	118.44
#交 通 费	11.43	12.98	16.64	18.99	13.95	15.04	18.94
2.通　　信	33.58	31.10	34.58	40.43	58.58	41.61	58.69
#电 信 费	24.65	25.56	27.20	32.60	50.02	30.74	42.12
邮　　费	0.23	0.14	0.21	0.28	0.14	0.45	0.56
(六)娱乐文教服务	**88.34**	**97.11**	**125.88**	**128.87**	**117.83**	**157**	**161.63**
1.文化娱乐用品	24.44	27.47	28.63	31.61	29.86	33.91	35.77
2.教　　育	47.28	51.32	69.63	66.16	44.44	75.33	78.06
#学 杂 费	28.15	27.88	29.81	27.68	9.40	19.52	25.57
托 幼 费	3.99	5.66	5.40	7.37	4.99	10.02	9.54
成人教育	2.56	5.87	3.65	9.68	3.62	3.39	8.80
3. 文化娱乐服务	16.62	18.32	27.62	31.10	43.53	47.76	47.80
(七) 居　　住	**92.06**	**63.43**	**76.07**	**87.53**	**104.58**	**92.69**	**111.11**
1.房　　租	2.80	2.71	1.52	3.54	4.15	4.14	5.21
2.水　　费	3.76	4.45	4.04	5.51	7.87	5.05	6.75
3.电　　费	17.95	19.60	20.78	24.64	33.87	27.95	33.67
4.燃　　料	13.88	12.91	16.15	12.88	19.61	16.53	19.40
#液 化 气	6.32	9.79	6.66	4.56	7.01	5.53	7.56
(八) 其他商品及服务	**24.45**	**31.88**	**29.89**	**28.42**	**33.43**	**54.54**	**44.12**
1.其他商品	13.54	13.37	20.11	21.06	21.90	42.54	32.03
#金银珠宝饰品	2.72	1.99	4.86	5.53	6.27	16.66	7.54
理发美容用品	0.06	0.03	0.22	0.19	0.19	0.06	0.25
2.其它服务	10.90	13.98	9.79	8.74	11.52	12	12.09

城 市 居 民 家 庭 居 住 情 况

表 11-7 (2012 年)

项　　目	单位	辅助单位	百户平均	项　　目	单位	辅助单位	百户平均
1.家庭人口	人	户	2.81	公用自来水		%	0.49
2.现住房总建筑面积	平方米	人月	32.65	井、河水		%	
3.现住房屋总使用面积	平方米	人月	24.49	其　他		%	
4.房屋产权(合计)		%	100	9.卫生设备(合计)		%	100
租赁公房		%	1.97	无卫生设备		%	0.99
租赁私房		%	2.46	有厕所浴室		%	87.19
原有私房		%	15.27	有厕所无浴室		%	1.97
房改私房		%	34.48	公　用		%	9.85
商 品 房		%	43.35	10.取暖设备(合计)		%	100
其　他		%	2.47	无取暖设备		%	16.26
5.住宅建筑式样(合计)		%	100	空调设备		%	52.71
单栋住宅		%	3.94	暖　气		%	13.3
四 居 室		%	1.48	其　他		%	17.73
三 居 室		%	35.47	11.炊用燃料使用情况(合计)		%	100
二 居 室		%	40.89	煤炭		%	0.49
一 居 室		%	2.46	罐装液化石油气		%	40.89
普通楼房		%	4.93	管道液化石油气		%	
平房及其他		%	10.83	管道煤气		%	
6.装修状况(合计)		%	100	管道天然气			55.67
有 装 修		%	48.77	柴油		%	
未 装 修		%	51.23	其他燃料		%	2.95
7.饮水情况(合计)		%	100	12.通信设备使用情况		%	100.0
自 来 水		%	84.24	(1)固定电话	部	百户	73.4
矿 泉 水		%	6.9	(2)移动电话	部	百户	225.62
纯 净 水		%	8.37	(3)接入互联网的计算机	条	百户	65.52
井、河水		%		13.除现住房,还有几处其他住房	套	户	0.32
其　他		%	0.49	出租房	套	户	0.11
8.用水情况(合计)		%	100	偶尔居住房	套	户	0.12
独用自来水		%	99.51	其它用途房	套	户	0.09

城市居民家庭平均每百户耐用消费品年末拥有量

表 11-8

项　　目	单 位	2002	2003	2004	2005	2006	2007	2008	2009	2010	2011	2012
摩 托 车	辆	21	31	32.5	20.5	22.5	22.5	18.5	18.3	20.1	21.53	22.66
助力车	辆						34.5	59	65.4	65.2	91.87	94.58
家用轿车	辆						1	4	4.5	6.4	11.96	14.78
洗 衣 机	台	92	93.5	93.5	91	94.5	95	96	96.0	95.6	94.26	95.07
电 冰 箱	台	89	85	86	77	80.5	91	98	98.5	98.5	96.65	99.01
彩色电视机	台	118	130	131	127	134.5	131	152	155.9	154.9	145.45	153.69
家用电脑	台	16	20.5	21.5	34	42	45	68	73.3	75.0	80.86	89.66
组合音响	台	21	36	36.5	21	21	22.5	27.5	27.2	25.5	21.05	16.26
摄像机	架						4.5	6.5	7.4	6.9	5.74	5.42
照 相 机	架	32	37	35.5	31	33.5	32.5	38	35.6	35.3	38.28	41.87
钢琴	架						2	3	3.5	3.4	4.78	5.42
其它中高档乐器	件						3	6.5	5.9	4.9	5.26	4.43
微波炉	台						58	73.5	76.7	76.0	70.81	72.91
空 调 器	台	30	65	71	73	92	98	137	146.5	148.0	164.59	173.4
淋浴热水器	台	58	58	60	72	77.5	76.5	94.5	98.0	96.6	94.74	95.57
消毒碗柜	台						1.5	4	4.5	4.4	6.7	6.4
健身器材	套	2	3	3	2	3.5	5.5	9	8.4	8.3	2.39	2.46
固定电话	部	96	98.5	107	128	140.5	136.5	112.5	113.4	109.8	77.03	73.4
移动电话	部	43	78	80.5	75	107	102.5	169.5	172.3	177.0	200.96	225.62

注：本页所缺数据系因当年未作统计

城市居民家庭耐用消费品年末拥有量

表 11-9　　　　　　　　　　　　(2012 年)

项　　目	单 位	合计	最低 10%	低 10%	较低 20%	中间 20%	较高 20%	高 10%	最高 10%
1.摩托车	辆	22.66	19.05	25	29.27	17.5	26.83	20	15
2.助力车	辆	94.58	119.05	115	100	70	97.56	80	95
3.家用汽车	辆	14.78	9.52	5	12.2	10	17.07	25	30
4.洗衣机	台	95.07	90.48	100	90.24	95	95.12	95	105
5.电冰箱	台	99.01	90.48	95	102.44	85	104.88	110	110
6.彩色电视机	台	153.69	142.86	140	146.34	145	158.54	170	185
7.家用电脑	台	89.66	47.62	80	78.05	72.5	100	140	130
8.组合音响	套	16.26	14.29	5	12.2	12.5	21.95	30	20
9.摄像机	架	5.42		5	4.88	7.5		15	10
10.照相机	架	41.87	14.29	30	36.59	37.5	41.46	70	75
11.钢琴	架	5.42			2.44	7.5	4.88	25	
12.其它中高档乐器	件	4.43	4.76	10	2.44	2.5	2.44	10	5
13.微波炉	台	72.91	47.62	60	60.98	72.5	78.05	100	100
14.空调器	台	173.4	119.05	125	156.1	160	185.37	235	255
15.淋浴热水器	台	95.57	85.71	85	100	90	95.12	105	110
16.消毒碗柜	台	6.4			9.76	5	4.88	10	15
17.健身器材	套	2.46						20	5
18.固定电话	部	73.4	61.9	75	73.17	60	80.49	85	85
29.移动电话	部	225.62	195.24	215	234.15	200	226.83	290	235
接入互联网的移动电话	部	27.09	9.52	10	19.51	35	36.59	30	40
接入有线电视网络的电视机	台	109.36	76.19	85	109.76	102.5	121.95	115	150
接入互联网的计算机	台	65.52	33.33	65	68.29	37.5	75.61	105	90

城市居民主要消费品人均年消费量

表 11-10　　　　单位:元

项目	单位	2002	2003	2004	2005	2006	2007	2008	2009	2010	2011	2012
粮食	千克	88	94	95	99	96	97	96	97	91.19	94.44	92.29
油脂类	公斤	8.00	9.16	9.86	9.88	9.73	10.0	10.1	9.82	8.78	9.27	9.84
猪肉	千克	17.19	17.84	17.19	18.62	18.56	15.8	16.8	18.73	19.55	18.92	20.3
牛羊肉	千克	2.82	3.36	3.89	4.24	3.98	4.0	3.35	4.08	4.05	4.18	2.9
家禽及制品	千克	7.21	8.11	8.13	8.89	8.32	9.4	9.52	10.72	10.78	10.29	10.22
蛋类	千克	16.92	15.86	15.06	16.37	16.93	17.0	17.64	18.71	15.93	17.31	16.5
鱼虾	千克	19.42	22.07	25.18	24.44	25.48	22.6	20.29	21.37	21.54	20.06	21.58
鲜菜	千克	121	116	121	115	119.55	117.1	128.45	130.77	137.32	136.24	134.4
食糖及糖果	千克	1.88	1.64	1.60	1.85	1.57	1.8	1.74	1.73			
卷烟	盒	21	21	22	26	29	28.0	27	26			
酒	千克	4.76	6.67	7.40	7.77	8.17	8.3	8.14	7.64	8.11	5.99	6.01
#啤酒	千克	2.78	3.60	4.13	4.56	4.94	5.2		4.59	5.42	3.15	3.52
干鲜瓜果	千克	68.54	40.95	64.64	67.33	70.28	72.3	73.51	75.21			
糕点	千克	3.43	3.66	3.74	4.03	4.18	4.1	5.15	5.03	5.17	5.47	5.53
鲜奶	千克	14.7	13.82	15.78	17.1	16.98	16.7	14.4	15.04	14.62	14.04	13.79
服装	件	5.33	6.65	5.93	5.95	5.53	4.6	7	7.3	7.05	7.68	8.1
#男装	件	2.10	2.73	2.46	2.65	2.4						
女装	件	2.47	2.82	2.54	2.46	2.39						
煤炭	千克	146	139	92	116	92	61.6	59.07	41.48	53.42	55.3	31.34
液化石油气	千克	26	21	20	19	15	16.3	17.9	17.8	13.62	10.23	13.75

注:空档没有统计数据

农民家庭基本情况

表 11-11

项　　目	单位	2003	2004	2005	2006	2007	2008	2009	2010	2011	2012
一、调查户数	户	430	430	430	430	430	430	430	430	770	770
二、常住人口	人	1757	1739	1787	1756	1728	1724	1725	1728	3063	3055
户均常住人口	人	4.09	4.04	4.16	4.08	4.01	4.01	4.01	4.02	3.98	3.97
户均整半劳力	人	2.65	2.7	2.8	2.8	2.9	2.8	2.9	2.9	2.8	2.8
平均每一劳力负担人数	人	1.54	1.5	1.5	1.4	1.4	1.4	1.4	1.4	1.4	1.4
三、人均年收入											
总收入	元	4005	4692	5322	5746	6481	7396	8139	9219	11033	12368
纯收入	元	3139	3501	3869	4265	4828	5454	6111	7039	8434	9589
现金收入	元	3432	3795	4511	4929	3667	4469	5577	6187	7593	8451
四、农民家庭住房情况											
人均年末住房价值	元	4795	4859	7398	7646	8882	10454	11628	12815	26740	28643
人均年末住房面积	平方米	22.5	23.05	24.5	26	29.6	31.8	33.5	35	41.3	42.0
# 钢筋混凝土结构面积	平方米	5.7	5.91	6.37	8.5	10	10.0	11.6	12.6	18.9	20.8
砖木结构面积	平方米	16.1	16.92	17.99	17.5	19.6	21.6	21.9	22.8	22.4	20.5
其他结构面积	平方米	0.3	0.22	0.14				0.01	0.01	0.02	0.8

分地区农民家庭基本情况

表 11-12 (2012 年)

指　　标	单　位	合　计	市　区	赣榆县	东海县	灌云县	灌南县
一、调查户数	户	770	100	150	200	200	120
二、常住人口	人	3055	421	561	814	765	495
户均常住人口	人	3.97	4.21	3.74	4.07	3.82	4.13
户均整半劳力	人	2.8	2.9	2.5	3.0	2.6	3.1
平均每一劳力负担人数	人	1.4	1.5	1.5	1.4	1.5	1.3
三、人均年收入							
总收入	元	12368	12495	14089	12838	11425	10388
纯收入	元	9589	10525	10310	9910	8929	8472
现金收入	元	8451	10005	9532	8268	7648	7491
四、农民家庭住房情况							
人均年末住房价值	元	28643	72398	29770	26333	19108	21833
人均年末住房面积	平方米	42.0	54.2	40.7	41.6	40.9	40.3
# 钢筋混凝土结构面积	平方米	20.8	19.6	18.5	27.7	15.6	20.6
砖木结构面积	平方米	20.5	25.2	22.2	13.9	25.3	19.6
其他结构面积	平方米	0.8	9.4				0.13

农民人均总收入、总支出

表 11-13　　(2012年)　　单位:元

指标	合计	市区	赣榆县	东海县	灌云县	灌南县
一、全年总收入	**12368**	**12495**	**14089**	**12838**	**11425**	**10388**
1、工资性收入	5300	7147	5695	5035	4833	4863
#在非企业组织中劳动的报酬	217	330	265	172	187	204
在本地企业劳动得到的报酬	1843	5001	1938	2262	905	760
常住人口外出从业得到的报酬	3240	1815	3492	2601	3742	3899
2、家庭经营收入	6322	4356	7504	7002	6019	4962
3、转移性收入	567	785	817	494	429	398
4、财产性收入	179	206	73	307	144	164
二、全年总支出	**9496**	**10214**	**11301**	**9964**	**7715**	**8200**
# 1. 家庭经营费用支出	2398	1423	3078	2590	2298	1746
2. 购置生产用固定资产支出	198	221	168	313	174	83
3. 税费支出	8	2.35	18		7	13
4. 生活消费支出	6210	7812	6790	6432	4921	5948
5. 转移性支出	655	535	1214	627	316	410
6. 财产性支出	27	222	34	1		

农民人均生活费支出情况

表 11-14　　单位:元

指　　标	2000	2001	2002	2003	2004	2005	2006
生活费支出	1541	1627	1723	1778	2048	2574	2797
1．食品	707	756	773	848	1021	1186	1266
2．衣着	84	99	109	105	127	168	172
3．居住	267	271	284	210	145	253	338
4．家庭设备用品及服务	57	57	68	67	73	118	120
5. 医疗设备	93	75	81	75	95	141	145
6．交通和通信	79	84	129	152	188	243	284
7. 文化娱乐用品及服务	211	239	240	290	348	396	410
8．其他商品和服务	43	46	39	31	51	68	62

表 11-14 续表　　单位:元

指　　标	2007	2008	2009	2010	2011	2012
生活费支出	3317	3746	4291	4766	5498	6210
1．食品	1450	1580	1711	1947	2018	2259
2．衣着	208	233	266	314	360	425
3．居住	515	589	736	757	968	1041
4．家庭设备用品及服务	150	180	248	304	388	427
5. 医疗设备	165	196	265	275	298	331
6．交通和通信	320	363	387	418	483	512
7. 文化娱乐用品及服务	442	533	599	689	894	1127
8．其他商品和服务	67	73	80	63	88	90

农民人均生活消费支出分类情况

表 11-15 (2012 年) 单位:元

指标	合计	市区	赣榆县	东海县	灌云县	灌南县
生活消费支出	**6210**	**7812**	**6790**	**6432**	**4921**	**5948**
一、食品消费支出	2259	2881	2339	2296	1857	2307
1、食品消费品支出	1875	2551	1991	1806	1649	1785
2、食品消费服务性支出	383	330	348	490	208	522
二、衣着消费支出	425	559	546	479	284	289
1、衣着消费品支出	424	559	544	479	283	289
2、衣着消费服务性支出	1		2			
三、居住消费支出	1041	1319	1119	985	701	1321
1、居住消费品支出	755	1072	833	624	451	1087
2、居住消费服务性支出	285	247	286	361	249	233
四、家庭设备用品消费支出	427	570	510	478	321	300
1、家庭设备用品消费品支出	419	562	502	472	309	293
2、家庭设备用品服务性消费支出	8	8	5	12	7	6
五、交通和通讯消费支出	512	627	604	522	361	507
1、交通和通讯用品支出	265	361	345	272	182	202
2、交通和通讯服务消费支出	247	266	259	249	179	306
六、文化教育娱乐消费支出	1127	1420	1237	1228	935	922
1、文化教育娱乐用品消费支出	278	148	411	323	253	121
2、教育服务消费支出	591	614	680	647	308	736
3、文化、体育、娱乐服务消费支出	257	657	146	258	375	64
七 、 医疗保健消费支出	331	226	352	364	379	239
1、医疗保健用品消费支出	99	102	107	78	145	59
2、医疗保健服务消费支出	232	123	245	286	234	180
八 、 其他商品和服务消费支出	90	209	83	80	85	64
1、其他商品支出	65	177	69	67	31	43
2、其他消费服务支出	25	32	13	13	53	21

农民家庭平均每人主要消费品年消费量

表 11-16 (2012 年)

指　　标	单　位	合　计	市　区	赣榆县	东海县	灌云县	灌南县
粮　　食	公斤	145.6	143.8	135.2	180.7	131.7	125.5
油 脂 类	公斤	9.0	10.0	6.6	10.9	9.3	8.5
烟　叶	公斤						
豆 制 品	公斤	8.3	7.4	2.6	10.4	9.2	12.6
蔬菜及菜制品	公斤	83.2	98.4	82.0	94.7	55.0	96.3
瓜　类	公斤	7.5	7.7	8.8	6.1	8.1	6.6
水 果 类	公斤	17.4	17.2	23.5	21.1	12.5	9.8
茶　叶	公斤			0.1			
坚　果	公斤	1.7	1.2	1.9	1.3	2.1	1.6
肉禽及其制品	公斤	15.6	22.8	12.9	12.6	16.2	19.7
#:猪　　肉	公斤	8.0	13.5	8.1	5.6	6.8	10.5
牛　　肉	公斤	1.3	1.8	0.7	1.2	1.9	1.5
羊　　肉	公斤	0.2	0.1	0.1	0.6	0.1	0.2
家　　禽	公斤	2.6	3.4	2.0	3.9	2.3	1.5
其他肉禽及制品	公斤	3.4	4.0	2.1	1.3	5.1	5.9
蛋类及其制品	公斤	8.9	8.9	10.1	9.8	5.8	9.5
奶和奶制品	公斤	5.2	4.1	7.0	6.0	3.8	3.8
水 产 品	公斤	8.2	14.4	8.2	4.4	9.9	8.9
食　糖	公斤	0.7	0.6	0.5	0.5	1.1	0.9
酒	公斤	7.4	8.4	11.1	6.1	5.3	6.2

农民家庭平均每百户耐用消费品年末拥有量

表 11-17 (2012 年)

指标	单位	合计	市区	赣榆县	东海县	灌云县	灌南县
大型家具	台						
洗衣机	台	93	100	94	97	80	95
电风扇	台						
电冰箱	台	60	81	57	54	54	73
空调器	台	45	89	32	38	36	64
抽油烟机	台	12	52	9	16	2	5
微波炉	台	17	41	21	17	8	10
热水器	台	72	90	76	85	38	82
自行车	辆	136	134	147	149	116	123
摩托车	辆	43	36	54	55	32	28
电话机	部	78	83	84	80	77	62
移动电话	部	193	249	194	190	153	221
彩色电视机	台	125	141	113	125	119	140
黑白电视机	台	4	1	7	4	1	3
录放像机	台						
摄像机	台	1	1	1	2		
影碟机	台	18	3	8	29	30	8
组合音响	台						
收录机	架						
照相机	架	8	30	7	11	3	2
家用计算机	台	39	69	53	42	23	20

历年物价指数

表11-18

年　份	商品零售价格指数	居民消费价格指数
	上年=100	上年=100
1978	100.7	100.7
1979	102.0	101.9
1980	106.0	107.5
1981	102.4	102.5
1982	101.9	102.0
1983	100.8	100.8
1984	104.7	104.8
1985	109.6	109.0
1986	105.8	105.6
1987	108.8	108.3
1988	123.7	123.4
1989	117.0	117.3
1990	102.7	103.6
1991	107.3	107.2
1992	106.9	108.2
1993	115.4	117.3
1994	122.5	125.9
1995	113.2	116.1
1996	107.5	111.5
1997	99.2	101.2
1998	98.1	99.6
1999	96.2	98.4
2000	98.4	101.2
2001	98.8	100.7
2002	97.5	98.9
2003	99.7	101.6
2004	101.3	102.9
2005	101.1	102.0
2006	100.6	101.4
2007	102.4	104.2
2008	104.6	104.8
2009	98.7	99.3
2010	102.6	103.5
2011	104.5	104.9
2012	102.0	102.3

居民消费价格总指数

表 11-19

指　　标	以上年价格为 100							
	2005	2006	2007	2008	2009	2010	2011	2012
居民消费价格总指数	**102.0**	**101.4**	**104.2**	**104.8**	**99.3**	**103.5**	**104.9**	**102.3**
服务项目价格指数	**101.6**	**103.4**	**106.1**	**103.7**	**100.3**	**104.2**	**103.0**	**101.1**
一、食　　品	105.4	102.1	109.3	111.8	99.1	106.9	109.6	105.2
#粮　　食	102.0	101.1	103.0	107.3	103.0	111.0	110.8	102.2
油　　脂	92.8	100.2	138.2	123.2	76.8	101.8	113.7	104.8
肉禽及其制品	107.1	97.4	129.4	118.2	89.2	102.8	121.8	101.3
蛋	104.2	94.2	126.0	104.6	99.8	109.9	117.6	97.5
水 产 品	107.7	93.2	86.2	101.5	102.4	105.7	108.6	105.5
鲜　　菜	124.9	108.7	96.3	102.9	111.5	124.5	94.5	114.9
液体乳及乳制品	99.4	100.9	101.4	133.8	102.9	103.6	108.4	103.7
干鲜瓜果	97.8	126.9	105.6	112.2	103.1	109.3	111.4	99.6
二、烟　　酒	99.5	99.9	100.7	103.9	101.8	101.2	104.2	105.4
三、衣　　着	98.0	99.4	99.2	96.6	101.4	99.3	104.1	102.0
#服　　装	99.3	98.5	98.2	96.4	100.3	99.9	105.6	101.6
衣着材料	101.8	101.5	98.1	103.3	109.9	108.8	106.2	100.4
四、家庭设备用品及维修服务	98.6	102.2	103.8	102.3	101.3	99.8	106.0	99.8
#耐用消费品	97.3	101.7	102.9	102.8	99.8	95.5	104.4	98.9
五、医疗保健和个人用品	99.3	103.6	101.2	101.1	99.2	101.0	101.2	100.6
六、交通和通讯	97.1	96.3	98.1	97.6	98.3	100.2	101.0	100.1
七、娱乐教育文化用品及服务	100.7	100.4	103.4	102.6	98.3	100.2	100.9	98.6
#教育服务	101.8	105.0	110.6	109.3	100.4	100.6	99.0	100.4
八、居　　住	105.6	104.4	103.0	104.2	99.5	106.9	104.5	102.5

商品零售价格总指数

表11-20

指标	以上年价格为100							
	2005	2006	2007	2008	2009	2010	2011	2012
商品零售价格总指数	**101.1**	**100.6**	**102.4**	**104.6**	**98.7**	**102.6**	**104.5**	**102.0**
一、食品	105.4	102.1	109.2	111.9	99.4	107.2	109.7	105.2
#粮食	101.4	101.2	103.7	107.3	103.4	111.5	110.5	102.2
油脂	92.5	100.3	138.3	123.2	76.9	101.8	113.7	104.8
肉禽及其制品	110.0	97.7	128.6	118.1	89.8	101.7	121.5	101.5
水产品	104.6	93.4	85.9	101.3	101.2	105.8	108.6	105.5
鲜菜	124.9	108.7	96.3	102.9	111.5	124.5	93.9	114.9
鲜果	96.3	134.5	101.2	112.0	105.7	108.8	111.0	98.9
二、饮料、烟酒	99.8	100.3	100.1	103.1	99.9	102.2	103.2	104.4
三、服装、鞋帽	97.8	99.1	99.3	96.4	101.0	99.2	103.8	102.0
四、纺织品	99.8	98.9	97.6	100.5	101.2	93.6	116.9	101.0
五、家用电器及音像器材	95.8	97.2	95.6	95.8	92.5	91.8	100.6	97.7
六、文化办公用品	97.6	94.5	90.4	84.3	89.3	96.8	98.5	91.4
七、日用品	99.1	99.5	99.4	103.1	105.7	99.6	101.9	99.3
八、体育娱乐用品	99.9	98.6	102.1	104.8	99.5	95.5	96.7	104.6
九、交通、通信用品	90.3	88.3	90.8	91.3	93.4	98.9	95.6	98.5
十、家具	98.3	101.7	104.8	106.0	104.6	97.7	107.0	94.1
十一、化妆品	99.4	101.2	100.4	102.7	100.9	97.0	102.1	103.7
十二、金银珠宝	109.7	145.2	111.1	119.9	88.2	107.7	116.9	104.4
十三、中西药品及医疗保健用品	97.3	98.6	100.3	99.3	96.1	102.3	98.1	100.1
十四、书报杂志及电子出版物	102.1	100.2	99.0	105.5	112.5	99.7	99.7	100.0
十五、燃料	112.7	111.4	102.6	111.6	83.8	116.4	109.4	102.1
十六、建筑材料及五金电料	101.2	103.5	107.0	105.4	98.0	102.4	105.6	101.2

12

科学、教育、文化、卫生

科 学 技 术 基 本 情 况

表 12-1

(2012 年)

项目	单位	全市	市区	赣榆县	东海县	灌云县	灌南县
一、科技活动机构							
1.独立科研机构	个	30	15	3	7	3	2
2.大中型企业科技活动机构	个						
二、科技活动人员							
1.独立科研机构	人	694	497	32	88	59	18
2.大中型企业科技活动机构	人						
三、科学研究成果							
通过鉴定项目	项	127	108		14	2	3
#达到国际水平	项	5	5				
达到国内先进水平	项	92	80		10	2	
达到省内先进水平	项	24	17		4		3
填补市内空白	项	6	6				
获市级以上科技进步奖	项	5	5	2	10	4	2
技术成交项目	项						
技术成交额	万元						
四、科技活动经费							
经费支出(独立科研机构)	万元	10663	9240	125	805	401	92
经费收入(独立科研机构)	万元	16021	14694	145	584	497	101
五、专利申请情况	项	**6008**	**2144**	**1218**	**1528**	**547**	**571**
发明专利	项	1108	550	121	246	84	107
实用新型专利	项	1631	723	576	154	131	47
外观设计专利	项	3269	871	521	1128	332	417
六、专利授权	项	**3940**	**1577**	**697**	**715**	**483**	**468**
发明专利	项	218	176	9	13	11	9
实用新型专利	项	1032	506	354	74	54	44
外观设计专利	项	2690	895	334	628	418	418

工业企业基本情况

表 12-2

(2012 年)

项目	企业数(个)	有R&D活动	有科技机构	年末从业人员(人)
甲	1	2	3	4
总计	**1388**	**283**	**325**	**230658**
一、按企业规模分组				
大型	22	20	22	61450
中型	104	69	96	58621
小型	1225	191	204	110150
微型	35	3	3	437
二、按隶属关系分组				
中央	8	6	8	8360
省(自治区、直辖市)	9	2	3	7049
地(区、市、州、盟)	35	14	16	26313
县(区、市、旗)	39	13	14	5567
街道	2			94
镇	10	2	1	1021
乡	12	4	5	3135
社区(居委会)				
村委会	1			60
其他	1272	242	278	179059
三、按登记注册类型分组				
内资企业	1194	229	257	176817
国有企业	13	3	4	4789
集体企业	3			310
股份合作企业	4	1	2	1061
联营企业				
国有联营企业				
集体联营企业				
国有与集体联营企业				
其他联营企业				
有限责任公司	201	40	46	43212
国有独资公司	7	4	4	5842
其他有限责任公司	194	36	42	37370
股份有限公司	18	8	8	12565
私营企业	920	172	190	110418
私营独资企业	237	33	29	18918
私营合伙企业	5		1	539
私营有限责任公司	645	130	150	86239
私营股份有限公司	33	9	10	4722
其他企业	35	5	7	4462
港、澳、台商投资企业	64	23	25	17491
与港澳台商合资经营企业	27	9	11	5444
与港澳台商合作经营企业				
港澳台商独资经营企业	32	11	11	6917
港澳台商投资股份有限公司	4	3	3	5043
其他港澳台投资企业	1			87
外商投资企业	130	31	43	36350
中外合资经营企业	63	18	24	13196
中外合作经营企业				
外资企业	63	12	17	17706
外商投资股份有限公司	4	1	2	5448
其他外商投资企业				

表 12-2 续表 1

项　　目	企业数（个）	有 R&D 活动	有科技机构	年末从业人员（人）
甲	1	2	3	4
四、按国民经济行业大类分组				
采矿业	19	5	5	6988
有色金属矿采选业	2			55
非金属矿采选业	16	4	4	6659
开采辅助活动	1	1	1	274
制造业	1352	276	316	218227
农副食品加工业	140	14	18	12980
食品制造业	28	4	4	4113
酒、饮料和精制茶制造业	21	6	7	3446
纺织业	35	9	12	7207
纺织服装、服饰业	73	8	13	15307
皮革、毛皮、羽毛及其制品和制鞋业	13	2	3	4565
木材加工和木、竹、藤、棕、草制品业	38	7	8	5038
家具制造业	6	1		460
造纸和纸制品业	18			1512
印刷和记录媒介复制业	15	1	1	924
文教、工美、体育和娱乐用品制造业	30	7	8	4921
石油加工、炼焦和核燃料加工业	2	1	1	1026
化学原料和化学制品制造业	249	54	54	31761
医药制造业	57	15	17	26538
化学纤维制造业	7	3	3	1204
橡胶和塑料制品业	46	4	5	4570
非金属矿物制品业	234	54	59	24894
黑色金属冶炼和压延加工业	43	3	7	12324
有色金属冶炼和压延加工业	26	4	5	3158
金属制品业	48	2	5	4374
通用设备制造业	32	9	13	5930
专用设备制造业	61	21	21	9211
汽车制造业	18	6	7	1928
铁路、船舶、航空航天和其他运输设备制造业	16	9	11	12033
电气机械和器材制造业	53	18	20	10972
计算机、通信和其他电子设备制造业	26	9	8	5822
仪器仪表制造业	6	5	5	1270
其他制造业	4			256
废弃资源综合利用业	7		1	483
电力、热力、燃气及水生产和供应业	17	2	4	5443
电力、热力生产和供应业	11	2	3	4577
燃气生产和供应业	2			202
水的生产和供应业	4		1	664
五、按企业控股情况分组				
国有控股	43	18	22	23248
集体控股	8	2	2	1633
私人控股	1140	210	236	151025
港澳台商控股	58	21	22	15884
外商控股	108	25	35	33082
其他	31	7	8	5786
六、按地区分组				
连云港市	1388	283	325	230658
市　区	291	72	94	89671
赣榆县	373	51	61	41993
东海县	344	79	95	41217
灌云县	218	38	27	31917
灌南县	162	43	48	25860

表 12-2 续表 2

项目	工业总产值(万元)	主营业务收入(万元)	利润总额(万元)	资产总计(万元)	出口交货值(万元)
甲	5	6	7	8	9
总计	**34133800**	**33464529.1**	**2731951**	**19277384.1**	**1387656.2**
一、按企业规模分组					
大型	9484302.9	9233280.2	1013128.6	9242871.6	163373.3
中型	10465848.7	10270439.1	707097.1	4042781	761370
小型	13995599.8	13793969.9	1006252.8	5800398	454426
微型	177327.6	156733	5465.1	185193.9	8486.9
二、按隶属关系分组					
中央	1209196.9	1089268.9	217762.4	3999191.6	37964.3
省(自治区、直辖市)	665487.2	667903.3	110042.9	1080889.3	3387.9
地(区、市、州、盟)	1822121.8	1630713.6	237573.1	2546770.1	104712.4
县(区、市、旗)	565894.6	577899.9	24018.8	456098.9	24499.2
街道	10008.2	10008.2	502.4	8309.9	
镇	103137.9	101531.2	5914.5	46522.4	
乡	206202.1	202098.8	21495.3	95668.9	83739.7
社区(居委会)					
村委会	7225.5	7225.5	337.9	3638	
其他	29544525.8	29177879.7	2114303.7	11040295	1133352.7
三、按登记注册类型分组					
内资企业	25913495.7	25304307.8	2071737	14837761.6	422488.8
国有企业	256532.6	238661.5	-18390.7	199848.6	25145.2
集体企业	15848.1	16155.6	1110.6	5393	
股份合作企业	153622.3	155824.1	13534.5	92499.7	
联营企业					
国有联营企业					
集体联营企业					
国有与集体联营企业					
其他联营企业					
有限责任公司	6532486.6	6309327.4	512641.8	7224062.4	135995.8
国有独资公司	301436.7	285360.7	5847.7	787599	
其他有限责任公司	6231049.9	6023966.7	506794.1	6436463.4	135995.8
股份有限公司	1239593.6	1156008.9	183209.6	1826910.4	8495.8
私营企业	17238047.5	16959963.6	1338751.7	5266223.2	252711.2
私营独资企业	2470600.3	2431720.9	241057.5	692931.1	83699.6
私营合伙企业	70551.9	63837	5952.9	22558.9	1314.8
私营有限责任公司	13943468.8	13734728.1	1032990.2	4252521.5	161343.5
私营股份有限公司	753426.5	729677.6	58751.1	298211.7	6353.3
其他企业	477365	468366.7	40879.5	222824.3	140.8
港、澳、台商投资企业	1706693	1726112.1	179714.8	1358895.7	113306.7
与港澳台商合资经营企业	427883.5	441916.1	38049.8	274461.4	81465.2
与港澳台商合作经营企业					
港澳台商独资经营企业	644946.9	651885.2	23709.3	585720.3	2913.8
港澳台商投资股份有限公司	631804	630252.2	117961.2	497947.5	28927.7
其他港澳台投资企业	2058.6	2058.6	-5.5	766.5	
外商投资企业	6513611.3	6434109.2	480499.2	3080726.8	851860.7
中外合资经营企业	3445391.9	3418245.8	240650.3	1818727.3	419009.6
中外合作经营企业					
外资企业	2625881.6	2589499	135498.3	1008217.7	407987.4
外商投资股份有限公司	442337.8	426364.4	104350.6	253781.8	24863.7
其他外商投资企业					

表 12-2 续表 3

项　　　　　目	工业总产值(万元)	主营业务收入(万元)	利润总额(万元)	资产总计(万元)	出口交货值(万元)
甲	5	6	7	8	9
四、按国民经济行业大类分组					
采矿业	5154966	4866333	349983	6804298	236303
有色金属矿采选业	598592	595123	19231	111538	236303
非金属矿采选业	3996148	3713984	266880	6299680	
开采辅助活动	560226	557226	63872	393080	
制造业	327288242	320664331	24682913	142781092	13640221
农副食品加工业	27867308	27773934	1965770	11876978	909966
食品制造业	2183046	2154573	121209	1151057	508434
酒、饮料和精制茶制造业	4088147	4054166	195605	2986527	
纺织业	2764223	2678649	164724	1387341	616389
纺织服装、服饰业	5543031	5508664	433100	1692611	1116427
皮革、毛皮、羽毛及其制品和制鞋业	1714643	1650319	85578	676657	595472
木材加工和木、竹、藤、棕、草制品业	4322157	4244271	307930	1807310	868650
家具制造业	286137	281592	21528	207585	27294
造纸和纸制品业	1629465	1637873	106618	567073	30220
印刷和记录媒介复制业	707603	705668	49324	503977	
文教、工美、体育和娱乐用品制造业	2469628	2453755	237940	616256	284708
石油加工、炼焦和核燃料加工业	16091249	16110374	167840	3221393	
化学原料和化学制品制造业	59549367	58414830	3562678	27892905	3685410
医药制造业	27298321	25792170	4704306	20136787	164966
化学纤维制造业	2079940	2011994	5729	973168	13627
橡胶和塑料制品业	4211451	4197222	377064	1930912	139402
非金属矿物制品业	30897464	30323845	2462440	13532450	774836
黑色金属冶炼和压延加工业	43895101	43714045	2829130	10451616	145398
有色金属冶炼和压延加工业	18880603	18577793	1214157	4239889	574111
金属制品业	9401181	9338563	641233	3451329	21572
通用设备制造业	7574019	6402728	558278	7129799	230874
专用设备制造业	10667092	10080285	1032935	6972968	1139146
汽车制造业	2886205	2831083	336918	1021029	1899
铁路、船舶、航空航天和其他运输设备制造业	16317337	16114917	1188981	4635999	301730
电气机械和器材制造业	11752019	11445886	931432	9016239	240138
计算机、通信和其他电子设备制造业	9365319	9293327	662716	3613208	1057537
仪器仪表制造业	689863	673584	63558	309915	192015
其他制造业	252944	246464	16308	23069	
废弃资源综合利用业	1903379	1951757	237884	755045	
电力、热力、燃气及水生产和供应业	8894792	9114627	2286614	43188451	38
电力、热力生产和供应业	8254227	8441891	2197535	41775052	38
燃气生产和供应业	434380	465894	62476	260706	
水的生产和供应业	206185	206842	26603	1152693	
五、按企业控股情况分组					
国有控股	2560203.5	2438476.7	288899.9	6104336.5	42551.5
集体控股	1604781.8	1607884.5	14680.4	339657.1	1634
私人控股	21893587.4	21405848	1747879.3	7996108.6	623820.1
港澳台商控股	1679675.6	1685063.8	174703	1347497.9	63101.3
外商控股	5808357.6	5740664.8	437326.9	2880272.2	649463.5
其他	587194.1	586591.3	68461.5	609511.8	7085.8
六、按地区分组					
连云港市	34133800	33464529.1	2731951	19277384.1	1387656.2
市　区	13106204.1	12670293.1	1297950.1	12600774.8	724599.8
赣榆县	8160529.2	8100998.9	436299.2	2245284	342550.3
东海县	4816226.7	4764708.3	382970.9	1626745	178675.9
灌云县	3921079.7	3863631.5	304169.4	1131914.2	82275.7
灌南县	4129760.3	4064897.3	310561.4	1672666.1	59554.5

工业企业R&D人员情况

表12-3

(2012年)

指标	R&D人员合计(人)	#1.参加项目人员	2.管理和服务人员	#女性	#研究人员	#1.全时人员	2.非全时人员
甲	1	2	3	4	5	6	7
总计	**9256**	**8608**	**648**	**2570**	**2836**	**7146**	**2110**
一、按企业规模分组							
大型	3847	3620	227	1376	1092	3217	630
中型	2415	2269	146	559	651	1804	611
小型	2977	2703	274	633	1084	2109	868
微型	17	16	1	2	9	16	1
二、按隶属关系分组							
中央	454	420	34	55	253	207	247
省(自治区、直辖市)	607	551	56	238	176	526	81
地(区、市、州、盟)	1863	1757	106	770	638	1571	292
县(区、市、旗)	262	240	22	46	82	218	44
街道							
镇	102	98	4	38	14	70	32
乡	183	175	8	31	79	96	87
社区(居委会)							
村委会							
其他	5785	5367	418	1392	1594	4458	1327
三、按登记注册类型分组							
内资企业	6484	6011	473	1651	2207	4900	1584
国有企业	192	169	23	31	99	106	86
集体企业							
股份合作企业	83	80	3	12	41	58	25
联营企业							
国有联营企业							
集体联营企业							
国有与集体联营企业							
其他联营企业							
有限责任公司	2278	2136	142	731	765	1795	483
国有独资公司	60	53	7	15	18	49	11
其他有限责任公司	2218	2083	135	716	747	1746	472
股份有限公司	780	746	34	258	314	692	88
私营企业	3011	2747	264	589	971	2123	888
私营独资企业	410	377	33	60	164	286	124
私营合伙企业							
私营有限责任公司	2402	2189	213	486	737	1710	692
私营股份有限公司	199	181	18	43	70	127	72
其他企业	140	133	7	30	17	126	14
港、澳、台商投资企业	1311	1245	66	413	247	1135	176
与港澳台商合资经营企业	286	270	16	89	131	164	122
与港澳台商合作经营企业							
港澳台商独资经营企业	163	144	19	31	42	112	51
港澳台商投资股份有限公司	862	831	31	293	74	859	3
其他港澳台投资企业							
外商投资企业	1461	1352	109	506	382	1111	350
中外合资经营企业	525	490	35	142	133	360	165
中外合作经营企业							
外资企业	337	318	19	126	81	228	109
外商投资股份有限公司	599	544	55	238	168	523	76
其他外商投资企业							

表 12-3 续表 1　　　　(2012 年)

指　　标	R&D人员合计(人)	#1.参加项目人员	2.管理和服务人员	#女性	#研究人员	#1.全时人员	2.非全时人员
甲	1	2	3	4	5	6	7
四、按国民经济行业大类分组							
采矿业	93	76	17	13	32	70	23
有色金属矿采选业							
非金属矿采选业	75	60	15	7	28	54	21
开采辅助活动	18	16	2	6	4	16	2
制造业	8996	8372	624	2549	2643	7070	1926
农副食品加工业	117	107	10	16	45	70	47
食品制造业	40	37	3	14	15	31	9
酒、饮料和精制茶制造业	142	137	5	32	20	119	23
纺织业	102	91	11	24	24	69	33
纺织服装、服饰业	83	77	6	30	18	69	14
皮革、毛皮、羽毛及其制品和制鞋业	58	55	3	27	14	52	6
木材加工和木、竹、藤、棕、草制品业	115	107	8	17	29	79	36
家具制造业	8	7	1	3	2	5	3
造纸和纸制品业							
印刷和记录媒介复制业	5	4	1	1	1	4	1
文教、工美、体育和娱乐用品制造业	65	57	8	16	20	51	14
石油加工、炼焦和核燃料加工业	84	81	3	8	6	78	6
化学原料和化学制品制造业	1298	1180	118	239	503	912	386
医药制造业	2674	2509	165	1069	583	2523	151
化学纤维制造业	89	84	5	29	31	28	61
橡胶和塑料制品业	87	82	5	14	25	76	11
非金属矿物制品业	1016	941	75	237	359	631	385
黑色金属冶炼和压延加工业	93	83	10	37	21	89	4
有色金属冶炼和压延加工业	350	320	30	31	[illegible]	303	47
金属制品业	22	21	1	1	6	8	14
通用设备制造业	218	205	13	37	43	184	34
专用设备制造业	1039	979	60	341	355	731	308
汽车制造业	99	91	8	12	45	65	34
铁路、船舶、航空航天和其他运输设备制造业	105	90	15	7	45	84	21
电气机械和器材制造业	493	463	30	109	153	332	161
计算机、通信和其他电子设备制造业	376	360	16	111	165	282	94
仪器仪表制造业	218	204	14	87	69	195	23
其他制造业							
废弃资源综合利用业							
电力、热力、燃气及水生产和供应业	167	160	7	8	161	6	161
电力、热力生产和供应业	167	160	7	8	161	6	161
燃气生产和供应业							
水的生产和供应业							
五、按企业控股情况分组							
国有控股	939	876	63	143	507	605	334
集体控股	91	87	4	9	10	85	6
私人控股	5268	4865	403	1457	1660	4037	1231
港澳台商控股	1222	1162	60	356	220	1069	153
外商控股	1288	1193	95	468	334	979	309
其他	448	425	23	137	105	371	77
六、按地区分组							
连云港市	9256	8608	648	2570	2836	7146	2110
市　区	5874	5517	357	1897	1648	4665	1209
赣榆县	865	803	62	168	270	642	223
东海县	1149	1050	99	230	394	699	450
灌云县	561	500	61	109	264	452	109
灌南县	807	738	69	166	260	688	119

表 12-3 续表 2　　　　(2012 年)

指　　标	R&D人员折合全时当量合计(人年)	#研究人员	#1.基础研究人员	2.应用研究人员	3.试验发展人员
甲	8	9	10	11	12
总　计	**7616.4**	**2250.7**		**114.8**	**7501.6**
一、按企业规模分组					
大型	3319.3	867.1		10.3	3309
中型	1987.3	523.7		40	1947.3
小型	2297.8	852.4		64.5	2233.3
微型	12	7.5			12
二、按隶属关系分组					
中央	218.1	85.5		7.6	210.5
省(自治区、直辖市)	603.6	172			603.6
地(区、市、州、盟)	1650.4	548.5		5	1645.4
县(区、市、旗)	221.7	68.5		2.7	219
街道					
镇	89.1	11.7			89.1
乡	149	63.8			149
社区(居委会)					
村委会					
其他	4684.6	1300.7		99.5	4585.1
三、按登记注册类型分组					
内资企业	5244.2	1711.5		90	5154.2
国有企业	116.3	55.6			116.3
集体企业					
股份合作企业	83.5	41.1			83.5
联营企业					
国有联营企业					
集体联营企业					
国有与集体联营企业					
其他联营企业					
有限责任公司	1822.8	519.7		70	1752.8
国有独资公司	33	9			33
其他有限责任公司	1789.9	510.7		70	1719.9
股份有限公司	737.1	305.4		5.4	731.7
私营企业	2389.7	778.3		14.6	2375.1
私营独资企业	287.7	117.8			287.7
私营合伙企业					
私营有限责任公司	1964.1	612.1		13.6	1950.5
私营股份有限公司	137.8	48.4		1	136.8
其他企业	94.7	11.4			94.7
港、澳、台商投资企业	1065.1	197.6		16.8	1048.3
与港澳台商合资经营企业	238.9	109.4			238.9
与港澳台商合作经营企业					
港澳台商独资经营企业	114.8	26.7			114.8
港澳台商投资股份有限公司	711.3	61.6		16.8	694.5
其他港澳台投资企业					
外商投资企业	1307.2	341.5		8	1299.2
中外合资经营企业	431.5	104.4		8	423.5
中外合作经营企业					
外资企业	276.3	69.3			276.3
外商投资股份有限公司	599.4	167.8			599.4
其他外商投资企业					
四、按国民经济行业大类分组					
采矿业	50.2	16.4			50.2
有色金属矿采选业					
非金属矿采选业	36.1	12.8			36.1
开采辅助活动	14	3.5			14

表 12-3 续表 3　　(2012 年)

指　　标	R&D人员折合全时当量合计(人年)	#研究人员	#1.基础研究人员	2.应用研究人员	3.试验发展人员
甲	8	9	10	11	12
制造业	7522.9	2192.5		107.2	7415.7
农副食品加工业	76.8	30			76.8
食品制造业	35.6	14.3			35.6
酒、饮料和精制茶制造业	96.7	14.2			96.7
纺织业	68.2	20		9.8	58.4
纺织服装、服饰业	47.5	10.8			47.5
皮革、毛皮、羽毛及其制品和制鞋业	49.4	12.5			49.4
木材加工和木、竹、藤、棕、草制品业	53.5	14.5			53.5
家具制造业	4.1	1.2			4.1
造纸和纸制品业					
印刷和记录媒介复制业	3.5	0.9			3.5
文教、工美、体育和娱乐用品制造业	57.4	18.3		3.8	53.6
石油加工、炼焦和核燃料加工业	70.6	5.2			70.6
化学原料和化学制品制造业	993.7	370.2		24.4	969.3
医药制造业	2452.4	551.1		40	2412.4
化学纤维制造业	55.9	19			55.9
橡胶和塑料制品业	84.7	25.1			84.7
非金属矿物制品业	828.3	301.9		5.4	822.9
黑色金属冶炼和压延加工业	86.8	18.1			86.8
有色金属冶炼和压延加工业	335.9	44.6		1	334.9
金属制品业	5.7	3.2			5.7
通用设备制造业	185.4	36.8		7.1	178.3
专用设备制造业	863.2	287			863.2
汽车制造业	76	33.1			76
铁路、船舶、航空航天和其他运输设备制造业	72.2	34.7			72.2
电气机械和器材制造业	413.5	136.9		10.7	402.8
计算机、通信和其他电子设备制造业	300.5	123.5		5	295.5
仪器仪表制造业	205.4	65.1			205.4
其他制造业					
废弃资源综合利用业					
电力、热力、燃气及水生产和供应业	43.3	41.8		7.6	35.7
电力、热力生产和供应业	43.3	41.8		7.6	35.7
燃气生产和供应业					
水的生产和供应业					
五、按企业控股情况分组					
国有控股	574.2	263.5		15.3	558.9
集体控股	77.7	9.1		7.1	70.6
私人控股	4387	1401.4		27.6	4359.4
港澳台商控股	983.9	173.2		24.8	959.1
外商控股	1168.7	302.4			1168.7
其他	425	101.1		40	385
六、按地区分组					
连云港市	7616.4	2250.7		114.8	7501.6
市　区	4992.1	1311.4		76.5	4915.7
赣榆县	709.2	232.5		3.7	705.5
东海县	878.5	314.5		27	851.5
灌云县	392	185.7		7.6	384.4
灌南县	644.5	206.5			644.5

工业企业R&D经费情况

表12-4 (2012年)

指标	R&D经费内部支出合计	(一)按活动类型分组 #1.基础研究支出	2.应用研究支出	3.试验发展支出	(二)按支出用途分组 1.经常费支出	#人员劳务费
甲	1	2	3	4	5	6
总计	**211717.7**		**2418.9**	**209298.8**	**184597.1**	**62361.2**
一、按企业规模分组						
大型	103637.2		356.2	103281	93629.8	32082.2
中型	41791.9		861.3	40930.6	36153.1	12442
小型	65644.3		1201.4	64442.9	54329.2	17744.5
微型	644.3			644.3	485	92.5
二、按隶属关系分组						
中央	6509.8		25.4	6484.4	5839.3	1488.8
省(自治区、直辖市)	15920.3		0	15920.3	13683.7	5925.2
地(区、市、州、盟)	58162.1		110.4	58051.7	53689.6	18996.8
县(区、市、旗)	5326.4		330.8	4995.6	4858.5	1350.4
街道						
镇	734.3			734.3	707.9	98.6
乡	3461.8			3461.8	3208.5	1863.8
社区(居委会)						
村委会						
其他	121603		1952.3	119650.7	102609.6	32637.6
三、按登记注册类型分组						
内资企业	156811		2077.8	154733.2	134783.9	43793
国有企业	2518.2			2518.2	2295.1	1025.8
集体企业						
股份合作企业	311.9			311.9	311.9	128.2
联营企业						
国有联营企业						
集体联营企业						
国有与集体联营企业						
其他联营企业						
有限责任公司	41384.9		1651.6	39733.3	36588.1	12291.1
国有独资公司	2760.9			2760.9	2383.6	567.8
其他有限责任公司	38624		1651.6	36972.4	34204.5	11723.3
股份有限公司	42680.7		213.7	42467	38150.3	12274.7
私营企业	68501.2		212.5	68288.7	56241.8	17507.1
私营独资企业	9849.3			9849.3	8081.8	2860.5
私营合伙企业						
私营有限责任公司	53669.1		200.4	53468.7	44626.2	13657.4
私营股份有限公司	4982.8		12.1	4970.7	3533.8	989.2
其他企业	1414.1			1414.1	1196.7	566.1
港、澳、台商投资企业	21104.7		119.1	20985.6	19733.8	6401.5
与港澳台商合资经营企业	4876.2			4876.2	4651.6	2147.2
与港澳台商合作经营企业						
港澳台商独资经营企业	3309.5			3309.5	2936.7	1080.9
港澳台商投资股份有限公司	12919		119.1	12799.9	12145.5	3173.4
其他港澳台投资企业						
外商投资企业	33802		222	33580	30079.4	12166.7
中外合资经营企业	9579.8		222	9357.8	8446.2	2819.1
中外合作经营企业						
外资企业	8332.9			8332.9	7980.5	3437.4
外商投资股份有限公司	15889.3			15889.3	13652.7	5910.2
其他外商投资企业						

表 12–4 续表 1　　　　　　　　　　　　　　(2012 年)

指　　标	R&D经费内部支出合计	(一)按活动类型分组			(二)按支出用途分组	
		#1. 基础研究支出	2. 应用研究支出	3.试验发展支出	1.经常费支出	#人员劳务费
甲	1	2	3	4	5	6
四、按国民经济行业大类分组						
采矿业	3469.2			3469.2	3149.2	890.8
有色金属矿采选业						
非金属矿采选业	2606.4			2606.4	2286.4	658.8
开采辅助活动	862.8			862.8	862.8	232
制造业	207837		2393.5	205443.5	181041.8	61346.2
农副食品加工业	3628.7			3628.7	3108.7	738.1
食品制造业	766.5			766.5	691.5	232.9
酒、饮料和精制茶制造业	2726.4			2726.4	2036.7	639.6
纺织业	1715.1		142.7	1572.4	1384.4	477.3
纺织服装、服饰业	810.3			810.3	738.2	267.9
皮革、毛皮、羽毛及其制品和制鞋业	456.6			456.6	371	220.8
木材加工和木、竹、藤、棕、草制品业	3838.4			3838.4	2612.4	717.9
家具制造业	475.1			475.1	432	68.4
造纸和纸制品业						
印刷和记录媒介复制业	154.6			154.6	56.6	35.5
文教、工美、体育和娱乐用品制造业	2005.4		57.7	1947.7	1581.8	392.4
石油加工、炼焦和核燃料加工业	1649.6			1649.6	1055.7	840
化学原料和化学制品制造业	25537.8		270.3	25267.5	22449.5	6416
医药制造业	76717.3		861.3	75856	70714.6	23624.7
化学纤维制造业	1007			1007	972.7	325.7
橡胶和塑料制品业	1256.7			1256.7	1122.3	439.3
非金属矿物制品业	21714.2		213.7	21500.5	17715.9	7418.7
黑色金属冶炼和压延加工业	1844.3			1844.3	1509.8	771.1
有色金属冶炼和压延加工业	4336		12.1	4323.9	3821.1	1715.9
金属制品业	360.1			360.1	360.1	54.1
通用设备制造业	6143.3		172.5	5970.8	5414.8	991.2
专用设备制造业	18201.5			18201.5	15905.2	5283.3
汽车制造业	2110.4			2110.4	1704.4	853.1
铁路、船舶、航空航天和其他运输设备制造业	1708.3			1708.3	1518.1	454.1
电气机械和器材制造业	15919.8		552.8	15367	12538.9	3259.3
计算机、通信和其他电子设备制造业	9905.1		110.4	9794.7	9216.7	4371.2
仪器仪表制造业	2848.5			2848.5	2008.7	737.7
其他制造业						
废弃资源综合利用业						
电力、热力、燃气及水生产和供应业	411.5		25.4	386.1	406.1	124.2
电力、热力生产和供应业	411.5		25.4	386.1	406.1	124.2
燃气生产和供应业						
水的生产和供应业						
五、按企业控股情况分组						
国有控股	15929.4		466.6	15462.8	14029	4474.2
集体控股	1822.1		172.5	1649.6	1225.7	893.5
私人控股	131347.1		577.4	130769.7	113722.4	37597
港澳台商控股	19623.2		341.1	19282.1	18257.9	6147.1
外商控股	30842			30842	27623.5	11113.3
其他	12153.9		861.3	11292.6	9738.6	2136.1
六、按地区分组						
连云港市	211717.7		2418.9	209298.8	184597.1	62361.2
市　区	133231.3		1288.7	131942.6	118493.1	39457
赣榆县	26585		342.9	26242.1	22016.3	6169.8
东海县	24850.3		636.1	24214.2	20291.2	10071.6
灌云县	12490.5		151.2	12339.3	11322.1	3248.9
灌南县	14560.6			14560.6	12474.4	3413.9

表 12-4 续表 2　　　　　　　　　　　　(2012 年)

指　　标	(二)按支出用途分组			(三)按资金来源分组			
	2.资产性支出	#①土建工程	②仪器设备	1.政府资金	2.企业资金	3.境外资金	4.其他资金
甲	7	8	9	10	11	12	13
总　计	**27120.6**	**1482.2**	**25638.7**	**9061.3**	**200595.2**	**442.8**	**1618.4**
一、按企业规模分组							
大型	10007.4	861	9146.6	4936.6	97639.8		1060.8
中型	5638.8	150.7	5488.1	1349	40381.5		61.4
小型	11315.1	462.7	10852.5	2775.7	61929.6	442.8	496.2
微型	159.3	7.8	151.5		644.3		
二、按隶属关系分组							
中央	670.5	10.1	660.5	593.3	5506.1		410.4
省(自治区、直辖市)	2236.6	75.5	2161.1	6	15914.3		
地(区、市、州、盟)	4472.5	534.1	3938.4	2863.5	54939.4		359.2
县(区、市、旗)	467.9	4.9	463	23.4	5303		
街道							
镇	26.4	0.4	26		734.3		
乡	253.3	2.9	250.4	279	3182.8		
社区(居委会)							
村委会							
其他	18993.4	854.3	18139.3	5296.1	115015.3	442.8	848.8
三、按登记注册类型分组							
内资企业	22027.1	1108.5	20918.9	6992.3	148250.3	442.8	1125.6
国有企业	223.1	5.9	217.2	23.6	2494.6		
集体企业							
股份合作企业				1.9	310		
联营企业							
国有联营企业							
集体联营企业							
国有与集体联营企业							
其他联营企业							
有限责任公司	4796.8	250.7	4546.4	2453.3	38162		769.6
国有独资公司	377.3	20	357.3	450	2310.9		
其他有限责任公司	4419.5	230.7	4189.1	2003.3	35851.1		769.6
股份有限公司	4530.4	360.8	4169.5	1762.8	40917.9		
私营企业	12259.4	466.7	11792.8	2686	65016.4	442.8	356
私营独资企业	1767.5	72.3	1695.2	280.5	9568.8		
私营合伙企业							
私营有限责任公司	9042.9	361.2	8681.8	2238.6	50631.7	442.8	356
私营股份有限公司	1449	33.2	1415.8	166.9	4815.9		
其他企业	217.4	24.4	193	64.7	1349.4		
港、澳、台商投资企业	1370.9	206.8	1164.1	1859.8	19244.9		
与港澳台商合资经营企业	224.6	8	216.7	310.6	4565.6		
与港澳台商合作经营企业							
港澳台商独资经营企业	372.8	1.8	370.9	512.6	2796.9		
港澳台商投资股份有限公司	773.5	197	576.5	1036.6	11882.4		
其他港澳台投资企业							
外商投资企业	3722.6	166.9	3555.7	209.2	33100		492.8
中外合资经营企业	1133.6	43.7	1089.9	151.2	9428.6		
中外合作经营企业							
外资企业	352.4	47.7	304.7	58	7782.1		492.8
外商投资股份有限公司	2236.6	75.5	2161.1		15889.3		
其他外商投资企业							

表 12-4 续表 3

(2012 年)

指标	(二)按支出用途分组			(三)按资金来源分组			
	2.资产性支出	#①土建工程	②仪器设备	1.政府资金	2.企业资金	3.境外资金	4.其他资金
甲	7	8	9	10	11	12	13
四、按国民经济行业大类分组							
采矿业	320	20	300	300	2737.8		431.4
有色金属矿采选业							
非金属矿采选业	320	20	300	300	2306.4		
开采辅助活动					431.4		431.4
制造业	26795.2	1461.8	25333.6	8730.2	197477	442.8	1187
农副食品加工业	520	11.2	508.8	84.2	3544.5		
食品制造业	75	0.2	74.8	66	700.5		
酒、饮料和精制茶制造业	689.7	18.7	671	4.7	2721.7		
纺织业	330.7	10	320.7		1566	149.1	
纺织服装、服饰业	72.1	6.3	65.8		748.9		61.4
皮革、毛皮、羽毛及其制品和制鞋业	85.6		85.6		456.6		
木材加工和木、竹、藤、棕、草制品业	1226	32.7	1193.5	90.8	3747.6		
家具制造业	43.1		43.1		475.1		
造纸和纸制品业							
印刷和记录媒介复制业	98	8.1	89.9		154.6		
文教、工美、体育和娱乐用品制造业	423.6	8.6	415	20	1985.4		
石油加工、炼焦和核燃料加工业	593.9	22.9	571		1649.6		
化学原料和化学制品制造业	3088.3	63.2	3024.7	516.8	25021		
医药制造业	6002.7	782.2	5220.6	3442.8	73146.7		127.8
化学纤维制造业	34.3	3	31.3	61.2	945.8		
橡胶和塑料制品业	134.4	1.8	132.6	1	1255.7		
非金属矿物制品业	3998.3	202.9	3795.5	2306.1	19343.3		64.8
黑色金属冶炼和压延加工业	334.5	2.2	332.4		1553.1		291.2
有色金属冶炼和压延加工业	514.9	0.2	514.7	10	4326		
金属制品业				10	350.1		
通用设备制造业	728.5	13.6	715	636.4	5096.5		410.4
专用设备制造业	2296.3	63.6	2232.9	824.2	17145.9		231.4
汽车制造业	406	2	404	97.3	2013.1		
铁路、船舶、航空航天和其他运输设备制造业	190.2	1.2	188.9	18.6	1689.7		
电气机械和器材制造业	3380.9	143.2	3237.6	413.2	15506.6		
计算机、通信和其他电子设备制造业	688.4	41.3	647.2	50	9855.1		
仪器仪表制造业	839.8	22.7	817	76.9	2477.9	293.7	
其他制造业							
废弃资源综合利用业							
电力、热力、燃气及水生产和供应业	5.4	0.4	5.1	31.1	380.4		
电力、热力生产和供应业	5.4	0.4	5.1	31.1	380.4		
燃气生产和供应业							
水的生产和供应业							
五、按企业控股情况分组							
国有控股	1900.4	52.6	1848	1148.6	14370.4		410.4
集体控股	596.4	22.9	573.5		1822.1		
私人控股	17624.7	1013.6	16611.4	5722.2	124466.9	442.8	715.2
港澳台商控股	1365.3	219.8	1145.4	1796.4	17826.8		
外商控股	3218.5	130.6	3087.8	155	30194.2		492.8
其他	2415.3	42.7	2372.6	239.1	11914.8		
六、按地区分组							
连云港市	27120.6	1482.2	25638.7	9061.3	200595.2	442.8	1618.4
市　区	14738.2	1040.5	13698.1	5676.1	125850	442.8	1262.4
赣榆县	4568.7	118.3	4450.6	428.9	26156.1		
东海县	4559.1	290	4269.2	2698.1	22087.4		64.8
灌云县	1168.4	13.6	1154.8	91	12399.5		
灌南县	2086.2	19.8	2066	167.2	14102.2		291.2

表 12-4 续表 4　　　　(2012 年)

指　　标	R&D经费外部支出	对境内研究机构支出	对境内高等学校支出	对境外支出
甲	14	15	16	17
总　计	**14524.4**	**8860.6**	**2265.7**	**1862.2**
一、按企业规模分组				
大型	10817.9	6666.3	1103.8	1585.8
中型	1446.1	1149.7	264	
小型	2257.2	1041.4	897.9	276.4
微型	3.2	3.2		
二、按隶属关系分组				
中央	990.7	416.1	18.4	462.3
省(自治区、直辖市)	3437.7	1746.8	279.4	43.4
地(区、市、州、盟)	5846.2	4169.4	888.2	757.7
县(区、市、旗)	0.1			
街道				
镇	10	10		
乡	7.2	7.2		
社区(居委会)				
村委会				
其他	4232.5	2511.1	1079.7	598.8
三、按登记注册类型分组				
内资企业	10138.1	6716.2	1775.5	1496.4
国有企业	116.8	116.8		
集体企业				
股份合作企业				
联营企业				
国有联营企业				
集体联营企业				
国有与集体联营企业				
其他联营企业				
有限责任公司	4925.6	2823.8	774.7	1220
国有独资公司	500	500		
其他有限责任公司	4425.6	2323.8	774.7	1220
股份有限公司	2515	2402.5	112.5	
私营企业	2508.9	1309	880.5	276.4
私营独资企业	685.6	224.4	268.6	151.1
私营合伙企业				
私营有限责任公司	1644.4	1014.7	504.4	125.3
私营股份有限公司	178.9	69.9	107.5	
其他企业	71.8	64.1	7.8	
港、澳、台商投资企业	315.2	296.4	18.8	
与港澳台商合资经营企业	89.2	89.2		
与港澳台商合作经营企业				
港澳台商独资经营企业	17	3.2	13.8	
港澳台商投资股份有限公司	209	204	5	
其他港澳台投资企业				
外商投资企业	4071.1	1848	471.4	365.8
中外合资经营企业	309	101.2	190	
中外合作经营企业				
外资企业	324.4		2	322.4
外商投资股份有限公司	3437.7	1746.8	279.4	43.4
其他外商投资企业				

表 12-4 续表 5 (2012 年)

指标	R&D经费外部支出	对境内研究机构支出	对境内高等学校支出	对境外支出
甲	14	15	16	17
四、按国民经济行业大类分组				
采矿业	500	500		
有色金属矿采选业				
非金属矿采选业	500	500		
开采辅助活动				
制造业	13420.9	8061.3	2257.4	1652.2
农副食品加工业	116	94.8	21.2	
食品制造业	48	48		
酒、饮料和精制茶制造业	72.4	64.7	7.8	
纺织业	2.4	2.4		
纺织服装、服饰业	3.2	3.2		
皮革、毛皮、羽毛及其制品和制鞋业				
木材加工和木、竹、藤、棕、草制品业	38.9	25.2	13.7	
家具制造业				
造纸和纸制品业				
印刷和记录媒介复制业				
文教、工美、体育和娱乐用品制造业	40	20	10	10
石油加工、炼焦和核燃料加工业	530	530		
化学原料和化学制品制造业	718.8	450.8	268	
医药制造业	8696	5681.9	844.9	801.1
化学纤维制造业	19.8		2	
橡胶和塑料制品业	5.7		5.7	
非金属矿物制品业	688.3	295	358	35.3
黑色金属冶炼和压延加工业	1.5			
有色金属冶炼和压延加工业	98.2	69.9	28.3	
金属制品业				
通用设备制造业	288.5	15.8	12.4	252.3
专用设备制造业	648	289.5	271.3	87.2
汽车制造业	263.8		119.9	143.9
铁路、船舶、航空航天和其他运输设备制造业				
电气机械和器材制造业	439.8	266.1	132.1	
计算机、通信和其他电子设备制造业	526.4	204		322.4
仪器仪表制造业	175.2		162.1	
其他制造业				
废弃资源综合利用业				
电力、热力、燃气及水生产和供应业	603.5	299.3	8.3	210
电力、热力生产和供应业	603.5	299.3	8.3	210
燃气生产和供应业				
水的生产和供应业				
五、按企业控股情况分组				
国有控股	1543.2	916.1	70.8	462.3
集体控股	530	530		
私人控股	7915.5	5233.2	1592.2	1034.1
港澳台商控股	226	207.2	18.8	
外商控股	3977.1	1754	471.4	365.8
其他	332.6	220.1	112.5	
六、按地区分组				
连云港市	14524.4	8860.6	2265.7	1862.2
市 区	11898	7356.1	1463.2	1585.8
赣榆县	1210.2	822.4	290.5	97.2
东海县	1035.6	455	359.9	179.2
灌云县	88	63	23.5	
灌南县	292.6	164.1	128.6	

工业企业全部R&D项目情况

表12-5

(2012年)

	项目数(项)	参加项目人员(人)	项目人员折合全时当量(人年)	全部项目经费内部支出(万元)
甲	1	2	3	4
总　计	**1035**	**8608**	**7130**	**201927**
一、按企业规模分组				
大型	348	3620	3127	99824.1
中型	277	2269	1873	39503.6
小型	406	2703	2119	61966.9
微型	4	16	11	632.4
二、按隶属关系分组				
中央	64	420	204	6364.3
省(自治区、直辖市)	73	551	548	15302
地(区、市、州、盟)	226	1757	1556	55900.6
县(区、市、旗)	35	240	204	5261.8
街道				
镇	3	98	86	719.5
乡	12	175	142	3407.9
社区(居委会)				
村委会				
其他	622	5367	4390	114970.9
三、按登记注册类型分组				
内资企业	799	6011	4900	150063.9
国有企业	25	169	105	2357
集体企业				
股份合作企业	2	80	80	310
联营企业				
国有联营企业				
集体联营企业				
国有与集体联营企业				
其他联营企业				
有限责任公司	317	2136	1710	38843.2
国有独资公司	9	53	30	2170.9
其他有限责任公司	308	2083	1680	36672.3
股份有限公司	57	746	706	42016.8
私营企业	389	2747	2208	65217
私营独资企业	58	377	266	9552.7
私营合伙企业				
私营有限责任公司	281	2189	1816	50866
私营股份有限公司	50	181	126	4798.3
其他企业	9	133	91	1319.9
港、澳、台商投资企业	70	1245	1017	20078.4
与港澳台商合资经营企业	22	270	226	4743.2
与港澳台商合作经营企业				
港澳台商独资经营企业	19	144	105	2909.8
港澳台商投资股份有限公司	29	831	686	12425.4
其他港澳台投资企业				
外商投资企业	166	1352	1213	31784.7
中外合资经营企业	63	490	404	9455.4
中外合作经营企业				
外资企业	32	318	265	7052.3
外商投资股份有限公司	71	544	544	15277
其他外商投资企业				

表 12-5 续表 1　　(2012 年)

	项目数(项)	参加项目人员(人)	项目人员折合全时当量(人年)	全部项目经费内部支出(万元)
	1	2	3	4
四、按国民经济行业大类分组				
采矿业	11	76	43	2023.7
有色金属矿采选业				
非金属矿采选业	10	60	30	1749.7
开采辅助活动	1	16	13	274
制造业	999	8372	7045	199503.4
农副食品加工业	28	107	74	3300.8
食品制造业	4	37	33	696.1
酒、饮料和精制茶制造业	9	137	95	2476.9
纺织业	9	91	61	1610.9
纺织服装、服饰业	10	77	44	680.6
皮革、毛皮、羽毛及其制品和制鞋业	2	55	47	409.8
木材加工和木、竹、藤、棕、草制品业	30	107	50	3059.5
家具制造业	2	7	4	475.1
造纸和纸制品业				
印刷和记录媒介复制业	1	4	3	146.5
文教、工美、体育和娱乐用品制造业	14	57	51	1942.5
石油加工、炼焦和核燃料加工业	8	81	68	1626
化学原料和化学制品制造业	159	1180	914	24824.3
医药制造业	238	2509	2298	74730.3
化学纤维制造业	10	84	53	908
橡胶和塑料制品业	12	82	81	1247.9
非金属矿物制品业	97	941	777	21377.2
黑色金属冶炼和压延加工业	5	83	78	1840
有色金属冶炼和压延加工业	39	320	308	4318.7
金属制品业	2	21	4	345
通用设备制造业	28	205	176	6032.9
专用设备制造业	132	979	818	16509.6
汽车制造业	14	91	70	2040.4
铁路、船舶、航空航天和其他运输设备制造业	14	90	63	1626.8
电气机械和器材制造业	48	463	393	15289.1
计算机、通信和其他电子设备制造业	39	360	290	9212.5
仪器仪表制造业	45	204	192	2776
其他制造业				
废弃资源综合利用业				
电力、热力、燃气及水生产和供应业	25	160	42	399.9
电力、热力生产和供应业	25	160	42	399.9
燃气生产和供应业				
水的生产和供应业				
五、按企业控股情况分组				
国有控股	112	876	542	14955.6
集体控股	10	87	74	1796
私人控股	659	4865	4083	125700.2
港澳台商控股	65	1162	941	18705.7
外商控股	143	1193	1086	28886.7
其他	46	425	404	11882.8
六、按地区分组				
连云港市	1035	8608	7130	201927
市　区	599	5517	4702	12593.5
赣榆县	145	803	662	25965.6
东海县	138	1050	817	24412.8
灌云县	65	500	353	11402.3
灌南县	88	738	596	14211.3

工业企业办科技机构情况

表 12-6

(2012 年)

	机构数	机构人员合计（人）	#博士毕业	硕士毕业	本科毕业
甲	1	2	3	4	5
总　　计	**363**	**11337**	**398**	**1607**	**5878**
一、按企业规模分组					
大型	38	5135	199	1004	2478
中型	111	3195	73	252	1719
小型	211	2991	124	347	1673
微型	3	16	2	4	8
二、按隶属关系分组					
中央	15	485	5	51	398
省(自治区、直辖市)	3	439	15	132	240
地(区、市、州、盟)	29	2916	152	575	1058
县(区、市、旗)	15	295	4	36	158
街道					
镇	1	9		3	6
乡	6	182	4	14	100
社区(居委会)					
村委会					
其他	294	7011	218	796	3918
三、按登记注册类型分组					
内资企业	286	7703	293	1046	3768
国有企业	4	104		8	80
集体企业					
股份合作企业	2	92		6	45
联营企业					
国有联营企业					
集体联营企业					
国有与集体联营企业					
其他联营企业					
有限责任公司	58	2814	80	287	1271
国有独资公司	6	62	7	19	31
其他有限责任公司	52	2752	73	268	1240
股份有限公司	12	1329	94	393	629
私营企业	202	3195	115	335	1680
私营独资企业	29	351	8	54	200
私营合伙企业	1	12			3
私营有限责任公司	160	2592	90	255	1347
私营股份有限公司	12	240	17	26	130
其他企业	8	169	4	17	63
港、澳、台商投资企业	27	1740	54	239	1134
与港澳台商合资经营企业	12	411	7	33	222
与港澳台商合作经营企业					
港澳台商独资经营企业	11	192	13	27	119
港澳台商投资股份有限公司	4	1137	34	179	793
其他港澳台投资企业					
外商投资企业	50	1894	51	322	976
中外合资经营企业	29	875	29	91	417
中外合作经营企业					
外资企业	19	497	7	98	255
外商投资股份有限公司	2	522	15	133	304
其他外商投资企业					

表 12-6 续表 1 (2012 年)

	机构数	机构人员合计（人）	#博士毕业	硕士毕业	本科毕业
甲	1	2	3	4	5
四、按国民经济行业大类分组					
采矿业	7	81	6	15	37
有色金属矿采选业					
非金属矿采选业	6	66	6	14	24
开采辅助活动	1	15		1	13
制造业	349	11124	390	1567	5744
农副食品加工业	18	292	18	45	201
食品制造业	4	33		5	25
酒、饮料和精制茶制造业	9	217	6	18	56
纺织业	12	101	2	8	64
纺织服装、服饰业	13	119	1	4	74
皮革、毛皮、羽毛及其制品和制鞋业	3	167		10	120
木材加工和木、竹、藤、棕、草制品业	9	199	3	12	109
家具制造业					
造纸和纸制品业					
印刷和记录媒介复制业	1	5			4
文教、工美、体育和娱乐用品制造业	8	79		10	44
石油加工、炼焦和核燃料加工业	1	87		6	58
化学原料和化学制品制造业	63	1267	51	138	653
医药制造业	24	3386	187	838	1917
化学纤维制造业	4	122	4	3	47
橡胶和塑料制品业	5	100	2	5	49
非金属矿物制品业	60	978	37	132	519
黑色金属冶炼和压延加工业	9	325	3	18	103
有色金属冶炼和压延加工业	6	147	8	9	60
金属制品业	5	69	1	3	38
通用设备制造业	17	511	10	37	359
专用设备制造业	23	1459	22	73	410
汽车制造业	7	122	5	22	82
铁路、船舶、航空航天和其他运输设备制造业	11	153	1	15	102
电气机械和器材制造业	20	540	15	41	297
计算机、通信和其他电子设备制造业	9	378	4	104	225
仪器仪表制造业	7	252	10	9	121
其他制造业					
废弃资源综合利用业	1	16		2	7
电力、热力、燃气及水生产和供应业	7	132	2	25	97
电力、热力生产和供应业	6	107	1	24	81
燃气生产和供应业					
水的生产和供应业	1	25	1	1	16
五、按企业控股情况分组					
国有控股	32	903	18	102	637
集体控股	2	102	0	7	70
私人控股	255	6667	282	937	3012
港澳台商控股	24	1539	56	226	1045
外商控股	42	1667	37	313	883
其他	8	459	5	22	231
六、按地区分组					
连云港市	363	11337	398	1607	5878
市　区	244	7544	254	1189	3883
赣榆县	66	1363	58	123	619
东海县	96	1252	61	184	710
灌云县	27	408	2	17	294
灌南县	52	770	23	94	372

表 12-6 续表 2

(2012 年)

	机构经费支出（万元）	仪器和设备原价（万元）	进口	境外机构数（个）
甲	6	7	8	9
总　计	**292375.6**	**200868.1**	**25702.1**	**4**
一、按企业规模分组				
大型	151348.6	70941	4584.3	4
中型	68106.5	74873.5	10839.7	
小型	72302.7	54844.4	10278.1	
微型	617.8	209.2		
二、按隶属关系分组				
中央	14915.7	7486		1
省(自治区、直辖市)	22596.7	17870.8	1893.2	1
地(区、市、州、盟)	87120.7	42116.6	2243.4	2
县(区、市、旗)	6572.6	3818.6	324.9	
街道				
镇	105.3	55.7		
乡	3707.7	4009.8	1329	
社区(居委会)				
村委会				
其他	157356.9	125510.6	19911.6	
三、按登记注册类型分组				
内资企业	209067.8	139380.5	18436.6	3
国有企业	1570.8	1441.9		
集体企业				
股份合作企业	2174.5	2734	68	
联营企业				
国有联营企业				
集体联营企业				
国有与集体联营企业				
其他联营企业				
有限责任公司	59214.9	49823.4	3255.1	2
国有独资公司	1240.9	3181.2	1196.5	
其他有限责任公司	57974	46642.2	2058.6	2
股份有限公司	62073.4	26270.1	7566.9	1
私营企业	82214.1	57751.9	7546.6	
私营独资企业	9294.7	5223.9	1189.7	
私营合伙企业	507.9	338.5		
私营有限责任公司	65809.5	48978	6356.9	
私营股份有限公司	6602	3211.5		
其他企业	1820.1	1359.2		
港、澳、台商投资企业	32821.4	19277.8	3808.5	
与港澳台商合资经营企业	6481.9	10709.9	2271.8	
与港澳台商合作经营企业				
港澳台商独资经营企业	2859.4	3481.3	1256	
港澳台商投资股份有限公司	23480.1	5086.6	280.7	
其他港澳台投资企业				
外商投资企业	50486.4	42209.8	3457	1
中外合资经营企业	17992.9	14340.9	1563.8	
中外合作经营企业				
外资企业	9076.8	9915.1		
外商投资股份有限公司	23416.7	17953.8	1893.2	1
其他外商投资企业				
四、按国民经济行业大类分组				
采矿业	1179.5	1155.5	60	
有色金属矿采选业				
非金属矿采选业	741.7	1057.5	60	

表 12-6 续表 3　　　　(2012 年)

	机构经费支出(万元)	仪器和设备原价(万元)		境外机构数(个)
			进口	
甲	6	7	8	9
开采辅助活动	437.8	98		
制造业	289782.8	197254.4	25459.4	4
农副食品加工业	5304.3	4038.4	484	
食品制造业	599.9	83.2		
酒、饮料和精制茶制造业	3045.6	1980.6	91.5	
纺织业	2160.6	1205.2		
纺织服装、服饰业	1008.4	781		
皮革、毛皮、羽毛及其制品和制鞋业	1294.6	1064		
木材加工和木、竹、藤、棕、草制品业	4536.3	2688.1		
家具制造业				
造纸和纸制品业				
印刷和记录媒介复制业	227.5	116.7		
文教、工美、体育和娱乐用品制造业	2042.4	2124.4	65.8	
石油加工、炼焦和核燃料加工业	1620	2560	450	
化学原料和化学制品制造业	30904.3	23928	743.2	
医药制造业	118316.4	48376	3919.1	3
化学纤维制造业	1658.7	1241.6	50	
橡胶和塑料制品业	1947.8	2336.5	894.5	
非金属矿物制品业	29228.8	30221	8189	
黑色金属冶炼和压延加工业	5040.9	2489.9		
有色金属冶炼和压延加工业	2642	1394.9		
金属制品业	1139.3	452.4		
通用设备制造业	17079.5	7614.6	68	1
专用设备制造业	22001.5	36600.3	6637.6	
汽车制造业	2717.3	2970.5	1598.1	
铁路、船舶、航空航天和其他运输设备制造业	3966.3	2787.2		
电气机械和器材制造业	18303.2	9014.4	1356.5	
计算机、通信和其他电子设备制造业	8830.4	8442.6	203.6	
仪器仪表制造业	4039.5	2632.9	708.5	
其他制造业				
废弃资源综合利用业	127.3	110		
电力、热力、燃气及水生产和供应业	1413.3	2458.2	182.7	
电力、热力生产和供应业	1297.2	1608.5		
燃气生产和供应业				
水的生产和供应业	116.1	849.7	182.7	
五、按企业控股情况分组				
国有控股	24416.5	17490.2	1714.6	1
集体控股	1930	2565	450	
私人控股	176896.2	127129.3	16904.2	2
港澳台商控股	30332.4	12931.3	3103	
外商控股	45886.8	36655.7	3347	1
其他	12913.7	4096.6	183.3	
六、按地区分组				
连云港市	292375.6	200868.1	25702.1	4
市　区	197909.8	126999.6	12902	4
赣榆县	35297.8	22391.3	914.7	
东海县	35651.6	36946.9	11349.5	
灌云县	8361.2	3913.1	10	
灌南县	15155.2	10617.2	525.9	

工业企业自主知识产权及相关情况

表 12-7

(2012 年)

甲	专利申请数(件) 1	发明专利 2	有效发明专利数(件) 3	境外授权 4
总　计	**823**	**407**	**756**	**62**
一、按企业规模分组				
大型	183	123	410	57
中型	259	112	180	
小型	381	172	166	5
微型				
二、按隶属关系分组				
中央	96	31	23	
省(自治区、直辖市)	26	22	99	
地(区、市、州、盟)	90	72	307	53
县(区、市、旗)	20	7	2	
街道				
镇	6	3	2	
乡	9	6	6	
社区(居委会)				
村委会				
其他	576	266	317	9
三、按登记注册类型分组				
内资企业	669	310	524	58
国有企业	7	6	6	
集体企业				
股份合作企业	3	1	5	
联营企业				
国有联营企业				
集体联营企业				
国有与集体联营企业				
其他联营企业				
有限责任公司	215	81	245	26
国有独资公司	3	3	3	
其他有限责任公司	212	78	242	26
股份有限公司	80	49	85	29
私营企业	354	172	183	3
私营独资企业	34	22	32	
私营合伙企业	1			
私营有限责任公司	291	136	135	3
私营股份有限公司	28	14	16	
其他企业	10	1		
港、澳、台商投资企业	82	46	100	4
与港澳台商合资经营企业	51	18	78	
与港澳台商合作经营企业				
港澳台商独资经营企业	10	7	3	
港澳台商投资股份有限公司	21	21	19	4
其他港澳台投资企业				
外商投资企业	72	51	132	
中外合资经营企业	41	24	31	
中外合作经营企业				
外资企业	5	5	2	
外商投资股份有限公司	26	22	99	
其他外商投资企业				

表 12-7 续表 1　　　　(2012 年)

	专利申请数（件）	发明专利	有效发明专利数（件）	境外授权
甲	1	2	3	4
四、按国民经济行业大类分组				
采矿业	3	3	3	
有色金属矿采选业				
非金属矿采选业	3	3	3	
开采辅助活动				
制造业	807	399	750	62
农副食品加工业	11	11	4	
食品制造业	2	2		
酒、饮料和精制茶制造业	6			
纺织业	13	13	1	
纺织服装、服饰业				
皮革、毛皮、羽毛及其制品和制鞋业	11	11	10	
木材加工和木、竹、藤、棕、草制品业	7		20	
家具制造业	1	1		
造纸和纸制品业				
印刷和记录媒介复制业				
文教、工美、体育和娱乐用品制造业	2			
石油加工、炼焦和核燃料加工业				
化学原料和化学制品制造业	108	76	50	1
医药制造业	157	113	379	57
化学纤维制造业				
橡胶和塑料制品业	4	3	6	
非金属矿物制品业	100	43	44	
黑色金属冶炼和压延加工业				
有色金属冶炼和压延加工业	22	12	6	
金属制品业	5	1	4	
通用设备制造业	105	27	34	
专用设备制造业	170	58	139	4
汽车制造业	15	3	14	
铁路、船舶、航空航天和其他运输设备制造业	2	1	4	
电气机械和器材制造业	56	19	14	
计算机、通信和其他电子设备制造业	2	1	20	
仪器仪表制造业	8	4	1	
其他制造业				
废弃资源综合利用业				
电力、热力、燃气及水生产和供应业	13	5	3	
电力、热力生产和供应业	13	5	3	
燃气生产和供应业				
水的生产和供应业				
五、按企业控股情况分组				
国有控股	126	45	50	2
集体控股	8	0		
私人控股	591	289	548	56
港澳台商控股	42	35	27	4
外商控股	38	33	122	
其他	18	5	9	
六、按地区分组				
连云港市	823	407	756	62
市　区	493	250	624	59
赣榆县	117	57	40	3
东海县	103	42	55	
灌云县	61	36	31	
灌南县	49	22	6	

表 12-7 续表 2

(2012 年)

	专利所有权转让及许可数(项)	专利所有权转让与许可收入(万元)	发表科技论文(篇)	拥有注册商标数(件)	境外注册	形成国家或行业标准数(项)
甲	5	6	7	8	9	10
总　计	**29**	**494.6**	**287**	**802**	**13**	**73**
一、按企业规模分组						
大型			165	592	9	26
中型	19	151.6	26	91		14
小型	10	343	96	119	4	33
微型						
二、按隶属关系分组						
中央			62	2		1
省(自治区、直辖市)			2	350		12
地(区、市、州、盟)	3	150	121	156	1	18
县(区、市、旗)			15	2		
街道						
镇				3		
乡				8		
社区(居委会)						
村委会						
其他	26	344.6	87	281	12	42
三、按登记注册类型分组						
内资企业	10	343	270	343	9	45
国有企业			35	1		1
集体企业						
股份合作企业	2	343		1		
联营企业						
国有联营企业						
集体联营企业						
国有与集体联营企业						
其他联营企业						
有限责任公司			177	160	1	24
国有独资公司			6			
其他有限责任公司			171	160	1	24
股份有限公司				26	8	8
私营企业	6		53	149		12
私营独资企业			2	15		4
私营合伙企业			1	1		1
私营有限责任公司	1		43	125		7
私营股份有限公司	5		7	8		
其他企业	2		5	6		
港、澳、台商投资企业			2	98	3	4
与港澳台商合资经营企业			2	22	1	
与港澳台商合作经营企业						
港澳台商独资经营企业				2	2	2
港澳台商投资股份有限公司				74		2
其他港澳台投资企业						
外商投资企业	19	151.6	15	361	1	24
中外合资经营企业	19	151.6	13	9	1	12
中外合作经营企业						
外资企业				2		
外商投资股份有限公司			2	350		12
其他外商投资企业						
四、按国民经济行业大类分组						
采矿业			6			
有色金属矿采选业						

表 12-7 续表 3

(2012 年)

	专利所有权转让及许可数(项)	专利所有权转让与许可收入(万元)	发表科技论文(篇)	拥有注册商标数(件)	境外注册	形成国家或行业标准数(项)
甲	5	6	7	8	9	10
非金属矿采选业			6			
开采辅助活动						
制造业	29	494.6	255	802	13	73
农副食品加工业			46	15	4	2
食品制造业				1		
酒、饮料和精制茶制造业			7	3		
纺织业						
纺织服装、服饰业						
皮革、毛皮、羽毛及其制品和制鞋业						
木材加工和木、竹、藤、棕、草制品业				46		
家具制造业						
造纸和纸制品业						
印刷和记录媒介复制业						
文教、工美、体育和娱乐用品制造业						
石油加工、炼焦和核燃料加工业						
化学原料和化学制品制造业	19	1.6	37	22		12
医药制造业	5		67	569		23
化学纤维制造业			3	1		
橡胶和塑料制品业			8	2		
非金属矿物制品业			1	36		3
黑色金属冶炼和压延加工业						
有色金属冶炼和压延加工业				1		
金属制品业			3	1		
通用设备制造业	2	343	4	6		8
专用设备制造业			35	57	1	9
汽车制造业				6		1
铁路、船舶、航空航天和其他运输设备制造业				1		1
电气机械和器材制造业			16	27	8	8
计算机、通信和其他电子设备制造业			25	5		
仪器仪表制造业	3	150	3	3		6
其他制造业						
废弃资源综合利用业						
电力、热力、燃气及水生产和供应业			26			
电力、热力生产和供应业			26			
燃气生产和供应业						
水的生产和供应业						
五、按企业控股情况分组						
国有控股			123	7		7
集体控股			1	1		8
私人控股	24	344.6	146	326	2	22
港澳台商控股			2	83	2	4
外商控股	3	150	15	360	1	24
其他	2			25	8	8
六、按地区分组						
连云港市	29	494.6	287	802	13	73
市　区	7	493	220	705	11	63
赣榆县	22	1.6	57	14		
东海县			5	47	2	6
灌云县				6		3
灌南县			5	30		1

工业企业新产品开发、生产及销售情况

表 12-8

(2012 年)

指　　标	新产品开发项目数(项)	新产品开发经费支出(万元)	新产品产值(万元)	新产品销售收入(万元)	
					出口
甲	1	2	3	4	5
总　计	**1090**	**239811**	**4254452.7**	**3815220.6**	**327157.5**
一、按企业规模分组					
大型	312	121697.2	2167399.2	1907165.4	21430.5
中型	308	52754.5	1338256.9	1182967.6	256625
小型	467	64824.5	748796.6	725087.6	49102
微型	3	534.8			
二、按隶属关系分组					
中央	38	16691.5	365339.7	141520.4	575.4
省(自治区、直辖市)			406289	358662	36.8
地(区、市、州、盟)	346	86252.3	1001118.8	873648.7	19763.9
县(区、市、旗)	36	5852.2	110920.8	118263.2	280
街道					
镇	3	734.3	10629.6	10212.5	160
乡	13	3711.6	56965.4	52673.7	29698.9
社区(居委会)					
村委会					
其他	654	126569.1	2303189.4	2260240.1	276642.5
三、按登记注册类型分组					
内资企业	918	191025.6	3058562	2660606.1	41487.7
国有企业	10	1754.6	6049.4	5111.1	
集体企业			0		
股份合作企业	5	2010.8	9669.4	11001.6	
联营企业					
国有联营企业					
集体联营企业					
国有与集体联营企业					
其他联营企业					
有限责任公司	355	56372.1	1286102.4	1021820.3	16426.3
国有独资公司	5	1427.4	2611	2611	
其他有限责任公司	350	54944.7	1283491.4	1019209.3	16426.3
股份有限公司	91	62662.8	722303.5	622194.7	1792.6
私营企业	446	66754.5	983618.8	949765.9	23268.8
私营独资企业	73	11109.1	76419.5	71648.7	
私营合伙企业	1	353.2			
私营有限责任公司	317	49618.4	672277.5	644781.7	19966.4
私营股份有限公司	55	5673.8	234921.8	233335.5	3302.4
其他企业	11	1470.8	50818.5	50712.5	
港、澳、台商投资企业	86	32429.5	193002.4	190320.3	29031.1
与港澳台商合资经营企业	27	5397.5	63376.4	59666.4	20651.2
与港澳台商合作经营企业					
港澳台商独资经营企业	23	2332.1	44022.4	43465.4	2729.4
港澳台商投资股份有限公司	36	24699.9	85603.6	87188.5	5650.5
其他港澳台投资企业					
外商投资企业	86	16355.9	1002888.3	964294.2	256638.7
中外合资经营企业	68	11240.3	427107.3	436481.1	238777.2
中外合作经营企业					
外资企业	18	5115.6	169492	169164.9	17837.7
外商投资股份有限公司			406289	358648.2	23.8
其他外商投资企业					

表 12-8 续表 1　　　　　　　　(2012 年)

指　　标	新产品开发项目数(项)	新产品开发经费支出(万元)	新产品产值(万元)	新产品销售收入(万元)	出口
甲	1	2	3	4	5
四、按国民经济行业大类分组					
采矿业	9	2735.3	20048.5	20048.5	
有色金属矿采选业					
非金属矿采选业	8	1872.5	19360.8	19360.8	
开采辅助活动	1	862.8	687.7	687.7	
制造业	1076	235862.1	4234404.2	3795172.1	327157.5
农副食品加工业	42	5515.8	37747.4	38865.9	3593
食品制造业	5	829.9	30735.6	31031.1	23753.3
酒、饮料和精制茶制造业	10	2910.7	48940.5	48826.1	
纺织业	6	993.5	23011.7	22708.8	6068
纺织服装、服饰业	10	379.6	15014.7	15120.2	5612
皮革、毛皮、羽毛及其制品和制鞋业	2	456.6	8901.2	8700	8700
木材加工和木、竹、藤、棕、草制品业	28	2435.8	22672.4	22825.7	350
家具制造业	2	475.1	2729.4	2729.4	2729.4
造纸和纸制品业					
印刷和记录媒介复制业	1	154.6			
文教、工美、体育和娱乐用品制造业	18	1998.9	16643.1	16218.3	5480
石油加工、炼焦和核燃料加工业	4	814	407993.6	407993.6	
化学原料和化学制品制造业	113	19880	406462	400210.2	200564
医药制造业	228	92762.2	1191710.1	1010168.7	955.5
化学纤维制造业	5	568.1	15304.7	15304.7	
橡胶和塑料制品业	13	1526	39325.3	37674.6	488
非金属矿物制品业	106	22000.5	199577	191352.5	29719.7
黑色金属冶炼和压延加工业	6	757.8	244743.1	222720.1	
有色金属冶炼和压延加工业	34	889.3	213053.4	211230.5	
金属制品业	16	659.2	3820	3638.1	13.6
通用设备制造业	53	18574.4	370861.4	146162.8	1373.6
专用设备制造业	192	28217.3	290884.8	306151	13648.9
汽车制造业	23	2845.1	23759.8	23377.3	
铁路、船舶、航空航天和其他运输设备制造业	23	4591.6	10084.2	6333.5	
电气机械和器材制造业	45	14418	325310.1	316072.3	3972.2
计算机、通信和其他电子设备制造业	31	7332.1	249164.5	254380.5	15295.2
仪器仪表制造业	60	3876	35120.2	34542.2	4841.1
其他制造业					
废弃资源综合利用业			834	834	
电力、热力、燃气及水生产和供应业	5	1213.6			
电力、热力生产和供应业	1	558.2			
燃气生产和供应业					
水的生产和供应业	4	655.4			
五、按企业控股情况分组					
国有控股	91	27424.9	522882.1	311311.2	751.7
集体控股	4	814	408634.6	408634.6	
私人控股	819	156575.9	2186071.8	2022708.7	232936.1
港澳台商控股	76	30222.4	175830.4	173248.3	26537.1
外商控股	72	14294.5	758272.5	713084.7	65140
其他	28	10479.3	202761.3	186233.1	1792.6
六、按地区分组					
连云港市	1090	239811	4254452.7	3815220.6	327157.5
市　区	639	169484.4	2535695	2137953	72079.5
赣榆县	167	26525.4	1327445.9	1308508.4	205641.7
东海县	160	24911.4	251135.1	235402.8	30178.5
灌云县	42	6280.3	47115.2	46706.4	12500
灌南县	82	12609.5	93061.3	86650.2	6757.8

工业企业政府相关政策落实情况

表 12-9　　(2012 年)

	来自政府部门的科技活动资金	研究开发费用加计扣除减免税	高新技术企业减免税
甲	1	2	3
总　计	**14881.2**	**11069.8**	**39404**
一、按企业规模分组			
大型	8307.9	7872	32683.8
中型	2841.3	1776.6	2946
小型	3732	1421.2	3774.2
微型			
二、按隶属关系分组			
中央	2683.7	1318.1	2613.9
省(自治区、直辖市)	14.3	761.9	11813.7
地(区、市、州、盟)	4283	5502.5	17315.5
县(区、市、旗)	25		130.8
街道			
镇		30.6	169
乡	279	175.1	3
社区(居委会)			
村委会			
其他	7596.2	3281.6	7358.1
三、按登记注册类型分组			
内资企业	11512.9	9019.7	26077.2
国有企业	114	48.3	255.2
集体企业			
股份合作企业	26	16	15
联营企业			
国有联营企业			
集体联营企业			
国有与集体联营企业			
其他联营企业			
有限责任公司	5078.7	2888.2	6490.4
国有独资公司	450		
其他有限责任公司	4628.7	2888.2	6490.4
股份有限公司	2745	4450	16349.7
私营企业	3481.7	1485.2	2966.9
私营独资企业	332.2		
私营合伙企业	65		
私营有限责任公司	2806.9	1435.2	2139.8
私营股份有限公司	277.6	50	827.1
其他企业	67.5	132	
港、澳、台商投资企业	2933.3	912.8	1392.9
与港澳台商合资经营企业	368.3	239.9	320.7
与港澳台商合作经营企业			
港澳台商独资经营企业	565		
港澳台商投资股份有限公司	2000	672.9	1072.2
其他港澳台投资企业			
外商投资企业	435	1137.3	11933.9
中外合资经营企业	377	390.4	120.2
中外合作经营企业			
外资企业	58		
外商投资股份有限公司		746.9	11813.7
其他外商投资企业			

表 12-9 续表 1　　　　(2012 年)

	来自政府部门的科技活动资金	研究开发费用加计扣除减免税	高新技术企业减免税
甲	1	2	3
四、按国民经济行业大类分组			
采矿业	300		
有色金属矿采选业			
非金属矿采选业	300		
开采辅助活动			
制造业	13741.2	10305.9	39404
农副食品加工业	210.9		
食品制造业	66	3.1	
酒、饮料和精制茶制造业	6	132	
纺织业		12.2	
纺织服装、服饰业			
皮革、毛皮、羽毛及其制品和制鞋业			
木材加工和木、竹、藤、棕、草制品业	115		
家具制造业			
造纸和纸制品业			
印刷和记录媒介复制业			
文教、工美、体育和娱乐用品制造业	20		
石油加工、炼焦和核燃料加工业			
化学原料和化学制品制造业	835.9	633.2	1822.2
医药制造业	5416.9	6215.5	27878
化学纤维制造业	73		
橡胶和塑料制品业	2	222.6	117.2
非金属矿物制品业	2785.9	572.4	1717.6
黑色金属冶炼和压延加工业			
有色金属冶炼和压延加工业	10		
金属制品业	70.5		
通用设备制造业	1940.7	589.9	2373.7
专用设备制造业	1281.6	763.6	1904.4
汽车制造业	151.6		
铁路、船舶、航空航天和其他运输设备制造业	109	48.3	255.2
电气机械和器材制造业	484	680.8	2770.7
计算机、通信和其他电子设备制造业	50	143.3	515
仪器仪表制造业	112.2	289	50
其他制造业			
废弃资源综合利用业			
电力、热力、燃气及水生产和供应业	840	763.9	
电力、热力生产和供应业	840	763.9	
燃气生产和供应业			
水的生产和供应业			
五、按企业控股情况分组			
国有控股	3306.8	1551.4	4415.7
集体控股		18	
私人控股	8110.8	6924.1	19195.7
港澳台商控股	2812.2	843.8	1072.2
外商控股	369	1133.1	11930.9
其他	282.4	599.4	2789.5
六、按地区分组			
连云港市	14881.2	11069.8	39404
市　区	10681.5	9842.3	37200.6
赣榆县	549.2	420.1	412
东海县	3354.5	658.2	1660.6
灌云县	91		
灌南县	205	149.2	130.8

工业企业技术获取和技术改造情况

表 12-10

(2012 年)

	引进技术经费支出	消化吸收经费支出	购买国内技术经费支出	技术改造经费支出
甲	1	2	3	4
总　计	**8288.5**	**6464.2**	**10879.7**	**104448.9**
一、按企业规模分组				
大型	6520.4	3552	9002.5	44610.7
中型	1459.6	1526.7	593.6	37548.2
小型	308.5	1385.5	1283.6	22264.9
微型				25.1
二、按隶属关系分组				
中央	6256.4	150	4386	10714
省(自治区、直辖市)	62.8	73.2	4395.5	15732
地(区、市、州、盟)		3317.1	280	29174.4
县(区、市、旗)				1701.4
街道				
镇			15	1173
乡				3936
社区(居委会)				
村委会				
其他	1969.3	2923.9	1803.2	42018.1
三、按登记注册类型分组				
内资企业	8186.1	5061.6	6010.6	78015.4
国有企业			4180	
集体企业				
股份合作企业		25	34.5	55
联营企业				
国有联营企业				
集体联营企业				
国有与集体联营企业				
其他联营企业				
有限责任公司	7676.4	3852.9	336	29152.7
国有独资公司				7340.1
其他有限责任公司	7676.4	3852.9	336	21812.6
股份有限公司	201.2	528.8	221	28406.4
私营企业	308.5	654.9	1224.1	20386.3
私营独资企业	288.5	236.7	142.2	657.4
私营合伙企业				
私营有限责任公司	20	314.8	563.7	16966.1
私营股份有限公司		103.4	518.2	2762.8
其他企业			15	15
港、澳、台商投资企业	39.6	24.4	22.6	4778.3
与港澳台商合资经营企业	39.6	24.4	22.6	2012
与港澳台商合作经营企业				
港澳台商独资经营企业				2451.3
港澳台商投资股份有限公司				315
其他港澳台投资企业				
外商投资企业	62.8	1378.2	4846.5	21655.2
中外合资经营企业		867.1	451	21241.1
中外合作经营企业				
外资企业		437.9		414.1
外商投资股份有限公司	62.8	73.2	4395.5	
其他外商投资企业				

表 12-10 续表 1　　　　　　　　　　（2012 年）

	引进技术经费支出	消化吸收经费支出	购买国内技术经费支出	技术改造经费支出
甲	1	2	3	4
四、按国民经济行业大类分组				
采矿业		437.9		
有色金属矿采选业				
非金属矿采选业				
开采辅助活动		437.9		
制造业	2061.5	6026.3	10879.7	78683.9
农副食品加工业			280	720
食品制造业				
酒、饮料和精制茶制造业				125
纺织业				200
纺织服装、服饰业				
皮革、毛皮、羽毛及其制品和制鞋业				
木材加工和木、竹、藤、棕、草制品业				131
家具制造业				
造纸和纸制品业				
印刷和记录媒介复制业				121.2
文教、工美、体育和娱乐用品制造业	10	10	5	15
石油加工、炼焦和核燃料加工业	1420	180		2061
化学原料和化学制品制造业		785	4567.9	31051.2
医药制造业	62.8	118.2	4403.5	12280.2
化学纤维制造业				312.6
橡胶和塑料制品业				610
非金属矿物制品业	39.6	24.4	22.6	8092.2
黑色金属冶炼和压延加工业				392
有色金属冶炼和压延加工业		82.4	518.2	523.5
金属制品业				
通用设备制造业	29.4	175	255.5	811
专用设备制造业	20	2902.3	10	12355.9
汽车制造业	278.5	226.7	143.6	464.7
铁路、船舶、航空航天和其他运输设备制造业		372.9		
电气机械和器材制造业	201.2	528.8	343.4	7174.1
计算机、通信和其他电子设备制造业				278.5
仪器仪表制造业		620.6	330	964.8
其他制造业				
废弃资源综合利用业				
电力、热力、燃气及水生产和供应业	6227			25765
电力、热力生产和供应业	6227			25765
燃气生产和供应业				
水的生产和供应业				
五、按企业控股情况分组				
国有控股	6256.4	150	4386	35886.1
集体控股	1420	180		2061
私人控股	308.5	4552.8	1559.6	40363.2
港澳台商控股	39.6	24.4	22.6	4342.3
外商控股	62.8	1028.2	4675.5	17365.3
其他	201.2	528.8	236	4431
六、按地区分组				
连云港市	8288.5	6464.2	10879.7	104448.9
市　区	6520.4	5111.7	9494.4	82483.9
赣榆县	1450	1016.4	1137.2	7044.6
东海县	318.1	251.1	166.2	9458.7
灌云县				
灌南县		85	81.9	5461.7

全部工业企业限额以上 R&D 项目情况

表 12-11 (2012 年)

	项目数合计(项)	参加项目人员(人)	项目经费内部支出(万元)
甲	1	2	3
总　计	**898**	**7540**	**198008.2**
一、按项目来源分组			
国家科技项目	24	291	6764.8
地方科技项目	70	914	27011.3
其他企业委托科技项目	8	56	1514.7
本企业自选科技项目	783	6149	159756.6
来自境外的科技项目	3	36	543.2
其他科技项目	10	94	2417.6
二、按项目合作形式分组			
与境外机构合作	10	67	3989.9
与境内高校合作	120	878	22988.4
与境内独立研究院所合作	66	440	14684.7
与境内注册的外商独资企业合作			
与境内注册的其他企业合作	42	551	12459.9
独立研究	621	5434	139933.8
其他	39	170	3951.5
三、按项目活动类型分组			
应用研究	28	143	2283
试验发展	870	7397	195725.2
四、按项目成果形式分组			
论文或专著	14	77	3679.4
自主研制的新产品原型或样机、样件、样品、配方、新装置	395	3319	98439.3
自主开发的新技术或新工艺、新工法	425	3741	84667.3
发明专利	62	385	11092.2
实用新型专利			
外观设计专利			
带有技术、工艺参数的图纸、技术标准、操作规范			
基础软件	2	18	130
应用软件			
其他			
五、按项目技术经济目标分组			
科学原理的探索、发现	7	93	2314.6
技术原理的研究	70	439	6886.8
开发全新产品	397	3553	106952.4
增加产品功能或提高性能	234	1805	40144.4
提高劳动生产率	36	261	7358.9
减少能源消耗或提高能源使用效率	63	714	12462.3
节约原材料	17	76	1920
减少环境污染	14	78	1660
其他	60	521	18308.8
六、按企业规模分组			
大型	300	3203	98620.6
中型	216	1875	38108.8
小型	378	2446	60646.4
微型	4	16	632.4
七、按隶属关系分组			
中央	55	316	6098.6
省(自治区、直辖市)	53	454	15190.8
地(区、市、州、盟)	199	1564	55241
县(区、市、旗)	34	224	5258.7

表 12-11 续表 1　　　　　　　　　　　　(2012 年)

	项目数合计(项)	参加项目人员(人)	项目经费内部支出(万元)
甲	1	2	3
街道			
镇	3	85	719.5
乡	12	132	3407.9
社区(居委会)			
村委会			
其他	542	4765	112091.7
八、按登记注册类型分组			
内资企业	699	5342	147223
国有企业	17	130	2125.3
集体企业			
股份合作企业	2	80	310
联营企业			
国有联营企业			
集体联营企业			
国有与集体联营企业			
其他联营企业			
有限责任公司	289	1847	38486.9
国有独资公司	9	51	2170.9
其他有限责任公司	280	1796	36316
股份有限公司	45	673	41700.1
私营企业	337	2479	63280.8
私营独资企业	57	344	9141.4
私营合伙企业			
私营有限责任公司	231	1964	50100.7
私营股份有限公司	49	171	4038.7
其他企业	9	133	1319.9
港、澳、台商投资企业	68	1114	19555.3
与港澳台商合资经营企业	22	204	4739.2
与港澳台商合作经营企业			
港澳台商独资经营企业	17	127	2857.2
港澳台商投资股份有限公司	29	783	11958.9
其他港澳台投资企业			
外商投资企业	131	1084	31229.9
中外合资经营企业	53	395	9039.7
中外合作经营企业			
外资企业	27	242	7024.4
外商投资股份有限公司	51	447	15165.8
其他外商投资企业			
九、按国民经济行业大类分组			
采矿业	11	69	2023.7
非金属矿采选业	10	60	1749.7
开采辅助活动	1	9	274
制造业	862	7323	195617.6
农副食品加工业	24	96	3208.3
食品制造业	4	37	696.1
酒、饮料和精制茶制造业	9	137	2476.9
纺织业	9	87	1585.8
纺织服装、服饰业	10	77	652.7
皮革、毛皮、羽毛及其制品和制鞋业	2	53	409.8
木材加工和木、竹、藤、棕、草制品业	13	107	3059.5
家具制造业	1	7	468.5
印刷和记录媒介复制业	1	4	146.5

表 12-11 续表 2 (2012 年)

	项目数合计（项）	参加项目人员（人）	项目经费内部支出（万元）
甲	1	2	3
印刷和记录媒介复制业	1	4	146.5
文教、工美、体育和娱乐用品制造业	10	57	1942.5
石油加工、炼焦和核燃料加工业	4	69	1606
化学原料和化学制品制造业	139	1017	24133.2
医药制造业	196	2223	73977.5
化学纤维制造业	7	84	904
橡胶和塑料制品业	6	76	1230.9
非金属矿物制品业	94	794	21209.2
黑色金属冶炼和压延加工业	4	81	1685.7
有色金属冶炼和压延加工业	38	317	4312.3
金属制品业	2	21	331.6
通用设备制造业	26	154	5967.1
专用设备制造业	122	887	15379.2
汽车制造业	14	66	1642.5
铁路、船舶、航空航天和其他运输设备制造业	13	84	1625.8
电气机械和器材制造业	40	369	15251.1
计算机、通信和其他电子设备制造业	39	218	9212.5
仪器仪表制造业	35	201	2502.4
电力、热力、燃气及水生产和供应业	25	148	366.9
电力、热力生产和供应业	25	148	366.9
十、按企业控股情况分组			
国有控股	100	695	14612.4
集体控股	6	75	1776
私人控股	582	4491	123267.3
港澳台商控股	63	1045	18182.6
外商控股	108	939	28346
其他	39	295	11823.9
十一、按地区分组			
连云港市	1421	11638	313901.7
市　区	855	7774	215855
赣榆县	183	1230	37501.5
东海县	201	1229	31804.8
灌云县	65	502	11458.9
灌南县	117	903	17281.5

大中型工业企业基本情况

表 12-12

(2012 年)

项目	企业数(个)	有 R&D 活动	有科技机构	年末从业人员(人)	工业总产值(万元)
甲	1	2	3	4	5
总计	**126**	**89**	**118**	**120071**	**19950151.6**
一、按企业规模分组					
大型	22	20	22	61450	9484302.9
中型	104	69	96	58621	10465848.7
小型					
微型					
二、按隶属关系分组					
中央	6	5	6	8129	1171995.3
省(自治区、直辖市)	2	2	2	6191	590483
地(区、市、州、盟)	14	10	12	23516	1565259.4
县(区、市、旗)	3	3	3	2072	159311
街道					
镇					
乡	4	2	3	2541	128107.2
社区(居委会)					
村委会					
其他	97	67	92	77622	16334995.7
三、按登记注册类型分组					
内资企业	81	60	75	80610	13593152.8
国有企业	5	3	4	3739	201321.6
集体企业					
股份合作企业	1	1	1	886	137059.6
联营企业					
国有联营企业					
集体联营企业					
国有与集体联营企业					
其他联营企业					
有限责任公司	25	18	23	27100	4519046.7
国有独资公司	2	2	2	5073	191171.8
其他有限责任公司	23	16	21	22027	4327874.9
股份有限公司	4	4	4	11252	1068811.3
私营企业	45	33	42	36155	7562840.3
私营独资企业	3	3	3	1256	160386.4
私营合伙企业					
私营有限责任公司	38	27	36	32967	7200610.7
私营股份有限公司	4	3	3	1932	201843.2
其他企业	1	1	1	1478	104073.3
港、澳、台商投资企业	13	10	13	12118	1130707
与港澳台商合资经营企业	6	4	6	3748	242968.2
与港澳台商合作经营企业					
港澳台商独资经营企业	6	5	6	3776	356882.8
港澳台商投资股份有限公司	1	1	1	4594	530856
其他港澳台投资企业					
外商投资企业	32	19	30	27343	5226291.8
中外合资经营企业	15	10	14	9130	2607593
中外合作经营企业					
外资企业	15	8	14	12904	2181528.9
外商投资股份有限公司	2	1	2	5309	437169.9
其他外商投资企业					

表 12-12 续表 1

项　　目	企业数（个）	有 R&D 活动	有科技机构	年末从业人员（人）	工业总产值（万元）
甲	1	2	3	4	5
四、按国民经济行业大类分组					
采矿业	3	2	2	5588	2107425
非金属矿采选业	3	2	2	5588	2107425
制造业	120	85	113	110125	189747203
农副食品加工业	6	1	4	3410	15449076
食品制造业	2	1	2	1708	270183
酒、饮料和精制茶制造业	3	2	3	2116	2229359
纺织业	6	3	6	3776	776417
纺织服装、服饰业	12	7	10	7364	1564241
皮革、毛皮、羽毛及其制品和制鞋业	3	2	3	3095	541238
木材加工和木、竹、藤、棕、草制品业	4	3	3	1802	1079428
文教、工美、体育和娱乐用品制造业	5	5	5	2209	1023575
石油加工、炼焦和核燃料加工业	1	1	1	960	15763906
化学原料和化学制品制造业	17	13	16	11736	28374420
医药制造业	7	7	7	22195	22782402
化学纤维制造业	2	2	2	845	1923006
橡胶和塑料制品业	2	2	2	773	581264
非金属矿物制品业	9	8	9	5410	4164087
黑色金属冶炼和压延加工业	6	3	6	9772	40354117
有色金属冶炼和压延加工业	2	1	2	1440	9206737
金属制品业	1		1	765	3925769
通用设备制造业	3	1	3	3531	5697710
专用设备制造业	7	5	7	5366	7022360
汽车制造业	1	1	1	455	1157404
铁路、船舶、航空航天和其他运输设备制造业	10	8	10	11561	15431946
电气机械和器材制造业	5	4	5	5773	4358520
计算机、通信和其他电子设备制造业	4	3	3	3306	5593512
仪器仪表制造业	2	2	2	757	476526
电力、热力、燃气及水生产和供应业	3	2	3	4358	7646888
电力、热力生产和供应业	2	2	2	3804	7532514
水的生产和供应业	1		1	554	114374
五、按企业控股情况分组					
国有控股	16	11	15	19331	2250502.9
集体控股	1	1	1	960	1576390.6
私人控股	66	48	61	59932	10077012.2
港澳台商控股	12	10	12	11005	1097045
外商控股	29	17	27	25609	4585926.9
其他	2	2	2	3234	363274
六、按地区分组					
合计	126	89	118	120071	19950151.6
市　区	114	35	53	67466	10217720.9
赣榆县	21	13	19	13764	4722509.8
东海县	16	11	15	10832	667344.5
灌云县	19	18	19	16305	1623419.3
灌南县	13	12	12	11704	2719157.1

大中型工业企业R&D人员情况

表 12-13　　　　(2012年)

指　　标	R&D人员合计(人)	#1.参加项目人员	2.管理和服务人员	#女性	#研究人员	#1.全时人员	2.非全时人员
甲	1	2	3	4	5	6	7
总　计	**6262**	**5889**	**373**	**1935**	**1743**	**5021**	**1241**
一、按企业规模分组							
大型	3847	3620	227	1376	1092	3217	630
中型	2415	2269	146	559	651	1804	611
小型							
微型							
二、按隶属关系分组							
中央	445	411	34	52	251	198	247
省(自治区、直辖市)	607	551	56	238	176	526	81
地(区、市、州、盟)	1638	1543	95	720	524	1367	271
县(区、市、旗)	98	94	4	18	22	74	24
街道							
镇							
乡	168	161	7	29	75	85	83
社区(居委会)							
村委会							
其他	3306	3129	177	878	695	2771	535
三、按登记注册类型分组							
内资企业	3817	3577	240	1088	1223	3026	791
国有企业	192	169	23	31	99	106	86
集体企业							
股份合作企业	83	80	3	12	41	58	25
联营企业							
国有联营企业							
集体联营企业							
国有与集体联营企业							
其他联营企业							
有限责任公司	1660	1561	99	578	488	1293	367
国有独资公司	33	28	5	4	13	26	7
其他有限责任公司	1627	1533	94	574	475	1267	360
股份有限公司	704	673	31	240	290	629	75
私营企业	1073	992	81	201	297	845	228
私营独资企业	38	37	1	2	6	36	2
私营合伙企业							
私营有限责任公司	957	884	73	185	265	763	194
私营股份有限公司	78	71	7	14	26	46	32
其他企业	105	102	3	26	8	95	10
港、澳、台商投资企业	1147	1103	44	379	194	1011	136
与港澳台商合资经营企业	255	244	11	82	119	144	111
与港澳台商合作经营企业							
港澳台商独资经营企业	75	71	4	17	17	50	25
港澳台商投资股份有限公司	817	788	29	280	58	817	
其他港澳台投资企业							
外商投资企业	1298	1209	89	468	326	984	314
中外合资经营企业	407	386	21	116	94	265	142
中外合作经营企业							
外资企业	292	279	13	114	64	196	96
外商投资股份有限公司	599	544	55	238	168	523	76
其他外商投资企业							

表 12-13 续表 1　　　　　　　　　　　(2012 年)

指　标	R&D人员合计(人)	#1.参加项目人员	2.管理和服务人员	#女性	#研究人员	#1.全时人员	2.非全时人员
甲	1	2	3	4	5	6	7
四、按国民经济行业大类分组							
采矿业	33	28	5	4	13	26	7
非金属矿采选业	33	28	5	4	13	26	7
制造业	6062	5701	361	1923	1569	4989	1073
农副食品加工业	15	15		1	3	6	9
食品制造业	7	7		6	2	7	
酒、饮料和精制茶制造业	117	112	5	30	10	95	22
纺织业	27	24	3	6	7	23	4
纺织服装、服饰业	78	72	6	30	17	64	14
皮革、毛皮、羽毛及其制品和制鞋业	58	55	3	27	14	52	6
木材加工和木、竹、藤、棕、草制品业	73	71	2	13	20	50	23
文教、工美、体育和娱乐用品制造业	53	47	6	13	18	46	7
石油加工、炼焦和核燃料加工业	84	81	3	8	6	78	6
化学原料和化学制品制造业	539	489	50	87	250	336	203
医药制造业	2570	2416	154	1038	548	2451	119
化学纤维制造业	82	78	4	27	29	24	58
橡胶和塑料制品业	71	67	4	12	19	64	7
非金属矿物制品业	339	323	16	59	158	203	136
黑色金属冶炼和压延加工业	93	83	10	37	21	89	4
有色金属冶炼和压延加工业	260	240	20	17	17	260	
金属制品业							
通用设备制造业	122	119	3	18	9	113	9
专用设备制造业	757	724	33	300	203	524	233
汽车制造业	17	16	1		2	15	2
铁路、船舶、航空航天和其他运输设备制造业	99	85	14	7	44	79	20
电气机械和器材制造业	294	282	12	73	98	196	98
计算机、通信和其他电子设备制造业	192	186	6	68	44	117	75
仪器仪表制造业	115	109	6	46	30	97	18
电力、热力、燃气及水生产和供应业	167	160	7	8	161	6	161
电力、热力生产和供应业	167	160	7	8	161	6	161
水的生产和供应业							
五、按企业控股情况分组							
国有控股	648	602	46	83	333	340	308
集体控股	84	81	3	8	6	78	6
私人控股	2914	2728	186	964	862	2452	462
港澳台商控股	1062	1022	40	325	164	949	113
外商控股	1192	1109	83	445	303	905	287
其他	362	347	15	110	75	297	65
六、按地区分组							
合计	6262	5889	373	1935	1743	5021	1241
市　区	4945	4660	285	1675	1294	4016	929
赣榆县	365	343	22	86	90	292	73
东海县	320	304	16	57	130	178	142
灌云县	311	281	30	56	139	255	56
灌南县	321	301	20	61	90	280	41

大中型工业企业R&D经费情况

表12-14

(2012年)

指　　标	R&D经费内部支出合计	(一)按活动类型分组			(二)按支出用途分组	
		①基础研究支出	②应用研究支出	③试验发展支出	1.经常费支出	#人员劳务费
甲	1	2	3	4	5	6
总　计	**145429.1**		**1217.5**	**144211.6**	**129782.9**	**44524.2**
一、按企业规模分组						
大型	103637.2		356.2	103281	93629.8	32082.2
中型	41791.9		861.3	40930.6	36153.1	12442
小型						
微型						
二、按隶属关系分组						
中央	6257.9		25.4	6232.5	5587.4	1402.7
省(自治区、直辖市)	15920.3			15920.3	13683.7	5925.2
地(区、市、州、盟)	55169.3			55169.3	51161.9	17510.8
县(区、市、旗)	2674.2		330.8	2343.4	2519.1	599.8
街道						
镇						
乡	3167.3			3167.3	2973.5	1803
社区(居委会)						
村委会						
其他	62240.1		861.3	61378.8	53857.3	17282.7
三、按登记注册类型分组						
内资企业	97321.3		1217.5	96103.8	86091.3	27766.4
国有企业	2518.2			2518.2	2295.1	1025.8
集体企业						
股份合作企业	311.9			311.9	311.9	128.2
联营企业						
国有联营企业						
集体联营企业						
国有与集体联营企业						
其他联营企业						
有限责任公司	31329		1217.5	30111.5	28026.7	9093.2
国有独资公司	2021.2			2021.2	1701.2	339.6
其他有限责任公司	29307.8		1217.5	28090.3	26325.5	8753.6
股份有限公司	40554.2			40554.2	36424.8	11617.5
私营企业	21916.8			21916.8	18427.1	5510
私营独资企业	933.1			933.1	646.5	262.9
私营合伙企业						
私营有限责任公司	18603.4			18603.4	16094.1	4907.9
私营股份有限公司	2380.3			2380.3	1686.5	339.2
其他企业	691.2			691.2	605.7	391.7
港、澳、台商投资企业	18265			18265	17221.8	5569.1
与港澳台商合资经营企业	4242.6			4242.6	4080.1	2020.6
与港澳台商合作经营企业						
港澳台商独资经营企业	1461.5			1461.5	1312.7	500.4
港澳台商投资股份有限公司	12560.9			12560.9	11829	3048.1
其他港澳台投资企业						
外商投资企业	29842.8			29842.8	26469.8	11188.7
中外合资经营企业	7717.7			7717.7	6845.5	2245.2
中外合作经营企业						
外资企业	6235.8			6235.8	5971.6	3033.3
外商投资股份有限公司	15889.3			15889.3	13652.7	5910.2
其他外商投资企业						

表 12-14 续表 1

(2012 年)

指　　标	R&D经费内部支出合计	(一)按活动类型分组			(二)按支出用途分组	
		①基础研究支出	②应用研究支出	③试验发展支出	1.经常费支出	#人员劳务费
甲	1	2	3	4	5	6
四、按国民经济行业大类分组						
采矿业	2021.2			2021.2	1701.2	339.6
非金属矿采选业	2021.2			2021.2	1701.2	339.6
制造业	142996.4		1192.1	141804.3	127675.6	44060.4
农副食品加工业	160.6			160.6	160.6	105
食品制造业	25.7			25.7	24.9	16.1
酒、饮料和精制茶制造业	1556.9			1556.9	1177.3	461.7
纺织业	437.1			437.1	329.2	175.1
纺织服装、服饰业	684.2			684.2	646.9	236.7
皮革、毛皮、羽毛及其制品和制鞋业	456.6			456.6	371	220.8
木材加工和木、竹、藤、棕、草制品业	2594.1			2594.1	1508.4	360.1
文教、工美、体育和娱乐用品制造业	1722.7			1722.7	1319.1	301.2
石油加工、炼焦和核燃料加工业	1649.6			1649.6	1055.7	840
化学原料和化学制品制造业	11699.8			11699.8	10725.1	3342.3
医药制造业	74469.7		861.3	73608.4	68719.5	23051.5
化学纤维制造业	989			989	954.7	313.7
橡胶和塑料制品业	678.5			678.5	600.9	231.8
非金属矿物制品业	4790.5			4790.5	4485.9	2409.8
黑色金属冶炼和压延加工业	1844.3			1844.3	1509.8	771.1
有色金属冶炼和压延加工业	2865.4			2865.4	2865.4	1328
金属制品业	0					
通用设备制造业	3985.2			3985.2	3430.4	421.6
专用设备制造业	11465.8			11465.8	9695.5	3605
汽车制造业	112			112	112	74.2
铁路、船舶、航空航天和其他运输设备制造业	1619.2			1619.2	1439.6	430.6
电气机械和器材制造业	11475.8		330.8	11145	9306.1	2008.5
计算机、通信和其他电子设备制造业	6077.6			6077.6	5861.2	2924.2
仪器仪表制造业	1636.1			1636.1	1376.4	431.4
电力、热力、燃气及水生产和供应业	411.5		25.4	386.1	406.1	124.2
电力、热力生产和供应业	411.5		25.4	386.1	406.1	124.2
水的生产和供应业						
五、按企业控股情况分组						
国有控股	11031.1		356.2	10674.9	9885.5	2391.7
集体控股	1649.6			1649.6	1055.7	840
私人控股	77064.2			77064.2	69302.8	23698.7
港澳台商控股	17118.1			17118.1	16124.6	5321.5
外商控股	27912.9			27912.9	24919	10474
其他	10653.2		861.3	9791.9	8495.3	1798.3
六、按地区分组						
合计	145429.1		1217.5	144211.6	129782.9	44524.2
市　区	117667.8		886.7	116781.1	106402.8	35546.4
赣榆县	10910		330.8	10579.2	8507.8	2943.4
东海县	5834.5			5834.5	5438.8	2895.9
灌云县	6699.2			6699.2	5716.8	1836.1
灌南县	4317.6			4317.6	3716.7	1302.4

表 12-14 续表 2 (2012 年)

指标	(二)按支出用途分组			(三)按资金来源分组			
	2.资产性支出	#①土建工程	②仪器设备	1.政府资金	2.企业资金	3.境外资金	4.其他资金
甲	7	8	9	10	11	12	13
总　计	**15646.2**	**1011.7**	**14634.7**	**6285.6**	**138021.3**		**1122.2**
一、按企业规模分组							
大型	10007.4	861	9146.6	4936.6	97639.8		1060.8
中型	5638.8	150.7	5488.1	1349	40381.5		61.4
小型							
微型							
二、按隶属关系分组							
中央	670.5	10.1	660.5	593.3	5254.2		410.4
省(自治区、直辖市)	2236.6	75.5	2161.1	6	15914.3		
地(区、市、州、盟)	4007.4	516.9	3490.5	2820.6	51989.5		359.2
县(区、市、旗)	155.1	1.5	153.6	5	2669.2		
街道							
镇							
乡	193.8	2.6	191.2	273	2894.3		
社区(居委会)							
村委会							
其他	8382.8	405.1	7977.8	2587.7	59299.8		352.6
三、按登记注册类型分组							
内资企业	11230	679.2	10550.9	4294.9	91965.6		1060.8
国有企业	223.1	5.9	217.2	23.6	2494.6		
集体企业							
股份合作企业				1.9	310		
联营企业							
国有联营企业							
集体联营企业							
国有与集体联营企业							
其他联营企业							
有限责任公司	3302.3	225.4	3077.1	2118	28441.4		769.6
国有独资公司	320	20	300	300	1721.2		
其他有限责任公司	2982.3	205.4	2777.1	1818	26720.2		769.6
股份有限公司	4129.4	360.5	3768.9	1640.2	38914		
私营企业	3489.7	85	3404.6	506.5	21119.1		291.2
私营独资企业	286.6	2.9	283.7		933.1		
私营合伙企业							
私营有限责任公司	2509.3	51.8	2457.4	406.7	17905.5		291.2
私营股份有限公司	693.8	30.3	663.5	99.8	2280.5		
其他企业	85.5	2.4	83.1	4.7	686.5		
港、澳、台商投资企业	1043.2	195	848.3	1815.7	16449.3		
与港澳台商合资经营企业	162.5	7.9	154.7	304.3	3938.3		
与港澳台商合作经营企业							
港澳台商独资经营企业	148.8	0.8	148	474.8	986.7		
港澳台商投资股份有限公司	731.9	186.3	545.6	1036.6	11524.3		
其他港澳台投资企业							
外商投资企业	3373	137.5	3235.5	175	29606.4		61.4
中外合资经营企业	872.2	21.6	850.6	117	7600.7		
中外合作经营企业							
外资企业	264.2	40.4	223.8	58	6116.4		61.4
外商投资股份有限公司	2236.6	75.5	2161.1		15889.3		
其他外商投资企业							
四、按国民经济行业大类分组							
采矿业	320	20	300	300	1721.2		
非金属矿采选业	320	20	300	300	1721.2		

表 12-14 续表 3

(2012 年)

项　　目	(二)按支出用途分组			(三)按资金来源分组			
	2.资产性支出	#①土建工程	②仪器设备	1.政府资金	2.企业资金	3.境外资金	4.其他资金
甲	7	8	9	10	11	12	13
制造业	15320.8	991.3	14329.6	5954.5	135919.7		1122.2
农副食品加工业				24.8	135.8		
食品制造业	0.8		0.8		25.7		
酒、饮料和精制茶制造业	379.6	10.3	369.3	4.7	1552.2		
纺织业	107.9	6.8	101.1		437.1		
纺织服装、服饰业	37.3	5.5	31.8		622.8		61.4
皮革、毛皮、羽毛及其制品和制鞋业	85.6		85.6		456.6		
木材加工和木、竹、藤、棕、草制品业	1085.7	8	1077.8	4.2	2589.9		
文教、工美、体育和娱乐用品制造业	403.6	8.6	395		1722.7		
石油加工、炼焦和核燃料加工业	593.9	22.9	571		1649.6		
化学原料和化学制品制造业	974.7	23.7	951	288	11411.8		
医药制造业	5750.2	775.5	4974.8	3338.8	71003.1		127.8
化学纤维制造业	34.3	3	31.3	61.2	927.8		
橡胶和塑料制品业	77.6		77.6	1	677.5		
非金属矿物制品业	304.6	2.9	301.7	724.9	4065.6		
黑色金属冶炼和压延加工业	334.5	2.2	332.4		1553.1		291.2
有色金属冶炼和压延加工业				10	2855.4		
金属制品业							
通用设备制造业	554.8	4.2	550.6	549.6	3025.2		410.4
专用设备制造业	1770.3	37.4	1733	598.4	10636		231.4
汽车制造业					112		
铁路、船舶、航空航天和其他运输设备制造业	179.6	1.1	178.4	18.6	1600.6		
电气机械和器材制造业	2169.7	40.7	2128.9	302.2	11173.6		
计算机、通信和其他电子设备制造业	216.4	31.6	184.8		6077.6		
仪器仪表制造业	259.7	6.9	252.7	28.1	1608		
电力、热力、燃气及水生产和供应业	5.4	0.4	5.1	31.1	380.4		
电力、热力生产和供应业	5.4	0.4	5.1	31.1	380.4		
水的生产和供应业							
五、按企业控股情况分组							
国有控股	1145.6	31.6	1114.1	906.2	9714.5		410.4
集体控股	593.9	22.9	571		1649.6		
私人控股	7761.4	607.3	7154.3	3303.5	73110.3		650.4
港澳台商控股	993.5	187.6	805.9	1758.4	15359.7		
外商控股	2993.9	122.8	2871	149	27702.5		61.4
其他	2157.9	39.5	2118.4	168.5	10484.7		
六、按地区分组							
合计	15646.2	1011.7	14634.7	6285.6	138021.3		1122.2
市　区	11265	918.2	10347.1	5135.6	111701.2		831
赣榆县	2402.2	64.5	2337.8	184.3	10725.7		
东海县	395.7	8.8	386.8	916	4918.5		
灌云县	982.4	12.5	969.9		6699.2		
灌南县	600.9	7.7	593.1	49.7	3976.7		291.2

表 12-14 续表 4 (2012 年)

项 目	R&D经费外部支出	对境内研究机构支出	对境内高等学校支出	对境外支出
甲	14	15	16	17
总 计	**12264**	**7816**	**1367.8**	**1585.8**
一、按企业规模分组				
大型	10817.9	6666.3	1103.8	1585.8
中型	1446.1	1149.7	264	
小型				
微型				
二、按隶属关系分组				
中央	990.7	416.1	18.4	462.3
省(自治区、直辖市)	3437.7	1746.8	279.4	43.4
地(区、市、州、盟)	5846.2	4169.4	888.2	757.7
县(区、市、旗)	0.1			
街道				
镇				
乡				
社区(居委会)				
村委会				
其他	1989.3	1483.7	181.8	322.4
三、按登记注册类型分组				
内资企业	8110.9	5886	896.4	1220
国有企业	116.8	116.8		
集体企业				
股份合作企业				
联营企业				
国有联营企业				
集体联营企业				
国有与集体联营企业				
其他联营企业				
有限责任公司	4873.2	2823.8	722.3	1220
国有独资公司	500	500		
其他有限责任公司	4373.2	2323.8	722.3	1220
股份有限公司	2511.4	2398.9	112.5	
私营企业	547.7	492.4	53.8	
私营独资企业	7.6	7.6		
私营合伙企业				
私营有限责任公司	538.6	484.8	53.8	
私营股份有限公司	1.5			
其他企业	61.8	54.1	7.8	
港、澳、台商投资企业	89.2	89.2		
与港澳台商合资经营企业	89.2	89.2		
与港澳台商合作经营企业				
港澳台商独资经营企业				
港澳台商投资股份有限公司				
其他港澳台投资企业				
外商投资企业	4063.9	1840.8	471.4	365.8
中外合资经营企业	301.8	94	190	
中外合作经营企业				
外资企业	324.4		2	322.4
外商投资股份有限公司	3437.7	1746.8	279.4	43.4
其他外商投资企业				

表 12-14 续表 5

（2012 年）

项目	R&D经费外部支出	对境内研究机构支出	对境内高等学校支出	对境外支出
甲	14	15	16	17
四、按国民经济行业大类分组				
采矿业	500	500		
非金属矿采选业	500	500		
制造业	11160.5	7016.7	1359.5	1375.8
农副食品加工业				
食品制造业				
酒、饮料和精制茶制造业	61.8	54.1	7.8	
纺织业	2.4	2.4		
纺织服装、服饰业				
皮革、毛皮、羽毛及其制品和制鞋业				
木材加工和木、竹、藤、棕、草制品业	18.9	5.2	13.7	
文教、工美、体育和娱乐用品制造业				
石油加工、炼焦和核燃料加工业	530	530		
化学原料和化学制品制造业	452.8	310.6	142.2	
医药制造业	8638	5681.9	786.9	801.1
化学纤维制造业	19.8		2	
橡胶和塑料制品业	5.7		5.7	
非金属矿物制品业	0			
黑色金属冶炼和压延加工业	1.5			
有色金属冶炼和压延加工业				
金属制品业				
通用设备制造业	270.4		10.1	252.3
专用设备制造业	392.2	214	178.2	
汽车制造业				
铁路、船舶、航空航天和其他运输设备制造业				
电气机械和器材制造业	331.1	218.5	112.5	
计算机、通信和其他电子设备制造业	322.4			322.4
仪器仪表制造业	113.5		100.4	
电力、热力、燃气及水生产和供应业	603.5	299.3	8.3	210
电力、热力生产和供应业	603.5	299.3	8.3	210
水的生产和供应业				
五、按企业控股情况分组				
国有控股	1490.8	916.1	18.4	462.3
集体控股	530	530		
私人控股	5950.7	4413	765.5	757.7
港澳台商控股				
外商控股	3969.9	1746.8	471.4	365.8
其他	322.6	210.1	112.5	
六、按地区分组				
合计	12264	7816	1367.8	1585.8
市　区	11420.7	7022.1	1319.9	1585.8
赣榆县	671.8	631.6	40.1	
东海县	8.4	8.4		
灌云县	1.5			
灌南县	161.6	153.9	7.8	

大中型工业企业全部R&D项目情况

表12-15　　(2012年)

项　　目	项目数(项)	参加项目人员(人)	项目人员折合全时当量(人年)	全部项目经费内部支出(万元)
甲	1	2	3	4
总　计	**625**	**5889**	**5000**	**139327.7**
一、按企业规模分组				
大型	348	3620	3127	99824.1
中型	277	2269	1873	39503.6
小型				
微型				
二、按隶属关系分组				
中央	62	411	202	6112.4
省(自治区、直辖市)	73	551	548	15302
地(区、市、州、盟)	203	1543	1411	52983
县(区、市、旗)	12	94	87	2631.7
街道				
镇				
乡	10	161	133	3164.7
社区(居委会)				
村委会				
其他	265	3129	2619	59133.9
三、按登记注册类型分组				
内资企业	435	3577	3004	93050.9
国有企业	25	169	105	2357
集体企业				
股份合作企业	2	80	80	310
联营企业				
国有联营企业				
集体联营企业				
国有与集体联营企业				
其他联营企业				
有限责任公司	248	1561	1266	29358
国有独资公司	6	28	12	1431.2
其他有限责任公司	242	1533	1254	27926.8
股份有限公司	42	673	656	39921
私营企业	115	992	826	20485.9
私营独资企业	4	37	28	930.2
私营合伙企业				
私营有限责任公司	105	884	757	17243.9
私营股份有限公司	6	71	41	2311.8
其他企业	3	102	71	619
港、澳、台商投资企业	49	1103	908	17779.9
与港澳台商合资经营企业	15	244	205	4167
与港澳台商合作经营企业				
港澳台商独资经营企业	10	71	57	1406.4
港澳台商投资股份有限公司	24	788	646	12206.5
其他港澳台投资企业				
外商投资企业	141	1209	1088	28496.9
中外合资经营企业	46	386	311	7641.8
中外合作经营企业				
外资企业	24	279	233	5578.1
外商投资股份有限公司	71	544	544	15277
其他外商投资企业				

表 12-15 续表 1　　　　(2012 年)

项　　目	项目数(项)	参加项目人员(人)	项目人员折合全时当量(人年)	全部项目经费内部支出(万元)
甲	1	2	3	4
四、按国民经济行业大类分组				
采矿业	6	28	12	1431.2
非金属矿采选业	6	28	12	1431.2
制造业	594	5701	4946	137496.6
农副食品加工业	2	15	14	160.6
食品制造业	1	7	7	25
酒、饮料和精制茶制造业	4	112	77	1315.9
纺织业	3	24	20	430.2
纺织服装、服饰业	9	72	42	555.3
皮革、毛皮、羽毛及其制品和制鞋业	2	55	47	409.8
木材加工和木、竹、藤、棕、草制品业	25	71	32	1839.8
文教、工美、体育和娱乐用品制造业	12	47	43	1659.8
石油加工、炼焦和核燃料加工业	8	81	68	1626
化学原料和化学制品制造业	65	489	318	11549.9
医药制造业	224	2416	2224	72547.6
化学纤维制造业	9	78	50	892
橡胶和塑料制品业	10	67	66	671.5
非金属矿物制品业	22	323	279	4757.8
黑色金属冶炼和压延加工业	5	83	78	1840
有色金属冶炼和压延加工业	5	240	240	2855.4
金属制品业				
通用设备制造业	12	119	106	3981
专用设备制造业	83	724	611	10143.8
汽车制造业	1	16	13	112
铁路、船舶、航空航天和其他运输设备制造业	13	85	59	1540.3
电气机械和器材制造业	27	282	272	11374.9
计算机、通信和其他电子设备制造业	17	186	178	5627.3
仪器仪表制造业	35	109	102	1580.7
电力、热力、燃气及水生产和供应业	25	160	42	399.9
电力、热力生产和供应业	25	160	42	399.9
水的生产和供应业				
五、按企业控股情况分组				
国有控股	81	602	369	10245.2
集体控股	8	81	68	1626
私人控股	331	2728	2376	73720.9
港澳台商控股	46	1022	834	16708.1
外商控股	126	1109	1017	26581.7
其他	33	347	336	10445.8
六、按地区分组				
合计	625	5889	5000	139327.7
市　区	494	4600	4048	112895.4
赣榆县	47	343	280	10616.1
东海县	32	304	248	5825.6
灌云县	27	281	190	5822.5
灌南县	25	301	234	4168.1

大中型工业企业办科技机构情况

表 12-16

(2012 年)

项目	机构数(个)	机构人员合计(人)	#博士毕业	硕士毕业	本科毕业
甲	1	2	3	4	5
总　计	**149**	**8330**	**272**	**1256**	**4197**
一、按企业规模分组					
大型	38	5135	199	1004	2478
中型	111	3195	73	252	1719
小型					
微型					
二、按隶属关系分组					
中央	13	453	2	41	382
省(自治区、直辖市)	2	424	15	130	227
地(区、市、州、盟)	24	2799	147	573	1005
县(区、市、旗)	3	122	3	17	61
街道					
镇					
乡	4	158	4	11	91
社区(居委会)					
村委会					
其他	103	4374	101	484	2431
三、按登记注册类型分组					
内资企业	99	5063	185	726	2292
国有企业	4	104		8	80
集体企业					
股份合作企业	1	64		4	30
联营企业					
国有联营企业					
集体联营企业					
国有与集体联营企业					
其他联营企业					
有限责任公司	34	2334	62	236	1004
国有独资公司	4	33	5	13	13
其他有限责任公司	30	2301	57	223	991
股份有限公司	8	1254	91	386	583
私营企业	50	1202	28	82	573
私营独资企业	3	39		3	32
私营合伙企业					
私营有限责任公司	44	1097	26	74	509
私营股份有限公司	3	66	2	5	32
其他企业	2	105	4	10	22
港、澳、台商投资企业	14	1538	43	225	1029
与港澳台商合资经营企业	7	381	4	32	209
与港澳台商合作经营企业					
港澳台商独资经营企业	6	86	5	14	67
港澳台商投资股份有限公司	1	1071	34	179	753
其他港澳台投资企业					
外商投资企业	36	1729	44	305	876
中外合资经营企业	18	740	24	78	339
中外合作经营企业	0				
外资企业	16	467	5	94	233
外商投资股份有限公司	2	522	15	133	304
其他外商投资企业					

表 12–16 续表 1

(2012 年)

项 目	机构数（个）	机构人员合计（人）	#博士毕业	硕士毕业	本科毕业
甲	1	2	3	4	5
四、按国民经济行业大类分组					
采矿业	4	33	5	13	13
非金属矿采选业	4	33	5	13	13
制造业	139	8171	265	1219	4092
农副食品加工业	4	126	8	20	94
食品制造业	2	13			10
酒、饮料和精制茶制造业	5	193	4	13	44
纺织业	6	40	2	3	29
纺织服装、服饰业	10	98	1	4	59
皮革、毛皮、羽毛及其制品和制鞋业	3	167		10	120
木材加工和木、竹、藤、棕、草制品业	4	146		6	72
文教、工美、体育和娱乐用品制造业	5	55		7	30
石油加工、炼焦和核燃料加工业	1	87		6	58
化学原料和化学制品制造业	22	621	24	57	319
医药制造业	13	3189	176	815	1807
化学纤维制造业	3	116	2	3	45
橡胶和塑料制品业	2	69	1	3	21
非金属矿物制品业	10	321	8	32	181
黑色金属冶炼和压延加工业	8	319	3	18	97
有色金属冶炼和压延加工业	2	57		2	15
金属制品业	1	10			10
通用设备制造业	7	341	2	21	263
专用设备制造业	8	1223	19	55	271
汽车制造业	1	18			14
铁路、船舶、航空航天和其他运输设备制造业	10	148	1	15	99
电气机械和器材制造业	5	354	4	25	205
计算机、通信和其他电子设备制造业	4	306	3	100	169
仪器仪表制造业	3	154	7	4	60
电力、热力、燃气及水生产和供应业	6	126	2	24	92
电力、热力生产和供应业	5	101	1	23	76
水的生产和供应业	1	25	1	1	16
五、按企业控股情况分组					
国有控股	24	700	11	75	520
集体控股	1	87		6	58
私人控股	76	4275	180	650	1675
港澳台商控股	13	1346	43	213	942
外商控股	33	1561	34	299	821
其他	2	361	4	13	181
六、按地区分组					
合计	149	8330	272	1256	4197
市 区	76	6642	230	1127	3373
赣榆县	23	751	22	52	277
东海县	16	318	12	34	194
灌云县	19	326	2	11	238
灌南县	15	293	6	32	115

表 12-16 续表 2　　　　　　　　　(2012 年)

项　　　　目	机构经费支出(万元)	仪器和设备原价(万元)	进口	境外机构数(个)
甲	6	7	8	9
总　计	**219455.1**	**145814.5**	**15424**	**4**
一、按企业规模分组				
大型	151348.6	70941	4584.3	4
中型	68106.5	74873.5	10839.7	
小型				
微型				
二、按隶属关系分组				
中央	14573.7	7082		1
省(自治区、直辖市)	22593.7	17862.8	1893.2	1
地(区、市、州、盟)	84880	41135.4	2193.4	2
县(区、市、旗)	4130.5	2059.4	314.9	
街道				
镇				
乡	3208.5	3824.5	1329	
社区(居委会)				
村委会				
其他	90068.7	73850.4	9693.5	
三、按登记注册类型分组				
内资企业	142431.7	89073.7	8842.5	3
国有企业	1570.8	1441.9		
集体企业				
股份合作企业	1550	2500		
联营企业				
国有联营企业				
集体联营企业				
国有与集体联营企业				
其他联营企业				
有限责任公司	50079.6	41870.8	1745.1	2
国有独资公司	501.2	590	60	
其他有限责任公司	49578.4	41280.8	1685.1	2
股份有限公司	58937.6	23518.4	6514.9	1
私营企业	29534	19024.1	582.5	
私营独资企业	930.2	357.8		
私营合伙企业				
私营有限责任公司	24887.4	17359	582.5	
私营股份有限公司	3716.4	1307.3		
其他企业	759.7	718.5		
港、澳、台商投资企业	30913.7	17424.1	3168.5	
与港澳台商合资经营企业	5910.9	10545.9	2221.8	
与港澳台商合作经营企业				
港澳台商独资经营企业	1660.8	2049.7	666	
港澳台商投资股份有限公司	23342	4828.5	280.7	
其他港澳台投资企业				
外商投资企业	46109.7	39316.7	3413	1
中外合资经营企业	15111.8	12328.4	1519.8	
中外合作经营企业				
外资企业	7581.2	9034.5		
外商投资股份有限公司	23416.7	17953.8	1893.2	1
其他外商投资企业				

表 12-16 续表 3

(2012 年)

项　　目	机构经费支出（万元）	仪器和设备原价（万元）		境外机构数（个）
			进口	
甲	6	7	8	9
四、按国民经济行业大类分组				
采矿业	501.2	590	60	
非金属矿采选业	501.2	590	60	
制造业	217907.8	142894.8	15181.3	4
农副食品加工业	1735.6	1743	52	
食品制造业	88.3	11.8		
酒、饮料和精制茶制造业	1884.6	1293.4	91.5	
纺织业	626.7	247.7		
纺织服装、服饰业	789.1	698.9		
皮革、毛皮、羽毛及其制品和制鞋业	1294.6	1064		
木材加工和木、竹、藤、棕、草制品业	2949.2	2169.6		
文教、工美、体育和娱乐用品制造业	1659.8	2016.9	55.8	
石油加工、炼焦和核燃料加工业	1620	2560	450	
化学原料和化学制品制造业	16316.4	15242.9	247.3	
医药制造业	115233	46784	3854.1	3
化学纤维制造业	1643.7	1191.6		
橡胶和塑料制品业	1155.3	1601	810	
非金属矿物制品业	6656.5	7889.3	2156.8	
黑色金属冶炼和压延加工业	4958.9	2439.9		
有色金属冶炼和压延加工业	1230.1	347.6		
金属制品业	101	189		
通用设备制造业	13420.3	5624.7		1
专用设备制造业	18336	34163.2	6563.1	
汽车制造业	112	63.2		
铁路、船舶、航空航天和其他运输设备制造业	3885.8	2734		
电气机械和器材制造业	12505.7	4433.7	464.2	
计算机、通信和其他电子设备制造业	6905.8	6634.6	101.5	
仪器仪表制造业	2799.4	1750.8	335	
电力、热力、燃气及水生产和供应业	1046.1	2329.7	182.7	
电力、热力生产和供应业	930	1480		
水的生产和供应业	116.1	849.7	182.7	
五、按企业控股情况分组				
国有控股	20792	13098.1	557.6	1
集体控股	1620	2560	450	
私人控股	114139.9	81664.7	8467.1	2
港澳台商控股	28516.4	10458.6	2463	
外商控股	43228.6	35281.2	3337	1
其他	11158.2	2751.9	149.3	
六、按地区分组				
合计	219455.1	145814.5	15424	4
市　区	183728.1	117506.4	12253	4
赣榆县	18670.6	13984.2	872.7	
东海县	6581.1	6839	2258.3	
灌云县	5877.1	3451.5		
灌南县	4598.2	4033.4	40	

大中型工业企业自主知识产权及相关情况

表 12-17　　(2012 年)

指　　标	专利申请数(件)	发明专利(件)	有效发明专利数(件)	境外授权	专利所有权转让及许可数(项)
总　计	**442**	**235**	**590**	**57**	**19**
一、按企业规模分组					
大型	183	123	410	57	
中型	259	112	180		19
小型					
微型					
二、按隶属关系分组					
中央	85	30	23		
省(自治区、直辖市)	26	22	99		
地(区、市、州、盟)	78	66	283	53	3
县(区、市、旗)	19	6	1		
街道					
镇					
乡	7	4	5		
社区(居委会)					
村委会					
其他	227	107	179	4	16
三、按登记注册类型分组					
内资企业	318	164	363	53	
国有企业	7	6	6		
集体企业					
股份合作企业	1	1	5		
联营企业					
国有联营企业					
集体联营企业					
国有与集体联营企业					
其他联营企业					
有限责任公司	138	57	209	24	
国有独资公司	3	3	3		
其他有限责任公司	135	54	206	24	
股份有限公司	60	40	83	29	
私营企业	106	60	60		
私营独资企业					
私营合伙企业					
私营有限责任公司	92	55	56		
私营股份有限公司	14	5	4		
其他企业	6				
港、澳、台商投资企业	70	36	98	4	
与港澳台商合资经营企业	45	14	77		
与港澳台商合作经营企业					
港澳台商独资经营企业	5	2	3		
港澳台商投资股份有限公司	20	20	18	4	
其他港澳台投资企业					
外商投资企业	54	35	129		19
中外合资经营企业	25	10	28		19
中外合作经营企业					
外资企业	3	3	2		
外商投资股份有限公司	26	22	99		
其他外商投资企业					

表 12-17 续表 1　　　　　　　　　　(2012 年)

指　　　　标	专利申请数(件)	发明专利(件)	有效发明专利数(件)	境外授权	专利所有权转让及许可数(项)
四、按国民经济行业大类分组					
采矿业	3	3	3		
非金属矿采选业	3	3	3		
制造业	427	227	585	57	19
农副食品加工业	3	3			
食品制造业					
酒、饮料和精制茶制造业	6				
纺织业					
纺织服装、服饰业					
皮革、毛皮、羽毛及其制品和制鞋业	11	11	10		
木材加工和木、竹、藤、棕、草制品业	6		20		
文教、工美、体育和娱乐用品制造业	2				
石油加工、炼焦和核燃料加工业					
化学原料和化学制品制造业	31	19	27		16
医药制造业	113	107	375	57	
化学纤维制造业					
橡胶和塑料制品业	4	3	6		
非金属矿物制品业	18	9	15		
黑色金属冶炼和压延加工业					
有色金属冶炼和压延加工业	12	6	6		
金属制品业					
通用设备制造业	69	22	14		
专用设备制造业	116	38	96		
汽车制造业					
铁路、船舶、航空航天和其他运输设备制造业	2	1	4		
电气机械和器材制造业	28	6	7		
计算机、通信和其他电子设备制造业	1	1	5		
仪器仪表制造业	5	1			3
电力、热力、燃气及水生产和供应业	12	5	2		
电力、热力生产和供应业	12	5	2		
水的生产和供应业					
五、按企业控股情况分组					
国有控股	108	40	32		
集体控股					
私人控股	258	139	406	53	16
港澳台商控股	33	26	25	4	
外商控股	34	29	122		3
其他	9	1	5		
六、按地区分组					
合计	442	235	590	57	19
市　区	352	191	554	57	3
赣榆县	39	14	7		16
东海县	20	10	12		
灌云县	20	15	14		
灌南县	11	5	3		

表 12-17 续表 2 (2012 年)

指 标	专利所有权转让与许可收入(万元)	发表科技论文(篇)	拥有注册商标数(件)	境外注册	形成国家或行业标准数(项)
总 计	**151.6**	**191**	**683**	**9**	**40**
一、按企业规模分组					
大型		165	592	9	26
中型	151.6	26	91		14
小型					
微型					
二、按隶属关系分组					
中央		61	1		1
省(自治区、直辖市)		2	350		12
地(区、市、州、盟)	150	93	151	1	16
县(区、市、旗)		15	1		
街道					
镇					
乡			7		
社区(居委会)					
村委会					
其他	1.6	20	173	8	11
三、按登记注册类型分组					
内资企业		174	242	9	14
国有企业		35	1		1
集体企业					
股份合作企业					
联营企业					
国有联营企业					
集体联营企业					
国有与集体联营企业					
其他联营企业					
有限责任公司		129	146	1	4
国有独资公司		6			
其他有限责任公司		123	146	1	4
股份有限公司			26	8	8
私营企业		5	66		1
私营独资企业					
私营合伙企业					
私营有限责任公司			64		1
私营股份有限公司		5	2		
其他企业		5	3		
港、澳、台商投资企业		2	83		2
与港澳台商合资经营企业		2	13		
与港澳台商合作经营企业					
港澳台商独资经营企业					
港澳台商投资股份有限公司			70		2
其他港澳台投资企业					
外商投资企业	151.6	15	358		24
中外合资经营企业	151.6	13	7		12
中外合作经营企业					
外资企业			1		
外商投资股份有限公司		2	350		12
其他外商投资企业					

表 12-17 续表 3　　　　　　　　　　　　　(2012 年)

指　　　　标	专利所有权转让与许可收入（万元）	发表科技论文（篇）	拥有注册商标数（件）	境外注册	形成国家或行业标准数（项）
四、按国民经济行业大类分组					
采矿业		6			
非金属矿采选业		6			
制造业	151.6	162	683	9	40
农副食品加工业		2			
食品制造业					
酒、饮料和精制茶制造业		7	3		
纺织业					
纺织服装、服饰业					
皮革、毛皮、羽毛及其制品和制鞋业					
木材加工和木、竹、藤、棕、草制品业			45		
文教、工美、体育和娱乐用品制造业					
石油加工、炼焦和核燃料加工业					
化学原料和化学制品制造业	1.6	35	8		9
医药制造业		66	541		17
化学纤维制造业		3	1		
橡胶和塑料制品业		8	2		
非金属矿物制品业			8		
黑色金属冶炼和压延加工业					
有色金属冶炼和压延加工业					
金属制品业					
通用设备制造业		3			
专用设备制造业		20	48	1	2
汽车制造业					
铁路、船舶、航空航天和其他运输设备制造业			1		1
电气机械和器材制造业		15	24	8	8
计算机、通信和其他电子设备制造业					
仪器仪表制造业	150	3	2		3
电力、热力、燃气及水生产和供应业		23			
电力、热力生产和供应业		23			
水的生产和供应业					
五、按企业控股情况分组					
国有控股		82	2		1
集体控股					
私人控股	1.6	92	225	1	5
港澳台商控股		2	77		2
外商控股	150	15	357		24
其他			22	8	8
六、按地区分组					
合计	151.6	191	683	9	40
市　区	150	171	665	9	40
赣榆县	1.6	15	5		
东海县			9		
灌云县					
灌南县		5	4		

大中型工业企业新产品开发、生产及销售情况

表 12-18　　(2012 年)

指　　标	新产品开发项目数(项)	新产品开发经费支出(万元)	新产品产值(万元)	新产品销售收入(万元)	出口
总　计	**620**	**174451.7**	**3505656.1**	**3090133**	**278055.5**
一、按企业规模分组					
大型	312	121697.2	2167399.2	1907165.4	21430.5
中型	308	52754.5	1338256.9	1182967.6	256625
小型					
微型					
二、按隶属关系分组					
中央	37	16551.4	362728.7	138909.4	575.4
省(自治区、直辖市)			406289	358648.2	23.8
地(区、市、州、盟)	311	82889.1	948700	814293.8	19407
县(区、市、旗)	14	3274.7	103064.2	110931.4	
街道					
镇					
乡	10	3167.3	40880	37170	15895.2
社区(居委会)					
村委会					
其他	248	68569.2	1643994.2	1630180.2	242154.1
三、按登记注册类型分组					
内资企业	500	132609.8	2422448.1	2045335.6	20416.8
国有企业	10	1754.6	6049.4	5111.1	
集体企业					
股份合作企业	3	1279.7	8419.4	9461.6	
联营企业					
国有联营企业					
集体联营企业					
国有与集体联营企业					
其他联营企业					
有限责任公司	276	46975.5	1196164.3	926396.7	10896.4
国有独资公司	4	1287.3			
其他有限责任公司	272	45688.2	1196164.3	926396.7	10896.4
股份有限公司	79	60528.1	722003.5	621894.7	1792.6
私营企业	128	21196.4	447485.5	440145.5	7727.8
私营独资企业	4	933.1	9552	9436.2	
私营合伙企业					
私营有限责任公司	115	16667.3	423152.4	416286.7	5005.8
私营股份有限公司	9	3596	14781.1	14422.6	2722
其他企业	4	875.5	42326	42326	
港、澳、台商投资企业	58	29542.4	118852.1	118376.1	18751.2
与港澳台商合资经营企业	20	4763.9	59673.4	56061.4	18751.2
与港澳台商合作经营企业					
港澳台商独资经营企业	7	544.7	7839.6	8036.9	
港澳台商投资股份有限公司	31	24233.8	51339.1	54277.8	
其他港澳台投资企业					
外商投资企业	62	12299.5	964355.9	926421.3	238887.5
中外合资经营企业	51	9244.5	404749.1	414822.2	221026
中外合作经营企业					
外资企业	11	3055	153317.8	152950.9	17837.7
外商投资股份有限公司			406289	358648.2	23.8
其他外商投资企业					

表 12-18 续表 1　　　　　　　　　　(2012 年)

指　　标	新产品开发项目数(项)	新产品开发经费支出(万元)	新产品产值(万元)	新产品销售收入(万元)	出口
四、按国民经济行业大类分组					
采矿业	4	1287.3			
非金属矿采选业	4	1287.3			
制造业	611	171950.8	3505656.1	3090133	278055.5
农副食品加工业	8	1574.6	13335	13068.3	380
食品制造业	2	89.1	26090.2	26443.7	23753.3
酒、饮料和精制茶制造业	5	1741.2	45824.8	45726	
纺织业	3	437.1	2492	2508	2268
纺织服装、服饰业	4	204.6	9364.2	9582.7	5612
皮革、毛皮、羽毛及其制品和制鞋业	2	456.6	8901.2	8700	8700
木材加工和木、竹、藤、棕、草制品业	22	1274.5	6040	6040	
文教、工美、体育和娱乐用品制造业	11	1657.7	8375	8366.9	
石油加工、炼焦和核燃料加工业	4	814	407993.6	407993.6	
化学原料和化学制品制造业	36	8348.5	303097.9	309270.7	190717
医药制造业	204	90505.8	1181754.6	1002484.8	23.8
化学纤维制造业	4	550.1	15304.7	15304.7	
橡胶和塑料制品业	10	505.8	25732	25399	488
非金属矿物制品业	20	5024.1	54492.5	51824.7	15895.2
黑色金属冶炼和压延加工业	1	488.2	236638.3	215214.8	
有色金属冶炼和压延加工业			938.4	938.4	
金属制品业					
通用设备制造业	35	15586.7	358525.4	135586.8	1173.6
专用设备制造业	129	19988.9	264209.1	281946.3	13637
汽车制造业	1	112	9552	9436.2	
铁路、船舶、航空航天和其他运输设备制造业	22	4502.5	9904.2	6333.5	
电气机械和器材制造业	30	12198.1	303179	294832.1	3972.2
计算机、通信和其他电子设备制造业	9	3433.9	187244.5	187044.3	10499
仪器仪表制造业	49	2456.8	26667.5	26087.5	936.4
电力、热力、燃气及水生产和供应业	5	1213.6			
电力、热力生产和供应业	1	558.2			
水的生产和供应业	4	655.4			
五、按企业控股情况分组					
国有控股	59	22783.4	474212.3	255802.4	575.4
集体控股	4	814	407993.6	407993.6	
私人控股	440	103082.2	1595195.2	1459295.2	206341.5
港澳台商控股	51	27891.9	105380.1	104904.1	18157.2
外商控股	54	11015.1	726646.3	682018	51188.8
其他	12	8865.1	196228.6	180119.7	1792.6
六、按地区分组					
合计	620	174451.7	3505656.1	3090133	278055.5
市　区	503	151913.6	2352499.7	1950949.8	59573.8
赣榆县	49	11368.7	1033555.4	1023435.1	193206.9
东海县	33	5295.7	51232.7	47211.2	16574.8
灌云县	13	2057.4	20990.9	20640.1	8700
灌南县	22	3816.3	47377.4	47896.8	

大中型工业企业政府相关政策落实情况

表 12-19

(2012 年)

项　　目	使用来自政府部门的科技活动资金	研究开发费用加计扣除减免税	高新技术企业减免税
甲	1	2	2
总　计	**11149.2**	**9648.6**	**35629.8**
一、按企业规模分组			
大型	8307.9	7872	32683.8
中型	2841.3	1776.6	2946
小型			
微型			
二、按隶属关系分组			
中央	2683.7	1318.1	2613.9
省(自治区、直辖市)	6	761.9	11813.7
地(区、市、州、盟)	4153	5284.2	15521.1
县(区、市、旗)	5		
街道			
镇			
乡	273	175.1	3
社区(居委会)			
村委会			
其他	4028.5	2109.3	5678.1
三、按登记注册类型分组			
内资企业	7888.2	7667.5	22303
国有企业	114	48.3	255.2
集体企业			
股份合作企业	10		
联营企业			
国有联营企业			
集体联营企业			
国有与集体联营企业			
其他联营企业			
有限责任公司	4487.6	2390.5	4388.8
国有独资公司	300		
其他有限责任公司	4187.6	2390.5	4388.8
股份有限公司	2540	4450	16349.7
私营企业	730.6	646.7	1309.3
私营独资企业			
私营合伙企业			
私营有限责任公司	553	596.7	507
私营股份有限公司	177.6	50	802.3
其他企业	6	132	
港、澳、台商投资企业	2872	843.8	1392.9
与港澳台商合资经营企业	362	170.9	320.7
与港澳台商合作经营企业			
港澳台商独资经营企业	510		
港澳台商投资股份有限公司	2000	672.9	1072.2
其他港澳台投资企业			
外商投资企业	389	1137.3	11933.9
中外合资经营企业	331	390.4	120.2
中外合作经营企业			
外资企业	58		
外商投资股份有限公司		746.9	11813.7
其他外商投资企业			

表 12–19 续表 1　　(2012 年)

项　　目	使用来自政府部门的科技活动资金	研究开发费用加计扣除减免税	高新技术企业减免税
甲	1	2	2
四、按国民经济行业大类分组			
采矿业	300		
非金属矿采选业	300		
制造业	10099.2	8919.7	35629.8
农副食品加工业	115		
食品制造业		3.1	
酒、饮料和精制茶制造业	6	132	
纺织业			
纺织服装、服饰业			
皮革、毛皮、羽毛及其制品和制鞋业			
木材加工和木、竹、藤、棕、草制品业	18		
文教、工美、体育和娱乐用品制造业			
石油加工、炼焦和核燃料加工业			
化学原料和化学制品制造业	513	98	412
医药制造业	5292.9	6215.5	27878
化学纤维制造业	73		
橡胶和塑料制品业	2	222.6	117.2
非金属矿物制品业	733	175.1	3
黑色金属冶炼和压延加工业			
有色金属冶炼和压延加工业	10		
金属制品业			
通用设备制造业	1830.7	555.9	2358.7
专用设备制造业	1012.6	694.6	1897
汽车制造业			
铁路、船舶、航空航天和其他运输设备制造业	109	48.3	255.2
电气机械和器材制造业	334	589.1	2658.7
计算机、通信和其他电子设备制造业			
仪器仪表制造业	50	185.5	50
电力、热力、燃气及水生产和供应业	750	728.9	
电力、热力生产和供应业	750	728.9	
水的生产和供应业			
五、按企业控股情况分组			
国有控股	3004.7	1333.1	2613.9
集体控股			
私人控股	4827.6	5935	17354.1
港澳台商控股	2757	843.8	1072.2
外商控股	363	1133.1	11930.9
其他	196.9	403.6	2658.7
六、按地区分组			
合计	11149.2	9648.6	35629.8
市　区	9830.2	9096	35214.8
赣榆县	285	60	412
东海县	983	360.6	3
灌云县			
灌南县	51	132	

大中型工业企业技术获取和技术改造情况

表 12-20　　(2012 年)

	引进技术经费支出	消化吸收经费支出	购买国内技术经费支出	技术改造经费支出
总　计	**7980**	**5078.7**	**9596.1**	**82158.9**
一、按企业规模分组				
大型	6520.4	3552	9002.5	44610.7
中型	1459.6	1526.7	593.6	37548.2
小型				
微型				
二、按隶属关系分组				
中央	6256.4	150	4386	10714
省(自治区、直辖市)	62.8	73.2	4395.5	15732
地(区、市、州、盟)		3317.1	280	28674.4
县(区、市、旗)				1600
街道				
镇				
乡				3876
社区(居委会)				
村委会				
其他	1660.8	1538.4	534.6	21562.5
三、按登记注册类型分组				
内资企业	7877.6	4114	4727	58980.1
国有企业			4180	
集体企业				
股份合作企业				
联营企业				
国有联营企业				
集体联营企业				
国有与集体联营企业				
其他联营企业				
有限责任公司	7676.4	3502.9	206	18437.5
国有独资公司				
其他有限责任公司	7676.4	3502.9	206	18437.5
股份有限公司	201.2	528.8	221	28406.4
私营企业		82.3	120	12136.2
私营独资企业				
私营合伙企业				
私营有限责任公司		82.3	120	10205.9
私营股份有限公司				1930.3
其他企业				
港、澳、台商投资企业	39.6	24.4	22.6	2450.3
与港澳台商合资经营企业	39.6	24.4	22.6	1952
与港澳台商合作经营企业				
港澳台商独资经营企业				183.3
港澳台商投资股份有限公司				315
其他港澳台投资企业				
外商投资企业	62.8	940.3	4846.5	20728.5
中外合资经营企业		867.1	451	20596.5
中外合作经营企业				
外资企业				132
外商投资股份有限公司	62.8	73.2	4395.5	
其他外商投资企业				

表 12-20 续表 1 (2012 年)

	引进技术经费支出	消化吸收经费支出	购买国内技术经费支出	技术改造经费支出
四、按国民经济行业大类分组				
采矿业				
非金属矿采选业				
制造业	1753	5078.7	9596.1	56393.9
农副食品加工业			120	280
食品制造业				
酒、饮料和精制茶制造业				125
纺织业				
纺织服装、服饰业				
皮革、毛皮、羽毛及其制品和制鞋业				
木材加工和木、竹、藤、棕、草制品业				131
文教、工美、体育和娱乐用品制造业				
石油加工、炼焦和核燃料加工业	1420	180		2061
化学原料和化学制品制造业		350	4356	17542.1
医药制造业	62.8	73.2	4395.5	11955
化学纤维制造业				312.6
橡胶和塑料制品业				213
非金属矿物制品业	39.6	24.4	22.6	3876
黑色金属冶炼和压延加工业				392
有色金属冶炼和压延加工业				
金属制品业				
通用设备制造业	29.4	150	206	681
专用设备制造业		2882.3		12067.6
汽车制造业				
铁路、船舶、航空航天和其他运输设备制造业		372.9		
电气机械和器材制造业	201.2	528.8	221	5996
计算机、通信和其他电子设备制造业				183.3
仪器仪表制造业		517.1	275	578.3
电力、热力、燃气及水生产和供应业	6227			25765
电力、热力生产和供应业	6227			25765
水的生产和供应业				
五、按企业控股情况分组				
国有控股	6256.4	150	4386	28046
集体控股	1420	180		2061
私人控股		3605.2	291	28703
港澳台商控股	39.6	24.4	22.6	2074.3
外商控股	62.8	590.3	4675.5	16956.9
其他	201.2	528.8	221	4317.7
六、按地区分组				
合计	7980	5078.7	9596.1	82158.9
市 区	6520	4524	9282.5	72308.7
赣榆县	1420	530	291	5612.6
东海县	39.6	24.4	22.6	4137.6
灌云县				
灌南县				100

各 级 各 类 学 校 数

表 12–21　　　　单位:所

年份	普通高等学校	中等专业学校	普通中学	高中	初中
1985	2	5	329	63	266
1986	3	7	333	64	269
1987	3	7	343	67	276
1988	3	7	329	67	262
1989	3	7	326	61	265
1990	3	7	326	59	267
1991	3	7	322	59	263
1992	3	7	318	55	263
1993	3	7	307	55	252
1994	3	7	296	56	240
1995	3	8	280	51	229
1996	3	8	277	57	220
1997	3	8	274	61	213
1998	3	8	246	47	199
1999	3	7	229	42	187
2000	4	5	225	41	184
2001	4	5	207	42	165
2002	3	5	202	42	160
2003	3	5	189	46	143
2004	3	4	212	49	163
2005	3	4	214	57	157
2006	3	4	214	57	157
2007	3	5	206	55	151
2008	3	5	200	52	148
2009	3	5	205	51	154
2010	3	8	189	47	142
2011	3	8	179	40	139
2012	3	9	179	36	143

表 12–21 续表

年份	技工学校	职业学校	小学	特殊教育学校	#盲聋哑学校
1985	3	10	1995	2	2
1986	4	21	1962	3	3
1987	4	22	1940	3	3
1988	3	28	1906	4	4
1989	4	29	1912	4	4
1990	4	27	1892	4	4
1991	4	32	1871	5	4
1992	5	29	1864	6	4
1993	5	25	1847	6	4
1994	5	28	1829	6	4
1995	5	27	1820	6	4
1996	6	28	1795	7	5
1997	6	29	1783	7	5
1998	6	23	1764	7	5
1999	5	20	1699	7	5
2000	5	17	1641	7	5
2001	5	16	1475	8	5
2002	4	14	1368	8	5
2003	4	14	1465	7	5
2004	5	13	469	7	5
2005	5	16	487	7	5
2006	5	17	490	7	5
2007	7	16	488	7	5
2008	7	12	494	7	5
2009	7	13	503	7	5
2010	9	7	443	7	5
2011	9	7	432	7	5
2012	12	5	435	7	5

各级各类学校在校学生数

表 12-22　　　　单位:人

年　　份	普通高等学校	中等专业学校	普通中学	高中	初中
1985	1583	3194	164188	22972	141216
1986	2025	3955	172104	23956	148148
1987	2655	4136	175646	25934	149712
1988	3020	4225	169813	25123	144690
1989	3109	4483	164313	22404	141909
1990	3190	4330	168494	22144	146350
1991	3150	4076	171329	22018	149311
1992	3596	4323	172432	22300	150132
1993	5316	5629	176597	21709	154888
1994	5981	7337	189174	21759	167415
1995	6351	10416	212732	23286	189446
1996	6871	16135	240003	27499	212504
1997	8926	20925	263635	33393	230242
1998	9428	23325	265209	38001	227208
1999	12307	22848	229940	42651	187289
2000	16159	17007	239500	48256	191244
2001	19298	16180	264222	56444	207778
2002	22428	14024	304960	66081	238879
2003	24247	14081	354980	74734	280246
2004	25064	18544	390503	86574	303929
2005	27510	26372	396120	96550	299570
2006	28063	38068	384191	109928	274263
2007	30228	47781	370361	121263	249098
2008	27637	53308	356523	120424	236099
2009	29192	55503	332519	112473	220046
2010	34508	53172	309140	108386	200754
2011	33862	48118	286107	106472	179635
2012	33841	50567	268494	102895	165599

表 12-22 续表 单位:人

年份	技工学校	职业学校	小学	特殊教育学校	#盲聋哑学校
1985	546	7000	451510	233	233
1986	711	8990	437754	270	270
1987	881	11584	420142	348	348
1988	1093	11461	410007	380	380
1989	1229	10953	406657	459	459
1990	1408	10720	409909	551	551
1991	1738	11696	417868	689	
1992	1953	11873	438430	803	
1993	2088	13468	469523	885	436
1994	2365	13419	517062	1448	464
1995	2819	15446	549268	2450	764
1996	3344	14087	589823	4158	841
1997	3447	12822	628242	4567	829
1998	4457	11835	657460	4274	750
1999	2874	7626	641894	3573	593
2000	2275	8879	634715	3323	535
2001	2075	10514	608463	4061	448
2002	3407	13098	564650	3013	491
2003	4471	17549	504045	2890	609
2004	6778	18147	446970	2459	2210
2005	6880	24102	411449	2126	2126
2006	11140	24051	381113	864	739
2007	12528	26698	353887	872	737
2008	12995	20631	334553	925	785
2009	13508	16744	326435	940	790
2010	13508	9742	327142	914	797
2011	14154	8303	336028	947	790
2012	15507	7267	349956	960	790

各类学校专任教师数

表12-23　　　　　　　　　　　　　　　　　　　　　　　　　　　　单位:人

年　份	普通高等学校	中等专业学校	技工学校	职业中学	普通中学	小学
1985	260	317	78	290	7918	17805
1986	350	371	90	441	8332	17826
1987	443	402	111	563	8982	18354
1988	459	411	103	671	9075	18470
1989	458	425	146	710	9057	18355
1990	444	417	157	721	9441	18548
1991	440	414	144	748	9732	18371
1992	464	404	185	840	9843	18433
1993	477	429	187	845	10073	18532
1994	525	461	214	917	10478	19235
1995	543	497	242	1083	11420	19736
1996	612	526	231	1056	12194	20588
1997	653	528	272	1076	12992	21026
1998	707	438	300	1138	13346	21572
1999	867	436	315	910	13708	20828
2000	1313	211	285	806	13984	21922
2001	1468	247	212	753	14624	22469
2002	1371	264	285	887	15560	21823
2003	1432	294	296	1095	16972	20545
2004	1491	383	416	1103	18300	20574
2005	1620	413	342	1252	19786	20166
2006	1718	445	400	1457	20306	20487
2007	1666	710	880	1514	20381	20626
2008	1771	777	880	1359	20758	21059
2009	1791	830	1175	1453	20938	20957
2010	2714	1872	1175	1082	24505	22063
2011	1781	1544	1136	1108	22239	20260
2012	1780	1576	1431	1055	22180	19876

每一专任教师平均负担学生数

表12-24 单位:人

年　　份	普通高等学　校	中等专业学　校	技工学校	职业中学	普通中学	小　学
1985	6.09	10.08	7.00	24.14	20.73	25.36
1986	5.79	10.66	7.90	20.39	20.66	24.62
1987	5.99	10.29	7.94	20.58	19.64	22.67
1988	6.58	10.28	10.61	17.08	18.70	21.96
1989	6.79	10.55	8.42	15.43	18.18	21.88
1990	7.18	10.38	8.97	14.87	17.77	21.93
1991	7.16	9.85	12.07	15.64	17.52	22.70
1992	7.75	10.70	10.56	14.13	17.33	23.53
1993	11.14	13.12	11.17	15.94	17.53	25.34
1994	11.39	15.92	11.05	14.63	18.05	26.88
1995	11.70	20.96	11.65	14.26	18.62	27.83
1996	11.23	30.67	14.48	13.34	19.68	28.65
1997	13.67	39.63	12.67	11.92	20.29	29.88
1998	13.34	53.25	14.86	10.40	19.87	30.48
1999	7.68	52.40	9.12	8.38	16.77	30.82
2000	11.78	80.60	7.98	11.02	17.13	28.95
2001	13.15	65.51	9.79	13.96	18.07	27.08
2002	16.36	53.12	11.95	14.77	19.47	25.87
2003	16.93	47.89	15.10	16.03	70.92	24.53
2004	16.81	48.41	16.29	16.45	21.34	21.72
2005	16.98	63.85	20.12	19.25	20.02	20.40
2006	16.33	85.55	27.85	16.51	18.92	18.60
2007	16.39	67.30	14.24	17.63	18.17	17.15
2008	15.61	68.61	14.76	15.18	17.18	15.89
2009	16.39	66.87	11.5	11.52	15.88	15.58
2010	19.33	35.78	11.6	11.46	14.64	15.76
2011	19.01	31.16	12.45	7.49	12.86	16.58
2012	19.01	32.09	12.65	6.89	12.11	17.61

各类学校和在校学生数

表 12-25　　(2012 年)

项　目	全　市	市　区	赣榆县	东海县	灌云县	灌南县
一、各类学校数(所)	**643**	**129**	**143**	**147**	**150**	**74**
1.高等学校	3	3				
2.中等专业学校	9	5	2		1	1
3.普通中学	179	38	39	41	32	29
高　中	36	9	9	9	5	4
初　中	143	29	30	32	27	25
4.职业中学	5	3		1	1	
5.技工学校	12	8	1	1	2	
6.小　学	435	72	101	104	114	44
二、在校学生数(人)	**725632**	**181905**	**157850**	**157784**	**127644**	**100449**
1.高等学校	33841	33841				
2.中等专业学校	50567	21400	9511	7596	5943	6117
3.普通中学	268494	49578	66089	58667	55448	38712
高　中	102895	18794	28320	24292	19390	13099
初　中	165599	30784	37769	34375	37058	25613
4.职业中学	7267	3547		3433	287	106
5.技工学校	15507	10862	2189	1347	1109	
6.小　学	349956	62677	80061	86741	64857	55620

各类学校招生数和毕业生数

表 12-26　　　　　　　　　　　　　　(2012 年)

项　　目	全　市	市　区	赣榆县	东海县	灌云县	灌南县
一、各类学校招生数	**187940**	**49299**	**40199**	**40424**	**33814**	**24204**
1.高等学校	10232	10232				
2.中等专业学校	19983	6636	4093	2589	2989	3676
3.普通中学	84034	16082	19919	17186	18781	12066
高　　中	32238	6081	8304	6818	7002	4033
初　　中	51796	10001	11615	10368	11779	8033
4.职业中学	2482	953		1342	187	
5.技工学校	4772	3723	352	255	442	
6.小　　学	66437	11673	15835	19052	11415	8462
二、各类学校毕业生数	**176081**	**45471**	**39520**	**34808**	**33031**	**23251**
1.高等学校	9688	9688				
2.中等专业学校	12648	5874	2518	1431	1458	1367
3.普通中学	98982	17839	25387	22443	19568	13745
高　　中	33621	6446	9799	8166	4993	4217
初　　中	65361	11393	15588	14277	14575	9528
4.职业中学	2629	1731		566	226	106
5.技工学校						
6.小　　学	52134	10339	11615	10368	11779	8033

各类学校教职员工数和专任教师数

表 12-27　　(2012 年)　　单位:人

项　　目	全　市	市　区	赣榆县	东海县	灌云县	灌南县
一、教职员工数						
1.高等学校	2684	2684				
2.中等专业学校	2001	1204	537		31	229
3.普通中学	25240	5079	6798	5694	3784	3885
4.技工学校						
5.职业中学	1240	819		230	191	
6.小　　学	20671	4115	5457	4551	3546	3002
二、各类学校专任教师数	**47898**	**12995**	**11651**	**9839**	**7123**	**6290**
1.高等学校	1780	1780				
2.中等专业学校	1576	908	435		22	211
3.普通中学	22180	4659	5814	5081	3372	3254
4.技工学校	1431	948	142	49	292	
5.职业中学	1055	691		196	168	
6.小　　学	19876	4009	5260	4513	3269	2825

入学率和升学率

表 12-28

指　　标	2012			2011		
	学龄儿童入学率	小学毕业生升学率	初中毕业生升学率	学龄儿童入学率	小学毕业生升学率	初中毕业生升学率
全　市	**100.00**	**99.35**	**96.26**	**100**	**99.64**	**96.05**
市　区	100.00	96.73	98.31	100	98.09	99.06
赣榆县	100.00	100.00	96.10	100	100	95.57
东海县	100.00	100.00	96.04	100	100	95.49
灌云县	100.00	100.00	95.44	100	100	95.2
灌南县	100.00	100.00	95.65	100	100	95.48

成 人 教 育 基 本 情 况

表 12-29　　(2012 年)　　单位:人

指　　标	学校数(所)	在校学生数	毕业生数	教职员工数	
					#专任教师
一、成人高等学校					
淮海工学院		3172	1802	1566	944
广播电视大学	1	4923	982	137	91
师专成教院		1904	471	548	409
职技院成教部		901	203	570	425
二、成人中等学校					
成人中等专业学校		5072	3846		
成人中学	71	3284	2196	620	543
三、成人初等学校					
四、其他成人教育学校	203	334863	333142	1858	1270

幼 儿 教 育 基 本 情 况

表 12-30　　(2012 年)　　单位:人

指　　标	幼儿园（个)	在园幼儿	教职工数		
				教师	保健人员
总　　计	**283**	**176307**	**10463**	**6733**	**284**
市　　区	86	29305	3145	1765	105
赣 榆 县	61	41274	2231	1439	69
东 海 县	60	41178	2926	2164	63
灌 云 县	32	41003	258	197	3
灌 南 县	44	23547	1903	1168	44

艺术事业基本情况

表 12-31

(2012 年)

指　　标	单位	全 市	市 区	赣榆县	东海县	灌云县	灌南县
一、艺术表演团体	个	9	5	1	1	1	1
#淮海戏剧团	个	3	1			1	1
京 剧 团	个	2	1	1			
二、演职员工数	人	195	91	25	31	18	30
三、艺术演出场次	场	962	263	158	201	82	258
四、剧场、影剧院	个	7	2	1	1	2	1
五、座 席 数	个	7079	2215	1344	1074	1165	1281
六、观众人数	千人次	579	247	70	110	414	110
附:群众文化事业							
文 化 馆	个	8	4	1	1	1	1
文 化 站(机构)	个	97	25	18	21	19	14

图书馆、博物馆基本情况

表 12-32

(2012 年)

指　　标	单位	全 市	市 区	赣榆县	东海县	灌云县	灌南县
一、公共图书馆	间	**7**	**3**	**1**	**1**	**1**	**1**
公共图书馆藏书	册	2637930	1334295	198855	709949	227531	167300
#古　籍	册	2201	1110		595	196	300
累计发放有效借书证	个	77982	39403	4079	29880	3120	1500
图书流通人次	人次	2222462	1040732	41500	1052000	53230	35000
图书流通册次	册次	1933722	714852	41008	1048000	98862	31000
阅览座席数	个	1899	990	109	320	240	240
二、博物馆	个	**10**	**4**	**2**	**2**	**1**	**1**
文物藏品件数(实际数量)	件	19763	12292	1154	2000	3007	1310
#一级品	件	128	23	1	104		
参观人数	人次	1353900	334000	650900	289000	72000	8000

电视台及节目制作情况

表 12-33

指　　标	单位	2012		2011	
		全　市	市　区	全　市	市　区
一、电视台数	座	1	1	1	1
发射台及转播台	座	7	3	19	15
节目套数	套	7	3	7	3
平均每周播出时间	小时	868	414	980	420
电视人口复盖率	%	100	100	100	100
卫星电视地面站	座				
二、制作节目时间	小时	**10581**	**8745**	**10428**	**8783**
# 新闻资讯类	小时	2551	2024	1310	851
综艺益智类	小时	905	372	714	463
三、有线电视台数	座	1	1	1	1
节　　目	套			155	155
有线电视入户数	万户	109.65	109.65	108	108

广播电台及节目制作情况

表 12-34

指　　标	单位	2012		2011	
		全　市	市　区	全　市	市　区
一、电　　台	座	1	1	1	1
发射台及转播台	座	7	3	8	3
# 调频广播	座	6	2	6	2
节目套数	套	7	3	6	2
平均每日播音时间	小时	108		152	38
广播人口覆盖率	%	100	100	100	100
二、制作节目时间	小时	**20174**	**12257**	**22435**	**13285**
# 新闻资讯类	小时	3983	2070	4163	1890
综艺益智类	小时	1758	92	7094	3090

主要年份卫生机构、床位、人员数

表 12-35

年份	卫生机构数(个)	医院(含卫生院)	医院床位数(张)	卫生技术人员数(人)	医师(含卫生院)	每万人拥有	
						医院床位数(张)	医生数(人)
1978	431	135	4800	6900	2000	14.9	6.2
1979	445	135	5067	7485	2221	15.6	6.9
1980	449	135	5535	7683	2426	16.9	7.4
1981	491	135	5182	7717	2504	15.5	7.5
1982	573	135	5263	7926	2875	15.4	8.4
1983	588	138	5372	8038	3178	15.5	9.2
1984	608	139	5411	8200	3272	15.4	9.3
1985	622	132	5325	8082	3102	15.0	8.7
1986	640	133	5566	8454	3288	15.4	9.1
1987	642	134	5787	8674	3253	15.7	8.8
1988	653	136	5859	9103	3647	15.6	9.7
1989	654	138	5830	9574	4062	15.2	10.6
1990	659	139	6195	9922	4347	15.6	11.0
1991	690	139	6398	10480	4563	15.7	11.2
1992	690	140	6559	10951	4656	15.8	11.2
1993	665	141	6452	11040	4850	15.4	11.6
1994	663	146	6433	11390	5037	15.2	11.9
1995	663	146	6501	12000	5230	15.3	12.3
1996	797	147	6603	12164	5130	15.3	11.9
1997	806	147	6712	12587	5421	15.4	12.5
1998	838	147	6739	12690	5593	15.3	12.7
1999	731	149	6882	12336	5531	15.4	12.4
2000	670	149	6962	12050	5276	15.4	11.7
2001	708	147	6983	12244	5497	15.2	11.9
2002	705	154	7336	11831	5115	15.8	11.0
2003	790	150	7419	12072	5346	15.9	11.5
2004	867	150	7672	11675	5236	18.8	11.2
2005	923	158	8240	11829	5248	18.2	11.5
2006	982	166	8979	12468	5455	18.7	11.4
2007	826	168	9248	13095	5481	20.7	12.3
2008	800	164	10453	13369	5465	23.5	12.3
2009	820	170	11085	14566	5748	24.5	12.5
2010	2620	205	11799	15774	6009	24.6	12.6
2011	2666	179	12555	17247	6409	28.6	14.6
2012	2619	179	15682	19040	7333	35.6	16.6

注:1、在 1996 年份后机构数中均包括个体办诊所。2、医院数包括医院、卫生院、社区卫生服务中心,妇幼保健院。3、医院床位同。4、卫生机构数 2011 年含村卫生室。

全市卫生机构、床位、人员数

表 12-36

(2012 年)

指　　标	机构数（个）	床位数（张）	人员数（人）	卫生技术人员数	执业医师
总　　计	**2619**	**16504**	**19040**	**7333**	**7861**
市　　区	608	6604	8359	3209	3763
赣 榆 县	701	2668	3218	1239	1310
东 海 县	529	2545	2844	1217	955
灌 云 县	428	2332	2353	843	921
灌 南 县	353	2355	2266	825	912
一、医院合计	65	11597	10403	3551	4996
综合医院	49	8962	8378	2868	4097
中医医院	5	1709	1495	544	653
专科医院	11	926	530	139	246
二、基层医疗卫生机构	2517	4090	7222	3318	2399
社区卫生服务中心	22	592	576	232	218
卫 生 院	91	3493	3961	1391	1331
村卫生室	1717		788	670	118
门诊部	41	5	391	173	168
诊所、卫生所、医务室	603		1304	755	487
三、专业公共卫生机构	32	569	1326	437	416
1、疾病预防控制中心	10		353	196	26
2、专科疾病防治所、站	1	200	4	2	
3、妇幼保健所、站	10	369	626	217	323
4、急救中心	1		41	18	19
5、采供血机构	1		78	4	48
6、卫生监管所	9		224		
四、其他卫生机构	5	248	89	27	50
疗养院	2	248	57	15	32

注:2002 年起执行新的卫生统计制度,卫生学校不列入卫生机构,医院不含疗养院数。

分县卫生机构情况

表 12-37　　(2012 年)　　单位:个

指标	全市	市区	赣榆县	东海县	灌云县	灌南县
总计	**2619**	**608**	**701**	**529**	**428**	**353**
#1.医院	65	28	9	9	11	8
#综合医院	49	22	6	6	9	6
中医医院	5	1	1	1	1	1
中西医结合医院						
专科医院	11	5	2	2	1	1
2、妇幼保健院	1	1				
3.卫生院	91	8	26	21	19	17
4、社区卫生服务中心	22	21			1	
5.疗养院	2	2				

分县床位数

表 12-38　　(2012 年)　　单位:张

指标	全市	市区	赣榆县	东海县	灌云县	灌南县
总计	**16504**	**6604**	**2668**	**2545**	**2332**	**2355**
#1.医院	11597	5043	1900	1613	1798	1243
#综合医院	8962	3883	1540	1168	1368	1003
中医医院	1709	550	240	359	350	210
中西医结合医院						
专科医院	926	610	120	86	80	30
2、妇幼保健院	369	369				
3.卫生院	3493	227	768	852	534	1112
4、社区卫生服务中心	592	512		80		
5.疗养院	248	248				

各类卫生技术人员数

表 12-38　　(2012 年)　　单位:人

指　　标	全　市	市　区	赣榆县	东海县	灌云县	灌南县
1、卫生技术人员总计	**19040**	**8359**	**3218**	**2844**	**2353**	**2266**
#医院、卫生院	14364	5564	2813	2158	2035	1794
执业医师	7333	3209	1239	1217	843	825
#医院、卫生院	4942	1995	1000	740	678	529
注册护士	7861	3763	1310	955	921	912
药剂人员	1027	451	150	179	141	106
技师	1027	470	162	162	109	124
其他人员	1792	466	357	331	339	299
2、其他技术人员	**847**	**216**	**146**	**203**	**136**	**146**
3、管理人员	**892**	**504**	**107**	**64**	**143**	**74**
4、工勤人员	**1819**	**733**	**349**	**137**	**302**	**298**

医 院 工 作 情 况

表 12-39

指　标	单位	2000	2005	2006	2007	2008	2009	2010	2011	2012
医院数	个	36	53	60	62	58	56	59	64	65
诊疗人次	万人	255.4	316.2	322.7	380.6	392.9	430.1	454.5	481.4	544.5
#门诊人次	万人	219.6	302.7	280.8	312.6	348.2	378.8	396.5	423.2	477.6
急诊人次	万人	26.4	22.8	24.0	28.6	31.3	36.7	38.6	40.5	48.4
健康检查	万人	4.2	15.5	13.4	26.5	21.5	25.2	34.9	34.1	38.9
入院人数	人	82327	154965	170547	198855	215493	242195	257629	287311	332991
出院人数	人	82538	154408	169744	198066	216242	241643	259755	278885	332450
出院病人数	人	72715	139415	150606	174383	190237	212130	224763	251866	0
#治愈人数	人	41072	69158	73619	82193	88330	91673	102027	110406	0
好转人数	人	28228	64429	70622	85569	94570	112798	115649	134234	0
未愈人数	人	3036	4985	5416	5656	6304	6692	6115	6069	0
死亡人数	人	379	843	949	965	1033	967	972	1157	0
治愈率	%	56	54.5	54.7	53.5	52.87	50.15	52.75	49.28	0
好转率	%	39	41.7	41.6	43.2	43.73	46.68	44.52	48.13	0
病死率	%	1	0.5	0.5	0.5	0.48	0.4	0.37	0.41	0
年底实有医院床位数	张	4695	5780	6495	6763	7743	7958	8518	8804	11597
平均开放病床数	张	4695	5580	6381	6542	7084	7904	8259	8488	10720
病床周转次数	次/年	18	27.7	26.6	30.3	30.5	30.6	31.5	32.9	31
病床工作日	日	190	294.6	286.5	310	301.7	299.7	296	299.9	273.9
病床使用率	%	52	80.7	78.5	85	82.65	82.12	81.11	82.15	74.83
出院者平均住院日	日	10	9.9	9.8	10.1	9.9	9.7	9.2	9	8.7

医院、卫生院运营情况

表 12-40　　　　(2012 年)

指　　标	单 位	医　院	综合医院	中医院	专科医院	卫生院	社区服务中心
机 构 数	个	65	49	5	11	91	22
诊疗人次	万人	544.5	424.0	100.7	19.7	553.0	66.0
#门诊人次	万人	477.6	368.3	90.3	19.0	530.2	57.1
急诊人次	万人	48.4	40.1	7.7	0.6	15.4	6.6
健康检查	万人	38.9	33.7	5.1	0.1	68.9	7.4
入院人数	人	332991	279360	42279	11352	108009	10539
出院人数	人	332450	279052	42033	11365	107719	10364
年底实有床位数	张	11597	8962	1709	926	3493	592
平均开放病床数	张	10720	8231	1577	911	3306	551
病床周转次数	次/年	31	33.9	26.7	12.5	32.6	18.8
病床工作日	日	273.9	283.5	243	240.1	167.4	172.2
病床使用率	%	74.8	77.47	66.4	65.6	45.73	47.05
出院者平均住院日	日	8.7	8.3	9.1	17.7	5.1	8.9

注:相对指标不含疗养数字

13

民政、司法、城建、环保

优抚、社会救济和扶贫情况

表 13-1

指　　标	单位	2012 全市	2012 市区	2011 全市	2011 市区
一、优抚事业					
优抚收养单位数	个	3		3	
优抚收养单位床位数	张	170		170	
年末优抚收养人数	人	89		77	
优抚对象人数	人	23384	1719	23608	2023
#革命伤残人员	人	2849	534	2874	546
烈军属人数	人	727	52	726	237
在乡复员、退伍军人	人	7099	356	7235	366
优待烈军属户数	户	5268	1160	5353	1533
优抚事业费用	万元	19039.8	2393.9	15277	1987
二、社会救济					
城镇居民最低生活保障对象人数	人	15794	9745	18741	11319
城镇居民最低生活保障对象户数	户	7284	4363	8455	4963
农村居民最低生活保障对象人数	人	125003	6544	131735	6701
农村居民最低生活保障对象户数	户	66181	2931	69968	2946
农村五保供养人数	人	8320	337	9041	387
其中:集中供养	人	5423	242	6958	284
分散供养	人	2897	95	2083	103

社会福利事业基本情况

表 13-2

(2012 年)

指　　标	单位	全 市	市 区	赣榆县	东海县	灌云县	灌南县
一、社会福利院	个	**5**	**2**	**1**	**1**	**1**	
社会福利院床位数	张	550	460	60		30	
#民政部门办社会福利院	个	5	2	1	1	1	
工作人员	人	182	164	13	1	4	
床　　位	张	550	460	60		30	
年末收养人数	人	457	404	25		28	
二、城镇收养性老年福利机构	个	**36**	**23**	**1**	**4**	**8**	
工作人员	人	270	175	6	12	77	
床　　位	张	2879	1066	60	400	1353	
年末收养人数	人	1483	546	11	192	734	
三、农村收养性老年福利机构	个	**76**	**10**	**19**	**22**	**11**	**14**
工作人员	人	753	210	217	150	96	80
床　　位	张	9055	455	2517	3475	1370	1238
年末收养人数	人	5979	242	1883	1620	1083	1151

社会福利企业基本情况

表 13-3

指标	2012年			2011		
	企业个数（个）	职工人数（人）	残疾职工	企业个数（个）	职工人数（人）	残疾职工
总计	**39**	**1819**	**638**	**75**	**2854**	**1205**
一、民政部门办社会福利企业						
工厂	39	1819	638	75	2854	1205
商业服务业						
二、社会办社会福利企业						

婚姻登记情况

表 13-4　　单位：对

地区	2012年			2011		
	登记结婚对数	复婚	登记离婚对数	登记结婚对数	复婚	登记离婚对数
全市	**67089**	**1764**	**8418**	**63583**	**1249**	**7571**
一、市区	**11087**	**522**	**2692**	**11228**	**241**	**2346**
市本级(涉外)						
连云区	2728	119	644	2902	84	547
新浦区	5408	333	1497	5505	102	1421
海州区	2951	70	551	2821	55	378
开发区						
二、四县	**56002**	**1242**	**5726**	**52355**	**1008**	**5225**
赣榆县	12765	318	1123	11694	45	992
东海县	15910	686	1944	14348	882	1892
灌云县	13631	184	1442	13607	46	1347
灌南县	13696	54	1217	12706	35	994

律师公证和调解工作

表 13–5

指　　　　标	单　位	2011		2012	
		全　市	#市　区	全　市	#市　区
一、律师机构人员					
律师事务所	所	41	25	43	19
律　　师	人	485	359	484	350
#专职律师	人	402	287	454	334
#女　　性	人	61	46	65	50
兼职律师	人	16	16	16	16
聘请担任常年法律顾问的单位	个	2626	1612	3169	2438
民事诉讼代理	件	8496	3981	10347	7060
经济诉讼代理	件	1408	587	2516	1274
刑事辩护及代理	件	1736	850	1679	798
行政诉讼代理	件	72	58	98	69
非诉讼事件	件	5110	2717	4804	3158
法律咨询	件	12189	10367	12989	9127
代写法律事务文书	件	1645	1211	2037	1603
二、公证工作					
公 证 处	个	8	4	8	4
公证人员	人	59	33	60	30
#公 证 员	人	27	16	30	16
公证员助理	人	32	17	30	16
办理公证文书	件	30361	15669	28078	15151
国内民事	件	11042	6639	10552	5730
国内经济	件	13197	6490	11950	6915
涉外(涉港澳台)	件	5843	2403	248	131
三、人民调解工作					
专职司法助理员	人	100	28	100	28
司法所工作人员	人	515	100	522	121
人民调解委员会	个	2117	384	2291	452
调解人员	人	13695	2455	13634	2552
调解民间纠纷	件	29626	4076	26601	419

社 会 治 安 主 要 指 标

表 13-6　　　　(2012 年)

指　　标	单位	全 市	市 区	赣榆县	东海县	灌云县	灌南县
一、刑事案件(法院数)							
刑事案件立案数	件	4013	1554	719	798	564	396
罪犯人数	人	4969	1705	944	1094	713	513
民事案件发案数	件	45626	17561	10839	7900	5525	3801
二、治安案件							
受 理 数	件	29965	13133	5028	4697	4171	2936
查 处 数	件	29108	13082	5027	4697	3366	2936
三、城市交通事故							
交通事故	件	391	102	89	75	64	61
受伤人数	人	282	85	68	34	47	48
死亡人数	人	223	45	41	66	44	27
损失金额	万元	83.8	36.4	19.6	8.5	16.5	2.8
四、火　　灾							
火灾事故	件	341	127	77	35	79	23
死亡人数	人	4	1	1	2		
受伤人数	人	4		1	2	1	
损失金额	万元	260.9	169.1	45.2	10.3	31.8	4.5

城市建设用地和市政设施情况

表 13-7

指标	2000	2005	2006	2007	2008	2009	2010	2011	2012
一、建设用地情况									
城市面积(平方公里)	880	1022	804.11	990.72	1120	7434	7434	7223	7223
建成区面积(平方公里)	51.4	77.69	85.5	90	95	193.6	216.8	230	245.5
城市建设用地(平方公里)	51.1	77.69	78.2	109.74	115.27	240.54	263.81	274	283.27
#居住用地	11.3	26.62	29.3	44.02	45.55	101.99	112.78	116	115.72
公共设施用地	4.7	8.06	9.9	12.67	13.23	28.96	31.15	32	21.34
工业用地	10.4	16.9	19.1	22.65	26.51	46.59	50.97	56	55.83
仓储用地	4.2	4.18	3.8	3.95	4.77	9.58	10.93	11.05	11.75
交通设施用地	9.4	7.23	5.3	6.62	7.03	9.63	10.04	10.19	31.13
市政设施用地	0.9	2.61	2.8	2.93	3.01	4.52	4.87	4.78	4.72
二、市政设施情况									
道路长度(公里)	511	668.94	877	939	951.5	1791.8	1854	1914.56	1948.53
道路面积(万 M2)	500.95	959.3	1304	1469	1519	2989.7	3155	3275	3358.51
人均道路面积(M2)	10.65	13.67	18.38	20.21	21.61	20.89	22.03	20.35	20.12
人行道面积(万 M2)	92.59	178.1	192	214	272	521.2	547	573	583.45
桥梁数(座)	89	101	136	147	197	212	217	232	239
排水管道长度(公里)	375.54	575.67	980	1084	1134	2051	2147	2296	2473.49
路灯盏数(盏)	14113	39763	49000	77000	87900	93955	101947	106003	110749
污水日处理能力(万吨)	12.4	12.6	16	15.5	19.5	19.5	19.5	27.8	31.8
污水年处理量(万 M3)	3912	5608	4436	4648	4954	6106	6390	7201	7224
防洪堤长度(公里)	147.4	99.52	96	71		71	71	24	52

说明:城市建设方面从 2009 年开始改为全市数,以前年份为市区数。

城市园林绿化和环境卫生情况

表 13-8

指　　标	2000	2005	2006	2007	2008	2009	2010	2011	2012
一、园林绿化									
建成区园林绿地面积(公顷)	1315	2526	2759	2951	3442	6521	7378	8303	9713
#公共绿地	317.7	527.04	597	689	772	1412	1606	1918	2060
建成区绿化覆盖面积(公顷)	1629	2883	3183	3375	3898	7334	8235	8975	8997
建城区绿化覆盖率(%)	31.69	37.1	37.2	37.5	41.03	37.88	37.98	39.6	36.65
人均公共绿地面积(M^2)	6.76	7.51	8.41	9.48	10.98	9.87	10.82	11.92	12.34
城市公园数(个)	8	10	10	11	11	27	28	32	34
公园面积(公顷)	87.52	183.97	184	189	189	517	590	691	822
公园游人数(万人次)	200	200	220	427	367	435	240		218.5
二、环境卫生									
实际清扫面积(万 M^2)	270	933.1	726	1033	1499	2650	2289	3228	2464
生活垃圾清运量(万吨)	18.07	29	31	41.46	42.26	46.07	49.65	48.26	51.82
粪便清运量(万吨)	3.1	2.5	3.4	4.04	4.67	5.33	4.41	3.62	4.67
垃圾无害化处理厂(座)	2	2	2	2	2	2	2	2	3
无害化处理能力(吨/日)	495	795	795	800	800	600	1600	1400	1880
垃圾无害化处理量(万吨)	18.07	29	34.6	17.8	22.5	19.5	18.34	18.56	36.9

城市供水和城市燃气情况

表 13–9

指　　标	2000	2005	2006	2007	2008	2009	2010	2011	2012
一、城市供水									
水厂个数(个)	3	3	3	3	3	3	3	3	3
水厂综合生产能力(万吨/日)	32.1	38	44	52.9	52.3	55.05	55.7	55.8	64.3
供水管道长度(公里)	606	839.82	863	2005	2381	2382.64	2594.87	3325.55	3461.17
供水总量(万吨)	7710	9046	8367	11774	13004	14016	14172	15017	14498.59
# 生产用水	3072	3412	2161	4320	4602	5173	4185	4792	4810.92
# 家庭用水	3114	3073	3753	3531	4266	4343	4027	4367	4784.29
用水人口	55.61	67.62	70.17	135.18	134.94	141.08	147.75	160.41	166.52
人均日生活用水量(升)	192.40	159.27	111.40	121.66	127.45	143.59	103.34	113.11	118.68
自来水普及率(%)	98.11	96.37	99.59	99.12	100	100	103.13	100	100
二、节约用水									
计划用水量(万立方米)	2681	5889	5767	6662	11205	11120	16682	20080	22719
取水量(万立方米)	1502	7488	7603	3236	7805	6629	9345	9753	10800
生产用水重复利用量(万立方米)	3653	3338	2937	3426	3661	4491	7337	10327	11919
节约用水量(万立方米)	1179	1739	1964	1682	3705	4596	7690	1899	3737
三、城市燃气									
液化石油气供气总量(吨)	15265	22000	10169	30260	29994	31007	30705	32643	32967
# 家庭用气	15265	19850	9790	21890	19752	18824	19544	20202	20515
家庭用气户数(户)	121257	132333	132458	282172	265140	251226	242429	230623	234239
用气人口(万人)	42.44	42.61	37.53	97.34	97.21	91.18	86.88	79.66	78.25
天然气供气总量(万立方米)		730.98	1695	2490	4992	5404	7604	8623	9211
# 家庭用气		417.21	679	836	1047	1422	2006	2694	3039
家庭用气户数(户)		53200	67369	81744	99561	137256	183284	224528	247619
用气人口(万人)		17.1	23.52	27.34	34.14	45.96	57.04	71.92	82.23
天然气供气管道长度(公里)	60	242.97	446	628	807	1023	1127	1363	1554.64
煤气、液化气普及率(%)	90.22	99.9	99.9	99.9	99.9	99.9	100	100	100

工业"三废"排放及处理情况

表 13-10 (2012 年)

指标	单位	全市	市区	赣榆县	东海县	灌云县	灌南县
一、废水排放量							
工业废水排放总量	万吨	6390	1763	2269	959	608	791
二、废气排放量							
工业烟(粉)尘去除量	吨	957760	587975	296992	55003	11861	5935
工业烟(粉)尘排放量	吨	16570	5876	6904	2520	635	635
工业二氧化硫排放量	吨	47221	17750	15477	4307	2600	7087
工业二氧化硫产生量	吨	66649	39768	14694	3510	1755	6922
三、化学需氧量排放量	吨	111612	23329	23790	27857	21207	15510
氮氧化物排放量	吨	11445	3126	2702	2263	1853	1501

此表统计范围包括有污染排放的工业企业和生活及其他排污单位。

14

江苏市县资料

三大区域主要经济指标

表 14-1 (2012 年)

指　　标	苏　南	苏　中	苏　北
年末常住人口(万人)	3301.71	1639.43	2978.83
土地面积(平方公里)	27921	20379	54473
地区生产总值(亿元)	33381.66	10193.55	12182.94
第一产业	759.50	716.03	1545.77
第二产业	17205.36	5403.10	5783.58
#工业	15731.53	4573.82	4835.17
第三产业	15416.80	4074.42	4853.59
人均地区生产总值(元)	101370	62208	40914
地区生产总值指数(上年=100)	110.8	112.0	113.0
粮食产量(万吨)	556.07	965.09	2350.64
油料产量(万吨)	23.52	58.23	68.06
棉花产量(万吨)	0.78	7.55	15.17
规模以上工业利税总额(亿元)	5749.33	2926.39	3159.68
固定资产投资额(亿元)	17401.28	6124.71	8181.21
社会消费品零售总额(亿元)	10967.82	3430.82	3932.66
进出口总额(亿美元)	4721.40	468.41	291.12
#出口	2755.99	339.03	190.35
实际外商直接投资(亿美元)	228.80	57.62	71.18
公共财政预算收入(亿元)	3189.85	868.35	1280.22
公共财政预算支出(亿元)	3158.20	1098.71	1928.33
金融机构存款余额(亿元)	52543.72	12640.66	10297.13
#居民储蓄存款	17759.57	6832.09	5465.53
金融机构贷款余额(亿元)	39314.39	7846.61	7251.30
城镇居民人均可支配收入(元)	35827	27095	20822
农村居民人均纯收入(元)	17160	12877	10502
居民人均储蓄存款(元)	53789	41674	18348

市辖区主要指标

表 14-2

(2012 年)

城　　市	年末户籍人口(万人)	土地面积(平方公里)	地区生产总值(亿元)	固定资产投资(亿元)	公共财政预算收入(亿元)	实际外商直接投资(万美元)
南京市						
玄武区	50.77	75	516.71	93.55	34.71	13183
白下区	45.99	26	457.88	100.07	34.02	13195
秦淮区	25.43	23	161.03	75.79	14.18	13003
建邺区	26.32	83	326.11	296.85	33.83	30495
鼓楼区	63.47	25	549.52	86.63	50.14	19304
下关区	31.09	28	269.11	69.79	16.71	9613
浦口区	59.49	910	498.98	635.06	63.41	44435
栖霞区	43.18	395	932.00	360.63	45.56	75039
雨花台区	23.76	132	292.46	240.81	31.95	14034
江宁区	94.59	1563	945.70	781.20	135.81	100349
六合区	89.25	1471	772.03	607.71	49.66	57216
无锡市						
崇安区	18.53	16	432.01	135.02	25.09	16561
南长区	32.65	24	213.18	106.13	21.75	21040
北塘区	25.48	31	236.03	93.03	21.32	1040
锡山区	42.30	399	535.12	454.94	50.02	41266
惠山区	43.19	325	567.10	376.43	60.07	17263
滨湖区	46.15	628	648.08	378.50	72.16	28507
徐州市						
鼓楼区	49.40	68	152.02	204.47	14.09	4111
云龙区	31.36	118	178.27	212.76	19.49	12215
贾汪区	51.10	834	192.91	156.55	13.44	4936
泉山区	55.34	108	362.69	212.68	21.27	4876
铜山区	133.66	1909	647.60	426.69	50.08	10225

表 14-2 续表 1

(2012 年)

城　市	年末户籍人口(万人)	土地面积(平方公里)	地区生产总值(亿元)	固定资产投资(亿元)	公共财政预算收入(亿元)	实际外商直接投资(万美元)
常州市						
天宁区	37.40	65	393.20	247.65	40.07	12009
钟楼区	35.62	67	360.14	260.63	33.50	22880
戚墅堰区	7.89	32	90.12	68.66	9.59	6408
新北区	46.94	453	700.32	564.29	82.66	84612
武进区	102.62	1246	1536.69	802.77	117.05	90010
苏州市						
虎丘区	34.57	335	830.11	359.13	82.04	90020
吴中区	60.92	2043	801.26	359.99	85.41	50000
相城区	38.72	490	480.01	300.99	53.43	37195
姑苏区	75.12	83	500.06	149.11	51.68	830
吴江区	80.49	1238	1321.49	626.70	119.32	95155
南通市						
崇川区	52.44	100	470.02	301.21	56.84	12108
港闸区	19.04	134	231.38	171.15	27.66	13234
通州区	125.74	1166	680.12	377.99	52.52	23109
连云港市						
连云区	25.33	579	78.70	126.07	14.84	8092
新浦区	47.49	462	108.27	143.77	22.18	5053
海州区	23.83	159	64.60	51.01	7.88	4607
淮安市						
清河区	23.79	32	102.21	86.75	25.89	20006
淮安区	118.74	1452	285.51	147.28	23.46	23103
淮阴区	90.99	1264	280.03	150.13	28.63	21102
清浦区	32.54	277	125.49	72.98	17.89	20058

表 14-2 续表 2

(2012 年)

城市	年末户籍人口(万人)	土地面积(平方公里)	地区生产总值(亿元)	固定资产投资(亿元)	公共财政预算收入(亿元)	实际外商直接投资(万美元)
盐城市						
亭湖区	71.02	732	268.26	193.50	29.68	18525
盐都区	71.51	1047	317.44	175.14	33.09	18517
扬州市						
广陵区	49.79	335	454.70	224.18	30.15	37578
邗江区	56.17	553	470.40	303.59	44.46	34765
江都区	106.88	1330	639.06	403.64	34.54	22857
镇江市						
京口区	31.83	118	355.56	218.86	13.80	13482
润州区	24.71	130	251.20	218.86	18.91	15081
丹徒区	28.73	611	255.15	173.15	18.04	15235
泰州市	42.21	237	365.07	209.31	33.51	19668
海陵区						
高港区	26.29	287	266.04	138.53	21.29	23267
宿迁市						
宿城区	92.00	854	228.16	106.45	18.54	5201
宿豫区	72.40	1254	226.60	138.07	17.63	5008

市 县 指 标

表 14-3

(2012 年)

市　县	年末户籍人口(万人)	#女	年　末常住人口(万人)	出生人数(人)	死亡人数(人)	人　口密　度(人/平方公里)
南京市	**638.48**	**317.09**	**816.10**	**65575**	**43858**	**1239**
溧水县	41.88	20.59	41.86	4665	3825	393
高淳县	43.26	21.03	41.91	4183	3848	531
无锡市	**470.07**	**236.66**	**646.55**	**42697**	**33384**	**1397**
江阴市	121.26	60.48	162.43	11419	8387	1646
宜兴市	107.73	54.43	124.80	9182	8797	625
徐州市	**990.53**	**477.26**	**856.41**	**193823**	**45778**	**761**
丰　县	116.62	55.69	94.93	25436	3592	657
沛　县	128.67	62.01	111.31	25265	6737	825
睢宁县	137.36	65.88	102.49	28995	9237	580
新沂市	107.15	51.70	90.83	27156	3028	578
邳州市	179.86	86.39	143.36	28291	13045	687
常州市	**364.77**	**183.18**	**468.68**	**34352**	**28625**	**1072**
溧阳市	78.99	39.03	76.03	7502	5939	495
金坛市	55.31	27.74	55.84	5910	6688	572
苏州市	**647.81**	**328.90**	**1054.91**	**68097**	**45010**	**1243**
常熟市	106.78	54.83	150.71	8053	8648	1181
张家港市	91.02	46.23	124.18	8214	6797	1255
昆山市	73.76	37.01	163.89	9311	4418	1758
太仓市	47.26	24.34	70.68	3638	3761	859
南通市	**765.20**	**387.42**	**729.73**	**56647**	**67708**	**912**
海安县	93.87	47.31	86.60	5646	7370	782
如东县	104.60	52.99	98.60	6662	10473	569
启东市	112.38	57.16	96.00	7631	8278	795
如皋市	142.50	71.37	126.00	12244	12528	845
海门市	99.97	50.71	90.23	6448	9009	961
连云港市	**510.99**	**244.38**	**440.69**	**95884**	**35962**	**579**
赣榆县	115.58	54.87	94.81	18972	6995	626
东海县	118.02	56.65	94.96	28710	9053	466
灌云县	102.01	48.50	78.99	18662	11259	429
灌南县	78.73	37.03	62.19	14212	1918	607

表 14-3 续表 1

(2012 年)

市　县	年末户籍人口（万人）	#女	年　末常住人口（万人）	出生人数（人）	死亡人数（人）	人　口密　度（人/平方公里）
淮安市	**546.81**	**265.32**	**480.30**	**86602**	**36488**	**477**
涟水县	111.39	53.17	83.78	23161	6244	500
洪泽县	38.59	19.12	33.27	4275	2876	239
盱眙县	78.30	38.32	64.30	12518	6124	257
金湖县	35.71	17.81	33.13	3086	3926	238
盐城市	**822.40**	**398.91**	**721.63**	**95969**	**69894**	**425**
响水县	61.48	29.36	50.33	11141	8119	344
滨海县	120.05	57.09	94.48	16098	9568	493
阜宁县	110.88	53.09	83.96	15350	10440	583
射阳县	96.66	47.11	89.22	9780	5244	313
建湖县	80.41	38.99	73.77	7662	7899	636
东台市	113.59	56.12	98.59	9529	10207	306
大丰市	72.53	36.35	70.12	5584	6271	229
扬州市	**458.42**	**228.40**	**446.72**	**40379**	**46602**	**678**
宝应县	90.31	44.44	75.11	8418	11992	514
仪征市	56.24	27.78	56.27	5055	6491	657
高邮市	81.74	40.71	73.90	6525	7961	385
镇江市	**271.40**	**136.47**	**315.48**	**23468**	**28636**	**820**
丹阳市	81.17	40.93	97.40	7078	9870	930
扬中市	28.09	14.29	34.01	2799	2511	1027
句容市	58.84	29.58	62.22	5333	5977	449
泰州市	**506.35**	**247.70**	**462.98**	**47829**	**61048**	**800**
兴化市	157.28	74.72	125.40	16853	19730	524
靖江市	66.66	33.60	68.58	4485	10461	1046
泰兴市	119.83	58.71	107.60	11032	14827	920
姜堰市	79.31	39.16	72.92	6269	7763	786
宿迁市	**560.26**	**269.25**	**479.80**	**145027**	**30923**	**561**
沭阳县	186.82	89.47	155.30	49548	10346	676
泗阳县	103.60	49.69	84.90	26077	8125	599
泗洪县	105.45	50.99	92.30	29816	4573	338

表 14–3 续表 2　　　　　　　　　　　　　　(2012 年)

市　县	年末总户数（万户）	#乡村户数	土地面积（平方公里）	建成区面积（平方公里）	建成区绿化覆盖面积（公顷）
南京市	**214.42**	**64.22**	**6587**	**694**	**30423**
溧水县	14.45	10.57	1064	23	976
高淳县	15.03	11.16	790	17	691
无锡市	**157.12**	**64.51**	**4627**	**441**	**18815**
江阴市	36.59	20.64	987	55	2305
宜兴市	37.95	21.55	1997	70	3027
徐州市	**274.09**	**181.23**	**11259**	**420**	**17342**
丰　县	31.04	24.42	1446	24	876
沛　县	37.40	23.63	1349	36	1507
睢宁县	33.46	26.15	1767	32	1213
新沂市	31.82	22.31	1571	34	1351
邳州市	45.10	35.40	2088	42	1716
常州市	**128.75**	**76.17**	**4372**	**230**	**9651**
溧阳市	26.49	20.10	1535	24	1013
金坛市	20.94	14.17	976	22	903
苏州市	**214.04**	**91.42**	**8488**	**720**	**30657**
常熟市	33.19	18.18	1276	98	4373
张家港市	33.66	19.21	990	67	2942
昆山市	24.85	10.37	932	72	3135
太仓市	14.63	7.02	823	46	1921
南通市	**281.22**	**204.58**	**8001**	**270**	**10983**
海安县	34.47	24.98	1108	24	929
如东县	37.46	30.65	1733	21	842
启东市	45.82	39.02	1208	22	862
如皋市	45.48	35.60	1492	25	1015
海门市	38.30	30.09	939	22	886
连云港市	**139.81**	**90.36**	**7615**	**246**	**9713**
赣榆县	34.25	23.72	1514	29	1175
东海县	28.98	23.13	2037	28	1121
灌云县	26.32	19.47	1840	27	1002
灌南县	20.69	15.24	1025	22	827

表 14-3 续表 3

(2012 年)

市　县	年末总户数（万户）	#乡村户数	土地面积（平方公里）	建成区面积（平方公里）	建成区绿化覆盖面积（公顷）
淮安市	**159.92**	**99.17**	**10072**	**234**	**9396**
涟水县	28.69	22.30	1676	32	1197
洪泽县	12.32	7.98	1394	17	669
盱眙县	21.52	15.05	2497	30	1254
金湖县	12.86	8.12	1394	20	830
盐城市	**277.27**	**184.94**	**16972**	**291**	**11724**
响水县	17.56	11.80	1461	21	828
滨海县	34.32	25.32	1915	31	1241
阜宁县	37.72	21.81	1439	39	1555
射阳县	32.26	21.65	2855	22	897
建湖县	30.99	19.24	1160	24	946
东台市	39.95	32.68	3221	34	1398
大丰市	27.98	20.91	3059	26	1057
扬州市	**151.34**	**102.61**	**6591**	**222**	**9331**
宝应县	28.66	20.76	1462	30	1253
仪征市	19.07	11.98	857	39	1590
高邮市	26.22	19.21	1922	24	980
镇江市	**101.38**	**57.60**	**3847**	**180**	**7533**
丹阳市	28.28	19.69	1047	26	1038
扬中市	10.77	7.61	331	12	486
句容市	22.45	15.28	1387	23	934
泰州市	**170.21**	**120.53**	**5787**	**185**	**7520**
兴化市	53.15	37.66	2395	35	1365
靖江市	21.67	14.47	656	34	1370
泰兴市	39.60	31.13	1170	24	971
姜堰市	27.47	21.27	928	23	940
宿迁市	**146.69**	**107.31**	**8555**	**197**	**7982**
沭阳县	48.66	38.10	2298	60	2403
泗阳县	26.78	19.95	1418	35	1404
泗洪县	28.43	19.30	2731	32	1282

表 14-3 续表 4　　(2012 年)　　单位:个

市　县	法人单位数						
	合计	企业	事业单位	机关	社会团体	民办非企业单位	其他组织机构
南京市	**121088**	**110210**	**3255**	**1106**	**1532**	**1344**	**3641**
溧水县	6283	5380	236	70	25	31	541
高淳县	4874	4125	247	85	69	68	280
无锡市	**137352**	**129389**	**2708**	**689**	**1131**	**822**	**2613**
江阴市	30361	28667	520	131	231	133	679
宜兴市	21611	19893	579	105	233	174	627
徐州市	**69618**	**57782**	**3433**	**1012**	**1360**	**1033**	**4998**
丰　县	5143	3841	461	96	120	47	578
沛　县	6278	4669	397	111	209	124	768
睢宁县	5836	4485	402	89	73	176	611
新沂市	5391	4181	340	87	144	84	555
邳州市	7258	5669	434	135	153	71	796
常州市	**90075**	**82068**	**2631**	**614**	**1715**	**648**	**2399**
溧阳市	8307	6845	425	94	272	97	574
金坛市	7743	6493	434	98	268	109	341
苏州市	**249924**	**238567**	**3636**	**916**	**2080**	**1096**	**3629**
常熟市	23071	21430	526	102	266	123	624
张家港市	26932	25486	421	110	214	59	642
昆山市	53006	51504	558	81	305	117	441
太仓市	15040	14089	369	82	193	93	214
南通市	**92384**	**80612**	**3697**	**804**	**1928**	**1753**	**3590**
海安县	11367	9837	542	73	202	337	376
如东县	9840	8379	550	92	255	140	424
启东市	10386	8771	435	106	253	127	694
如皋市	12195	10251	535	103	197	226	883
海门市	9768	8122	557	130	282	233	444
连云港市	**43182**	**35346**	**2303**	**694**	**1253**	**713**	**2873**
赣榆县	6533	5011	398	93	190	59	782
东海县	7613	6167	359	119	145	228	595
灌云县	4494	3194	507	108	208	77	400
灌南县	4080	2822	418	98	162	142	438

表 14-3 续表 5　　(2012 年)　　单位:个

市　县	合计	企业	事业单位	机关	社会团体	民办非企业单位	其他组织机构
淮安市	**42273**	**32729**	**3047**	**898**	**1406**	**617**	**3576**
涟水县	4727	2946	501	134	171	89	886
洪泽县	3500	2559	291	89	115	43	403
盱眙县	5014	3760	391	102	225	50	486
金湖县	4577	3694	326	105	122	33	297
盐城市	**69429**	**59000**	**3608**	**982**	**1088**	**640**	**4111**
响水县	4389	3370	319	92	219	41	348
滨海县	5923	4837	446	104	104	51	381
阜宁县	7069	6082	304	107	62	31	483
射阳县	6240	5079	407	118	157	65	414
建湖县	6326	5026	429	105	160	105	501
东台市	10227	8869	462	119	79	130	568
大丰市	7745	6569	440	91	117	83	445
扬州市	**55407**	**47048**	**2618**	**587**	**1327**	**622**	**3205**
宝应县	5478	4181	440	94	139	46	578
仪征市	6716	5426	397	76	268	89	460
高邮市	7157	5907	448	88	96	60	558
镇江市	**48342**	**42325**	**2163**	**574**	**1247**	**370**	**1663**
丹阳市	12227	10989	431	116	222	64	405
扬中市	7270	6573	270	84	139	46	158
句容市	6396	5336	382	78	164	26	410
泰州市	**57420**	**48196**	**2933**	**539**	**1374**	**1009**	**3369**
兴化市	9969	7286	785	99	372	365	1062
靖江市	10510	9081	449	76	166	138	600
泰兴市	11590	10077	587	77	192	87	570
姜堰市	9373	7975	348	79	198	195	578
宿迁市	**33071**	**26649**	**1815**	**588**	**561**	**1066**	**2392**
沭阳县	10295	8642	402	131	79	337	704
泗阳县	5457	4319	300	104	95	256	383
泗洪县	5054	3680	376	105	81	131	681

表 14-3 续表 6　　　　(2012 年)　　　　单位:万人

市　县	从业人员	第一产业	第二产业	第三产业	#城镇非私营单位从业人员
南京市	**451.8**	**49.1**	**151.1**	**251.6**	**147.39**
溧水县	29.06	4.08	17.79	7.19	5.72
高淳县	30.44	6.31	15.93	8.20	7.05
无锡市	**389.1**	**18.2**	**223.8**	**147.1**	**88.09**
江阴市	99.48	5.19	63.27	31.02	17.70
宜兴市	74.42	9.15	41.85	23.42	12.48
徐州市	**478.7**	**180.4**	**140.3**	**158.0**	**63.52**
丰　县	56.68	29.87	14.43	12.38	4.35
沛　县	66.39	27.49	22.03	16.87	4.57
睢宁县	59.44	20.32	21.11	18.01	4.71
新沂市	54.59	27.65	13.89	13.05	5.80
邳州市	77.70	36.08	20.85	20.77	6.48
常州市	**280.9**	**31.7**	**148.2**	**101.0**	**48.86**
溧阳市	50.96	7.84	28.33	14.79	6.52
金坛市	36.17	4.74	19.81	11.62	6.13
苏州市	**694.3**	**25.3**	**427.1**	**241.9**	**133.65**
常熟市	100.71	4.03	55.26	41.42	12.51
张家港市	86.09	3.53	49.92	32.64	14.85
昆山市	96.34	2.11	52.33	41.90	19.75
太仓市	45.35	3.35	26.77	15.23	12.22
南通市	**468.9**	**114.5**	**214.1**	**140.3**	**68.48**
海安县	55.36	13.29	28.62	13.45	7.60
如东县	63.33	15.72	30.78	16.83	6.99
启东市	69.17	21.60	29.21	18.36	7.25
如皋市	75.68	22.36	34.59	18.73	6.51
海门市	67.29	19.60	31.43	16.26	6.88
连云港市	**249.2**	**83.0**	**77.7**	**88.5**	**35.50**
赣榆县	57.16	18.48	18.91	19.77	4.02
东海县	56.28	18.76	17.61	19.91	3.98
灌云县	47.63	19.74	13.97	13.92	3.32
灌南县	36.25	16.88	8.78	10.59	3.57

表 14-3 续表 7　　(2012 年)　　单位:万人

市　县	从业人员	第一产业	第二产业	第三产业	#城镇非私营单位从业人员
淮安市	**280.4**	**83.8**	**84.9**	**111.7**	**42.73**
涟水县	66.62	22.05	16.39	28.18	4.82
洪泽县	32.01	6.63	15.03	10.35	3.73
盱眙县	44.25	12.53	13.39	18.33	3.20
金湖县	25.11	5.76	10.79	8.56	2.90
盐城市	**447.7**	**140.1**	**143.1**	**164.5**	**53.82**
响水县	28.92	10.51	8.85	9.56	3.34
滨海县	56.40	21.02	16.40	18.98	3.96
阜宁县	51.66	19.11	15.29	17.26	5.21
射阳县	56.29	19.49	17.10	19.70	5.75
建湖县	44.45	14.04	15.25	15.16	5.59
东台市	66.08	20.42	21.63	24.03	7.00
大丰市	46.26	15.17	13.96	17.13	6.55
扬州市	**265.8**	**52.6**	**120.8**	**92.4**	**42.93**
宝应县	41.91	12.14	18.51	11.26	6.76
仪征市	39.55	9.55	18.16	11.84	5.96
高邮市	45.40	12.84	19.70	12.86	5.60
镇江市	**192.0**	**24.4**	**92.1**	**75.5**	**40.67**
丹阳市	62.63	6.72	36.34	19.57	8.85
扬中市	21.43	1.53	12.76	7.14	4.60
句容市	38.78	11.10	16.68	11.00	6.92
泰州市	**284.4**	**72.8**	**119.3**	**92.3**	**40.94**
兴化市	77.07	27.74	20.41	28.92	5.77
靖江市	42.18	5.66	20.48	16.04	6.98
泰兴市	66.15	15.10	26.96	24.09	7.56
姜堰市	44.76	6.08	23.39	15.29	5.56
宿迁市	**276.4**	**114.1**	**89.8**	**72.5**	**24.37**
沭阳县	101.76	40.54	34.03	27.19	6.53
泗阳县	47.74	19.16	17.88	10.70	3.94
泗洪县	48.13	28.31	10.84	8.98	4.64

表 14-3 续表 8　　(2012 年)　　单位:万人

市　县	城镇非私营单位在岗职工人数	#国有单位	#城镇集体单位	#港澳台商投资单位	#外商投资单位	私营企业和个体从业人员
南京市	**140.97**	**46.59**	**4.18**	**7.55**	**19.02**	**225.50**
溧水县	5.11	1.19	0.13	0.85	0.50	11.96
高淳县	6.26	1.73	0.29	0.39	0.19	13.36
无锡市	**81.37**	**16.17**	**1.05**	**5.83**	**26.33**	**227.98**
江阴市	16.59	3.17	0.34	2.79	0.83	61.56
宜兴市	11.15	2.62	0.14	0.56	1.22	47.19
徐州市	**60.59**	**39.50**	**2.62**	**2.20**	**1.21**	**151.89**
丰　县	4.07	2.78	0.26	0.07	0.07	9.79
沛　县	4.05	3.41	0.41			17.06
睢宁县	4.54	2.85	0.30	0.41	0.04	12.72
新沂市	5.73	2.39	0.35	0.10	0.26	26.73
邳州市	6.38	3.55	0.43	0.64	0.60	18.89
常州市	**46.80**	**15.04**	**1.23**	**6.94**	**5.82**	**165.38**
溧阳市	6.30	2.32	0.08	0.41	0.90	24.79
金坛市	5.82	1.59	0.19	0.84	1.28	18.76
苏州市	**130.40**	**22.61**	**2.51**	**18.05**	**57.43**	**387.40**
常熟市	12.22	2.98	0.35	1.77	2.88	58.35
张家港市	14.47	3.33	0.29	0.56	1.65	54.17
昆山市	19.21	2.63	0.65	2.95	12.00	59.24
太仓市	11.90	1.94	0.19	1.59	5.95	23.15
南通市	**64.95**	**21.01**	**1.99**	**7.08**	**13.02**	**263.13**
海安县	7.40	1.93	0.23	0.65	0.67	29.67
如东县	6.81	2.56	0.17	1.07	0.92	30.94
启东市	7.06	2.03	0.16	0.91	1.55	26.84
如皋市	6.36	2.52	0.27	1.05	1.16	50.35
海门市	6.53	2.18	0.28	1.14	1.66	40.33
连云港市	**33.48**	**16.10**	**1.67**	**1.87**	**3.34**	**55.88**
赣榆县	3.74	2.60	0.23	0.14	0.19	8.69
东海县	3.89	2.44	0.14	0.43	0.36	12.58
灌云县	3.07	1.79	0.27	0.01	0.42	6.85
灌南县	3.45	1.60	0.22	0.19	0.06	7.34

表 14-3 续表 9　　(2012 年)　　单位:万人

市　县	城镇非私营单位在岗职工人数	#国有单位	#城镇集体单位	#港澳台商投资单位	#外商投资单位	私营企业和个体从业人员
淮安市	**40.70**	**17.55**	**1.46**	**7.87**	**2.73**	**90.21**
涟水县	4.80	2.55	0.34	1.10	0.11	10.41
洪泽县	3.65	0.97	0.39	0.32	0.17	9.65
盱眙县	3.15	2.23	0.19	0.27	0.09	8.19
金湖县	2.83	1.33	0.20	0.22	0.35	7.41
盐城市	**50.62**	**22.57**	**1.53**	**2.71**	**3.89**	**201.35**
响水县	3.23	2.12	0.17	0.06	0.14	8.75
滨海县	3.75	2.05	0.17	0.15	0.00	27.84
阜宁县	5.06	1.77	0.10	0.06	0.34	25.14
射阳县	5.42	2.66	0.23	0.42	0.13	15.85
建湖县	5.32	1.62	0.28	0.35		22.97
东台市	6.55	2.44	0.22	0.45	0.78	26.95
大丰市	6.19	2.12	0.17	0.56	1.25	25.89
扬州市	**41.33**	**18.35**	**2.97**	**2.69**	**3.74**	**126.87**
宝应县	6.37	2.23	0.72	0.14	0.54	14.48
仪征市	5.88	2.16	0.14	1.05	0.67	13.70
高邮市	5.22	2.07	1.19	0.69	0.36	20.08
镇江市	**38.95**	**14.73**	**1.89**	**5.28**	**4.60**	**117.70**
丹阳市	8.50	3.51	0.43	1.93	1.07	36.16
扬中市	4.40	1.06	0.49	0.43	0.17	13.63
句容市	6.77	2.04	0.38	1.86	1.33	20.90
泰州市	**38.72**	**13.11**	**3.78**	**2.13**	**4.36**	**116.67**
兴化市	5.40	2.59	0.41	0.31	0.87	22.85
靖江市	6.43	2.02	0.56	0.53	1.25	19.88
泰兴市	7.20	2.50	1.19	0.24	0.42	24.84
姜堰市	5.29	1.89	0.26	0.42	0.91	19.27
宿迁市	**23.67**	**11.86**	**0.32**	**0.05**	**0.08**	**102.92**
沭阳县	6.39	3.35	0.23	0.05	0.08	48.14
泗阳县	3.71	2.02	0.06			13.87
泗洪县	4.12	2.54	0.03			12.49

表 14-3 续表 10　　(2012 年)　　单位:万人

市　县	乡　村 从业人员	#农林牧渔业	#工业	#建筑业	#交通运输、 仓储及邮政业	#批发和零售业
南京市	**121.42**	**27.28**	**37.32**	**24.39**	**7.58**	**7.67**
溧水县	18.14	4.08	5.62	3.80	1.06	1.13
高淳县	22.63	6.00	5.38	6.82	1.71	1.05
无锡市	**117.24**	**20.04**	**68.91**	**8.03**	**3.79**	**5.95**
江阴市	39.28	5.84	23.40	2.76	1.57	2.22
宜兴市	35.68	10.15	16.68	3.55	1.15	1.63
徐州市	**356.67**	**144.45**	**93.40**	**48.73**	**14.61**	**21.16**
丰　县	51.98	26.57	11.75	6.72	1.39	1.99
沛　县	48.58	17.21	13.51	9.67	1.76	2.44
睢宁县	58.51	24.52	15.44	8.20	1.33	2.59
新沂市	42.77	19.12	8.80	7.50	1.75	2.52
邳州市	66.90	23.00	20.78	6.50	3.70	5.60
常州市	**129.93**	**25.36**	**57.61**	**17.28**	**5.36**	**6.78**
溧阳市	31.99	8.37	8.62	8.99	1.77	1.76
金坛市	20.33	5.41	7.05	4.38	0.87	0.91
苏州市	**179.54**	**24.22**	**106.84**	**10.28**	**5.62**	**10.30**
常熟市	39.74	3.91	24.38	2.15	1.26	2.47
张家港市	31.61	3.42	20.41	1.73	1.34	1.68
昆山市	21.21	1.88	13.52	1.00	0.54	1.29
太仓市	16.16	3.24	10.07	0.60	0.34	0.41
南通市	**312.42**	**71.35**	**83.45**	**62.40**	**17.91**	**29.23**
海安县	38.16	7.68	10.99	8.46	2.90	3.38
如东县	47.48	8.90	14.87	8.95	2.96	3.12
启东市	51.87	13.85	12.39	9.44	2.64	5.90
如皋市	60.70	14.80	16.60	11.30	2.80	3.20
海门市	49.67	12.52	11.38	11.42	2.36	6.54
连云港市	**175.99**	**83.79**	**28.95**	**28.78**	**7.20**	**7.79**
赣榆县	42.59	19.02	7.48	9.71	1.53	1.60
东海县	45.16	20.68	7.59	8.35	2.09	1.85
灌云县	37.52	19.40	6.09	4.12	1.03	1.29
灌南县	32.05	16.88	4.05	3.99	1.78	1.43

表 14-3 续 11　　　　(2012 年)　　　　单位:万人

市　县	乡　村 从业人员	#农林牧渔业	#工业	#建筑业	#交通运输、 仓储及邮政业	#批发和零售业
淮安市	**210.71**	**88.29**	**36.32**	**30.39**	**6.89**	**8.46**
涟水县	50.44	21.78	4.71	4.73	1.05	1.70
洪泽县	17.55	6.52	5.08	2.79	0.71	0.62
盱眙县	31.89	11.94	5.60	3.19	1.14	1.30
金湖县	13.44	5.41	3.39	2.45	0.43	0.56
盐城市	**301.98**	**115.47**	**57.95**	**36.46**	**13.43**	**13.51**
响水县	21.23	9.31	5.37	1.25	0.69	0.79
滨海县	44.96	17.81	5.75	4.56	2.38	1.83
阜宁县	37.20	15.90	4.66	5.59	1.36	1.33
射阳县	34.91	13.21	5.23	3.70	1.70	1.95
建湖县	30.24	9.55	8.93	3.53	1.34	1.66
东台市	48.81	20.77	9.30	6.69	2.01	2.11
大丰市	31.34	10.52	7.23	2.72	1.43	1.36
扬州市	**180.62**	**35.63**	**62.07**	**33.22**	**7.67**	**12.05**
宝应县	41.70	10.62	10.71	9.80	2.02	3.50
仪征市	22.82	3.50	7.23	4.73	0.81	1.07
高邮市	35.85	8.96	13.57	6.59	1.39	1.99
镇江市	**99.11**	**24.85**	**46.28**	**11.37**	**3.52**	**3.42**
丹阳市	36.10	8.26	19.87	3.13	1.12	1.14
扬中市	12.84	2.27	7.80	0.70	0.37	0.49
句容市	25.09	8.48	7.31	5.30	0.93	0.65
泰州市	**210.25**	**46.21**	**59.29**	**36.42**	**12.96**	**16.21**
兴化市	60.94	20.08	9.75	5.85	4.01	5.45
靖江市	26.78	5.66	13.10	2.35	1.68	1.39
泰兴市	56.39	10.38	15.26	11.61	3.28	5.41
姜堰市	34.46	6.08	10.35	9.68	2.36	1.92
宿迁市	**224.94**	**89.09**	**60.07**	**29.90**	**8.01**	**13.40**
沭阳县	83.77	29.42	26.25	8.87	3.52	4.74
泗阳县	39.58	15.58	10.88	5.79	1.09	1.94
泗洪县	38.69	22.91	5.98	4.63	0.89	1.69

表 14-3 续表 12　　　　(2012 年)　　　　单位:亿元

市　县	地　区 生产总值	第一产业	第二产业	#工业	第三产业	人均地区生产总值(按常住人口计算,元)
南京市	**7201.57**	**185.06**	**3170.78**	**2748.46**	**3845.73**	**88525**
溧水县	369.38	29.33	222.11	188.41	117.94	88168
高淳县	365.27	30.29	193.31	154.37	141.67	87135
无锡市	**7568.15**	**137.22**	**4012.03**	**3717.88**	**3418.90**	**117357**
江阴市	2535.38	47.69	1443.91	1393.27	1043.78	156471
宜兴市	1085.98	47.68	581.22	497.48	457.08	87168
徐州市	**4016.58**	**382.46**	**1968.52**	**1666.62**	**1665.60**	**46877**
丰　县	228.73	46.39	103.82	73.42	78.52	24021
沛　县	431.30	67.91	203.81	165.73	159.58	38633
睢宁县	302.45	57.18	132.34	105.68	112.93	29414
新沂市	350.16	47.91	149.44	127.13	152.81	38443
邳州市	513.49	79.32	223.64	183.79	210.53	35737
常州市	**3969.87**	**126.37**	**2100.76**	**1900.55**	**1742.74**	**85040**
溧阳市	559.20	39.02	306.58	278.79	213.60	73768
金坛市	373.81	27.64	197.80	169.83	148.37	67129
苏州市	**12011.65**	**195.08**	**6502.25**	**6055.10**	**5314.32**	**114029**
常熟市	1870.19	37.02	996.95	952.62	836.22	123882
张家港市	2050.58	27.53	1175.51	1129.98	847.54	164441
昆山市	2725.32	24.46	1631.25	1551.28	1069.61	165291
太仓市	955.12	33.61	520.36	491.50	401.15	134439
南通市	**4558.67**	**319.09**	**2414.11**	**1992.11**	**1825.47**	**62506**
海安县	480.14	47.69	246.30	204.33	186.15	55443
如东县	478.00	56.56	243.03	197.87	178.41	48364
启东市	589.14	61.48	306.09	240.62	221.57	61127
如皋市	590.17	52.77	318.49	269.01	218.90	46801
海门市	663.10	46.50	377.60	315.74	239.00	73473
连云港市	**1603.42**	**232.40**	**736.14**	**583.31**	**634.88**	**36470**
赣榆县	331.36	50.46	166.07	129.54	114.83	34996
东海县	277.30	51.02	127.37	109.04	98.91	29233
灌云县	220.29	50.34	102.23	77.90	67.72	27401
灌南县	210.47	39.39	105.28	89.46	65.80	33914

表 14-3 续表 13　　(2012 年)　　单位:亿元

市　县	地　区 生产总值	第一产业	第二产业	#工业	第三产业	人均地区生产总值(按常住人口计算,元)
淮安市	**1920.91**	**247.98**	**889.20**	**737.20**	**783.73**	**39992**
涟水县	228.64	45.01	93.66	73.68	89.97	27138
洪泽县	155.09	25.17	66.89	55.55	63.03	46707
盱眙县	221.88	40.49	96.50	75.39	84.89	34267
金湖县	142.39	22.94	58.42	50.43	61.03	43077
盐城市	**3120.00**	**456.13**	**1472.87**	**1258.22**	**1191.00**	**43172**
响水县	181.35	35.58	89.85	80.33	55.92	35908
滨海县	267.69	49.70	117.89	99.78	100.10	28245
阜宁县	274.99	46.34	131.61	98.40	97.04	32731
射阳县	320.31	69.59	129.38	117.54	121.34	35841
建湖县	324.47	42.13	154.35	133.83	127.99	43916
东台市	506.69	78.33	231.89	204.71	196.47	51342
大丰市	393.36	63.34	173.82	151.25	156.20	56014
扬州市	**2933.20**	**205.19**	**1554.46**	**1344.66**	**1173.55**	**65691**
宝应县	323.03	55.43	151.85	121.50	115.75	42981
仪征市	370.27	19.30	212.86	187.73	138.11	65842
高邮市	336.00	55.96	156.05	126.29	123.99	45435
镇江市	**2630.42**	**115.77**	**1419.54**	**1309.54**	**1095.11**	**83651**
丹阳市	830.51	44.79	447.76	428.85	337.96	85549
扬中市	360.20	11.50	202.69	195.20	146.01	106269
句容市	336.86	31.71	177.89	164.64	127.26	54275
泰州市	**2701.67**	**191.75**	**1434.53**	**1237.05**	**1075.39**	**58378**
兴化市	512.36	81.54	222.50	190.40	208.32	40853
靖江市	600.85	18.88	335.88	310.80	246.09	87639
泰兴市	543.55	42.80	291.15	253.82	209.60	50537
姜堰市	405.86	31.68	210.80	172.44	163.38	55635
宿迁市	**1522.03**	**226.80**	**716.85**	**589.82**	**578.38**	**31827**
沭阳县	480.50	71.76	220.49	194.31	188.25	31000
泗阳县	273.74	46.21	137.97	113.88	89.56	32357
泗洪县	264.63	49.17	111.14	89.17	104.32	28780

表 14–3 续表 14

(2012 年)

市　县	地区生产总值指数(上年=100)	三次产业占 GDP 比重(%)			公共财政预算收入占GDP比重(%)	外贸依存度(%)
		第一产业	第二产业	第三产业		
南京市	**111.7**	**2.6**	**44.0**	**53.4**	**10.2**	**48.4**
溧水县	113.1	7.9	60.1	31.9	7.9	5.8
高淳县	113.2	8.3	52.9	38.8	6.0	5.8
无锡市	**110.1**	**1.8**	**53.0**	**45.2**	**8.7**	**59.0**
江阴市	110.6	1.9	57.0	41.2	6.6	48.0
宜兴市	110.7	4.4	53.5	42.1	7.2	28.8
徐州市	**113.2**	**9.5**	**49.0**	**41.5**	**9.1**	**13.1**
丰　县	113.7	20.3	45.4	34.3	10.9	4.7
沛　县	113.9	15.7	47.3	37.0	9.0	5.5
睢宁县	113.7	18.9	43.8	37.3	8.5	15.1
新沂市	114.1	13.7	42.7	43.6	9.4	7.8
邳州市	114.1	15.4	43.6	41.0	8.2	17.7
常州市	**111.5**	**3.2**	**52.9**	**43.9**	**9.5**	**46.2**
溧阳市	111.5	7.0	54.8	38.2	7.2	12.7
金坛市	110.2	7.4	52.9	39.7	6.2	27.1
苏州市	**110.1**	**1.6**	**54.1**	**44.2**	**10.0**	**160.7**
常熟市	110.2	2.0	53.3	44.7	6.9	66.7
张家港市	110.9	1.3	57.4	41.3	7.3	98.4
昆山市	111.2	0.9	59.9	39.2	8.1	200.5
太仓市	110.3	3.5	54.5	42.0	9.4	83.4
南通市	**111.8**	**7.0**	**53.0**	**40.0**	**9.2**	**36.4**
海安县	112.2	9.9	51.3	38.8	7.8	19.7
如东县	111.9	11.8	50.8	37.3	6.7	16.9
启东市	111.8	10.4	52.0	37.6	8.9	21.7
如皋市	111.8	8.9	54.0	37.1	9.1	38.4
海门市	112.0	7.0	56.9	36.0	7.8	16.1
连云港市	**112.7**	**14.5**	**45.9**	**39.6**	**13.0**	**31.5**
赣榆县	114.7	15.2	50.1	34.7	8.8	7.4
东海县	112.6	18.4	45.9	35.7	9.9	6.3
灌云县	112.8	22.9	46.4	30.7	11.7	6.7
灌南县	112.6	18.7	50.0	31.3	12.2	4.8

表 14-3 续表 15　　　　　　　　　　　(2012 年)

市　县	地区生产总值指数(上年=100)	三次产业占 GDP 比重(%)			地方财政一般预算收入占GDP比重(%)	外贸依存度(%)
		第一产业	第二产业	第三产业		
淮安市	**113.1**	**12.9**	**46.3**	**40.8**	**12.2**	**13.9**
涟水县	112.7	19.7	41.0	39.4	9.5	9.1
洪泽县	113.3	16.2	43.1	40.6	11.0	7.8
盱眙县	113.5	18.2	43.5	38.3	10.4	12.0
金湖县	113.3	16.1	41.0	42.9	10.8	13.7
盐城市	**112.7**	**14.6**	**47.2**	**38.2**	**10.0**	**11.6**
响水县	112.7	19.6	49.5	30.8	10.9	15.9
滨海县	112.7	18.6	44.0	37.4	9.3	5.1
阜宁县	113.0	16.9	47.9	35.3	9.3	3.9
射阳县	112.6	21.7	40.4	37.9	6.5	4.8
建湖县	112.7	13.0	47.6	39.4	10.2	6.3
东台市	113.2	15.5	45.8	38.8	8.6	5.6
大丰市	113.6	16.1	44.2	39.7	10.2	13.6
扬州市	**111.7**	**7.0**	**53.0**	**40.0**	**7.7**	**21.9**
宝应县	110.5	17.2	47.0	35.8	6.4	12.1
仪征市	111.7	5.2	57.5	37.3	6.7	15.9
高邮市	110.4	16.7	46.4	36.9	6.5	6.1
镇江市	**112.8**	**4.4**	**54.0**	**41.6**	**8.2**	**27.4**
丹阳市	113.1	5.4	53.9	40.7	6.0	20.2
扬中市	114.2	3.2	56.3	40.5	6.3	8.4
句容市	112.5	9.4	52.8	37.8	7.4	11.5
泰州市	**112.5**	**7.1**	**53.1**	**39.8**	**8.3**	**24.2**
兴化市	112.3	15.9	43.4	40.7	5.8	7.2
靖江市	112.6	3.1	55.9	41.0	7.3	36.9
泰兴市	112.8	7.9	53.6	38.6	6.0	23.6
姜堰市	112.1	7.8	51.9	40.3	5.8	12.0
宿迁市	**113.0**	**14.9**	**47.1**	**38.0**	**10.4**	**11.6**
沭阳县	112.6	14.9	45.9	39.2	10.2	7.0
泗阳县	112.9	16.9	50.4	32.7	8.0	13.7
泗洪县	112.8	18.6	42.0	39.4	7.5	8.5

表 14-3 续表 16　　(2012 年)　　单位:亿元

市　县	农林牧渔业总产值	农　业	林　业	畜牧业	渔　业	农林牧渔服务业
南京市	**318.54**	**183.47**	**3.39**	**51.17**	**65.46**	**15.06**
溧水县	50.03	30.46	0.42	7.90	7.55	3.70
高淳县	52.53	20.42	0.52	6.36	22.37	2.86
无锡市	**224.15**	**111.41**	18.67	35.56	35.08	23.43
江阴市	78.67	32.26	6.99	18.77	10.38	10.27
宜兴市	77.38	40.15	5.06	8.96	17.00	6.22
徐州市	**712.55**	**438.25**	**12.59**	**216.22**	**29.29**	**16.21**
丰　县	88.69	65.50	0.67	19.37	0.77	2.38
沛　县	120.72	76.01	0.67	37.30	2.44	4.30
睢宁县	104.69	57.22	1.88	39.88	3.58	2.12
新沂市	91.62	45.85	3.17	28.44	11.42	2.74
邳州市	149.44	92.60	2.88	43.63	7.13	3.20
常州市	**219.58**	**120.82**	**1.55**	**34.24**	**52.40**	**10.57**
溧阳市	69.75	38.08	0.94	6.75	21.47	2.51
金坛市	51.84	22.50	0.33	10.98	15.24	2.80
苏州市	**337.72**	**135.05**	**20.48**	**40.20**	**106.63**	**35.36**
常熟市	62.68	32.72	2.08	6.72	14.23	6.93
张家港市	48.73	26.31	6.15	4.82	4.82	6.63
昆山市	41.65	11.97	3.85	2.35	21.52	1.96
太仓市	57.52	24.40	2.28	13.75	12.00	5.10
南通市	**548.86**	**243.70**	**3.38**	**130.48**	**131.00**	**40.29**
海安县	87.57	35.82	0.28	38.98	6.82	5.67
如东县	109.79	41.49	0.78	27.75	34.11	5.67
启东市	108.91	37.91	0.61	11.34	52.96	6.08
如皋市	85.02	47.08	0.18	28.30	4.53	4.94
海门市	73.70	36.85	0.54	10.30	18.00	8.01
连云港市	**426.24**	**202.44**	**12.62**	**100.80**	**91.53**	**18.84**
赣榆县	116.73	37.47	3.51	18.73	55.73	1.29
东海县	95.34	54.12	3.96	23.27	8.74	5.27
灌云县	90.85	44.39	2.30	29.20	8.85	6.12
灌南县	69.91	40.56	1.53	19.25	5.29	3.29

表 14-3 续表 17　　(2012 年)　　单位:亿元

市　县	农林牧渔业总产值	农　业	林　业	畜牧业	渔　业	农林牧渔服务业
淮安市	**456.18**	**289.28**	**9.18**	**105.22**	**44.81**	**7.70**
涟水县	85.81	63.19	1.93	16.75	2.29	1.66
洪泽县	50.49	23.94	2.73	13.89	8.85	1.08
盱眙县	75.26	46.64	1.07	14.71	11.68	1.17
金湖县	41.54	23.84	1.32	5.76	9.35	1.28
盐城市	**925.20**	**399.88**	**22.39**	**259.38**	**179.23**	**64.32**
响水县	63.50	30.59	1.18	15.88	10.02	5.84
滨海县	88.58	42.59	3.75	20.39	18.68	3.16
阜宁县	91.46	34.59	3.19	31.12	15.08	7.49
射阳县	154.26	58.96	3.91	37.59	41.06	12.74
建湖县	77.25	28.55	1.05	22.64	18.34	6.67
东台市	169.14	78.07	3.62	50.63	25.07	11.76
大丰市	145.54	70.32	3.10	34.72	27.84	9.56
扬州市	**369.08**	**171.00**	**8.77**	**69.49**	**102.74**	**17.09**
宝应县	99.33	36.73	1.48	17.02	40.34	3.76
仪征市	35.00	20.78	1.67	8.60	1.30	2.64
高邮市	102.96	38.88	1.55	18.57	38.44	5.54
镇江市	**176.49**	**94.86**	**7.20**	**25.24**	**24.23**	**24.97**
丹阳市	63.89	36.39	1.30	8.45	8.77	8.99
扬中市	18.32	8.89	0.72	2.78	2.36	3.56
句容市	48.83	28.07	3.47	5.68	4.92	6.68
泰州市	**322.11**	**171.12**	**3.48**	**66.37**	**64.61**	**16.53**
兴化市	138.06	64.16	1.51	15.73	48.91	7.76
靖江市	31.66	17.18	0.48	7.97	3.04	2.99
泰兴市	71.26	41.28	0.99	22.80	4.10	2.08
姜堰市	52.97	31.83	0.29	12.89	5.54	2.42
宿迁市	**415.98**	**249.75**	**15.64**	**78.79**	**63.46**	**8.34**
沭阳县	136.74	104.28	4.50	24.30	2.35	1.31
泗阳县	82.40	46.65	6.24	12.49	14.05	2.96
泗洪县	98.24	45.34	1.25	15.57	34.75	1.34

表 14-3 续表 18　　(2012 年)

市　县	农作物总播种面积(千公顷)	#粮食作物	农业机械总动力(万千瓦)	农用化肥施用量(万吨)	农村用电量(亿千瓦小时)
南京市	**328.90**	**163.40**	**215.55**	**8.20**	**30.80**
溧水县	58.69	34.18	30.11	1.09	6.15
高淳县	49.76	25.03	51.05	1.91	3.73
无锡市	**182.85**	**115.12**	**107.21**	**5.97**	**372.58**
江阴市	47.76	28.83	24.92	1.55	161.28
宜兴市	95.93	68.58	52.41	2.72	84.57
徐州市	**1124.62**	**730.53**	**615.15**	**67.13**	**59.60**
丰　县	146.04	85.50	76.77	10.00	3.51
沛　县	147.90	88.08	92.41	8.83	6.58
睢宁县	188.04	149.88	103.00	11.14	7.76
新沂市	156.18	98.91	77.18	8.30	3.16
邳州市	229.79	125.01	116.04	14.27	12.81
常州市	**226.38**	**155.65**	**158.54**	**6.34**	**157.35**
溧阳市	95.03	70.67	52.64	2.30	41.55
金坛市	56.73	39.41	41.18	2.25	18.27
苏州市	**263.07**	**159.66**	**168.98**	**8.45**	**556.09**
常熟市	74.67	43.26	35.50	3.02	70.63
张家港市	55.81	40.44	33.15	1.19	134.06
昆山市	25.23	17.30	17.90	1.09	99.98
太仓市	49.99	29.65	18.54	1.12	50.51
南通市	**846.98**	**522.23**	**350.67**	**23.80**	**144.52**
海安县	102.88	78.97	59.50	4.11	18.07
如东县	171.91	131.98	80.70	4.31	18.33
启东市	153.34	73.48	50.09	3.55	9.14
如皋市	150.38	108.78	75.13	3.52	31.95
海门市	107.93	38.92	33.52	4.85	24.16
连云港市	**621.57**	**497.62**	**474.51**	**33.77**	**28.81**
赣榆县	108.65	78.58	100.03	4.89	9.11
东海县	202.49	157.91	119.74	6.77	9.21
灌云县	128.99	109.99	110.89	10.10	4.84
灌南县	107.99	87.12	90.55	4.62	1.64

表 14-3 续表 19

(2012 年)

市　县	农作物总播种面积（千公顷）	#粮食作物	农业机械总动力（万千瓦）	农用化肥施用量（万吨）	农村用电量（亿千瓦小时）
淮安市	**793.05**	**653.67**	**460.40**	**38.02**	**12.58**
涟水县	166.40	131.66	83.16	6.01	1.49
洪泽县	68.87	58.17	63.52	4.66	0.79
盱眙县	166.75	141.12	94.61	4.61	2.11
金湖县	81.66	73.71	63.75	3.54	2.01
盐城市	**1460.68**	**965.44**	**563.65**	**55.71**	**69.19**
响水县	113.55	78.33	62.54	4.58	2.71
滨海县	173.88	123.85	76.82	6.16	7.45
阜宁县	168.70	125.36	68.23	4.05	6.65
射阳县	205.34	152.66	78.12	11.16	8.60
建湖县	116.70	99.84	45.22	3.26	9.98
东台市	244.16	139.19	79.51	6.29	14.00
大丰市	254.33	118.99	72.02	11.57	10.83
扬州市	**507.44**	**418.99**	**235.82**	**19.45**	**52.79**
宝应县	137.72	120.52	45.49	3.55	8.55
仪征市	60.87	48.91	31.46	1.08	3.38
高邮市	140.15	115.38	64.39	4.99	10.54
镇江市	**239.70**	**177.06**	**137.84**	**5.88**	**72.15**
丹阳市	84.88	70.23	40.49	1.64	48.51
扬中市	19.13	14.21	12.64	0.43	8.15
句容市	77.74	50.16	51.18	2.22	5.64
泰州市	**580.53**	**438.92**	**247.50**	**17.92**	**105.77**
兴化市	229.43	183.83	109.77	6.75	34.32
靖江市	54.20	45.96	24.76	2.15	15.96
泰兴市	136.73	96.28	55.04	2.88	29.35
姜堰市	109.23	74.85	39.68	4.38	12.80
宿迁市	**707.10**	**571.86**	**478.83**	**40.29**	**34.19**
沭阳县	248.76	184.16	179.40	15.17	15.90
泗阳县	112.60	89.70	80.25	3.93	4.16
泗洪县	185.98	164.53	121.62	11.33	2.70

表 14-3 续表 20　　(2012 年)　　单位:万吨

市　县	粮食产量	油料产量	棉花产量(吨)	肉　类总产量	#猪牛羊肉	水产品产　量
南京市	**117.50**	**10.63**	**4113**	**12.42**	**7.46**	**20.75**
溧水县	24.46	2.11	864	1.92	1.05	2.80
高淳县	18.70	1.97	690	1.67	0.96	4.18
无锡市	**81.65**	**0.87**		**10.95**	**7.42**	**12.61**
江阴市	20.35	0.20		4.93	2.98	2.68
宜兴市	48.72	0.63		3.98	2.84	7.91
徐州市	**471.73**	**10.63**	**36709**	**97.14**	**47.12**	**18.14**
丰　县	52.89	0.47	15396	15.14	6.97	0.46
沛　县	61.17	0.20	3893	19.49	6.20	1.40
睢宁县	91.62	1.66	1496	13.20	7.55	2.24
新沂市	65.69	5.83		13.18	7.88	5.00
邳州市	82.77	1.63	7366	20.45	8.48	2.82
常州市	**114.80**	**3.77**	**493**	**14.32**	**6.82**	**18.12**
溧阳市	54.52	2.58	470	2.45	1.37	6.74
金坛市	28.26	0.86	23	4.57	1.65	4.47
苏州市	**116.46**	**2.59**	**1292**	**14.21**	**8.61**	**28.89**
常熟市	32.22	0.80	812	2.14	1.75	3.80
张家港市	28.05	0.40	53	1.30	0.99	1.78
昆山市	12.42	0.18	43	0.63	0.56	5.32
太仓市	21.48	0.55	384	5.93	1.63	3.91
南通市	**332.97**	**39.20**	**55275**	**48.11**	**29.12**	**84.81**
海安县	63.29	1.48	229	9.26	6.26	3.20
如东县	91.89	4.69	16743	10.00	6.19	28.34
启东市	26.39	9.50	16534	5.88	2.66	35.62
如皋市	74.02	3.68	181	10.87	7.41	2.42
海门市	18.43	9.28	13063	4.24	1.55	8.39
连云港市	**361.35**	**11.78**	**2834**	**29.55**	**23.11**	**70.13**
赣榆县	56.47	6.87	488	7.26	5.65	43.01
东海县	114.33	4.59	84	7.52	6.19	5.45
灌云县	80.49	0.09	303	5.36	4.61	4.83
灌南县	62.90	0.22	39	4.99	4.56	3.22

表 14-3 续表 21　　　　(2012 年)　　　　单位:万吨

市　县	粮食产量	油料产量	棉花产量（吨）	肉类总产量	#猪牛羊肉	水产品产量
淮安市	**456.11**	**9.95**	**514**	**32.03**	**21.33**	**25.17**
涟水县	90.84	3.51	374	7.44	5.58	1.77
洪泽县	42.06	0.27		2.27	1.32	5.42
盱眙县	97.20	2.67	140	7.29	3.25	5.11
金湖县	50.67	0.83		1.42	0.81	4.81
盐城市	**672.71**	**30.94**	**109187**	**88.94**	**57.10**	**106.11**
响水县	53.17	2.53	5895	4.73	3.52	6.26
滨海县	91.16	4.21	1314	10.76	7.11	9.41
阜宁县	92.25	1.97	109	19.04	13.33	6.87
射阳县	107.93	3.53	24010	8.36	5.38	19.46
建湖县	69.19	1.61	2160	6.08	3.79	9.59
东台市	91.13	7.18	10453	14.24	8.00	17.10
大丰市	77.64	7.11	42687	12.24	6.54	16.52
扬州市	**308.35**	**7.41**	**4695**	**19.11**	**10.76**	**39.20**
宝应县	91.13	1.45		4.87	3.03	14.82
仪征市	33.71	0.98	127	2.41	1.36	0.61
高邮市	86.04	2.28	3456	4.83	2.65	16.03
镇江市	**125.66**	**5.66**	**1871**	**8.49**	**5.04**	**8.92**
丹阳市	50.48	1.11	10	2.45	1.83	3.76
扬中市	10.78	0.15		0.96	0.72	0.68
句容市	34.77	3.30	1838	1.50	0.98	2.49
泰州市	**323.77**	**11.63**	**15480**	**25.63**	**20.47**	**35.91**
兴化市	139.31	3.46	13598	5.72	3.99	27.25
靖江市	33.53	0.40		3.00	2.63	0.99
泰兴市	69.43	3.92		8.28	7.42	2.33
姜堰市	54.78	2.74	1850	5.63	4.25	3.75
宿迁市	**388.75**	**4.75**	**2416**	**36.65**	**20.10**	**24.97**
沭阳县	131.84	1.41	25	10.14	7.29	1.82
泗阳县	60.59	1.18	27	5.32	3.64	7.53
泗洪县	102.79	1.65	2227	7.56	4.58	9.55

表 14-3 续表 22　　(2012 年)　　单位:个

市　县	工业企业个　数	内资企业	外商港澳台商投资企业	#国有控股企业	#大中型企业	#轻工业
南京市	**2593**	**1939**	**654**	**210**	**562**	**754**
溧水县	351	296	55	7	35	101
高淳县	253	222	31	5	67	122
无锡市	**5248**	**3878**	**1370**	**92**	**804**	**1503**
江阴市	1436	1145	291	11	253	588
宜兴市	891	731	160	14	129	196
徐州市	**2859**	**2679**	**180**	**43**	**441**	**1037**
丰　县	261	235	26	3	11	121
沛　县	473	462	11	0	74	247
睢宁县	258	244	14	0	26	120
新沂市	452	436	16	1	25	164
邳州市	542	508	34	4	102	109
常州市	**3869**	**3067**	**802**	**59**	**580**	**1207**
溧阳市	349	303	46	8	58	76
金坛市	368	268	100	7	70	159
苏州市	**10444**	**5667**	**4777**	**113**	**2164**	**4266**
常熟市	1453	1087	366	16	265	771
张家港市	1242	961	281	12	181	570
昆山市	1863	567	1296	16	540	496
太仓市	1178	715	463	18	144	633
南通市	**4941**	**3665**	**1276**	**61**	**564**	**2407**
海安县	820	669	151	1	69	378
如东县	651	495	156	4	69	411
启东市	514	378	136	6	60	164
如皋市	784	656	128	3	109	376
海门市	584	316	268	1	49	274
连云港市	**1388**	**1194**	**194**	**43**	**126**	**543**
赣榆县	373	345	28	2	21	177
东海县	344	301	43	2	16	132
灌云县	218	207	11	3	19	93
灌南县	162	143	19	2	13	38

注:统计范围为年主营业务收入 2000 万元以上工业企业(下同)。

表 14-3 续表 23　　(2012 年)　　单位:个

市　县	工业企业个　数	内资企业	外商港澳台商投资企业	#国有控股企业	#大中型企业	#轻工业
淮安市	**1941**	**1777**	**164**	**38**	**192**	**921**
涟水县	268	247	21	2	33	169
洪泽县	259	241	18	5	18	103
盱眙县	337	315	22	3	24	139
金湖县	198	183	15	0	15	70
盐城市	**2816**	**2507**	**309**	**51**	**372**	**1198**
响水县	141	133	8	2	27	61
滨海县	197	192	5	2	31	63
阜宁县	247	227	20	2	18	76
射阳县	299	268	31	7	18	187
建湖县	337	328	9	1	45	128
东台市	556	481	75	9	47	265
大丰市	414	339	75	14	55	203
扬州市	**2560**	**2154**	**406**	**67**	**561**	**909**
宝应县	322	282	40	4	49	115
仪征市	301	240	61	18	47	110
高邮市	470	427	43	0	64	192
镇江市	**2446**	**1852**	**594**	**68**	**342**	**783**
丹阳市	807	600	207	7	110	319
扬中市	352	275	77	2	50	47
句容市	498	404	94	8	74	240
泰州市	**2531**	**2170**	**361**	**33**	**256**	**665**
兴化市	588	554	34	4	28	152
靖江市	430	356	74	8	66	76
泰兴市	527	436	91	7	70	141
姜堰市	456	391	65	1	29	125
宿迁市	**2236**	**2136**	**100**	**17**	**169**	**1070**
沭阳县	760	737	23	1	50	286
泗阳县	501	489	12	1	25	208
泗洪县	459	437	22	6	21	306

表 14-3 续表 24　　(2012 年)　　单位:亿元

市　县	工业总产值	内资企业	外商港澳台商投资企业	#国有控股企业	#大中型企业	#轻工业
南京市	**11437.80**	**6830.97**	**4606.83**	**3955.66**	**8061.64**	**2087.34**
溧水县	621.67	524.60	97.07	10.00	202.20	154.48
高淳县	611.48	549.62	61.86	124.78	381.31	213.30
无锡市	**14446.85**	**9156.39**	**5290.46**	**577.94**	**9711.41**	**3446.20**
江阴市	5915.23	4436.12	1479.11	121.46	4697.99	1664.46
宜兴市	2694.80	2240.29	454.51	68.64	1240.87	273.06
徐州市	**8882.29**	**8085.55**	**796.74**	**1215.20**	**4643.87**	**2519.91**
丰　县	328.83	302.61	26.22	29.39	90.40	142.91
沛　县	1001.24	987.03	14.22		439.53	360.63
睢宁县	559.86	484.18	75.69		225.13	280.52
新沂市	878.41	838.75	39.66	0.20	136.80	278.99
邳州市	1502.86	1383.46	119.40	25.35	507.78	325.67
常州市	**8970.30**	**6203.46**	**2766.84**	**370.40**	**5320.90**	**1929.28**
溧阳市	1355.68	902.80	452.88	21.27	856.95	87.21
金坛市	571.37	430.24	141.12	31.68	330.68	150.40
苏州市	**28745.54**	**9875.11**	**18870.43**	**1077.36**	**21355.03**	**7391.61**
常熟市	3369.21	1930.78	1438.43	72.13	2366.05	1487.58
张家港市	4700.56	3526.05	1174.51	421.86	3620.86	1157.86
昆山市	7686.82	721.60	6965.21	123.37	6288.17	1012.12
太仓市	1831.88	913.37	918.52	147.86	958.31	738.87
南通市	**9890.12**	**6330.49**	**3559.64**	**616.50**	**4775.89**	**3344.25**
海安县	1257.50	1010.53	246.97	0.52	623.38	527.51
如东县	1243.68	824.70	418.98	17.61	501.33	567.34
启东市	1156.90	800.39	356.51	96.20	413.77	242.28
如皋市	1360.88	1021.72	339.16	30.14	733.79	369.92
海门市	1425.03	913.51	511.51	1.78	479.99	443.72
连云港市	**3413.38**	**2591.35**	**822.03**	**256.02**	**1995.02**	**951.06**
赣榆县	816.05	770.51	45.54	16.15	472.25	149.30
东海县	481.20	387.72	93.48	3.58	66.73	185.58
灌云县	392.11	376.69	15.42	8.53	162.34	120.86
灌南县	410.99	401.26	9.74	3.10	271.92	30.31

表 14-3 续 25　　(2012 年)　　单位:亿元

市　县	工业总产值	内资企业	外商港澳台商投资企业	#国有控股企业	#大中型企业	#轻工业
淮安市	**3952.61**	**3070.02**	**882.59**	**365.45**	**1675.74**	**1533.83**
涟水县	433.06	383.66	49.41	34.82	122.76	275.90
洪泽县	367.28	331.75	35.53	10.55	52.52	131.43
盱眙县	485.65	458.31	27.34	11.91	85.59	177.27
金湖县	303.60	256.21	47.39		115.02	116.28
盐城市	**5554.35**	**4213.00**	**1341.35**	**152.53**	**2609.92**	**1963.97**
响水县	438.23	367.38	70.85	2.11	255.08	118.64
滨海县	426.55	416.26	10.29	3.97	186.86	167.39
阜宁县	436.90	394.57	42.33	1.45	97.20	163.35
射阳县	465.14	405.66	59.48	22.36	82.59	314.44
建湖县	529.69	451.80	77.89	0.29	228.50	223.82
东台市	748.45	624.30	124.15	37.01	230.89	317.79
大丰市	564.17	442.74	121.43	30.08	225.77	256.45
扬州市	**7198.48**	**5289.51**	**1908.97**	**1154.49**	**4675.76**	**1676.91**
宝应县	607.60	549.33	58.27	157.71	333.07	122.01
仪征市	1049.86	669.82	380.04	417.83	658.23	154.69
高邮市	726.84	611.98	114.87		279.90	281.64
镇江市	**6105.69**	**4052.99**	**2052.70**	**432.41**	**3820.78**	**1128.89**
丹阳市	1931.79	1379.67	552.12	8.48	1306.68	365.59
扬中市	877.53	771.34	106.19	1.15	686.96	39.67
句容市	896.48	566.72	329.76	3.86	385.90	316.58
泰州市	**7127.29**	**5239.17**	**1888.12**	**482.98**	**3636.15**	**1832.80**
兴化市	957.08	851.82	105.26	7.20	156.38	218.06
靖江市	1726.63	975.54	751.09	126.92	1319.27	237.31
泰兴市	1429.71	1137.32	292.39	19.06	625.18	350.91
姜堰市	800.41	635.70	164.70	0.28	234.14	236.10
宿迁市	**2248.28**	**2097.42**	**150.85**	**82.65**	**855.55**	**1229.04**
沭阳县	683.82	653.03	30.80	0.92	161.93	315.46
泗阳县	377.88	368.05	9.83	0.72	64.57	164.12
泗洪县	345.68	334.04	11.63	31.23	73.42	238.09

表 14-3 续表 26 (2012 年) 单位:亿元

市　县	资产合计	负债合计	主营业务收　入	利税总额	#利润总额	从业人员年平均人数(万人)
南京市	**8539.68**	**4958.85**	**11283.26**	**1372.78**	**604.44**	**79.71**
溧水县	333.23	198.56	620.81	97.45	66.27	6.35
高淳县	297.89	153.38	636.15	79.50	49.93	7.97
无锡市	**13281.51**	**7817.20**	**14191.69**	**1261.48**	**878.69**	**136.80**
江阴市	5377.04	3365.22	5786.94	565.88	385.29	48.07
宜兴市	2451.05	1611.27	2665.89	195.24	135.97	18.44
徐州市	**4791.14**	**2598.36**	**8837.26**	**1319.96**	**743.38**	**72.94**
丰　县	133.22	68.88	319.38	48.11	27.25	3.58
沛　县	218.86	122.43	996.88	138.07	75.27	9.16
睢宁县	155.31	72.06	543.52	85.26	60.00	4.77
新沂市	262.38	148.09	907.75	112.41	67.64	6.83
邳州市	329.62	112.14	1485.78	251.71	163.27	11.52
常州市	**6754.38**	**4120.79**	**9097.95**	**730.30**	**443.77**	**84.74**
溧阳市	857.19	591.70	1364.32	109.85	67.39	7.61
金坛市	475.64	325.74	576.77	58.21	34.59	8.39
苏州市	**23331.48**	**13474.80**	**28998.80**	**1817.39**	**1252.70**	**332.99**
常熟市	3239.55	1989.45	3356.42	238.60	172.30	37.09
张家港市	4059.82	2633.53	4874.35	186.35	84.48	32.75
昆山市	4464.03	2399.39	7703.16	522.86	401.64	84.68
太仓市	1738.57	1040.25	1777.51	133.35	85.40	18.76
南通市	**6247.99**	**3469.89**	**9690.95**	**1160.15**	**786.59**	**93.62**
海安县	696.44	338.69	1206.92	147.71	113.09	10.93
如东县	601.43	289.79	1231.69	148.32	102.55	10.35
启东市	799.19	475.40	1127.38	142.32	93.59	10.30
如皋市	985.57	633.37	1280.49	108.78	65.91	18.48
海门市	524.15	269.78	1424.61	233.81	153.80	10.60
连云港市	**1927.74**	**1110.17**	**3346.45**	**423.96**	**273.20**	**22.90**
赣榆县	224.53	111.46	810.10	71.63	43.63	0.55
东海县	162.51	75.65	476.05	58.19	38.26	1.09
灌云县	113.19	51.48	386.36	41.93	30.42	0.61
灌南县	167.27	110.87	406.49	51.80	31.06	0.93

注:本页是指工业企业。

表 14-3 续表 27　　　　(2012 年)　　　　单位:亿元

市　县	资产合计	负债合计	主营业务收　入	利税总额	#利润总额	从业人员年平均人数(万人)
淮安市	**1635.99**	**850.99**	**3953.91**	**378.48**	**209.13**	**34.77**
涟水县	127.97	64.13	421.52	30.49	19.01	4.55
洪泽县	151.76	74.76	359.86	34.21	22.51	3.62
盱眙县	163.18	92.61	498.82	25.95	17.44	3.81
金湖县	131.24	81.83	300.13	18.47	12.40	2.12
盐城市	**3094.87**	**1740.86**	**5561.88**	**690.89**	**396.91**	**53.59**
响水县	283.46	160.08	435.04	55.67	41.50	4.17
滨海县	205.46	107.45	430.25	52.68	31.63	9.07
阜宁县	196.73	118.90	443.67	39.48	19.70	14.69
射阳县	287.56	180.31	461.13	38.03	18.35	6.17
建湖县	223.22	113.95	525.10	59.62	32.10	11.46
东台市	472.17	305.53	746.19	76.01	40.85	13.48
大丰市	443.09	236.65	557.02	52.46	28.41	9.46
扬州市	**3639.70**	**1933.85**	**7037.79**	**865.25**	**498.81**	**79.21**
宝应县	310.84	157.52	588.65	51.81	28.96	6.24
仪征市	567.61	302.60	1012.94	133.39	92.59	8.66
高邮市	317.36	147.89	717.50	80.51	46.81	9.21
镇江市	**4346.53**	**2479.41**	**5975.34**	**567.37**	**363.11**	**51.89**
丹阳市	1184.11	747.08	1899.27	141.19	92.91	18.47
扬中市	695.33	381.90	846.29	95.99	60.09	7.61
句容市	494.85	230.99	893.04	85.11	40.73	11.28
泰州市	**3846.99**	**2126.82**	**6918.60**	**900.98**	**538.06**	**52.03**
兴化市	372.20	168.84	950.94	93.38	53.59	6.51
靖江市	1229.58	679.53	1626.93	214.64	148.20	14.95
泰兴市	663.16	370.35	1414.05	225.32	139.49	10.45
姜堰市	325.68	176.66	757.96	83.94	53.11	5.72
宿迁市	**1527.13**	**692.41**	**2213.14**	**346.38**	**250.83**	**34.31**
沭阳县	332.59	115.52	676.76	100.35	67.10	9.54
泗阳县	156.84	53.62	379.42	45.42	33.12	6.61
泗洪县	203.51	87.14	322.47	53.54	36.30	5.42

表 14–3 续表 28　　　　　　　　　　　　　　　（2012 年）

市　县	公路里程（公里）	#等级公路	公路客运量（万人）	公路货运量（万吨）	民用汽车拥有量（万辆）	#私人汽车
南京市	**11029**	**10054**	**42519**	**22020**	**117.75**	**96.36**
溧水县	1592	1563	1177	1100	3.50	3.01
高淳县	1495	1440	1183	968	2.69	2.18
无锡市	**7638**	**7638**	**22931**	**14189**	**100.98**	**76.45**
江阴市	2362	2362	3213	4108	25.43	19.69
宜兴市	2321	2321	3405	2712	16.72	12.85
徐州市	**16278**	**15135**	**23168**	**18697**	**60.58**	**51.70**
丰　县	1808	1808	1575	1832	4.95	4.41
沛　县	2287	2287	2303	1759	5.19	4.40
睢宁县	2443	2262	1742	1987	5.47	4.91
新沂市	2799	2295	1739	2591	4.54	3.91
邳州市	3021	2682	2906	2882	8.13	7.32
常州市	**8677**	**8625**	**16030**	**15344**	**65.93**	**52.34**
溧阳市	2509	2509	2797	2804	7.80	6.42
金坛市	2021	1970	1980	1483	5.22	4.20
苏州市	**13090**	**13090**	**68895**	**16441**	**179.10**	**144.71**
常熟市	3164	3164	8707	1983	23.83	19.80
张家港市	1527	1527	7982	2943	20.36	17.01
昆山市	2011	2011	8669	1962	26.71	21.04
太仓市	1265	1265	3349	2033	11.91	9.77
南通市	**17915**	**17763**	**21350**	**20199**	**68.22**	**57.14**
海安县	2355	2331	1802	3196	6.02	5.14
如东县	2504	2420	903	2049	6.86	6.05
启东市	3514	3502	1892	1499	8.54	7.66
如皋市	3160	3159	951	2787	9.68	8.66
海门市	2457	2439	1525	1168	8.08	7.09
连云港市	**11506**	**11415**	**15630**	**12305**	**27.28**	**22.34**
赣榆县	2759	2759	1538	2343	4.84	4.27
东海县	2884	2884	1693	2157	5.45	4.81
灌云县	2533	2533	1495	1283	3.87	3.43
灌南县	1904	1873	1220	999	2.56	2.26

表 14-3 续表 29 (2012 年)

市　县	公路里程（公里）	#等级公路	公路客运量（万人）	公路货运量（万吨）	民用汽车拥有量（万辆）	#私人汽车
淮安市	**12804**	**11902**	**12275**	**7787**	**25.30**	**20.09**
涟水县	2525	2265	1912	1312	3.49	2.99
洪泽县	1455	1346	994	216	1.30	1.01
盱眙县	2636	2636	1823	1263	2.35	1.82
金湖县	1349	1172	1192	201	1.29	1.00
盐城市	**18807**	**16761**	**14243**	**8150**	**40.43**	**33.33**
响水县	1736	1653	838	537	2.28	1.82
滨海县	2094	1806	352	1122	4.54	3.56
阜宁县	1832	1476	1052	174	3.59	3.16
射阳县	2466	1900	370	118	4.24	3.82
建湖县	1760	1641	930	434	2.79	2.30
东台市	3094	2884	803	1275	5.11	4.37
大丰市	3036	2671	946	647	4.90	4.22
扬州市	**10320**	**9050**	**8878**	**7645**	**34.70**	**28.17**
宝应县	2193	1839	1224	442	2.85	1.62
仪征市	1483	1482	631	931	3.05	2.10
高邮市	2489	2026	1192	975	3.10	1.92
镇江市	**7068**	**7068**	**11646**	**12418**	**28.79**	**23.13**
丹阳市	2096	2096	2479	2829	8.88	7.42
扬中市	971	971	1172	755	3.49	2.94
句容市	2412	2412	2076	1866	2.51	1.96
泰州市	**9004**	**8997**	**9649**	**4641**	**34.08**	**27.42**
兴化市	2631	2630	1779	798	5.80	5.05
靖江市	1255	1255	1933	605	6.74	5.43
泰兴市	2065	2065	1968	825	6.41	5.22
姜堰市	1885	1885	1425	955	5.35	4.31
宿迁市	**10597**	**9216**	**10905**	**5497**	**27.64**	**24.07**
沭阳县	3388	2529	2635	2536	7.48	6.64
泗阳县	1670	1626	2248	632	4.16	3.75
泗洪县	2387	2379	3829	572	3.98	3.26

表 14-3 续表 30　　　　　　　　　　　(2012 年)

市　县	邮电业务总量（亿元）	固定电话用户（万户）	移动电话用户（万户）	国际互联网用户（万户）	全年用电量（亿千瓦时）	#工业用电
南京市	**129.16**	**288.92**	**1153.10**	**205.32**	**424.96**	**265.64**
溧水县	3.34	10.68	8.44	12.78	14.19	10.36
高淳县	3.16	9.81	7.66	11.82	6.83	3.21
无锡市	**100.80**	**210.08**	**902.14**	**140.66**	**578.01**	**464.51**
江阴市	23.27	50.23	211.87	39.03	229.54	205.88
宜兴市	14.93	37.50	142.07	32.14	88.00	70.66
徐州市	**62.38**	**176.47**	**760.87**	**95.82**	**318.57**	**246.08**
丰　县	5.20	10.08	63.14	7.39	15.67	9.61
沛　县	6.48	14.60	78.42	10.26	27.73	21.32
睢宁县	5.80	15.57	69.13	9.70	19.08	13.10
新沂市	5.72	13.20	65.81	10.06	34.04	28.03
邳州市	7.43	15.41	92.76	11.45	26.88	18.31
常州市	**64.48**	**161.61**	**519.35**	**101.33**	**351.51**	**277.88**
溧阳市	7.56	23.50	71.09	14.02	59.57	50.54
金坛市	5.71	20.06	53.23	11.20	37.80	31.17
苏州市	**237.90**	**330.37**	**1554.52**	**252.25**	**1189.93**	**982.66**
常熟市	25.47	42.76	192.08	36.00	147.34	123.65
张家港市	20.90	36.79	162.30	33.70	265.59	246.75
昆山市	41.27	52.72	279.75	48.27	181.91	146.47
太仓市	12.38	20.58	79.57	18.33	81.00	68.79
南通市	**71.65**	**259.55**	**809.13**	**116.39**	**301.79**	**222.96**
海安县	7.25	33.09	83.36	19.55	38.38	30.61
如东县	7.37	30.43	90.89	15.29	36.79	27.88
启东市	8.36	36.52	94.50	19.78	24.20	15.96
如皋市	11.01	37.14	128.66	22.65	42.77	31.02
海门市	8.31	34.41	94.33	19.40	31.39	22.36
连云港市	**33.31**	**103.61**	**383.22**	**58.96**	**115.97**	**75.91**
赣榆县	5.97	20.94	76.25	13.63	26.51	19.48
东海县	6.16	18.72	73.19	12.28	17.17	10.79
灌云县	4.38	13.40	55.02	7.47	9.73	5.20
灌南县	3.46	10.96	42.74	6.49	19.43	15.14

表 14-3 续表 31

(2012 年)

市　县	邮电业务总量(亿元)	固定电话用户(万户)	移动电话用户(万户)	国际互联网用户(万户)	全年用电量(亿千瓦时)	#工业用电
淮安市	**26.75**	**93.78**	**294.94**	**47.76**	**134.78**	**95.50**
涟水县	3.68	13.66	42.59	4.86	13.24	8.26
洪泽县	1.81	6.25	21.41	3.73	14.47	11.81
盱眙县	3.16	10.39	36.15	4.47	13.95	8.81
金湖县	2.02	6.61	21.89	3.59	10.22	7.30
盐城市	**53.73**	**148.73**	**535.47**	**82.53**	**225.31**	**164.49**
响水县	2.84	8.50	30.98	4.23	32.09	28.44
滨海县	4.60	16.86	46.55	6.52	22.01	16.01
阜宁县	4.78	15.36	49.02	6.98	26.61	20.48
射阳县	5.31	17.07	60.17	7.68	16.29	9.90
建湖县	4.76	12.99	50.69	6.73	16.01	10.50
东台市	6.13	25.32	63.26	10.66	35.04	27.03
大丰市	5.40	18.48	55.75	8.96	35.20	28.02
扬州市	**45.93**	**135.91**	**490.95**	**74.18**	**173.63**	**123.20**
宝应县	5.36	17.79	63.27	9.37	14.63	8.95
仪征市	5.38	15.67	61.18	9.83	28.80	23.79
高邮市	5.75	18.43	65.60	10.70	18.66	12.07
镇江市	**31.73**	**105.86**	**336.71**	**59.77**	**193.47**	**151.62**
丹阳市	8.14	28.67	91.18	18.70	58.23	46.70
扬中市	3.51	13.18	37.43	8.34	13.67	9.99
句容市	4.37	16.96	52.94	10.64	20.11	13.80
泰州市	**39.75**	**113.56**	**417.62**	**70.59**	**211.31**	**164.81**
兴化市	7.77	24.99	89.43	10.59	55.51	46.08
靖江市	7.09	19.11	68.57	10.14	35.61	27.15
泰兴市	8.45	26.36	88.06	10.62	48.09	39.16
姜堰市	5.80	17.32	66.14	7.87	26.30	20.17
宿迁市	**23.88**	**86.07**	**382.26**	**45.13**	**114.34**	**79.90**
沭阳县	6.95	22.99	111.15	12.01	32.20	22.48
泗阳县	4.31	18.88	68.16	9.86	13.40	7.57
泗洪县	4.10	15.45	67.42	8.40	12.74	6.19

表 14-3 续表 32　　(2012 年)　　单位:亿元

市　县	固　定资产投资	房地产开发投资	#住宅	新增固定资　产	商品房屋销售建筑面积(万平方米)	#住宅
南京市	**4558.49**	**971.96**	**660.94**	**3008.25**	**950.87**	**876.25**
溧水县	350.11	22.88	20.15	304.79	41.57	41.03
高淳县	302.01	23.95	21.59	255.56	19.06	17.09
无锡市	**3618.07**	**974.37**	**614.55**	**2531.71**	**926.27**	**784.56**
江阴市	834.28	181.39	115.27	660.89	148.71	118.75
宜兴市	480.56	107.51	75.55	376.75	135.07	115.47
徐州市	**2685.89**	**310.07**	**238.37**	**2044.77**	**698.34**	**623.84**
丰　县	127.33	15.97	12.13	110.56	42.41	35.99
沛　县	292.32	20.03	14.71	274.13	68.68	59.32
睢宁县	153.22	13.85	11.16	144.18	43.33	38.44
新沂市	270.64	32.38	27.19	143.94	63.19	50.44
邳州市	393.88	28.26	26.68	319.95	66.85	65.76
常州市	**2621.56**	**597.01**	**416.11**	**1831.72**	**756.81**	**664.99**
溧阳市	373.24	37.62	28.24	257.14	46.64	39.38
金坛市	219.93	27.64	20.44	141.05	50.84	42.54
苏州市	**5142.51**	**1263.36**	**851.65**	**4035.76**	**1466.29**	**1263.11**
常熟市	602.12	86.41	57.52	557.36	155.79	121.37
张家港市	691.07	83.76	53.62	549.77	89.44	72.36
昆山市	767.62	245.02	162.69	593.73	321.59	269.10
太仓市	459.93	69.47	37.48	382.59	83.88	62.76
南通市	**2886.47**	**481.74**	**387.70**	**2034.37**	**712.49**	**631.77**
海安县	322.66	34.18	27.05	135.91	61.97	50.66
如东县	310.79	21.19	15.06	276.93	20.68	15.99
启东市	359.53	32.20	29.17	409.79	66.71	65.86
如皋市	329.86	27.42	18.84	222.91	56.35	42.43
海门市	370.86	36.43	28.73	241.54	70.06	63.21
连云港市	**1280.88**	**162.23**	**118.79**	**966.33**	**418.84**	**371.89**
赣榆县	202.31	15.79	10.90	21.50	50.40	45.97
东海县	189.35	18.09	12.92	133.71	70.57	63.66
灌云县	164.46	11.92	7.98	119.49	43.36	37.11
灌南县	163.04	14.01	11.53	145.42	61.81	53.67

表 14-3 续表 33 (2012 年) 单位:亿元

市　县	固　定 资产投资	房地产 开发投资	#住宅	新增固定 资　产	商品房屋销 售建筑面积 (万平方米)	#住宅
淮安市	**1247.99**	**280.55**	**211.01**	**740.19**	**677.14**	**598.85**
涟水县	139.31	36.35	28.92	87.79	99.72	84.86
洪泽县	92.34	17.64	12.69	68.55	32.16	27.07
盱眙县	173.33	44.63	32.87	123.86	91.02	81.77
金湖县	85.37	19.22	13.67	52.63	50.71	44.48
盐城市	**1940.89**	**273.41**	**200.61**	**1274.78**	**548.20**	**467.77**
响水县	141.99	10.06	8.68	118.27	24.06	22.09
滨海县	187.32	19.82	13.04	130.55	57.51	49.33
阜宁县	163.00	19.74	16.02	112.03	46.74	44.44
射阳县	168.31	15.16	8.76	117.59	51.11	43.23
建湖县	177.75	19.71	12.68	100.06	41.79	34.36
东台市	278.41	30.26	24.26	185.32	49.96	37.68
大丰市	216.56	19.50	13.14	130.02	48.74	40.05
扬州市	**1783.65**	**235.84**	**181.71**	**1397.75**	**601.91**	**537.09**
宝应县	197.69	16.44	12.92	179.57	49.75	44.90
仪征市	247.45	14.61	14.47	271.56	52.74	52.30
高邮市	234.29	20.25	16.69	121.09	82.85	79.90
镇江市	**1500.67**	**205.48**	**156.39**	**1084.66**	**420.20**	**386.85**
丹阳市	280.53	33.61	26.36	118.31	71.87	64.14
扬中市	147.03	14.06	7.56	105.16	16.14	11.57
句容市	174.39	43.32	35.95	88.75	110.01	105.45
泰州市	**1454.59**	**234.48**	**157.33**	**1286.68**	**326.68**	**278.48**
兴化市	189.30	16.10	10.85	203.30	40.56	31.74
靖江市	283.38	43.43	19.61	276.77	40.53	35.52
泰兴市	261.10	33.20	26.71	224.02	61.86	53.18
姜堰市	215.62	32.82	23.66	185.27	55.16	47.61
宿迁市	**1025.56**	**218.64**	**160.73**	**740.99**	**517.48**	**439.68**
沭阳县	258.16	51.51	36.30	145.28	123.03	105.26
泗阳县	184.46	39.31	31.87	171.40	110.20	91.39
泗洪县	160.65	35.01	26.15	103.63	120.83	105.75

表 14-3 续表 34　　　　　　　　　　　　(2012 年)

市　县	社会消费品零售总额（亿元）	#批发和零售业	进出口总额（亿美元）	出口	进口	实际外商直接投资（亿美元）
南京市	**3103.82**	**2793.48**	**552.35**	**319.01**	**233.34**	**41.30**
溧水县	103.18	84.34	3.37	3.17	0.20	1.51
高淳县	120.07	75.72	3.38	3.12	0.26	0.81
无锡市	**2443.24**	**2240.38**	**707.72**	**413.13**	**294.60**	**40.10**
江阴市	515.48	479.88	192.65	105.15	87.50	7.98
宜兴市	371.28	349.47	49.59	31.89	17.70	4.70
徐州市	**1312.50**	**1173.31**	**83.27**	**62.88**	**20.39**	**17.00**
丰　县	68.58	59.24	1.71	1.71	0.00	0.69
沛　县	124.42	113.62	3.76	3.69	0.07	1.70
睢宁县	85.22	77.16	7.22	4.89	2.33	1.29
新沂市	83.06	75.78	4.30	2.51	1.79	1.85
邳州市	114.06	91.69	14.43	14.02	0.41	1.80
常州市	**1413.33**	**1293.16**	**290.28**	**199.60**	**90.68**	**33.61**
溧阳市	198.26	179.95	11.29	8.55	2.74	4.05
金坛市	156.73	140.70	16.03	13.65	2.39	2.51
苏州市	**3240.97**	**2830.37**	**3056.92**	**1746.89**	**1310.03**	**91.65**
常熟市	499.54	452.24	197.49	129.21	68.28	9.56
张家港市	370.73	320.75	319.62	128.11	191.50	9.52
昆山市	493.62	390.14	865.68	555.17	310.51	17.54
太仓市	195.07	168.89	126.21	56.60	69.61	8.11
南通市	**1719.27**	**1576.34**	**263.01**	**187.86**	**75.15**	**22.05**
海安县	181.98	166.34	14.99	12.79	2.21	2.52
如东县	202.18	186.43	12.81	9.99	2.83	3.20
启东市	228.73	208.83	20.28	14.43	5.85	2.39
如皋市	229.85	210.72	35.88	23.72	12.16	2.14
海门市	237.12	217.55	16.92	12.38	4.54	1.22
连云港市	**575.49**	**525.26**	**80.02**	**36.01**	**44.01**	**7.34**
赣榆县	108.28	98.52	3.91	2.79	1.12	1.30
东海县	107.89	99.77	2.76	2.12	0.64	1.39
灌云县	78.69	73.71	2.35	2.15	0.19	0.55
灌南县	54.01	48.08	1.62	1.34	0.27	0.23

表 14-3 续表 35　　　　　　　　　　　　　　(2012 年)

市　县	社会消费品零售总额（亿元）	#批发和零售业	进出口总额（亿美元）	出口	进口	实际外商直接投资（亿美元）
淮安市	**633.24**	**567.60**	**42.38**	**33.64**	**8.73**	**21.21**
涟水县	64.48	57.28	3.31	3.04	0.27	2.10
洪泽县	58.88	52.31	1.93	1.36	0.56	2.25
盱眙县	62.52	55.23	4.21	3.97	0.24	2.80
金湖县	55.75	49.92	3.09	3.04	0.05	2.00
盐城市	**1023.20**	**919.46**	**57.54**	**34.65**	**22.89**	**21.11**
响水县	42.18	38.48	4.56	3.53	1.03	1.32
滨海县	69.98	63.50	2.14	1.95	0.19	1.50
阜宁县	82.09	76.38	1.69	1.45	0.24	1.68
射阳县	110.00	96.54	2.45	1.82	0.63	1.60
建湖县	108.32	90.72	3.22	2.81	0.41	1.60
东台市	158.09	141.67	4.53	4.10	0.43	3.10
大丰市	108.80	99.52	8.46	4.68	3.78	3.10
扬州市	**973.97**	**871.15**	**101.73**	**81.72**	**20.01**	**21.38**
宝应县	105.35	98.89	6.20	4.72	1.48	1.00
仪征市	114.75	104.00	9.32	4.53	4.79	3.52
高邮市	110.57	98.44	3.27	3.01	0.26	0.98
镇江市	**766.46**	**677.10**	**114.13**	**77.37**	**36.76**	**22.14**
丹阳市	202.38	180.60	26.51	21.84	4.67	4.76
扬中市	90.32	77.88	4.81	3.63	1.19	1.67
句容市	93.31	80.07	6.11	4.45	1.66	4.26
泰州市	**737.57**	**633.73**	**103.67**	**69.45**	**34.22**	**14.50**
兴化市	112.69	96.74	5.82	4.65	1.17	1.35
靖江市	123.25	102.03	35.10	23.44	11.66	2.61
泰兴市	142.95	118.18	20.36	10.77	9.59	2.52
姜堰市	122.15	112.65	7.71	6.32	1.39	1.12
宿迁市	**388.23**	**335.40**	**27.93**	**23.18**	**4.75**	**4.52**
沭阳县	108.34	94.40	5.29	4.76	0.54	1.01
泗阳县	63.58	53.76	5.93	5.78	0.15	0.64
泗洪县	65.24	59.67	3.58	3.42	0.16	0.64

表 14-3 续表 36　　(2012 年)　　单位:亿元

市　县	公共财政预算收入	#税收收入	公共财政预算支出	年末金融机构存款余　额	#居民储蓄存款	年末金融机构贷款余　额
南京市	**733.02**	**602.79**	**769.66**	**16131.41**	**4465.37**	**12314.41**
溧水县	29.20	23.36	34.97	210.12	111.20	160.84
高淳县	22.00	17.62	31.73	176.88	100.58	156.79
无锡市	**658.03**	**540.01**	**648.61**	**10293.40**	**3731.83**	**7467.03**
江阴市	167.19	139.24	154.00	2347.59	792.49	1811.65
宜兴市	78.38	66.66	82.52	1490.35	648.64	1115.57
徐州市	**366.76**	**284.14**	**530.05**	**3364.47**	**1794.72**	**2047.23**
丰　县	24.92	20.34	47.26	174.42	129.26	96.64
沛　县	38.96	31.73	61.81	292.91	191.81	108.77
睢宁县	25.56	20.56	48.62	215.60	152.56	117.23
新沂市	32.85	26.32	52.83	180.01	124.10	157.13
邳州市	42.12	33.26	68.22	251.48	167.76	188.92
常州市	**378.99**	**303.89**	**391.22**	**5604.90**	**2473.27**	**3832.80**
溧阳市	40.50	34.42	45.84	645.20	332.54	436.64
金坛市	23.11	19.70	31.72	400.96	229.59	286.90
苏州市	**1204.33**	**1023.88**	**1113.47**	**17663.50**	**5787.75**	**13626.86**
常熟市	128.15	104.07	128.27	2031.19	907.18	1509.74
张家港市	149.61	122.20	142.92	2064.68	746.76	1490.75
昆山市	220.28	189.82	195.15	2364.12	787.13	1601.39
太仓市	90.15	72.63	86.16	1018.88	377.17	863.41
南通市	**419.72**	**339.51**	**513.01**	**6297.19**	**3588.06**	**3832.14**
海安县	37.53	30.75	55.30	681.06	426.65	454.33
如东县	32.17	25.85	54.44	504.06	348.72	247.82
启东市	52.21	42.37	59.59	691.33	481.71	402.73
如皋市	53.60	44.72	71.08	670.20	436.10	354.53
海门市	51.61	41.79	55.96	719.57	481.84	421.40
连云港市	**208.94**	**160.92**	**312.55**	**1503.66**	**723.59**	**1196.58**
赣榆县	29.21	22.97	53.69	188.93	121.39	140.69
东海县	27.46	21.35	48.00	186.71	121.83	133.41
灌云县	25.86	20.67	41.02	143.28	87.16	97.79
灌南县	25.59	20.30	41.88	88.23	62.06	69.26

表 14-3 续表 37　(2012 年)　单位:亿元

市　县	公共财政预算收入	#税收收入	公共财政预算支出	年末金融机构存款余　额	#居民储蓄存款	年末金融机构贷款余　额
淮安市	**233.61**	**180.93**	**339.86**	**1502.79**	**806.86**	**1173.18**
涟水县	21.62	17.92	43.66	176.46	104.47	107.17
洪泽县	17.10	13.66	28.43	97.25	48.70	78.65
盱眙县	23.15	18.01	40.26	171.07	89.96	134.80
金湖县	15.35	13.25	25.33	128.70	76.69	103.64
盐城市	**312.78**	**251.38**	**473.48**	**2699.33**	**1519.33**	**1831.44**
响水县	19.73	15.20	35.86	99.66	57.76	81.40
滨海县	24.94	19.49	48.09	158.33	97.14	109.94
阜宁县	25.48	20.28	46.55	202.08	135.70	138.82
射阳县	20.80	16.40	43.83	204.49	132.17	153.51
建湖县	32.94	26.54	53.29	231.59	161.89	171.83
东台市	43.67	34.57	62.75	442.73	324.20	231.17
大丰市	40.01	30.85	55.42	321.76	198.10	203.48
扬州市	**225.00**	**180.61**	**284.80**	**3310.84**	**1697.51**	**2006.50**
宝应县	20.71	16.61	37.04	262.79	171.88	163.41
仪征市	24.66	19.89	26.44	333.11	194.23	183.58
高邮市	21.72	17.41	36.98	296.25	203.41	167.79
镇江市	**215.48**	**174.12**	**235.25**	**2850.51**	**1301.36**	**2073.29**
丹阳市	50.09	41.92	54.31	725.50	372.35	588.11
扬中市	22.57	18.13	25.36	350.86	198.60	239.03
句容市	25.02	21.29	35.86	318.78	176.17	216.10
泰州市	**223.62**	**179.73**	**300.90**	**3032.63**	**1546.53**	**2007.97**
兴化市	29.46	24.08	58.68	412.47	275.48	264.26
靖江市	44.01	35.28	47.77	654.18	314.65	408.86
泰兴市	32.61	26.13	50.58	466.13	294.54	272.19
姜堰市	23.54	18.90	34.95	424.96	254.23	305.79
宿迁市	**158.13**	**130.07**	**272.40**	**1226.87**	**621.02**	**1002.86**
沭阳县	48.79	38.30	78.20	280.00	183.96	223.84
泗阳县	21.76	17.79	42.00	206.18	111.75	157.32
泗洪县	19.76	15.26	44.42	181.74	109.26	159.41

表 14-3 续表 38　　　　　　　　　　　　　(2012 年)

市　县	城镇非私营单位在岗职工年平均工资(元)	城镇居民人均可支配收入(元)	城镇居民人均生活消费支出(元)	#食品	城镇居民恩格尔系数(%)	城镇居民人均住房建筑面积(平方米)
南京市	**60404**	**35092**	**22446**	**7827**	**34.9**	**32.3**
溧水县	45820	31602	18295	6070	33.2	39.2
高淳县	45332	33032	19061	6397	33.6	42.2
无锡市	**56883**	**35663**	**23000**	**8010**	**34.8**	**36.4**
江阴市	58973	39437	26643	8920	33.5	38.0
宜兴市	51361	33210	19133	7557	39.5	39.9
徐州市	**44070**	**21716**	**13730**	**4820**	**35.1**	**35.0**
丰　县	34189	16186	11768	3796	32.3	37.5
沛　县	35433	19227	13062	4259	32.6	40.6
睢宁县	31094	16447	11051	4399	39.8	50.1
新沂市	35337	17617	15210	5172	34.0	40.5
邳州市	35535	20542	11301	4106	36.3	34.7
常州市	**55764**	**33326**	**20918**	**7229**	**34.6**	**37.5**
溧阳市	47577	29852	19741	7017	35.5	40.5
金坛市	43249	31738	21009	6666	31.7	40.1
苏州市	**57622**	**39079**	**25157**	**8371**	**33.3**	**36.1**
常熟市	53982	39561	25003	7420	29.7	38.2
张家港市	56591	39695	27695	8177	29.5	39.9
昆山市	53461	39740	27634	8608	31.2	38.2
太仓市	57037	39422	27129	9159	33.8	44.8
南通市	**49399**	**28292**	**17858**	**6211**	**34.8**	**39.8**
海安县	46226	26771	16742	5352	32.0	44.1
如东县	46063	26768	16734	5952	35.6	44.4
启东市	45604	26875	17575	5746	32.7	39.4
如皋市	46686	26010	15889	5436	34.2	39.4
海门市	48578	29631	18996	6602	34.8	39.3
连云港市	**44124**	**20816**	**12726**	**4689**	**36.9**	**37.4**
赣榆县	41450	19533	11165	4156	37.2	39.1
东海县	37839	19726	11819	4259	36.0	39.4
灌云县	38117	15943	9553	3636	38.1	38.3
灌南县	38020	18535	10650	3739	35.1	47.0

表 14-3 续表 39

(2012 年)

市　县	城镇非私营单位在岗职工年平均工资(元)	城镇居民人均可支配收入(元)	城镇居民人均生活消费支出(元)	#食品	城镇居民恩格尔系数(%)	城镇居民人均住房建筑面积(平方米)
淮安市	**41966**	**20950**	**14458**	**5126**	**35.5**	**35.5**
涟水县	33535	18116	12651	4013	31.7	34.6
洪泽县	39144	21717	14414	5684	39.4	34.2
盱眙县	38259	22230	13887	4373	31.5	36.1
金湖县	38715	22075	13419	5172	38.5	36.4
盐城市	**40357**	**21941**	**15430**	**5288**	**34.3**	**37.2**
响水县	34503	18207	14503	5503	37.9	36.4
滨海县	37387	19090	11975	4721	39.4	33.9
阜宁县	34097	18253	13955	5127	36.7	33.2
射阳县	36325	19373	16028	5500	34.3	35.6
建湖县	38191	21215	14115	5033	35.7	37.1
东台市	40450	23867	14617	4819	33.0	37.7
大丰市	40055	22471	14704	5016	34.1	39.2
扬州市	**44689**	**25712**	**16492**	**6037**	**36.6**	**37.4**
宝应县	39976	18988	12730	4958	38.9	34.6
仪征市	41813	26658	16529	6059	36.7	34.1
高邮市	42595	22588	15196	5884	38.7	35.5
镇江市	**47626**	**30045**	**17897**	**6589**	**36.8**	**39.1**
丹阳市	45844	30120	16136	5970	37.0	40.9
扬中市	48569	33442	18008	5547	30.8	53.3
句容市	42863	29626	18132	6643	36.6	40.8
泰州市	**42985**	**26574**	**16499**	**5927**	**35.9**	**39.3**
兴化市	36266	24165	14262	5326	37.3	34.3
靖江市	43073	28803	19669	6566	33.4	56.1
泰兴市	40703	26338	16456	5771	35.1	41.1
姜堰市	37187	26714	15688	6009	38.3	36.9
宿迁市	**36624**	**16991**	**11864**	**4438**	**37.4**	**38.9**
沭阳县	33960	17215	12181	4784	39.3	37.5
泗阳县	32205	16474	11208	3971	35.4	40.8
泗洪县	38508	15934	11939	4437	37.2	42.0

表 14-3 续表 40　　　　　　　　　　　　（2012 年）

市　县	人均居民储蓄存款（元）	农村居民人均纯收入（元）	农村居民人均生活消费支出（元）	#食品	农村居民恩格尔系数（%）	农村居民人均住房面积（平方米）
南京市	**54716**	**14786**	**11114**	**4147**	**37.3**	**59.3**
溧水县	26565	14356	10780	3720	34.5	59.0
高淳县	23999	14816	10945	4162	38.0	60.1
无锡市	**57719**	**18509**	**12795**	**4655**	**36.4**	**67.6**
江阴市	48789	19660	11991	4268	35.6	68.4
宜兴市	51974	16862	12523	4824	38.5	66.0
徐州市	**20956**	**10762**	**6742**	**2411**	**35.8**	**45.6**
丰　县	13616	9783	7095	2666	37.6	42.0
沛　县	17232	11351	8558	2661	31.1	47.4
睢宁县	14885	9541	5616	2276	40.5	44.0
新沂市	13663	9808	6481	2351	36.3	45.8
邳州市	11702	11282	5866	2054	35.0	50.3
常州市	**52771**	**16737**	**12027**	**4337**	**36.1**	**60.3**
溧阳市	43738	15261	12957	4599	35.5	49.8
金坛市	41115	15608	12401	4348	35.1	48.1
苏州市	**54865**	**19396**	**14381**	**4875**	**33.9**	**68.3**
常熟市	60194	19467	14685	4745	32.3	82.4
张家港市	60135	19460	15129	4599	30.4	67.4
昆山市	48028	19563	16122	5394	33.5	58.7
太仓市	53363	19411	13091	4447	34.0	73.5
南通市	**49170**	**13231**	**9839**	**3546**	**36.0**	**54.6**
海安县	49267	12663	9988	3682	36.9	51.3
如东县	35367	12156	9309	3165	34.0	52.9
启东市	50178	14127	10619	4025	37.9	53.3
如皋市	34611	11663	8165	2700	33.1	51.3
海门市	53401	15162	11117	4120	37.1	57.1
连云港市	**16420**	**9589**	**6210**	**2259**	**36.4**	**42.1**
赣榆县	12803	10310	6790	2339	34.5	40.7
东海县	12830	9910	6432	2296	35.7	41.6
灌云县	11035	8929	4921	1857	37.7	40.9
灌南县	9979	8472	5948	2307	38.8	40.3

表 14-3 续表 41　　　　　　　　　　　　(2012 年)

市　县	人均居民储蓄存款（元）	农村居民人均纯收入（元）	农村居民人均生活消费支出（元）	#食品	农村居民恩格尔系数（%）	农村居民人均住房面积（平方米）
淮安市	**16799**	**9838**	6493	**2409**	**37.1**	**43.3**
涟水县	12469	9185	5751	2214	38.5	41.1
洪泽县	14637	10838	5862	2279	38.9	42.0
盱眙县	13990	10031	5099	1994	39.1	40.2
金湖县	23150	10624	8167	3165	38.8	59.8
盐城市	**21054**	**11898**	**6998**	**2543**	**36.3**	**45.1**
响水县	11476	9861	5630	2231	37.5	34.6
滨海县	10281	10429	5820	2210	38.0	40.2
阜宁县	16163	10545	5490	2048	37.3	41.7
射阳县	14814	11726	6039	2234	37.0	41.0
建湖县	21945	11705	7014	2455	35.0	43.3
东台市	32884	13647	7982	2778	34.8	54.6
大丰市	28252	13517	8729	3160	36.2	51.2
扬州市	**37999**	**12686**	**8714**	**3180**	**36.5**	**50.1**
宝应县	22883	11670	8269	2978	36.0	45.4
仪征市	34516	12244	8533	3095	36.3	59.0
高邮市	27523	11828	8405	2758	32.8	44.7
镇江市	**41251**	**14518**	**10530**	**3857**	**36.6**	**56.2**
丹阳市	38229	15171	11722	4150	35.4	61.8
扬中市	58394	16631	10158	3843	37.8	64.0
句容市	28314	13235	9486	3622	38.2	45.9
泰州市	**33404**	**12493**	**8990**	**2974**	**33.1**	**56.9**
兴化市	21968	11827	7658	2652	34.6	49.8
靖江市	45880	13715	11176	3956	35.4	73.5
泰兴市	27373	12505	8209	2683	32.7	60.6
姜堰市	34864	12228	8785	2649	30.2	46.3
宿迁市	**12943**	**9495**	**6594**	**2479**	**37.6**	**42.3**
沭阳县	11845	9557	7060	2782	39.4	41.3
泗阳县	13163	9541	7109	2534	35.6	42.8
泗洪县	11837	9327	4720	1803	38.2	43.1

表 14-3 续表 42 (2012 年)

市　县	专利申请受理量（件）	专利申请授权量（件）	在校学生总　数（万人）	#普通中学	#小学	专任教师总　数（万人）
南京市	**42732**	**18561**	**145.10**	**23.07**	**30.72**	**10.01**
溧水县	1849	624	4.01	1.64	1.88	0.31
高淳县	1600	849	3.71	1.61	1.84	0.30
无锡市	**79873**	**51442**	**72.29**	**21.05**	**31.94**	**4.96**
江阴市	15925	8306	16.69	5.69	8.89	1.23
宜兴市	9025	7121	12.50	4.52	6.17	0.87
徐州市	**18014**	**10000**	**127.24**	**42.61**	**62.85**	**8.54**
丰　县	1295	490	13.12	5.80	6.81	0.93
沛　县	1647	1323	14.40	5.25	7.70	0.93
睢宁县	1840	468	15.98	7.42	7.85	1.12
新沂市	1305	497	11.75	3.85	7.44	0.78
邳州市	822	628	22.94	7.94	14.18	1.44
常州市	**39391**	**15379**	**59.69**	**16.91**	**23.43**	**3.48**
溧阳市	4337	3033	7.86	3.20	3.74	0.57
金坛市	3312	609	5.10	2.16	2.47	0.44
苏州市	**139965**	**98430**	**98.84**	**26.18**	**44.04**	**6.84**
常熟市	15024	13366	13.98	4.12	6.76	0.96
张家港市	9196	8469	11.86	3.61	5.89	0.81
昆山市	31515	20495	12.14	3.34	6.37	0.77
太仓市	8016	6380	5.74	1.92	3.02	0.40
南通市	**49924**	**36245**	**77.86**	**27.96**	**31.76**	**5.44**
海安县	7983	5054	8.42	3.23	3.56	0.64
如东县	2076	1975	7.42	3.45	3.16	0.62
启东市	5248	3562	8.06	3.55	3.82	0.66
如皋市	7515	3344	13.11	5.32	6.23	0.90
海门市	8872	6126	9.24	4.00	4.44	0.71
连云港市	**6008**	**3940**	**72.56**	**26.85**	**35.00**	**4.79**
赣榆县	1218	697	15.79	6.61	8.01	1.17
东海县	1528	715	15.78	5.87	8.67	0.98
灌云县	547	483	12.76	5.54	6.49	0.71
灌南县	571	468	10.04	3.87	5.56	0.63

表 14-3 续表 43

(2012 年)

市　县	专利申请受理量（件）	专利申请授权量（件）	在校学生总　数（万人）	#普通中学	#小学	专任教师总　数（万人）
淮安市	**9325**	**3140**	**72.98**	**24.21**	**31.19**	**4.52**
涟水县	977	340	14.37	5.16	7.52	0.81
洪泽县	1878	335	4.13	1.50	1.88	0.28
盱眙县	1551	465	10.01	3.59	4.39	0.69
金湖县	827	330	3.30	1.31	1.46	0.22
盐城市	**15456**	**4964**	**83.55**	**29.99**	**38.37**	**5.93**
响水县	490	74	6.24	2.15	3.83	0.47
滨海县	1046	186	10.27	3.70	6.05	0.73
阜宁县	1371	202	9.20	3.68	4.97	0.68
射阳县	1146	196	8.50	3.50	4.53	0.64
建湖县	1955	670	7.34	2.85	3.87	0.57
东台市	2749	1036	8.11	4.02	3.74	0.66
大丰市	2559	1480	6.08	2.78	2.85	0.52
扬州市	**18996**	**8091**	**84.85**	**19.79**	**22.44**	**11.74**
宝应县	2527	731	13.46	3.66	4.20	2.11
仪征市	2272	965	8.83	2.25	2.44	1.35
高邮市	3211	973	12.02	3.46	3.16	1.96
镇江市	**19235**	**9235**	**36.38**	**10.46**	**13.19**	**2.65**
丹阳市	4377	1849	8.86	3.59	4.58	0.69
扬中市	1894	1169	2.66	1.04	1.37	0.24
句容市	3587	1605	4.74	1.97	2.28	0.34
泰州市	**24177**	**8414**	**51.28**	**19.62**	**22.20**	**3.93**
兴化市	3647	1607	10.89	4.62	5.41	0.94
靖江市	5042	1151	6.52	2.59	3.24	0.55
泰兴市	5212	2050	11.88	5.41	5.48	0.92
姜堰市	3770	1162	7.48	3.53	3.50	0.53
宿迁市	**4380**	**2095**	**78.23**	**29.19**	**35.64**	**4.50**
沭阳县	1576	995	23.00	10.30	11.00	1.35
泗阳县	943	406	13.75	5.05	7.02	0.82
泗洪县	535	249	15.22	5.47	7.80	0.82

表 14-3 续表 44　　　　　　　　　　　　(2012 年)

市　县	公共图书馆(个)	公共图书馆图书藏量(千册)	卫生机构数(个)	卫生机构床位数(张)	卫生技术人员(人)	#执业(助理)医师
南京市	**17**	**15736**	**2305**	**37775**	**53967**	**19101**
溧水县	2	359	119	1230	1489	582
高淳县	1	195	165	1632	1928	628
无锡市	**10**	**5653**	**1951**	**30453**	**35105**	**13092**
江阴市	1	1343	482	6872	7210	2712
宜兴市	1	455	397	4010	5797	2193
徐州市	**8**	**2416**	**4327**	**38489**	**39703**	**14457**
丰　县	1	161	521	3322	3415	1750
沛　县	1	271	506	3786	3752	1540
睢宁县	1	367	629	2882	2806	973
新沂市	1	124	439	2490	3396	1250
邳州市	1	210	778	4124	5633	1707
常州市	**4**	**3755**	**1128**	**20497**	**25274**	**10094**
溧阳市	1	333	220	2591	3521	1617
金坛市	1	251	177	2047	2475	1073
苏州市	**12**	**16629**	**2992**	**46070**	**57168**	**23194**
常熟市	1	1669	453	6454	7493	3193
张家港市	1	1411	410	6013	7440	3062
昆山市	1	1756	435	5043	9166	3845
太仓市	1	807	223	3184	3646	1468
南通市	**9**	**5366**	**3254**	**31495**	**34749**	**14835**
海安县	1	562	404	3791	3459	1480
如东县	1	555	458	2832	3416	1512
启东市	1	463	376	3301	3425	1559
如皋市	1	929	525	4666	4783	2469
海门市	1	881	419	3383	3495	1607
连云港市	**7**	**2638**	**2619**	**16504**	**19040**	**7333**
赣榆县	1	199	701	2668	3218	1239
东海县	1	710	529	2545	2844	1217
灌云县	1	228	428	2332	2353	843
灌南县	1	167	353	2355	2266	825

表 14-3 续表 45　　　　　　　　　　　　　(2012 年)

市　县	公共图书馆(个)	公共图书馆图书藏量(千册)	卫生机构数(个)	卫生机构床位数(张)	卫生技术人员(人)	#执业(助理)医师
淮安市	**8**	**2997**	**2175**	**20266**	**23468**	**9604**
涟水县	1	111	466	3226	3404	1582
洪泽县	1	204	134	1254	1386	567
盱眙县	1	89	320	2559	2913	1219
金湖县	1	169	133	875	1283	529
盐城市	**9**	**2559**	**3088**	**26598**	**29749**	**13945**
响水县	1	105	214	1576	1656	768
滨海县	1	205	427	2431	2986	1490
阜宁县	1	200	390	2610	2359	1259
射阳县	1	195	325	2555	3320	1732
建湖县	1	177	357	2301	2526	1333
东台市	1	260	389	4242	4210	2154
大丰市	1	321	330	2492	2892	1482
扬州市	**7**	**2821**	**1903**	**17704**	**21087**	**8818**
宝应县	1	130	352	1922	2364	1104
仪征市	1	313	191	1804	2407	951
高邮市	1	179	276	2142	2579	1277
镇江市	**8**	**2770**	**906**	**12574**	**16402**	**6881**
丹阳市	2	356	242	2876	3701	1661
扬中市	1	277	77	845	1502	687
句容市	1	162	187	1525	2103	897
泰州市	**6**	**1926**	**2017**	**18361**	**21053**	**9461**
兴化市	1	224	673	3946	4007	1908
靖江市	1	421	309	3162	3459	1685
泰兴市	1	295	377	3482	4468	2059
姜堰市	1	209	300	2755	3161	1419
宿迁市	**7**	**903**	**2389**	**16349**	**19306**	**7145**
沭阳县	1	140	678	4888	5820	2242
泗阳县	1	246	413	2953	3307	1158
泗洪县	1	79	511	3259	3779	1489

15

区域资料

2012年首批沿海开放城市主要经济指标

表 15-1　　(2012 年)

城　　市	地区生产总值		# 第一产业		第二产业	
	累　计（亿元）	增长（%）	累　计（亿元）	增长（%）	累　计（亿元）	增长（%）
大　　连	7002.80	10.3	451.40	5.1	3634.80	10.6
秦 皇 岛	1139.17	9.1	147.58	3.0	447.68	10.9
天　　津	12885.18	13.8	171.54	3.0	6663.68	15.2
烟　　台	5281.38	10.3	377.31	4.6	2985.09	10.2
威　　海	2337.86	9.4	180.11	5.0	1249.30	9.7
青　　岛	7302.11	10.6	324.41	3.2	3402.23	11.5
连 云 港	1603.42	12.7	232.40	5.7	736.14	14.3
南　　通	4558.67	11.8	319.09	4.6	2414.11	12.4
上　　海	20101.33	7.5	127.80	0.5	7912.77	3.1
宁　　波	6524.70	7.8	269.97	1.6	3516.73	6.0
温　　州	3650.06	6.7	112.90	1.2	1843.06	6.0
福　　州	4218.29	12.1	367.64	4.7	1917.00	14.8
广　　州	13551.21	10.5	220.72	3.3	4713.16	9.9
湛　　江	1900.64	10.0	385.35	6.6	803.07	13.0

表 15-1 续表 1

(2012 年)

城　　市	第三产业		规模以上工业总产值		规模以上工业增加值	
	累　计（亿元）	增长（%）	累　计（亿元）	增长（%）	累　计（亿元）	增长（%）
大　　连	2916.70	10.6				11.0
秦 皇 岛	543.90	9.3	1495.09	6.1	352.81	13.0
天　　津	6049.96	12.4	23250.54	14.9		16.1
烟　　台	1918.98	11.6	12596.55	11.2		11.4
威　　海	908.45	9.7				10.5
青　　岛	3575.47	10.5	14426.08	15.1		11.6
连 云 港	634.88	13.3	3353.48	26.8	672.47	17.3
南　　通	1825.47	12.3	10101.19	14.1	2273.15	14.4
上　　海	12060.76	10.6	31548.41	-0.4	6446.14	2.9
宁　　波	2738.00	10.9	11962.10	1.3	2132.50	5.0
温　　州	1694.10	8.0	4166.68	-1.4	820.43	1.6
福　　州	1933.65	10.6	5890.58	15.7	1436.38	15.1
广　　州	8617.33	11.1	15037.19	11.5		10.9
湛　　江	712.22	8.4			620.00	12.1

表 15–1 续表 2　　　　　　　　　　　　(2012 年)

城　　市	港口货物吞吐量		港口集装箱吞吐量		固定资产投资额	
	累　计 (万吨)	增长 (%)	累　计 (万标箱)	增长%	累　计 (亿元)	增长 (%)
大　　连	37426	11.1	806	26.0	5624.40	23.5
秦 皇 岛	27099	–5.8	34	–20.0	723.74	21.0
天　　津	47697	5.2	1230	6.2	8871.31	18.1
烟　　台	27030	11.0	185	8.3	3043.92	20.5
威　　海	6200	12.7			1595.45	20.2
青　　岛	41465	9.2	1450	11.4	4153.91	22.3
连 云 港	18528	11.4	502	3.5	1280.88	22.8
南　　通	18526	6.9	50	–6.6	2886.47	21.4
上　　海	73559	1.1	3253	2.5	5254.38	3.7
宁　　波	45303	4.5	1567	8.0	2901.43	21.6
温　　州	6997	0.7	52	10.0	2110.34	37.0
福　　州	9373	14.1	183	9.9	3234.78	21.1
广　　州					3758.39	10.1
湛　　江	17092	10.0	41	8.3	572.28	16.6

表15–1 续表3

(2012年)

城市	房地产开发投资额		社会消费品零售总额		进出口总额	
	累计（亿元）	增长（%）	累计（亿元）	增长（%）	累计（亿美元）	增长（%）
大连	1396.50	26.1	2224.00	15.5	641.13	6.8
秦皇岛	213.32	29.7			44.12	1.5
天津	1260.00	16.7	3921.43	15.5	1156.23	11.8
烟台	573.52	0.8	1859.80	15.1	478.02	5.4
威海	366.19	4.0	923.07	15.0	171.19	1.6
青岛	930.10	18.8	2564.50	14.9	732.08	4.2
连云港	162.23	–1.5	575.49	15.0	80.02	16.0
南通	481.74	26.8	1708.65	15.5	263.25	1.9
上海	2381.36	9.7	7387.32	9.0	4367.58	–0.2
宁波	884.35	17.1	2329.30	15.4	965.70	–1.6
温州	687.50	1.0	1929.29	9.1	204.38	–5.3
福州	972.27	0.9	2259.03	19.1	311.33	–10.3
广州	1370.45	5.0	5977.27	15.2	1171.31	0.8
湛江	114.96	10.2	899.50	12.1		

表 15-1 续表 4

(2012 年)

城市	# 出口总额		进口总额		外商直接投资实际到位金额	
	累计(亿美元)	增长(%)	累计(亿美元)	增长(%)	累计(亿美元)	增长(%)
大连	346.82	11.2	294.31	2.1	123.50	12.2
秦皇岛	24.88	12.0	19.24	−9.5	6.28	4.8
天津	483.14	8.6	673.09	14.3	150.16	15.0
烟台	283.59	6.2	194.43	4.2	14.10	10.8
威海	106.62	−0.2	64.56	4.6	8.00	10.1
青岛	408.20	3.6	323.88	5.0	46.00	27.8
连云港	36.01	−3.6	44.01	39.1	7.34	20.3
南通	187.94	4.2	75.32	−3.6	22.05	1.8
上海	2068.07	−1.4	2299.51	1.0	151.85	20.5
宁波	614.50	1.0	351.20	−5.9	28.53	1.5
温州	176.96	−2.6	27.42	−19.6	3.98	290.0
福州	211.46	−12.3	99.87	−5.7	13.39	4.8
广州	589.12	4.3	582.19	−2.5	45.75	7.1
湛江					0.87	64.1

表 15-1 续表 5

(2012 年)

城市	公共财政预算收入		公共财政预算支出		金融机构存款余额	
	累计(亿元)	增长(%)	累计(亿元)	增长(%)	累计(亿元)	增长(%)
大连	750.10	15.2	891.00	21.2	10767.80	14.6
秦皇岛	108.66	25.4	197.64	17.2	1926.50	14.2
天津	1760.02	21.0	2112.21	19.2	20293.79	15.5
烟台	357.36	17.9	476.87	17.0	5286.02	812.8
威海	158.40	16.1	244.31	21.8	2060.63	13.8
青岛	670.20	18.4	766.00	16.3	9818.00	10.3
连云港	208.94	16.0	304.88	17.2	1538.04	10.8
南通	419.72	12.3	509.09	21.4	6477.84	863.3
上海	3743.71	9.2	4184.02	6.9	63555.25	5379.2
宁波	725.50	10.3	828.44	10.4	11980.50	12.4
温州	279.01	3.0	387.79	4.7	7744.94	2.6
福州	382.01	19.4	409.37	12.7	7909.63	14.5
广州	1102.25	12.5	1343.76	13.3	30186.57	14.1
湛江	92.09	17.1	215.06	15.5	1902.35	10.1

表 15-1 续表 6

(2012 年)

城　市	金融机构贷款余额		城镇居民人均可支配收入		农民人均现金收入		居民消费价格总指数	
	累 计(亿元)	增长(%)	累 计(元)	增长(%)	累 计(元)	增长(%)	累 计(%)	增长(%)
大　连	9111.70	15.1	27539	13.4	15990	12.5	103.4	3.4
秦皇岛	1245.08	15.1	21919	13.1	11502	14.3	103.1	3.1
天　津	18396.81	15.5	29626	10.1	13571	14.1	102.7	2.7
烟　台	3560.15	489.2	30045	13.2	13298	13.5	101.8	1.8
威　海	1376.10	9.3	28630	13.2	13962	13.2	101.8	1.8
青　岛	8633.00	15.1	32145	12.5	13990	13.1	102.7	2.7
连云港	1285.20	18.1	24342	12.2	9589	13.7	102.3	2.3
南　通	4006.48	598.0	28292	12.7	13231	12.8	102.5	2.5
上　海	40982.48	3818.3	40188	10.9	17401	11.2	102.8	2.8
宁　波	11961.00	12.0	37902	11.3	18475	11.8	101.7	1.7
温　州	7013.00	9.7	34820	9.7	14719	11.1	100.5	0.5
福　州	7054.33	15.9	29399	12.9	11492	13.7	102.2	2.2
广　州	19936.52	12.4	38054	11.4	16898	14.0	103.0	3.0
湛　江	1067.54	22.9	20227	15.0			103.2	3.2

淮海经济区各市主要经济指标

表 15-2

(2012 年)

指标名称	地区生产总值		规模以上工业增加值		社会消费品零售总额	
	(亿元)	增长(%)	(亿元)	增长(%)	(亿元)	增长(%)
连云港市	1603.42	12.7	672.47	17.3	575.49	15.0
徐州市	4016.58	13.2	2087.00	17.3	1293.20	15.7
淮安市	1920.91	13.1	958.88	17.2	633.24	15.6
盐城市	3120.00	12.7	1357.14	17.5	1023.20	14.3
宿迁市	1516.77	13.0	571.93	20.6	388.23	15.5
菏泽市	1787.36	13.0		20.8	894.19	15.4
聊城市	2145.65	12.7		19.4	724.34	15.0
枣庄市	1702.92	10.7		11.5	552.40	15.0
济宁市	3189.37	11.0		12.5	1300.11	15.1
泰安市	2547.00	10.7		12.7	928.30	15.1
日照市	1352.57	11.8		12.7	420.12	15.0
莱芜市	631.41	11.1	311.57	13.1	228.05	15.0
临沂市	3012.80	11.8	1550.00	19.0	1571.90	15.1
德州市	2230.60	12.1	1285.40	19.1	872.30	15.2
亳州市	715.66	11.9	169.60	18.2	303.69	15.9
淮南市	781.80	12.7	456.40	15.0	256.50	15.8
蚌埠市	890.22	13.0	401.37	18.2	371.51	16.6
淮北市	620.50	13.2	490.40	17.4	171.70	16.0
阜阳市	962.50	11.7	283.70	17.5	446.00	16.0
宿州市	914.95	12.5	248.89	18.0	266.00	16.3
滁州市	970.70	13.1	401.29	17.9	296.81	16.9
六安市	918.20	11.0	354.80	17.7	382.70	15.7
周口市	1592.38	10.7	547.10	19.7	664.10	16.1
商丘市	1418.30	11.2	496.51	17.1	546.08	15.9
信阳市	1408.66	10.5	357.4	16.5	592.6	15.8

表 15-2 续表 1

(2012 年)

指标名称	城镇固定资产投资		公共财政预算收入		进出口总额	
	(亿元)	增长(%)	(亿元)	增长(%)	(亿美元)	增长(%)
连云港市	1280.88	22.8	208.94	16.0	80.02	16.0
徐州市	2685.89	22.0	366.76	15.2	83.27	32.0
淮安市	1247.99	22.3	233.61	14.2	42.38	48.5
盐城市	1940.89	22.3	312.78	16.3	57.54	9.7
宿迁市	1025.56	26.3	158.13	30.7	27.93	34.9
菏泽市	687.11	23.5	140.30	25.7	31.78	15.9
聊城市	1260.74	22.0	104.49	18.0	55.92	0.3
枣庄市	1044.62	22.7	116.40	16.2	11.32	6.0
济宁市	1809.74	22.3	245.63	18.6	51.15	-11.0
泰安市	1774.50	22.0	158.90	15.0	21.70	19.0
日照市	922.38	20.2	78.86	15.1	252.51	21.3
莱芜市	441.06	23.5	42.02	7.1	21.30	-40.6
临沂市	2016.70	22.7	170.10	20.4	78.90	15.5
德州市	1402.00	23.4	120.20	26.5	27.18	1.4
亳州市	430.29	29.4	47.69	40.1	4.99	52.0
淮南市	639.70	27.6	98.60	38.1	3.49	46.1
蚌埠市	872.79	28.9	78.42	27.8	12.28	62.5
淮北市	577.20	28.2	51.90	36.2	3.50	73.0
阜阳市	514.90	27.6	69.30	24.4	11.00	69.7
宿州市	613.69	27.8	53.30	36.8	4.06	83.8
滁州市	652.78	24.5	96.94	31.3	15.23	35.4
六安市	687.20	23.1	69.50	22.5	7.37	17.8
周口市	931.22	24.1	60.10	23.4	5.61	22.9
商丘市	1023.50	23.9	70.19	24.4	2.15	11.0
信阳市	1197.52	22.3	55.46	25.1	6.93	5.4

表 15-2 续表 2　　(2012 年)

指标名称	出口总额		金融机构存款余额		金融机构贷款余额	
	(亿美元)	增长(%)	(亿元)	增长(%)	(亿元)	增长(%)
连云港市	36.01	-3.6	1503.66	8.3	1196.58	10.0
徐州市	62.88	51.2	3364.47	12.9	2047.23	18.0
淮安市	33.64	82.9	1502.79	14.7	1173.18	18.3
盐城市	34.65	16.3	2699.33	15.5	1831.44	15.5
宿迁市	23.18	35.3	1226.87	23.0	1002.86	32.0
菏泽市	15.30	6.1	1607.77	21.2	1062.34	21.1
聊城市	18.49	-1.4	1673.72	23.2	1244.21	18.8
枣庄市	9.40	11.3	1146.72	17.7	916.49	12.5
济宁市	31.98	4.2	3146.15	20.4	1923.88	19.2
泰安市	12.20	3.2	1934.20	23.7	1219.60	16.9
日照市	38.85	-0.8	1469.14	26.5	1303.68	17.8
莱芜市	7.40	-35.3	719.24	18.9	548.07	11.8
临沂市	39.00	7.6	3029.20	21.3	2109.80	17.4
德州市	18.68	7.0	1636.49	15.2	1112.30	11.8
亳州市	4.62	52.1	813.10	20.5	427.18	30.9
淮南市	2.45	167.5	1114.30	916.4	781.80	-18.5
蚌埠市	10.02	79.4	975.86	16.7	631.74	31.4
淮北市	3.10	79.6	787.70	13.3	508.60	25.4
阜阳市	9.00	76.8	1489.60	19.1	640.70	20.1
宿州市	3.64	116.6	1014.77	19.2	463.32	22.2
滁州市	11.60	31.7	1111.58	21.6	708.16	22.9
六安市	7.10	22.6	1278.00	21.1	687.80	18.9
周口市	3.75	44.6	1403.50	24.6	638.45	10.2
商丘市	1.66	0.2	1355.25	23.2	704.86	19.8
信阳市	2.56	44.4	1536.44	21.3	740.80	17.3

表 15-2 续表 3　　(2012 年)

指标名称	城市居民人均可支配收入		农民人均现金收入		城市居民消费价格指数
	(元)	增长(%)	(元)	增长(%)	%
连云港市	24342	12.2	9589	13.7	102.3
徐州市	26818	12.3	10762	13.4	102.6
淮安市	22995	13.5	9838	13.8	102.4
盐城市	25867	13.2	11898	13.2	102.8
宿迁市	18311	13.6	9495	13.8	102.8
菏泽市	19140	15.0	8187	15.0	101.7
聊城市	23685	14.7	8872	14.7	101.7
枣庄市	22960	13.7	9606	14.4	101.9
济宁市	25454	13.6	10002	14.8	102.1
泰安市	25659	13.1	10194	13.6	101.9
日照市	22817	13.5	10026	14.5	102.4
莱芜市	26589	13.1	10887	13.1	101.3
临沂市	27624	14.1	9149	14.1	101.3
德州市	22440	13.5	9602	15.0	101.5
亳州市	20488	13.2	6552	16.2	102.2
淮南市	20733	13.8	7835	15.3	102.2
蚌埠市	20629	13.7	7674	16.0	102.2
淮北市	20360	13.9	7286	15.4	102.2
阜阳市	18972	13.7	5922	16.1	102.5
宿州市	19731	13.5	6635	16.0	102.0
滁州市	20426	14.0	8091	15.3	102.1
六安市	19369	13.3	6535	15.8	101.5
周口市	16503	13.2	6199	13.8	102.0
商丘市	18312	13.4	6426	14.0	102.4
信阳市	17256	10.2	7008	10.9	102.5

中国统计出版社最新图书简目

(仅供参考,以最后出书为准)

统计资料

中国统计年鉴－2013
2013中国发展报告
中国劳动统计年鉴－2013
中国建筑业统计年鉴－2013
中国商品交易市场统计年鉴－2013
中国民政统计年鉴－2013
中国科技统计年鉴－2013
中国高技术产业统计年鉴－2013
全国农产品成本收益资料汇编–2013
大中型批发零售和住宿餐饮企业统计年鉴－2013
第二次全国 R&D 资源清查资料汇编－工业企业卷
第二次全国 R&D 资源清查资料汇编－综合卷

中国统计摘要－2013
中国第三产业统计年鉴－2013
中国社会统计年鉴－2013
中国人口和就业统计年鉴－2013
中国房地产统计年鉴－2013
中国贸易外经统计年鉴－2013
中国农村统计年鉴－2013
中国教育经费统计年鉴－2013
中国科学技术协会统计年鉴－2013
中国住户调查年鉴－2013
中国人才资源统计报告－2011
中国民族统计年鉴－2013

国际统计年鉴－2013
中国区域经济统计年鉴－2013
中国城市统计年鉴－2013
中国工业经济统计年鉴－2013
中国能源统计年鉴－2013
2013中国地区经济监测报告
中国农产品价格调查年鉴－2013
中国农村贫困监测报告－2013
工业企业科技活动资料－2013
中国农村全面建设小康监测报告－2013
中国零售和餐饮连锁企业统计年鉴－2013
中国价格统计年鉴－2013
2010年中国第六次人口普查公报

2013年省级综合统计年鉴系列

北京　天津　河北　山西　内蒙古
河南　湖北　湖南　广东　广西
新疆　新疆生产建设兵团

辽宁　吉林　黑龙江　上海　江苏
海南　重庆　四川　贵州　云南

浙江　安徽　福建　江西　山东
西藏　陕西　甘肃　青海　宁夏

2013年市(县)级综合统计年鉴系列

天津滨海新区
运城　忻州　临汾　呼和浩特
鄂尔多斯
上海浦东新区　南京　苏州　无锡
杭州　宁波　绍兴　台州　温州
厦门经济特区　宁德　南昌　上饶
十堰　荆州　荆门　咸宁　长沙
广州　贵阳　昆明　西安　兰州

庆阳　石家庄　唐山　邯郸　太原
大同　包头　通辽　沈阳　大连
长春　吉林市
常州　徐州　南通　盐城　镇江
淮安　金华　嘉兴　衢州　舟山
济南　青岛　潍坊　郑州　洛阳
南阳　东莞　惠州　深圳　桂林
南宁　柳州

长治　阳泉　晋城　朔州　晋中
四平　哈尔滨　黑龙江垦区
宿迁　泰州　连云港　扬州　江阴
丹阳
福州　福州经济技术开发区
三门峡　商丘　平顶山　武汉
宜昌　来宾　河池　海口　三亚
成都　绵阳银川　乌鲁木齐

2010年人口普查资料系列

中国 2010 年人口普查资料
浙江　安徽　福建　江西　山东
西藏　陕西　甘肃　青海　宁夏
中国分县 2010 年人口普查资料

北京　天津　河北　山西　内蒙古
河南　湖北　湖南　广东　广西
新疆　新疆生产建设兵团
中国分乡镇、街道 2010 年人口普查资料

辽宁　吉林　黑龙江　上海　江苏
海南　重庆　四川　贵州　云南
河南省各市 2010 年人口普查资料丛书
中国分民族 2010 年人口普查资料

"十一五"规划教材

统计学("十二五"规划,黄良文)
统计学("十二五"规划,单微)
统计学:从数据到结论(十二五规划,吴喜之)
非参数统计(吴喜之)
多元统计分析(任雪松)
经济计量学教程(贺铿)
社会统计学(蒋萍)
国民经济核算教程(杨灿)

抽样调查理论与实践("十二五"规划,冯士雍)
试验设计("十二五"规划,茆诗松)
概率论与数理统计(茆诗松)
应用时间序列分析(王振龙)
质量管理统计方法 (茆诗松)
市场调查与预测(蒋志华)
概率论与数理统计(经济、管理类专业使用,朱胜)

贝叶斯统计("十二五"规划,茆诗松)
医学统计学(陆守曾)
现代金融投资统计分析(李腊生)
统计指数理论及应用(徐国祥)
统计实验系列教材(许涤龙)
统计学原理(非统计专业用,朱胜)

重点图书

挑大学选专业 2013—高考志愿填报指南　　挑大学选专业 2013—考研择校指南

中国统计出版社发行部电话:(010)63376907,63376908　　同榻行书店电话:68783171,68783172
通讯地址:北京市西城区三里河月坛南街 57 号　　邮政编码:100826
网址:http://csp.stats.gov.cn